ものが語る歴史　25
蝦夷とは誰か

松本建速

同成社

はじめに

　青森県の昔話には、蝦夷（えみし・えびす）が残したと思われるものは一つもない。蝦夷が登場するものすらない。その地域で日常を生きてきた人々の記憶には、その影もないのである。おそらく、津軽半島や下北半島の沿岸のように近世アイヌが確実に存在した地域を除き、人々の意識にはやまと言葉を話す人以外の姿はまったくなかった。古代日本国の正史である『続日本紀』によれば、奈良時代、東北地方にはやまと言葉とは異なる言語を話す人々が住んでいたという。だがそのような痕跡は、その土地に住む人々自らの記憶としては、どの地域にも残されていない。

　近代に入り、青森県の人々も、中央の知識人から、あるいは「教育」により、東北北部の人々と蝦夷（エゾ）との関係を聞くようになったのであろう、『日本書紀』以来の蝦夷観が語られるようになった。しかし、昔話として残されていないことからわかるように、それらは決して地域の具体的な伝承等をもとにしたものではない。日本国の正史に述べられた蝦夷観が増幅されたものである。

　その名残は1980年代後半にもあった。私が大学院生で、弘前市砂沢遺跡（東日本最古の水田跡出土遺跡）の調査のために同市に滞在していた折、ねぷた祭や青森市のねぶた祭の由来を聞いたことがあった。坂上田村麻呂の蝦夷（エゾ）征伐の際に、蝦夷（エゾ）をおびき寄せるために、にぎやかな囃子を奏で踊ったのだということであった。その話を津軽の方の口から聞いたとき、坂上田村麻呂が津軽に来たか否かは問わぬとしても、この方はご自分の祖先を誰だと思っているのかと、非常に不思議に思ったものである。津軽の人々は無意識的に、蝦夷の側ではなく古代日本国の側に立っているのであった。

　その頃私は、砂沢遺跡の住人は津軽の人々の祖先だろうと漠然と考えていた。その人々が蝦夷となり現代の人々がいるのだと、単純にそう思いこんでいた。しかし弘前に住み人々と接するうちに、現代人と砂沢遺跡の人々とは繋がらな

いと感じるようになった。その根拠の一つが津軽弁であったことは、拙著『蝦夷の考古学』「あとがき」で述べた。津軽弁のなかでも最も頻繁に使う一人称・二人称が、やまと言葉の古語、すなわち平安時代までの言葉なのである。

その後、考古学資料にもとづき考察を重ね、次のような結論に達した。本州島の最北の地、そして古代日本国の外であり、別の言葉を話す異文化の民である蝦夷が、それなりに遅い時期まで住み続けていたという印象を与えられている青森県域ならびに岩手県北部・秋田県北部においてすら、平安時代の前半期までにはほとんどの住人がやまと言葉を母語とする人々となっていた。人々の大部分は縄文時代以来の在来の民の末裔ではなく、古代日本国領域からの移住者であり、自分たちのことを蝦夷だなどとは思ってもいなかった。

これを述べたのが2006年8月同成社刊行の拙著『蝦夷の考古学』であった。そして本書は、前著の論旨はそのままに、不足部分を加えてさらに論の根拠を補強し、専門家以外の方々にも理解しやすいように書き直したものである。土器の土や鉄生産に関する化学的研究など、理解のために長大な解説を必要とする内容については、全文あるいは章全体を削ったが、構成上ほぼ同じ内容の部分や使用した図版には同じものもある。

また、本書では筆者の専門である考古学のみならず、エビス信仰や蝦夷関連の文献史料なども対象として蝦夷研究には欠くことができない民俗学や文献史学分野の考察もおこなった。他に、言語学・形質人類学の成果についてもいくらか言及し、蝦夷にかかわる全分野について一通り述べるよう努めた。

なお、本研究には多くの発掘調査報告書を参考にさせていただいたが、文章中に記したものや挿図として引用したものを除き、一覧表作成に用いたものは、その出典を割愛した。研究者氏名については、初出では氏名を、次回以降は氏のみを記し、また、ことごとく敬称を省略した。遺跡所在地の地籍名はすべて2011年3月現在のものに改めた。

目　次

はじめに

序　章　蝦夷を問う……………………………………………1
第1節　『日本書紀』における蝦夷像　1
第2節　蝦夷の性質を創作した理由　3
第3節　蝦夷は本当に存在したのか　4
第4節　青森県域に「蝦夷(えみし)」は住んでいたか　5
第5節　エビス信仰と蝦夷　7
第6節　なぜ蝦夷を考えるか―本書の目的―　8

第1章　記された蝦夷………………………………………13
第1節　「蝦夷」表記と読み　13
第2節　蝦夷の史料　18
第3節　「蝦夷」が示すこと　27
第4節　「蝦夷」と表記された対象の変化と古代日本国との関係　28

第2章　蝦夷を考える資料と方法…………………………31
第1節　蝦夷を考える資料　31
第2節　蝦夷を考える方法　37

第3章　蝦夷と馬……………………………………………40
第1節　蝦夷は馬の民　40
第2節　東北北部の馬関連史料　41
第3節　東北北部の馬関連遺跡　48
第4節　北海道の馬関連遺跡　54
第5節　馬飼の始まりとその背景　55

第6節　蝦夷と馬　60
　　第7節　辺境の地の馬飼イメージの変化　64

第4章　蝦夷の集落……………………………………………67
　　第1節　集落の分布と規模　67
　　第2節　集落の立地条件　74
　　第3節　北海道石狩平野南部の集落との比較　77
　　第4節　開拓の目的と移住者の出自　79

第5章　蝦夷の暮らし……………………………………………86
　　第1節　住居　86
　　第2節　土器と生活様式　96
　　第3節　生産活動　102
　　第4節　墓　105

第6章　蝦夷を語るとされる資料と実態………………………126
　　第1節　昆布と蝦夷　126
　　第2節　琥珀と蝦夷　131
　　第3節　蕨手刀と蝦夷　135
　　第4節　弓矢と蝦夷　144

第7章　蝦夷と鉄…………………………………………………151
　　第1節　人類にとって鉄とは何か　151
　　第2節　鉄製錬遺跡　154
　　第3節　鍛冶遺跡　160
　　第4節　鉄生産と自然環境　165
　　第5節　鉄にかかわる生産と遍歴する民　167
　　第6節　生産者の出自　174
　　第7節　鉄生産活動の目的　176

第8章　蝦夷の土器 …………………………………………… 179
第1節　土器から何が読み取れるか　179
第2節　土師器　182
第3節　ロクロ土師器　190
第4節　擦文土器　193
第5節　須恵器　202
第6節　土器生産者の出自と相互の交流　212
第7節　土器から社会を見る　215

第9章　蝦夷とは誰か ………………………………………… 219
第1節　蝦夷と呼ばれた人々の移動　219
第2節　「えみし・えびす」と「えぞ」とアイヌ民族　224
第3節　蝦夷とは誰か　231

第10章　蝦夷と征討記事 …………………………………… 238
第1節　古代日本国の正史における蝦夷征討　238
第2節　蝦夷と古代日本国との関係─朝貢・帰順・饗応など─　246
第3節　征討記事と同時代の文献に見る蝦夷と古代日本国　249
第4節　蝦夷の遺跡と和人の遺跡を区別できるか　252
第5節　蝦夷征討記事が記された理由　254

終　章　蝦夷を考える ………………………………………… 258
第1節　蝦夷とエビス様　258
第2節　蝦夷の言葉　263
第3節　蝦夷を考える　276

引用・参考文献　283
挿図出典　297
あとがき　299

蝦夷とは誰か

序章　蝦夷を問う

第1節　『日本書紀』における蝦夷像

　古代日本国の東北部あたりに住んでいたとされる、「蝦夷」についての研究は非常に多い。古くは江戸時代の新井白石の説にはじまり現在にいたるのであるが、学史については工藤雅樹（1998a）に詳しい。そして、その長きに渡る数々の研究により、次にあげる蝦夷像を信じる人は今ではもういないであろう。古代日本国の正史『日本書紀』に記された蝦夷に関する問答のことである。それは、斉明天皇紀、斉明5年（659）の遣唐使と唐の天子との会話によって示された。一部を記すとこうである。
天子「その国に五穀はあるか。」
使者「ありません。肉を食べて暮らしています。」
天子「国に家屋はあるか。」
使者「ありません。深い山中で、木の根元に住んでいます。」
　7世紀中葉に、その地域の人々は五穀（稲、麦、粟、稗、豆）を栽培せず、家を造らず山奥の木の根元に住んでいるというのである。考古資料にもとづくならば、この言説はまったくの作り話である。青森県東部以南の東北地方には、この時期すでにカマドを持つ竪穴住居が並ぶ集落が存在し、雑穀や稲が栽培され、馬も飼われていたのである。
　天子の前に連れてこられたのは、畿内に一番近いところに住み、朝貢関係を結んでいる「熟蝦夷」である。現在の福島県あたりの住民であったかもしれない。中国の天子は蝦夷の外観の異様さに驚いたと書かれているが、食・住に関する説明が作り話なのだから、最も日本国寄りに住む人々ですらこのように奇異ないでたちなのだということを強調したくて、わざと最も遠くに住む人々を

紹介した可能性があろう。しかしそれならば、作られた蝦夷像を語る『日本書紀』中の、他の蝦夷関連箇所を信じてよいのか。

ところで、天子が「国」という言葉を口にしているが、これは「国民」がいて、すなわち「国境」を持ち政府があるという意味での「国」ではない。「地方」「地域」といった意味と解すべきである。『日本書紀』第1巻、神代の上の最初、天地創造の部分、まだイザナミもイザナキも生れる前の段階で、「古に国稚しく地稚しき時に、譬へば浮膏の猶くして漂蕩へり」では「昔、国がまだ若く、大地も若かった時には、譬えていえば、水に浮かんだ脂のように漂っていた」（宇治谷 孟 1988）という直訳調の訳もあるが、文脈からすれば「国」といっても政治的な意味での「国家」ではなく、「国土」に置換えることができる「土地」や「大地」の意味である。「くに」はやまと言葉であるが、「国」表記は中国語であり、「くに」の概念にどの中国語を充てるかは『日本書紀』の編者に委ねられていた。同時期に成立した『古事記』では、「国神」と「土神」がともに「くにつかみ」（どちらも地方の神・土地の神）の意味で用いられている。

少し脇道にそれたが、文字記録については、文字の意味・文脈（時代的・社会的・著者の意図等）などの解釈を非常に慎重におこなわねばならないし、さきに引用した、事実にもとづかぬ斉明天皇紀の記録の存在からわかるように、単なる事実誤認ではなく、意図的に創作された内容が盛り込まれることも確実にある。したがってその内容から読み取ることができるのは、過去の事実ではなく書いた者の意図である。

以上に見たように、正史における蝦夷関連記事には確実に創作が混じるので、すべての記事を無条件に正しいとはできない。また『日本書紀』では、蝦夷の文化的水準が非常に低いことを中国の天子に示したかったとしか思えないが、そうであったとして、わざわざ居住形態や生活様式についての作り話まで披露せねばならなかったのはなぜだったのか。

第 2 節　蝦夷の性質を創作した理由

　古代日本国が中国に対して、自国よりも文化程度の低い人々と朝貢関係を結んでいることを、話を創作してまで伝えたかった理由は何であったか。多くの研究で指摘されているように、国家としての体裁が整っていることを中国に示したかったのだということになろう。中国の属国になることを回避するためにそれが必要であったのである。それに加えて、『三国志・魏志』以来、非常に多くの情報を把握していた中国ですら知らない、蝦夷と表記される「未開」の人々がおり、「日本国」は独自にその集団と朝貢関係を結んでいるということを示したのかもしれない。それは政治的意図が背景にあってのことであり、事実の記録を目的としたことではない。

　また記録が確かではない時期のことを多く含む『日本書紀』だけでなく、古代日本国成立以後の記載ばかりからなる『続日本紀』ですら、蝦夷関連の記事には多くの創作が混じる。例えば宝亀4年（773）8月23日の条には、「賊（蝦夷のことを示している・筆者加筆）の行動は、まるで犬や鼠が人に隠れてこそこそ物を盗むときのようです。時々侵入して物を掠めとることはありますが、大害には至りません」とあるが、そのほぼ1ヶ月前の7月25日には、「太平洋側の辺りの蝦夷が突然衆を発して、橋を焼き道を塞いで往来を遮断し、桃生城に侵攻して、その西郭を破りました。城を守る兵はそのなりゆきに、これを防ぐことができませんでした」と奏上していたにもかかわらずである。そして、蝦夷と国軍との戦いのなかでも最も壮絶であったとされる延暦8年（789）6月の戦いのおよそ1ヶ月後、7月17日の条では、「いわゆる胆沢は河と原野がきわめて広大な土地で、それにより蝦夷は生活しています。ところが、我が大軍を一たび挙げますと、たちまち荒廃の地となりました。仮に生き残りがいるとしても、そのもろさは朝露のようなものです」と記される（以上の『続日本紀』訳は宇治谷（1995）からの引用）。

　このように宝亀・延暦いずれの奏上も、それぞれ、まず蝦夷による被害が大

きいことを述べ、後にそれを覆すような内容を記し、あるいは蝦夷の能力の低さを強調する。ほぼ正反対の内容であるから、どちらかが創作であることは間違いない。あるいは、その両方を堂々と国の正史に書くのであるから、文面とは無関係のまったく別のことの隠蔽を目的として作りあげられた作り話かもしれない。

『続日本紀』における記載は、『日本書紀』斉明天皇紀とは違い、国家の体裁が整っていることを対外的に示すためのものではない。おそらく蝦夷と政府軍との戦いを述べた箇所の目的は別のところにある。第2章で述べるが、政府を欺き国司らが蝦夷らと不当な私的交易をおこない、私腹を肥やしていることの隠蔽との関連もあろう。国が作り上げていた蝦夷像のうち、国に不服従であるという姿を利用し、自らの不正を隠そうとした場合が多かったと考えられる。

ここに書いたことは、多くの読者にとってはにわかには信じがたいであろう。古代日本国の正史で語られてきた蝦夷像や蝦夷征討の物語とあまりに違いすぎる。しかし、例えば『日本書紀』と同時代の『古事記』『風土記』等のさまざまな文献には、「蝦夷」の文字はない。『常陸国風土記』のような正史の記載によれば、居住域を同一としていたはずの地域に住んだ人々の記載にその文字がないのである。第1章で述べるが、「蝦夷」を問題としていたのは時の政府関係者だけだった。蝦夷に関する物語は、古代日本国によって創作された部分が多かったのである。

第3節　蝦夷は本当に存在したのか

次にはもう少し根本的な問いを発せねばならぬ。「蝦夷は本当に存在したのか」である。『日本書紀』や『続日本紀』の蝦夷像は創られたものであったと述べてきた。しかし蝦夷像どころか、蝦夷という存在自体がなかったのではないかと疑っているのである。

拙著『蝦夷の考古学』（2006年同成社）で、古代日本国の文献で蝦夷と記さ

れた人々の大部分は、東北北部における縄文時代以来の居住者なのではなく、7世紀以降に古代日本国領域から移住してきた人々であったと述べた。古代の文献に、蝦夷によっておこされたとされるさまざまな出来事が記されているが、仮にそれらが実際におこったことであった場合でも、それらは「文献に記されたところの蝦夷（東北北部の先住者・異文化の民・国への抵抗者）」によってなされたことではなかったと考えた。

　前掲の拙著におけるその説は、主に考古資料にもとづいたものであり、「蝦夷」と書かれたことになっている人々の大部分が移住者であったことを論証する形になっていた。しかしながら、そのような考えを説いた根底には、古代日本国の正史『日本書紀』『続日本紀』に多く記された、「国家に従わず反抗する者たち」といった蝦夷像は、国によって作り上げられたものであり、蝦夷と国軍との戦闘は実際にはほとんどなかったのではないかという考えがあった。ただし、見通しを述べただけで論証はしなかった。そこで本書では、古代の文献に蝦夷と記されたような人々が実際に存在したか否かについて説明した後、文献を用いて蝦夷と国軍との戦闘についても簡単に考察する（第10章）。

　筆者は文献史料を読むことについては素人なので、誤りがあることを恐れるが、先学による『蝦夷史料』（東北大学東北文化研究会1957）、『青森県史資料編古代1文献史料』（青森県史編さん古代部会2001）など、蝦夷関連の史料を網羅した文献がすでにあるので、それらをたよりに、また、古代日本国正史の現代語訳、蝦夷関連の多くの文献史学の成果等に導かれ、基礎的な検討をおこなってみた。「蝦夷」は文献に書かれたことなので、文献だけで検討することがどうしても必要だからである。

第4節　青森県域に「蝦夷（えみし）」は住んでいたか

　『日本書紀』斉明天皇紀（7世紀中葉）によれば、蝦夷の居住域はほぼ現在の東北地方であり、古代日本国域から最も遠いところには「都加留」が住むとされた。その相対的位置から、「都加留」の住む地域に現在の青森県域が含ま

れると考えてよかろう。『日本書紀』で述べられた蝦夷の居住域については後にもう少し詳しく述べるが、その青森県域のことについてここで簡単に疑問をあげておく。

考古学や古代史に関する今日の通説では、現在の青森県域あたりの古代の住民は「蝦夷（えみし）」であったとされる。そして、その人々は、縄文時代以来そこに居住しており、北海道のアイヌ民族になる可能性もあったと言われる。『日本書紀』斉明天皇紀の阿倍比羅夫による北方・東方への遠征の箇所に、蝦夷らの居住地の名として「津軽」が見えており、それを現在の青森県域以北にある地名と考えることは問題なかろう。しかし、蝦夷が縄文時代以来の在来民であったという説は妥当だろうか。

別の言い方をすれば、阿倍比羅夫の遠征の時期、すなわち飛鳥時代に相当するころ青森県域に住んでいた人々は、やまと言葉ではなくその地域の縄文時代以来の言葉と推測されるアイヌ語へと連なる言葉（以後、アイヌ語系言語と呼ぶ）を話していたのだろうか。

仮にそうであったとすれば、津軽弁や南部弁にアイヌ語系言語がそれなりに残っているはずであり、青森県の民俗や民話のなかにその痕跡があってよいのではなかろうか。しかし、それらの言葉にはアイヌ民族との関連を辿れるものはほとんどない。

マタギの言葉にその可能性のあるものがいくつかあることはよく知られている（金田一京助 1993a）。しかし、マタギの言葉は東北北部の言葉の基礎になっているわけではなく、むしろ例外であることを忘れてはいけない。マタギのなかにその祖先の姿だけを読むのではなく、瀬川拓郎（2011）のように、古墳時代併行期・続縄文時代に南からの移住者が、北海道から南下した続縄文文化人との交流の結果取り込んだとの考えがある。その後 1500 年ほど、どのように残存したのか考察が必要だが、検討せねばならない重要な指摘である。

あるいは、近世の津軽半島や下北半島の沿岸部にはアイヌ民族がいたので、どの時代でも青森県域に異文化の担い手がいた痕跡を見いだすべきとの考えもあろう。しかし、そのアイヌ民族は海を介してつながっている北海道の延長と

しての同地域にいたと見るべきであり、その地に住んでいた古代の人々の末裔としてではない。

仮に、後にアイヌ民族となったであろう「蝦夷」が、1000〜800年ほど前の平安時代の住民の大部分だったならば、民俗や民話にもっと痕跡があるはずだし、それを残そうとする努力がさまざまな形で積極的に払われたであろう。1974年、岩崎美術社刊行の『全国昔話資料集成7津軽昔話集』を編纂した斉藤 正が、津軽地方の先住民であったはずの蝦夷やアイヌ民族の姿が民話に残らないのはなぜであろうかと疑問を呈している。これはまことに正直な思いであろう。しかしむしろ、そのような集成の仕事の結果こそを重視して、「津軽の民話を残した人々の祖先が蝦夷であった」という、なにを根拠にそう言われてきたのかもわからない前提を疑うべきだというのが、本書の考えである。

青森県の人々の祖先の大部分は、縄文時代以来そこにいて「蝦夷」となったのではなく、古い系統の場合でも、奈良〜平安時代に古代日本国領域から移住してきた人々であった。近世の末に2万人ほどのアイヌ民族が暮らしていた北海道に、明治時代以降、多くの和人が入植した。現在の北海道民の大部分はその和人が祖先である。イメージとしてはそれに近い。ただし、古代の東北北部に住んでいた先住の民は、さらに少数であった。

第5節　エビス信仰と蝦夷

次なる疑問は、エビス（表記には恵比須・恵美須・戎・夷などがあるが、以下では信仰について述べるさいには「エビス」と統一する）神と蝦夷の関係についてである。両者の音が同じであるので、蝦夷について考えるようになってから、このことは絶対に考えねばならぬ問題であると思ってきた。だが、物質文化（人間が作り、使ったもの）を資料として歴史を語る考古学研究では、それをなかなか語れなかった。本書では、「〜学」という枠を取り払い、とにかく蝦夷を考えることにしたので、いまだ途上で、試みの説ではあるが、終章でこれについても述べておく。

エビス神は現在では異界から来る福の神の一つと認識されている。その福神は平安時代の末ころには祀られていたようであるが、なぜ、古代日本国家から悪の存在とされた「えびす」と同じ音を持つのか。

　古代の東北地方以北に住むとされた蝦夷（えびす）は、10～12世紀のうちにその名で文献に登場することはなくなり、同じころ、畿内ではエビス信仰が始まっていた。これは、「えびす」という音を与えられた存在が、畿内という、文献を残した人々の居住していた地域でどのような意味を持っていたのかを考えねば解けない問題である。

　また、『古事記』『色葉字類抄』（12世紀中葉成立、鎌倉時代前期に増補）などを見るならば、奈良～平安時代には、神・人間・鬼は同じ体系のなかにあり、変換し得るものと認識されていたようであった。畿内あたりの人々にとっては、北の蝦夷は具体的な実態の伴う存在ではなく単なる印象だったからこそ、それは変換可能だったのである。エビス神と北の蝦夷とは表裏一体の関係であり、平安時代の前半までの外来の悪であった北の蝦夷は、平安時代の後半には外来の福（善）であるエビス神へと変換されたのであった。畿内あたりにおいて各種の文献を記した人々にとっては、蝦夷に関する情報は伝聞の世界でのできごとであったからこそ、脚色も忘却も簡単だったのであろう。

第6節　なぜ蝦夷を考えるか──本書の目的──

(1) 蝦夷像が創作された理由を問う

　前節までさまざまな点から蝦夷についての疑問を述べてきた。しかしながらほとんどの読者にとっては、蝦夷の存在など関係のないことかも知れない。本書は、日本の古代史上、謎の人々である蝦夷がいかなる存在であったかを述べるだけの書であるとお感じの方も多いだろう。だが、蝦夷とは、古代日本国が、その成り立ちを語るのに必要不可欠な存在として創作されたのであり（拙著2006）、蝦夷を考えるとは、古代日本国の成り立ちの一端を考えることにもなるのである。本章の最後に、蝦夷を考えることから見えてくる3点を記し、

本書の目的とする。

　正史に残された蝦夷についての記事の大部分が創作であるという私の見方がまちがっていたとしても、蝦夷は本当にいたのか、正史の蝦夷像は事実にもとづいたかを問い、考察することによって、より鮮明となる事実がある。書かれた蝦夷像と実態とには違いがあるということである。そうであれば、なぜ違いがあるのか、なぜ創作してまでそのように語らねばならなかったのか、理由を問わねばならない。蝦夷を考えることから生まれる第1点目がこの問いである。

　蝦夷を考えるとは、単に、日本列島の一部、すなわち本州北部の少数者の歴史を語ることなのではなく、国とは何か、国が歴史を書き残すとはいかなる目的があってのことなのか、といった人類史的視点からの問いに答えることにもなるのである。

　ただし、さきの問いから生まれる本書の第1の目的は、古代日本国の「国の歴史」を書くことではなく、あくまでも蝦夷とされた「名もなき人々」の実態を語ることである。前掲の拙著（2006）とそれほど大きな違いはないが、末期古墳、昆布、蕨手刀や琥珀など、用いる資料をさらに増やし、より平易な解説を心がけ、まずは、古代日本国が記した蝦夷像と考古資料によって示される蝦夷像との違いを確かにしたい。

(2) 人々の歴史を移住の視点から描く

　蝦夷を考えることで見える第2点目は、移住という視点の重要さである。現生人類すなわちホモ・サピエンスは20〜10万年ほど前にアフリカの東側に生れ、世界中に拡散したと言われる。無人だった日本列島上にも、4万年ほど前に人々が移住してきた。その後も、人々の列島への移入は断続的に続いた。現在もなお、日本列島上に住む人々は拡散するホモ・サピエンスの流れのなかにある。

　本書、第2章で詳しく述べるが、蝦夷と呼ばれた人々が存在したとされる直前の時期、東北北部にはほとんど人が住んでいなかった。それなのに、飛鳥

時代併行期に急に人口が増えた。古墳時代には日本列島各地で同様なことがおこっていた。それまで使われていなかった地に、突然集落が出現したのである（西川修一 1995 など）。これらは、人々の移住の結果と見られる。蝦夷と呼ばれた人々の飛鳥時代併行期の集落も、古墳時代の移住の範疇におさまりそうなのである。もちろんそうした場合、在来の人々がどうなったのかも考える必要がある。移住を考えるとは、先住者と移住者との関係も考えることであり、そうした視点によって、各地で繰り広げられた人々の歴史をより深く物語れるようになるのである。したがって、移住の視点から東北北部の歴史を描く、これが本書の目的の第2点目となる。

(3) 人々の母語は何か

　最後に蝦夷を考えることによって見えてくる点の3つ目をあげておく。日本列島上各地の居住者が話した言葉を考えることの大切さである。

　現在の代表的研究では蝦夷についてこう言っている。「東北の蝦夷は、平安時代の末までは政府の直接の支配の外にあって、蝦夷としての実態を有していたのであるが、平泉藤原氏の時代あたりから政府側の直接の支配が及ぶようになり、さらに鎌倉時代になると幕府の支配が東北北部まで及んで、蝦夷としての実態を失い、日本民族の一員となった。（中略）古代の蝦夷とは、日本民族とアイヌ民族の谷間にあって、北海道の縄文人の子孫とともに、アイヌ民族の一員になる可能性も充分にあったのであるが、歴史の展開のなかでアイヌ民族の一員となる道をとらずに、あるいは阻まれ、最終的には東日本人の一員に組み入れられ、歴史的には最後に日本民族の一員になった人たち」（工藤雅樹 2001、241 － 242 頁）であるという。「蝦夷としての実態」が平安時代末ころまではあったが、鎌倉時代にはそれが失われ、「日本民族」となったというのである。

　蝦夷から「日本民族」となったというのは、どういうことであろうか。一般に民族の定義は、集団の客観的な属性からおこなう客観主義と、同じ「民族」に帰属するという成員の共属意識とによって形成されるとする主観主義とがあ

り、一定の客観的条件とともに帰属意識が必要とみなす立場が最も有効な定義として通用してきた（庄司博史 1997）。例えば、アイヌ民族とは、アイヌ語を母語として、自らをアイヌ民族だとする人々であり、日本民族とは、やまと言葉を母語として、自らを日本民族だとする人々ということがいえよう。

ところで蝦夷を民族の視点で捉えた研究には藤沢 敦（2001・2007）があり、工藤論文も含め、そのような研究には、「国家」や「日本国」「日本人」「日本民族」という概念を相対化した視点があり、学ぶところが大きい。しかし、本書では古代の文献に記された蝦夷について「民族」として括りはしない。拙著（2006）で述べたように、「蝦夷」は古代日本国家によって作られた存在であり、共属意識を持ち、一つの集団として自らまとまっていたとは捉えられないからである。

また、「アイヌ民族」ですら、近代の国の概念が確立した後の「日本民族」によってそう呼ばれるようになったのであり、「アイヌ民族」の客観的特徴を認めることができる近世段階でも「自分たち」を「アイヌ民族」であるとは考えていなかった。アイヌ民族の抱く意識のうちには、さらに古いころから存在していたものもあろうが、「自分たち」の範囲を決めるのには、既に国家なり民族の概念で集団を括ることをおこなっていた他者が必要であった。古代日本国を作りつつあった人々は、自分たちの鏡像としての「蝦夷」を描いていたであろうが、それはあくまでも自らの鏡像であって、実体はなかった。

以上のような理由により本書では蝦夷を「民族」とは捉えない。ただし、藤沢（2007）のように、民族あるいは民族的集団がいかに成立したかを意識しておく必要はある。そこで、まずは日本列島上に、ある共属意識を持つ「人々」がどのように誕生し、例えば周辺の「人々」との婚姻など、個々の集団を維持するさいの基礎的な交流の継続により、集団同士の関係がどのように変遷していったかを語ることが必要である。その場合、ある地域に住む人々がどのような文化的属性を持つ人々であったかを考えることは重要である。

特に、人間としての特徴である言語については是非考えねばならない。言語は自らの帰属集団を考えるさいの基本的な要素である。婚姻関係を持つ場合で

も、言葉の通じる範囲が基本的なめやすになろう。近代国家成立の後、諸民族の用いる言語が様変わりしている現代において、「民族」意識は、共属意識が第一となり、言語等、文化的な「客観的」内容は必ずしも問われなくなっているが、本来、その共属意識の基礎にあった最大の要素の一つは言語であった。

　これまでの研究では、『続日本紀』の記載をもとに、蝦夷はやまと言葉とは別の言葉を母語としていたとされてきた。そして、東北北部にアイヌ語で解釈できる地名が残ることから、彼らが話した言葉はアイヌ語系のものであったと考えられてきた（工藤1998b、熊谷公男2004など）。

　しかし、そうであろうか。6世紀後葉～7世紀以降、大部分の居住者が南からの移住者で占められ、最も北海道に近い地域の居住者であった東北北部の人々ですら、やまと言葉を話すようになっていたのである（拙著2006）。この見方が正しいか否か、以下の本書の内容を、しっかりと吟味していただきたい。

第 1 章　記された蝦夷

第 1 節　「蝦夷」表記と読み

(1)「蝦夷」という表記

　これから書くことは拙著（2006）の序章とかなり重複するが、本書の土台となる部分なので、いくらか使用する文献を増やし、改めて述べておく。一般に、歴史的な文脈で人々の集団を記す場合、自称が不明であれば、「縄文時代人（縄文人）」のように、ある時代・ある空間に住む人を示すことのできる名称や、対象について隣国等の史料に記された表記を使う。「蝦夷」は後者の例である。通称『魏志』倭人伝と呼ばれる晋の陳寿の選んだ『三国志』の一つ、『魏志』巻 30・東夷伝・倭人の条に見られる「倭人」も、実はその類である。「倭人」は「東夷」に含まれていた。しかしながら「縄文人」も「倭人」も、近代以降に利用されるようになった「民族」という概念で括られる一つの集団とは限らない。

　11 世紀中葉における蝦夷の末裔らの合戦として記される『陸奥話記』では、その人々のことを「東夷」と表記していた。また 1126 年の中尊寺落慶の供養願文に藤原清衡が己のことを「東夷の遠酋」と記し、それが「蝦夷」の末裔であることを自ら表したのだと解釈される場合が多い。しかし、この「東夷」も、意識のうえで、古代の文献上に連なる存在として表現したかっただけであり、実態を踏まえたうえでの記述ではなかった。

　さらに、そのような表記は、記す側の政治的概念の投影である場合がある点にも注意が必要である。「蝦夷」表記は、まさにその部類に入る。その表記が使用され始めたころ、それが記されたのは古代日本国の正史『日本書紀』だけであった。同時代の『古事記』『風土記』には見られない。「蝦夷」は古代日本

国が作った表記なのであろう。おそらくその名称の使用には何か意図が隠れており、その表記を繰り返すことは、古代日本国が意図した政治的構造の中で話をすることになるのである。

　本書のように、文献だけでなく、人間が作りそして使った道具や建物のような考古資料も資料として考察をおこなうというのであれば、「蝦夷」ではなく「〜時代人」と記すのが理想的かもしれない。しかしそうすれば、これまでの研究やさまざまな書物との乖離が甚だしく、読者の理解を妨げる可能性もある。したがって、本書でもこれまでの諸文献を倣い、「蝦夷」表記を用いる。ただし繰り返すが、それは、例えば「民族」として括られるような一つの集団を示すのではない。

　また、さきに「蝦夷」は古代日本国が作り用いたと述べたが、作り使う意図があったからこそ、その読みは、文脈ごとに複数あり、時代によって変化した。したがって本書でもその読みを決めておく必要がある。

(2)「えみし」「えびす」「えぞ」

　奈良〜平安時代にかけて記された文献に見られる「蝦夷」表記は、今日では「えみし」と読まれ、古代の東北地方の住民をさすのが一般的である。しかし、松本（2006）で述べたように「蝦夷」は、その人々の自称ではない。そのうえ、平安時代に入りしばらくすると、表記としてはほとんど使われなくなる。多くの研究があきらかにしてきたように、同時代の後半には、指される対象も、東北北部最北端から北海道あたりの人々となり、「えぞ」と呼ばれるようになった。そのころには、東北地方一般の人々が「えみし」と呼ばれ、蝦夷と表記されることはなくなっていたのである。

　ただしここに述べたのは、これまで史料とされてきた文献による研究の成果であり、平安時代中期〜鎌倉時代に成立した辞書、事典の類を見るならば、その読みかたの変化のしかたは少し異なる。9世紀末〜10世紀には「蝦夷」が見えず、また「えみし」という音の言葉がないのは同様であるが、10世紀前葉成立の『本草和名』に昆布の和名「衣比須布」や芍薬の和名「衣比須久須

里」といった表記があり、「えびす」という音は生きていた。また、平安時代12世紀中葉〜後葉成立の『色葉字類抄』にそれは見られないが、鎌倉時代の増補版である『伊呂波字類抄』には「蝦夷」が採録されており、読みは「えびす」となっている。先に、平安時代の後半には、それらは「えぞ」と読まれるようになっていたと述べたことと異なるが、辞書であるがゆえに過去の文献に記されたことが反映されたのであろうか（第1表）。また、これらの文献は平安京で成立したものであるから、その読みが日本列島全域で普遍的に使用されていたものだったと、即座に一般化することはできない。

さらに、言葉の意味を考えると、前掲の『色葉字類抄』では、「えびす」という音は東西南北の夷人を指しているが、東の人々を「俘囚」「夷」「蛮」「戎」「狄」「兇」などと記してあり、「蝦夷」はない。今日では古代の東北地方の人々を「蝦夷」と記し、「えみし」と読むことが普通だが、古代の文献に則するならば、高橋富雄（1991）が主張するように、「えびす」と読むべきであり、「えみし」を用いねばならぬ必然性はない。

(3) 本書での「蝦夷」の読み

これまで問題にしてきたのは、「蝦夷」の表記や、その読みであったが、それは、ある「人々の集団」の呼称ということになっている。それが自称にせよ、そうでないにせよ、あるいは実在の集団か複数の集団の集まりかなどは不明としても、とりあえず、呼称は、第一に、呼ぶ者と呼ばれる者という関係があったことの現れと見ることができる。そして、呼称は二者の関係いかんでさまざまに変化する。したがって、「蝦夷」表記に複数の読みがある以上、それを無批判に「えみし」と読み、論を進めるわけにはいかない。次に過去の諸研究を振り返り、本書での読みを決める。

田名網　宏（1956）に導かれて、『日本書紀』の注釈本である『日本書紀私記』を参照し、蝦夷の読みを確かめておく。養老5年（721）成立の原本をもとにした弘仁10年（819）の写本『日本書紀私記』では、神武天皇紀の「愛瀰詩」は「えみし」、景行天皇紀や推古天皇紀の「蝦夷」は「えみし」「えび

す」「えみす」などと読まれている。異本も含め、「蝦夷」の読みで最も多いのは「えびす」である。また、表記は時代によって変わった。例えば、奈良時代の正倉院文書に見られる池田毛人は、平安時代成立の『日本霊異記』では池田舎人蝦夷となっていた。

　その後も、高橋（1963）、高橋　崇（1986）、工藤（2000）、中路正恒（2001）らが「蝦夷」の読みについて述べている。中国の『宋書』「倭国伝」に載る倭王武の上表文（478年）に「東は毛人を征すること五十五国」とある。7世紀中葉ころ以降の史料をもとに成立したと考えられている『上宮聖徳法王帝説』（中田祝夫解説（1981）の国宝の知恩院所蔵本の影印本使用）では、『日本書紀』で「蘇我蝦夷」と表記される人物は「蘇我毛人」となっている。前掲の中路は「国家的な検閲を経ない『上宮聖徳法王帝説』に「蘇我毛人」と記されているからには、『記紀』編集以前には「毛人」と記すことが普通であった可能性が高い」（109頁）と考えている。おそらくその通りであろう。

　このように、人名としての「毛人」は、古代日本国の文献では「蝦夷」に変換される場合がある。『日本書紀』神武天皇紀の歌に見られる「愛瀰詩」が「蝦夷」の音を示しているとすれば、「毛人」は「えみし」と読まれていたはずである。「えみし」という音をあてた最古の表記は「毛人」であり、その後『日本書紀』で「蝦夷」と表記され、平安時代のある時期までは「えみし・えみす・えびす」と読まれていたのである。

　ところで、10世紀前葉に成立した『本草和名』は、当時の東北北部あたりの人々の呼称の読みを考えるうえで参考になる。それには、当時、薬として利用された各種の植物や鉱物の和名が記されているのだが、なかに昆布の和名の一つである「衣比須布」が紹介されている。その読みは「えびすめ」である。「えびすの住む地域に産する海藻」あるいは「えびすが採る海藻」といった意味であろうか。そうであれば、10世紀前葉までのある時期において、昆布の採れる地域に住む人々が「えびす」と呼ばれていた証になるであろう。

　寒流で育つ昆布は、現在、三陸沿岸から北海道沿岸にかけての海域にしか繁殖していない。10世紀ころの気候は今日とそれほど変わらないので、海流の

分布域もほぼ同じであり、当時も昆布は東北地方北半以北で採れたと考えられる。『本草和名』に記された和名は、その時代に広く定着していたもののはずである。したがって、東北北半以北に住む人々は、当時の平安京あたりの人々に「えびす」と呼ばれていたことになろう。しかも、「衣比（えび）」という音は、10 世紀以前からあった「蝦夷」表記と、その音である「えびす」が存在したからこそ生まれたと考えられる。「えみし」ではないことが重要である。『延喜式』によれば、昆布を食していたのは主に天皇であり、ほかには東大寺など国家仏教の中心にあった大寺で利用されていたにすぎない。したがって、律令国家成立以来、畿内で昆布が食べられるようになってからのことに限れば、東北北部の人々は、「えみし」よりも「えびす」と呼ばれていたのではあるまいか。

　ところで、5 世紀後葉の『宋書』「倭国伝」の毛人の用法であるが、やまと言葉では「えみし」と発音していても、それを中国語に翻訳するさいに、類似文脈による中国語例からは、言葉の音とはかけ離れた「毛人」を選ばざるをえなかったのであろう。しかし、2 世紀の後、「倭国」ではない、自分たちの新たな国のことを書く正史には、すべてを把握している中国の皇帝すら知らぬ民と朝貢関係を持っていることを記すために、中国語にはなかった「夷」を創作するしかなかった。それは、一つの集団として括ることのできる人々というわけではないが、やまと言葉において東の辺境の民をさす呼称の一つである「えびす」を採用し、「蝦」の文字を用いた呼称を考えだしたのではなかろうか。なお、「蝦」の文字を採用した「蝦夷」表記が定着した結果、「えびす」の発音が普及したという考えもあり（小口雅史 2000）、それも面白いが、さきに蘇我毛人が蘇我蝦夷と置換えられるようになっても、通常「そがのえみし」と発音されることからもわかるように、「えみし・えびす」といった発音がもともと存在し、中国語表記を後に当てた、と考えるのが合理的であろう。

　前節で述べたことも含め、これまでの諸研究をまとめると、次の 3 つになる。1. やまと言葉「えみし」に充てた漢字表記には、「毛人」「愛瀰詩」「蝦夷」「衣比須」などがあるが、より古いのは「毛人」であり、それが中国で用

いられていた本来の表記である。2.「蝦夷」の読みは、奈良時代には「えみし」「えびす」であったが、平安時代には「えびす」だけになった。3.平安時代の後半には、東北北部の人々に対し「蝦夷」表記も「えみし」という音も使われなくなった。

このように、「蝦夷」と変換可能な表記はいくつかあり、その音も複数あったというばかりか、平安時代のうちに、それらは人々を指す呼称としては使われなくなってしまう。表記も音も、対象者に付随する何かから発したもの、例えば「自称」なのではなく、呼ぶ側が一方的に用い、そしてそれを次々に変えていったものなのである。

また、中国の文献で用いられていた「毛人」ではなく、『日本書紀』で「蝦」を含む「蝦夷」を新たに使うようになったからには、それ以降その読みは「えびす」であったはずであるが、高橋富雄（1991）が言うように、それが用いられた当初は蔑称であった可能性が高い。腰が曲って見える弱々しい小さな生き物の名が当てられているからである。ただし、用いているうちにその文字を用いた理由は忘れられ、単なる固有名詞となり、侮蔑する意味も失われたようである。それでも、先人の呼称として蔑称であった可能性のある音を繰り返すのは忍びないので、本書では、より古い呼び名である「えみし」を使う。

第2節　蝦夷の史料

(1) 最古の記録

「蝦夷」の表記は、養老4（720）年に成立した『日本書紀』に初めて登場する。第2表に、8～10世紀に成立した、『古事記』から『和名類聚抄』までの文献に見られる類「蝦夷」表記と、その指す内容を示した。古代の文献にはその表記が多く見られると思いがちだが、実際は、『日本書紀』『続日本紀』『日本後紀』といった古代日本国の正史のうちでも、平安時代前期以前のものに集中して使われているだけである。

とくに、和銅5（712）年成立の『古事記』には、「瑕夷」という表記はある

が、「蝦夷」はないことに注意せねばならない。現在、刊行物として目にすることのできる『古事記』では、景行天皇紀に「蝦夷」表記が1ヶ所ある。しかしその表記となったのは、寛永年間の版木本以降である。それより古い筆書きの写本では、どれにもその個所にあるのは「瑕夷」である。「えび」とは読めない「瑕」が充てられている。これについては後にもう少し詳しく述べることにして、ここでは、日本最古の「蝦夷」表記は、より成立が古い『古事記』にではなく、『日本書紀』に見られることを再度強調しておく。

　そして、「蝦夷」とは、「日本」という「国号」を対外的に表明して以降に、古代日本国が用いた表記と考えられる。中国で用いられていた語を借用したという説もあるが、それを裏付ける証拠はない。前掲の高橋（1963）のなかで、中国の正史の古い文献には「蝦夷」が見られず、古代日本国で用いられて以降、すなわち9世紀、宋代の『新唐書』に登場することを述べており、ほぼその考え方で間違いなかろう。少し加えておくと、採録されている語の古い出典が示されている中国最大の辞書、『漢語大詞典』の「蝦夷」の項目には、「古代日本の北方に住む未開化民族」と述べられている。また、同辞書の「瑕」の解説にも「瑕夷」という用法は挙げられていない。中国の正史、いわゆる二十四史を見ても『新唐書』「東夷伝・日本」以外にはその記載は見られない。「蝦夷」表記や内容は、日本から輸入されたのである。

　このように、「蝦夷」表記は、『日本書紀』が成立した時期よりも古い中国の文献には見られず、古代日本国で誕生したと考えられる。それではなぜ、『日本書紀』成立時にその語は使われるようになったのか。それを考えるまえに、同時代の文献における「蝦夷」使用例を見て、その語が、国家との関連のなかでしか用いられていないことを示しておく。

(2) 『常陸国風土記』における「蝦夷」

　『日本書紀』『続日本紀』の記載にもとづけば、「蝦夷」は7世紀以降、日本列島の東北部に住んでいたと考えることができる。古代の常陸国（現在の茨城県域）は、その地域の南に隣接し、『続日本紀』によれば、8世紀前葉には、

ときおり「蝦夷」による収奪等の被害を受けることがあった地域である。神亀2（725）年3月17日の条に、常陸国の百姓で、「蝦夷」に家を焼かれて財産の損失を受けたものに対して租税負担を免除したとある。これが事実にもとづいているならば、その地域一帯には「蝦夷」がおり、住民が悩まされることがしばしばあった。このように、国家が補償せねばならぬほど強烈な事件がたびたびおこっていたのであれば、別の文献でもその事実を確かめることができるかもしれない。

　幸い、和銅6（713）年5月に畿内七道諸国に対して、各地の地誌、地名の由来、風俗、伝承等を報告するようにとの官命により編纂された文献がある（『続日本紀』元明天皇紀）。それは、平安時代になり『風土記』と呼ばれるようになった。常陸国の『風土記』があれば、豊富に「蝦夷」に関する記述を見られると推測できる。ところが、養老2（718）年以前の筆録にもとづき、養老7（723）年までには完成していた（秋本吉郎 校注 1958）『常陸国風土記』に、その表記はいっさい見られない。編纂者は当時の常陸国守だったので、国家寄りの視点から書かれていると考えられるものであるにも関わらず、「蝦夷」は登場しないのである。

　そして、文脈から、「蝦夷」と置き換えられてもいい名称であると判断できる部分には、「東夷」「国巣」「都知久母（つちぐも）」、「夜都加波岐（やつかはぎ）」、「賊」、「阿良夫流爾斯母乃（あらぶるにしもの）」等が入っている。古代日本国によって「蝦夷」と表記された人々が、その記載が該当する地域において、実際にはその名称で呼ばれていなかったことを示していよう。そればかりかそこに記された内容は、すべて古老からの伝聞であり、編纂された8世紀前葉当時のことではない。

　しかも、それらの名称が登場するのは、すべて美麻貴（崇神）天皇や大足日子（景行）天皇の時代についての旧聞としてである。御間城（崇神）天皇や大足彦（景行）天皇の時代に土蜘蛛、荒ぶる神らを討つという内容は、『肥前国風土記』にも見られ、また、この二人の天皇の時代に東方十二道あるいは東西の荒ぶる神・まつろわぬ人・悪しき人らを平らげたという話は『古事記』にも

記される。ある時期までに、各地に同一起源の伝承が流布された可能性があろう。だからこそ、上記の二人の天皇の時代のことしか触れられないと考えるべきである。

　一方、『日本書紀』景行天皇紀では、日本武尊の蝦夷征討話が記され、畿内から見て陸奥国のさらに奥に「蝦夷」がいたことになっている。同書では、他の16人の天皇紀においても、「蝦夷」やそれに類する表記が登場し、『風土記』とは異なり、「蝦夷」征討はそれぞれの時代の出来事となっている。このように、同時期の実際の各地の記録が記された『風土記』にはない内容が、『日本書紀』には記されているのである。「蝦夷」の実態を考えるさいに利用できる資料が『風土記』であるか『日本書紀』であるか、答えは明白であろう。創られた歴史としての「蝦夷」を考えるには『日本書紀』、実態を知りたければ『常陸国風土記』を用いればよいのである。

　なお、『常陸国風土記』には江戸時代に加えられた逸文があり、そこには「蝦夷」表記が複数ある。これらは、内容から、『日本書紀』等をもとに後に加えられたと考えられるので、本書では用いない。

(3) 『古事記』における「蝦夷」

　『古事記』と『日本書紀』とは、異なる情報源によって書かれた部分があるにせよ、それらの成立年代が近い。和銅5（712）年に完成した前者と、養老4（720）年成立の後者とが、同時代の情報にもとづいて記された部分があると考えるのは間違いではなかろう。

　現存する『古事記』はすべて写本であり、諸本により多少、記載が異なる。応安4〜5（1371〜72）年に書写された真福寺文庫本『古事記』が最古のものであるが、それには「蝦夷」表記はない。ところが、寛永21（1644）年の板本（寛本）には「蝦夷」表記が1箇所見られる。真福寺文庫本のその個所は「瑕夷」となっている。「瑕」は、「蝦」の誤写なのか、それとも「瑕夷」という表記が中国あたりに本来存在したのか。『古事記』のすべての写本を比較した倉野憲司ほか（1965）によると「蝦夷」表記となるのは寛本からであり、

それより古い写本では、すべて「瑕夷」となっている。この表記であれば、「えみし」よりも「かい」と読むのが自然である。また、仮に、「瑕」が「蝦」の誤写であったとしても、『古事記』中には「蝦夷」表記が1箇所しかないことを重視し、なぜ1つだけなのか、それは本当に「蝦夷」であったのかを問う必要がある。

　ところで、『古事記』は、その序によれば、稗田阿礼が誦えたことを太安万侶が撰録したという。そして「上古の時、言意並に朴にして、文を敷き句を構ふること、字に於きて即ち難し。已に訓に因りて述べたるは、詞心に逮ばず、全く音を以ちて連ねたるは、事の趣さらに長し。是を以ちて今、或は一句の中に、音訓を交へ用ゐ、或は一事の内に、全く訓を以ちて録しぬ」（日本古典文学大系本47－49頁）と、述べられているように、本来、やまと言葉の音であったものを、漢字で記したのである。語のならびは漢語的になっている部分が多いが、歌謡は漢字を表音文字として用いたいわゆる万葉仮名で記されているし、固有名詞についても従来の慣用に随っている。このことと「蝦夷」表記がないこととは無関係ではあるまい。仮に「瑕夷」が「蝦夷」を示した語だとしても、書写されるときに誤ったのでもない限り、それは「かい」と読むのが自然であり、やまと言葉というよりも漢音である。もともと稗田阿礼がその箇所で「えみし」あるいは「えびす」と発音したのであれば、太安万侶も「瑕夷」という文字は使えなかったであろう。

　『日本書紀』神武天皇戊午年10月の歌謡に「愛瀰詩（えみし）」とあるので、8世紀初頭にそのような音があったことは間違いない。したがって、「瑕夷」の部分に、稗田阿礼が「えみし」と発音した名称があったならば、表記として、「愛瀰詩」も「毛人」も選べたはずなのに、太安万侶が独自の判断で、そうは読めない「瑕夷」を用いたことになろう。しかし、本当にそんなことがあったのだろうか。単に「蝦」を「瑕」と写し間違ったとしても、どの写本もそのままにしてあるのであるから、なにか別の意図があるのであろう。

　『日本書紀』の蝦夷表記は景行天皇時代の記載に現れる。日本武尊（『日本書紀』）・倭建命（『古事記』）が熊襲等の東西の「まつろわぬ人々」等を討ち、広

範な地域の支配の礎を築いたという文脈であるので、『古事記』においてもここに蝦夷関連の表記が登場するのは理解できる。『日本書紀』の場合は14箇所に「蝦夷」表記が見られ、書紀全体でも斉明天皇紀に次ぐ多さである。しかし『古事記』には、「瑕夷」表記は1点しかない。

しかも『古事記』において「瑕夷」が登場する箇所は、相模国（現神奈川県域）あたりでの出来事を述べた後に、「自其入幸、悉言向荒夫琉瑕夷等、亦平和山河荒神等、還上幸時、到足柄之坂本……」となっているだけであり、「入」で示されている内容は抽象的で、「瑕夷」等を「言向ける」ことについては簡単にしか触れていない。その箇所の前後にある相模国や足柄山での挿話の内容が豊であることに比べると、具体的な伝承がないことをうかがわせる。坂本太郎（1956）も、『古事記』に蝦夷の語が1箇所しかないことから、そのもとになった『帝紀』『旧辞』は蝦夷に無関心であったし、それらには大和朝廷の蝦夷征討の記録が存在しなかったと推測している。

ここに見たように、内容から考えれば、『古事記』に記された「瑕夷」は「蝦夷」でなくてもよいようである。成立当初の『古事記』に「瑕夷」表記はなかったのではあるまいか。『古事記』では「荒夫琉瑕夷」と記されており、「荒夫琉」が瑕夷に掛かる。『古事記』中「荒夫琉」は9箇所に見られるが、この1箇所以外はすべて「神」に掛かる。したがって、稗田阿礼が「あらぶるえみし」と誦えたのであれば、それは「神」と「えみし」が同類と認識されていたことのあらわれか、あるいは他の『古事記』の用法と合わないことになる。「瑕夷」が「神」と同義でなければ、「あらぶる」の後には本来「かみ」と続いていたのに、あるとき書きかえられたのではあるまいか。

ついでに述べておけば、『古事記』において、「人」に掛かる形容詞には「まつろわぬ」と「悪しき」があるが、「まつろわぬえみし」という用法はない。

ただし、三浦佑之（2007）によれば、『古事記』の序文は後に書き加えられた可能性が高いという。そうだとすれば、「稗田阿礼が誦えた」という部分は除外して考えねばならなくなるが、人名や地名などの固有名詞は、やまと言葉の音を、そのまま漢字で置換えるのが『古事記』の基本姿勢であった。したが

って、「瑕夷」の部分には、本来、和名が入っていたはずである。また、上代特殊仮名遣いから見て、『古事記』本文は7世紀半ばから後半には存在していたという（前掲三浦）。『日本書紀』成立前にすでにあったのであるから、『古事記』はその影響を受けることはなく、『日本書紀』で初めて用いられた「蝦夷」がそこに使われるはずはない。したがって「瑕夷」という文字が入ることも妙なのである。

　『日本書紀』と並行して『古事記』『常陸国風土記』が編纂されていたにせよ、『日本書紀』における「日本武尊」が、『古事記』にあっては「倭建命」、『常陸国風土記』では「倭武天皇」であり、そして「日本」表記と「倭」表記との関係からわかるように、『古事記』や『常陸国風土記』のほうが従来の表記を用いている。「えみし」にしても、『古事記』『常陸国風土記』では、『日本書紀』で初めて使われるようになった表記を性急に取り入れる理由はなかったはずなのである。

　したがって、「荒夫琉瑕夷」の瑕夷の部分を、「蝦夷」と置換えることはできず、本来は「かみ」と発音される文字が入っていたと考えるべきである。

(4)『古語拾遺』と「蝦夷」

　さらに加えると、『日本書紀』編纂後になる、大同2（807）年撰上の『古語拾遺』にも、神武天皇以降の古伝承が記されており、景行天皇時代の記載があるが、そこにすら「蝦夷」表記はない（嘉禄元（1225）年書写の最古の写本である嘉禄本を底本とする岩波文庫版による）。「日本武命」が征討した相手は「東夷」となっている。

　『古語拾遺』は、「平城天皇の朝儀についての召問に対し、祭祀関係氏族の斎部広成が忌部氏の歴史と職掌から、その変遷の現状を憤懣として捉え、その根源を闡明しその由縁を探索し、それを「古語の遺りたるを拾ふ」と題し（中略）撰上した書である」（西宮一民校注（1985）：159頁）。文書中でヤマトタケルノミコトが「日本武命」と記されることからもわかるが、採録された古伝承の多くは『日本書紀』を下敷きにしていると考えられている（前掲書）。そ

れでも、「蝦夷」は一切登場しない。

　このことからも、「蝦夷」という表記は、『日本書紀』『続日本紀』等の、古代日本国の正史においてもっぱら使用された、むしろ特別な呼称であったことがわかる。そればかりか、『日本書紀』『続日本紀』の後に成立した『古語拾遺』であるにもかかわらず、その「日本武命」に関する記載中に「蝦夷」の記載がない。「蝦夷」は、その存在や史実を語らねばならぬほど重要な存在ではなかったようである。古代日本国の正史のみが書き残したかったのだということが、ますます浮彫りになるのである。

(5)　平安時代後期の文献に見る「えみし」

　さきにも用いた12世紀中葉～後葉成立の辞書『色葉字類抄』の場合、原本は残っていないが、その12世紀後葉に増補された版である三巻本『色葉字類抄』の鎌倉時代初期の写本が伝わる。それは、漢語を頭音により「いろは歌」順の47篇に分け、植物、動物、人倫などの部門ごとに単語をあげ、その読みを記したものである。平安京における、当時の漢語の利用状況を知ることのできる文献である。しかしながら、それに「えみし」と読みがなが振られた文字はない。「えびす」には8文字が当てられている。人倫の部門に「俘囚」「夷」「蛮」「戎」「狄」「兜」「商」が、植物の部門に「決明」（えびすくさ）、「芍薬」（えびすくすり）「昆布」（えびすめ）がある。

　また、「え」の篇の国郡の部門には「えぞ」と読みがなが振られた文字はないが、「ふ」の篇の同部門に「俘囚」があり、「ふしう」「えぞ」と読まれている。しかし、それは人倫の部門には収録されていない。平安時代後葉～鎌倉時代初期に「ふしう」や「えぞ」という音があったが、それは地名だったのである。同文献の国郡部門には陸奥が見え、「俘囚」は「えぞ」という音でもあるので、後代のことから類推して、それは陸奥よりもさらに北の地域を指した地名としてよいであろう。

　そして一言付け加えておけば、この「俘囚」は中国の文献でも「捕虜」「とりこ」の意味で用いられていた中国語であった。「夷」の文字が入る「蝦夷」

は、中国の用法に照らしても、広くは東夷の一部として理解できるのであるが、「俘囚」という語は、中国語でありながら、東に住む者の意味は含まない。その語を、古代日本国独自の造語である「蝦夷」の後継として選択したのはなぜであろうか。「俘囚」は「とりこ」であるならば、政治的な意味の語である。「蝦夷」も政治的な文脈上にある語であったことを物語るのであろう。これについては第11章で再度述べる。

(6) 鎌倉時代の文献に見る「えみし」

『色葉字類抄』は、13世紀に増補版『伊呂波字類抄』十巻が編纂された。いくらか内容が変わっている。「え」の篇に「えぞ」や「えみし」がなく「えびす」だけがあるのは同じだが、そこにあげられた文字は、「俘囚」「蝦夷」「俘夷」「夷狄」「蛮」「戎」「狄」「兜」「商」「邊」である。「紫葛（えびすかつら）」、「蒲萄（えびすかつらのね）」、「芍薬（えびすくすり・えびすくさ）」、「白木」「餘容」「梨食」「解食」「鋌」「甘木」以上すべて「えびすくすり」、「決明」「馬蹄決明」「草決明」「萋蒿子」「草用」「羊明」以上すべて「えびすさ」なども「えびす」の入った漢語である。昆布（えびすめ）は収録されていない。

また、「ふ」篇には、人倫部門に「俘囚（ふしゆ）」があるが、国郡部門に「俘囚」は見られない。

12世紀後葉の『色葉字類抄』と13世紀の『伊呂波字類抄』とでは、国郡部門の「俘囚」の扱いが変わっていた。12世紀には「ふしう」「えぞ」と記されていたが、13世紀には記載そのものがなくなっていた。そして、どちらの国郡部門にも「蝦夷」という表記がないことは注意しておくべきであろう。また、「えびす」と読む漢語の採録が増えた。そして特に注目すべきは、薬の類の「えびすくすり」「えびすくさ」と読む語が増加したことである。「えびすくすり」すなわち芍薬は中国原産であり、また薬でもあった。「えびす」が日本列島内の存在から、海の外の異国のイメージや薬といったプラスの印象を持つようになっていたのである。

これまでに見たように、12〜13世紀には、「えみし」という音が消え、「えびす」という音に与えられたイメージも、7〜8世紀の古代日本国の正史に記されたものとは完全に違っていたことがわかる。

第3節 「蝦夷」が示すこと

「蝦夷」は、古代日本国最初の正史である『日本書紀』が初出であり、おそらく、古代日本国が創りだした用語である。「日本」国号と「蝦夷」とは、内と外といった対になる構造の中で、どちらも、中国ではなく、古代日本国によって作られたものであるからこそ、『日本書紀』よりも古いころの中国史書には見られないと考えるべきである。

なおそれは、実在した一つの民族に相当するような集団を示す表記ではない。内と外とを区別する論理の中で、古代日本国の外に在るという意味で一つに括られているが、「蝦夷」表記は、そう記される対象に付随するなんらかの客観的に把握できる実態、例えばその人々が同一言語を話す、あるいは単一の自称を持つなどといった事柄に即して付けられた呼称ではない。それを示す一例をあげておく。

関口 明（1992）を倣い、六国史に使用された「蝦夷」関連用語を集め、第1表とした。ただし、「蝦」「夷」が含まれる語とし、「俘囚」は除いた。「蝦夷」表記は『日本書紀』『続日本紀』に集中的に用いられることと、「夷俘」「夷狄」「夷」等の表記が、『続日本紀』以降に増加することがわかる。「蝦夷」表記が多用されたのは、国家領域拡張のために「蝦夷」の居住域を侵略する政策をとっていた時期である。関口は、これらの六国史上の表記の変化は政治的状況の変化に付随すると説明し、「蝦夷」表記は政治的概念であると述べた。その考え方は正しかろう。ほかに、古代日本国が記した「蝦夷」表記を探すと、延長5（927）年に完成した『延喜式』第30巻大蔵省「諸使給法」に1箇所見られる。『延喜式』は律令法の施行細則が集められたものであるから、そのような文脈では「蝦夷」は10世紀に入っても用いられていたことがわかる。

第1表　六国史に使用された「蝦夷」関連用語

文献名	成立年代	記載年代	蝦夷	蝦~	夷俘	俘夷	夷	東夷	夷狄	夷~	~夷
日本書紀	養老4（720）	神代～持統天皇11(697)	80	0	0	0	0	7	0	0	0
続日本紀	延暦16（797）	文武天皇1(697)～延暦10(791)	46	0	9	0	5	0	3	1	5
日本後紀	承和7（840）	延暦11(792)～天長10(833)	3	11	6	3	7	0	3	1	5
続日本後紀	貞観11（869）	天長10(833)～嘉承3(850)	0	0	1	0	2	0	1	0	0
文徳実録	元慶3（879）	嘉承3(850)天安2(858)	0	0	0	2	3	0	0	3	0
三代実録	延喜1（901）	天安2(858)～仁和3(887)	1	0	10	3	7	0	4	11	3

ただし、その表記は古代を通じて継続して使われたのではない。したがって、当時の東北北部の人々に対して「蝦夷」という表記を用いなくてはならない必然性はない。

第4節　「蝦夷」と表記された対象の変化と古代日本国との関係

以上に見てきたように、「蝦夷」表記は、同じ地域に住む人々のことを指していたとしても、時代が変われば「夷狄」「夷俘」のように異なる表記となる場合があり、読みも「えみし」→「えびす」→「えぞ」へと変化した。しかし、当該時期・当該地域の人々を「蝦夷（えみし）」と一括りにする必然性がないことを知りながら論を進めたとしても、対象の表記あるいは呼称を一つに定めると、対象自体が一つにまとめられるものであるかのような錯覚を覚えるかもしれぬ。そこで、そのような錯覚を払拭しておくために、「蝦夷」表記は、古代日本国の創作した表記であり、東北北部の人々を一括して「蝦夷」と表記する必然性がないことを、先人の諸見解をなぞりながら、再度説明しておく。

　高橋（1991：34 − 35頁）は、国号を倭国から日本に変更するのに対応して、辺境の住民についての表記が、毛人から蝦夷に変わったと述べた。その毛人と蝦夷とは、単に表記だけでなく、示される対象も変化したという。このことは、国家の辺境政策に重大な転換があったことを示すと高橋は考えている。その見通しはおそらく正しい。

　高橋は、毛人（えみし）＝東国の住人、蝦夷（えびす）＝日高見国の住人と

考える。ただし、歴史上の蝦夷は政治的な観念であり（高橋1963）、政治的な概念である（関口1992）。すなわち、大和朝廷や古代日本国家が、政策や時々の都合に合わせて、辺境の人々にそのような枠組みを与えたのであり、6世紀以前の東国に「毛人」が住んでいたという事実があったとか、7世紀以降の日高見国に「蝦夷」が住んでいたという事実が文書に記録されていたということを読み取るべきではない。

　国が成立するには、意識上であれ、国境線が引かれ、国の内と外とを明確にせねばならぬ。律令国家成立期に、中国から与えられた名の「倭国」ではなく、政権自らが用いた国号「日本」を対外的に表明し、国の領域を明瞭にし、国の内に住む者と外に住む者とを分ける必要があった。そのときに、国の東や北の辺境に住む者に与えた表記が、「蝦夷」だったのである。また、石上英一（1987）も、「蝦夷」とは、「服属国を従える帝国の構造を創出するための夷狄の設定を目的として作り出された疑似民族集団的呼称である」（68頁）と述べている。

　以上のように、古代日本国と「蝦夷」とは、第一には国の内と外との関係を示す概念的なものであったと見るべきである。なお、「日本」という国号が国際的に表明されるのは、701年任命の大宝の遣唐使の時であるという。670年の遣唐使は「倭国」と称しており、国号が「日本」と変更されたのは、7世紀後葉の天武・持統朝と考えられている（吉田　孝1997・森　公章2002）。

　ところで、国家体制の変遷と、日本列島の東や北の辺境にいた人々の表記とその読みの変化とは、その時期がほぼ一致しており、互いに連動しておこったと思われる。第2表として、「えみし」と読む表記である「毛人」「蝦夷」の指す内容の変化を見た。残された文献による限り、「えぞ」と読む表記の初出は11世紀であり（熊田亮介1986）、王朝国家期になって「えぞ」の使用が始まったと断言できる段階にはないが、9世紀以降におこった東北北部への大規模な移住の結果、10世紀までにはさらに北に住む人々との違いを認め、新たな呼び名が発生していたと考えられる。「毛人」「蝦夷」と「えみし」「えびす」は古代日本国が積極的に残した表記やその読みであるが、公の文書に書き記す

第 2 表　類「蝦夷」表記が指す内容　（松本 2006 を転載）

諸項目＼年代	7世紀中葉以前	7世紀後葉～10世紀	～11世紀～
表　記	毛　人	蝦　夷	蝦　夷
読　み	えみし	えみし・えびす	え　ぞ
地　域	おおよそ関東～中部	おおよそ東北	東北北端部～北海道
国　号	倭　国	日　本	日　本
政治体制	大和政権	律令国家	王朝国家・中世国家

ための特別の漢字表記を持たない「えぞ」は、国主導で生まれたとは言えない。

　「蝦夷」という表記は、古代日本国―「蝦夷」＝内―外といった構造を示しているに過ぎない。古代の東北北部に住んだ人々を、「史料上に記されたところの蝦夷である」と規定はせず、それぞれの時期にそれぞれの地域に住んだ人々の中に、いかなる文化要素を持つ人々がいたかを冷静に記述する態度を持ち、論を進めるように心がける。

第2章　蝦夷を考える資料と方法

第1節　蝦夷を考える資料

(1) 蝦夷を直接的に語る資料

　蝦夷にかかわる資料には、①文献（書かれたもの）、②人骨、③物質文化（人間が作ったさまざまなもの、人工遺物とも呼ばれる）、④地名（言語）、⑤自然環境（生活に関わる諸々の自然）の5種類がある（松本 2006）。そして、これらの資料は、蝦夷について直接語るものと、蝦夷と呼ばれた人々と関わりがあったと仮定したうえで使える間接的な資料とに分けることができる。

　蝦夷について直接語る資料は、①の文献だけである。蝦夷とは文献に記されたものだからである。しかし、それらは蝦夷自身が残したものではないので、史料（資料）批判を厳密におこない、その記述内容をどのように利用できるのか、吟味する必要がある。場合によっては、蝦夷そのものについて記されてはいるが、まったくの創作物語であることもありうるからである。

　蝦夷に関する史料は、それが記された動機によって2通りに分けられる。『大宝律令』『養老律令』『類聚三代格』などに残された法令と、『日本書紀』『続日本紀』のような、古代日本国の語り残したい意図が存在したはずの史料とである。前者には、『類聚三代格』に残された禁止令のように、政府にとって不都合な行為を禁止するという内容から、実際にあったことを間接的に読み取ることのできる記事がある。一方、『日本書紀』などの国の正史は、国の歴史として語り残したくて記される内容もあるので、それが実際におこった出来事であったか否かを、別の史料・資料を用いて確かめなくてはならない場合がある。

(2) 蝦夷を間接的に語る資料

　間接的に蝦夷について語る資料は、前述（1）で示した②〜⑤の、人骨、物質文化、地名（言語）、自然環境の4つである。それらの資料のほとんどは、文献に記された蝦夷が住んでいたとされる時期および空間に存在した、ある人間と関わると考えられる。

　しかしながら、人間や物質文化は移動する可能性があるので、蝦夷が住んだとされる時期・空間の資料でも、人骨や道具類・住居などには、実際にはそう呼ばれていなかった人々にかかわるものが含まれることもあろう。しかし、多くの場合、その判定は不可能である。したがって、蝦夷とされた人々の住んでいた地域に存在したものは、一定の時期に限り、一律に蝦夷に関わった資料であると考えることにする。

　③の地名は、当時のものが残っているとは限らないが、資料批判の結果、古いと考えられるものについては利用できる。さらに、地名は言語でもあるので、当時の言語の系統を推定することに役立てられる。

　④の自然環境も、蝦夷が住んだとされる地域のものは、蝦夷と関わりがあったと考えられる。気候や地形はそこでおこなわれた生業を考察する際の重要な情報となる。また、粘土や砂といった鉱物の特徴や化学的性質は、各地の土器製作の技術の復元や、土器用の土の産地を推定したり、その流通の有無などを考えたりする際に有用な資料になる。

　さらに加える。①〜⑤に含めなかった資料に重要なものがある。口承伝承や昔話である。それらは蝦夷を語る間接的資料にできる可能性があるが、東北北部では、そのような内容の物語などは知られておらず、逆に、いわゆる「日本の昔話」あるいは、やまと言葉で語られる物語ばかりが残されている。それはなぜであろうか。最後に少々考えてみる。

(3) 本書であつかう時代と地域

　本書では、さきに言及したすべての史料・資料を用いて、蝦夷がいかなる出自の、どのような生活様式を持つ人々であるのかを考える。しかしながら、蝦

夷とはまずは文献に記された人々であった。それ以外の資料はすべて間接的なものであり、記された蝦夷と関係のある資料であると仮定して論を進めるほかはない。そこで、最初に蝦夷の住む時代と地域とを特定しておく。

おもに対象とする時代は5世紀後葉～11世紀である。東北北部で土師器が製作され、使用されていた時期である。土師器は古墳文化社会で使われていた素焼きの土器であるが、前方後円墳が作られなかった東北北部でも、5世紀後葉以降、一部で見られるようになっていた。蝦夷に関する文献史料で、内容の信憑性が高いのは7世紀後半以降についてのものである。5世紀後葉以降という設定は、信頼できる史料中に認められる蝦夷の記載よりも古いことになる。しかしながら、物質資料を用いて蝦夷に関する史料批判をおこなううえでは、後に蝦夷と表記されるようになる可能性のある人々のことを見ておく必要があるので、考古資料にあわせて、対象とする時期を5世紀後葉以降とするのである。

対象とする地域は、東北北部から北海道南部である。そこには、城柵と呼ばれる古代日本国設置の施設・機関が置かれなかった。第1図として、7世紀後葉～9世紀初頭までに置かれた城柵の分布を示した。

今泉隆雄（1992）によれば、城柵は古代日本国の蝦夷政策の一つとして造営された機関である。したがって、その設置が示す地域区分は、次のような政府の認識である。蝦夷の居住域ではあるが城柵を設置する必要のない国家領域内（第1図における東北南部）、蝦夷の居住域であり、城柵の設置も必要な国家領域内（第1図における東北中部）、蝦夷の居住域であるが、目下、国家にとって必要な地域とは考えておらず、城柵の設置計画もない地域（第1図における東北北部以北）。

本書で対象とする東北北部以北は、『日本書紀』によれば蝦夷のなかでも最も遠いところに住む「都加留」がいたことになり、古代日本国の影響を最も受けにくかったはずである。

熊谷公男（1992a）は、住民構成と支配の形態にもとづき、古代の東北地方を城柵が設置された地域を中心にして次のように3区分した。「(1) 蝦夷系と

移民系の住民が雑居する近夷郡（＝城柵設置地域）を挟んで、(2) その北の蝦夷の居住地域、(3) 南の通常の国郡制支配の地域」（263頁）である。城柵の有無を基本にして分けた東北地方の3地域（第1図）は、『日本書紀』斉明5(659)年7月条に記された、「熟蝦夷（にぎえみし）」「麁蝦夷（あらえみし）」「都加留（つかる）」の存在した土地に、構造上は対応している。「蝦夷」の実態についての評価は別として、住民がいかなる人々であったかを考える場合には、この3区分が適している。

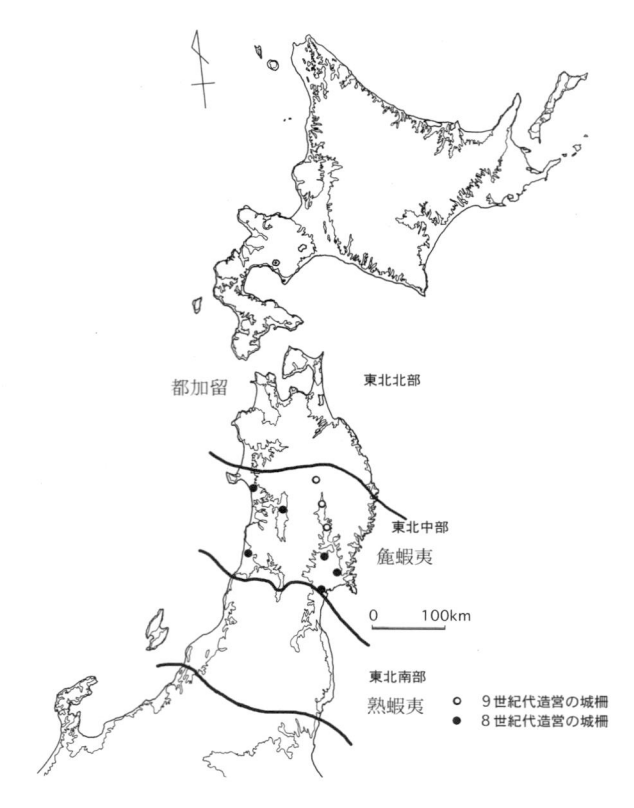

第1図　蝦夷の住んだ地域

斉明紀のその条によれば、熟蝦夷とは古代日本国に物を貢ぎ、位禄を与えられる、朝貢関係を結んでいた蝦夷である。郡が置かれた地域内に住む蝦夷がそれにあたるというのは無理のない考え方である。一方、同じ条によれば麁蝦夷とは、国に抵抗する蝦夷のことである。それが後に城柵が造られた地域の蝦夷にあたるというのも、構造上、妥当であろう。同国の辺境地域の者とそのすぐ北に隣接する地域の者が蝦夷と表記され、2つに分けられた。国内の城柵不必要地域の熟蝦夷と、後に城柵が造られる地域の麁蝦夷である。

(4) 都加留と東北北部

このように、熟蝦夷・麁蝦夷は、蝦夷のうちの政権に近い者と遠い者といった相対的な名称である。これらは固有の地域に住む者を示す用語ではないがゆえに、呼ぶ者との関係が変化すれば、その分布域も変動する。それに対し、都加留は別の秩序における名称である。自称、あるいはそう呼ばれた者たちが居住していた地域名に由来するとも考えられよう。そうであれば、それは政治的に移動するという類のものではないので、地域名が特定でき、場所が限定できるならば、麁蝦夷の居住域の一方の境は決まる。

しかしながら、自称であるならば、別の史料にも見られ、後世に何か片鱗が残されてもよさそうであるが、実際はそうではない。したがって、都加留は、地域名や地域特有の物などに由来する代名詞から派生した、古代日本国によって創られた名称と考えておく。tukar ツカルとはアイヌ語でアザラシの総称である（知里真志保 1976）。北構保男（1991）はツガルがアイヌ語系であれば、アザラシをさす名詞と考えるのが最適であると述べている。アザラシの毛皮の交易相手を、その品目の名称で呼んでいた可能性は非常に高い。

そうだとすれば、その交易相手には2種類あろう。第1は北海道でアザラシを捕っている人々、第2は東北北部あたりで中継ぎ交易をしている人々である。アザラシはオホーツク海以北に棲息するので、その狩猟をおこなっていたのはオホーツク人が大部分だったはずである。しかしオホーツク人は北海道の東部や北部に住んでいたので、古代日本国と直接には交易をしておらず、北

海道中央部や南部の続縄文文化人が中継ぎをしていたのではなかろうか。都加留と呼ばれたのは、ツカルの皮をもたらした人々であったと捉えておきたい。

朝貢関係を結んでいるという、古代日本国に政治的に近い存在に対して蝦夷という名称が用いられているが、都加留は別秩序の名称であり、次元が異なる命名法になっていることから、おそらくその居住域は、7世紀後半において完全に古代日本国の外であり、蝦夷と表記された人々の居住域とある程度離れていたのであろう。

では、都加留の居住地はどこであったか。津軽平賀・津軽田舎・津軽鼻和・津軽山辺の各郡が12世紀に成立した（大石直正1990・遠藤 巌1994）。それらは現在の津軽半島より南の津軽地方である。また、『日本書紀』によれば、斉明天皇5年（659）に阿倍比羅夫が蝦夷国を討った。並べて津軽・渟代の蝦夷のことが記されている。渟代は現在の能代、津軽は現在の津軽と考えて、都加留の居住地に現在の津軽地方が含まれると推測することもできよう。あるいは、12世紀代の都人たちの詠んだ歌に「えそがすむつかろの野辺の………」「……津軽の奥にとめられて　えそかえらぬと………」という表現がある（海保嶺夫1987など）。都の人々が、歌を整えるために用いた慣用的な表現であるかもしれないが、そのような表記が複数ある以上、当時の中央での常識を反映していると考えられる。12世紀代にあっても「つかる」という地域は「えぞ」が住む地域、つまり国外であると認識されていた可能性が高い。12世紀代の「えぞ」は北海道以北に住む住人を指していた。アイヌ語でアザラシをツカルと呼ぶことも重視すれば、都加留の住んだ地域は、12世紀には現在の北海道以北と言ってよかろう。ただし、8〜9世紀の城柵の設置のされかたや古代日本国領域の範囲の広がり方から考えれば、斉明天皇紀に記された7世紀代中葉には、東北北部以北を都加留の居住域と認識されていたと把握しておく。

文献上で12世紀になるまで古代日本国に編入されなかったとされる東北北部の住民ならば、古代日本国の呼ぶ蝦夷の典型的存在であったと、一般には言われるであろう。そこで本書では、その地域を第1の対象として論を進める。

その北に隣接する北海道南部の住民を第2の対象とする。そして本書の対象地域の居住者は、『日本書紀』等の日本国の文献を基本にすれば、やまと言葉を母語としていなかったと考えられよう。しかしそれでもなおかつ、人々はやまと言葉を話したとしか考えられないことを、そこを舞台にお示ししたい。

　最後に、自然地理的情報を交え、本書で用いる東北北部の範囲を述べておく。秋田県域北部の米代川流域以北、岩手県域北部の馬淵川流域以北津軽海峡まで、そして岩手県中部の三陸沿岸以北、すなわち太平洋沿岸部はおおよそヤマセの吹く地域である（第1図）。ほかに、多くの研究では、秋田市域と盛岡市域も含まれているが、ここではそれを含めない。そこには8世紀中葉から9世紀初頭までの間に古代日本国の政府機関である城柵が設置されており、遅くともそのころまでにやまと言葉地域になっていたことは明白だからである（もちろん実際には、第5章で述べるように末期古墳が造営されたころにはすでにそうなっていたのであるが）。また、北海道南部とは石狩低地帯あたりから渡島半島までである。

第2節　蝦夷を考える方法

(1) 物質文化から人間を考える方法

　以下で述べることも松本（2006）で示したことの繰り返しになるが、物質文化を資料として人間を考える際の枠組みを示すために、私が用いている簡単な2つの式を示しておく。
第1式　人間＝時間※空間※物質文化
第2式　物質文化＝自然※社会
　「※」は乗法の記号「×」と似た働きと考えていただきたい。なお、物質文化のなかには、利用された自然、「家畜」「栽培植物」等も含む。例えば第2式の場合、自然の緒要素と社会の緒要素とが一つ一つ、掛け合わされ、さまざまな組み合わせとしての「物質文化」を生むのである。

　なお第1式で述べる人間は、個人あるいは集団である。第2式の物質文化

も、特定資料あるいは集合体である。

　あえてこのような妙な式を記したのは、考古学的考察の対象となる物質文化には、人間にかかわる面だけでなく自然としての面があり、後者を考慮することによって、より広く深い考察が可能になることを誰にでもわかる形で強調したかったからである。同時に、自然としての人間についての考察も深める必要がある。それによって、資料として取り扱う物資文化の範囲が広がるであろう。

　物質文化は人間が自然を利用して製作したものである以上、常に人間の側の要求と、自然の側の規制とが掛け合わされて生まれている。したがって、人間の側に利用したい意思や物質（自然）の性質についての理解がなければ、その物質（自然）は利用されず認識もされない。利用可能な自然が人間の周辺に存在していたとしても、人間にとっては単なる背景としてしか存在していない場合もあるのである。例えば、砂鉄はどの時代にも日本列島各地にあったが、それが利用されるようになるには、使用の意図と技術の移入が必要であった。人間による自然利用の変化は、規模に大小はあるが、文化の変化として見ることができるのである。

　このように、物質文化を見る際に、常に人間にかかわる面と自然面との両方を見る、これを本書の基本姿勢とする。

(2) 本書であつかう物質文化

　蝦夷について、さまざまな面からできるだけ深く考えるためには、資料とする物質文化は、普遍的に出土しており、なおかつ人間の諸活動を見ることのできるものを選択するとよい。本書では、人間が飼育して初めて東北北部に存在するようになった動物、人間の生活に不可欠な物質文化、少数の者だけが持つ技術などを選択する。馬、集落、鉄、土器を主なものとし、そして蝦夷の地域に特徴的な文化とされる昆布・琥珀・蕨手刀・弓矢についても言及する。

　そして、物質文化を見るときに是非考慮しておかねばならないことがある。それらが存在した「場」の性質である。「場」が異なれば物質文化の社会的意

味は変わる。本書で対象とする「場」とは、古代日本国から蝦夷と呼ばれていた人々の社会であるが、その社会は単一でなく、地域や時期によってその内容は違っていた。いかなる社会であったかによって、そこに存在した物質文化の社会的意味は変わる。例えば、東北北部と一口に言ってもその東西では自然環境が大きく異なり、それぞれの地域の集落の存立の歴史も多様であった（松本2006）。各々の地域における物質文化が示すことの違いを見て、蝦夷社会の多様さをできるだけ具体的に述べたい。

　また、馬の飼育・集落・住居・鉄・土器は、自然環境と深く関わる文化要素である。したがって、社会的「場」と同様に、それらが存在した自然的「場」すなわち、自然環境を把握することによって、その存在理由をより的確に捉えることができる。逆にいうならば、文化が異なれば自然環境の感じ方も、それへの接近法も、利用法も変わる。時代や空間の違いにともなう自然環境へのアプローチの変化・相違を見ることは、文化の違いや変化を把握するために、きわめて有効な方法なのである。

第3章　蝦夷と馬

第1節　蝦夷は馬の民

　「古代北方エビスは、ウマの民ということを基本の特性とする。これに対して、中世以降のエゾ＝アイヌには、ウマの民という側面が全く欠落しているだけでなく、この伝承を重んずる民には、その聖書ともいうべきユーカラのような叙事文学にすらも、ウマの伝承を残していない。両者の間には質的な断絶があるのである。」高橋（1991）は、この後で「これだけのはっきりした差異は、同一の民の間における発展段階の差というよりは、ヒトの質の交代による相違というふうに考えるのが合理的であるとおもう」と述べる。そこに示された蝦夷が誰であったかについての見通しは本書とまったく違うが、蝦夷が馬の民であることに着目し、アイヌとは異なる質の人々であったと考えた。これ以前にこの点に注目した説はなく、重要な指摘であった。

　本来、日本列島に馬はいなかった。古墳時代中期の4世紀後葉ころ以降に馬は飼われるようになり、5世紀中葉ころには列島の古墳文化社会の地に広くその姿が見られるようになっていた。経由したのが、朝鮮半島、西南諸島、いずれであるにせよ、馬は大陸方面から人間に連れられてやってきた。馬の飼育とそれに伴う諸文化は、外来の技術を基礎として古墳時代に確立したのであり、馬にかかわる習俗は、その文化の重要な要素だった。したがって当初、馬飼は古墳文化が定着した地域にのみ見られたのであった。

　古墳時代の馬は大きなものでも肩までの高さが130cmほどであり、現在の北海道に住む在来馬「道産子」並みだが、当時、本州島では牛と並んで最大の動物であった。また、姿が美しく、駆けるのが早く、しかも、馬飼たちの言葉を解するその動物を目にした人々は、最初、驚いたことであろう。古墳文化の

なかった地域、すなわち東北北部から北海道にかけての地域の人々もまた、自由に馬を操る人々を目の当たりにしたとき、驚異の念を抱いたであろう。

　古墳文化社会は農耕牧畜社会でもあった。一方、知られている遺跡の規模や遺物の量から考えると、そのころの東北北部にはあまり人が住んでおらず、栽培農耕も馬飼もおこなわれていなかった。それなのに東北北部の人々、すなわち蝦夷は馬飼の民であるというイメージが8世紀後半までに定着していた。馬飼がおこなわれていなかった地域で、それが盛んになったのはなぜであろうか。

第2節　東北北部の馬関連史料

(1) 8世紀前半

　東北北部における馬飼例を示した史料としては、『扶桑略記』養老2年（718）8月14日条が最も古い。『扶桑略記』は古代日本国の正史である六国史をもとにして編纂されたものであり、記事が養老年間のものであることを考えれば、本来『続日本紀』に記されていたはずである。いつのころか、『続日本紀』からはずされていたのであるが、国史大系本『続日本紀』には収録されている。これには、出羽と渡嶋の蝦夷87人が来て馬を千疋貢いだので位禄を授けた、と記されているが（史料1）、出羽は現在の山形県から青森県にかけての地域、渡嶋は津軽半島あたりから北海道にかけての地域であろうと考えられている。1,000km近い距離を、千頭もの馬を連れてきたというのである。馬を長距離移動させるのに要する労力や飼料の規模を考えると、千疋は多すぎる。写す際に誤って十を千としたという見方もある（北構保男1991など）。そうかも知れない。しかし、確かめる術はないので、ここでは複数の馬を貢いだということだけを把握しておく。少なくとも、8世紀前半までに出羽以北で馬が飼われていたということは言えるのである。

　高橋（1958）によれば、馬を貢ぐとは政治的に従属することの表明であった。したがって、馬を朝貢し、それに対し位禄を授けたことを正史に記したのは、8世紀前葉の段階で、出羽や渡嶋の蝦夷が古代日本国に政治的に従属している

史料1　『続日本紀』養老2年8月14日条
〇乙亥、出羽并渡嶋蝦夷八十七人來、貢馬千疋、則授位祿。

史料2　『類聚三代格』延暦6年正月21日条
應陸奥按察使禁断王臣百姓与夷俘交關事
右被右大臣宣偁、奉勅、如聞、王臣及國司等爭買狄馬及俘奴婢等、以弘羊之徒苟貪利潤、略良鵊為相賊日深。加以無知百姓不畏憲章、賣此國家之貨、買彼夷俘之物、綿絁着賊襖冑、鏵鉏造獻農器。於理商量、為宮極深、自今以後、宜嚴禁断。如有王臣及國司違犯此制者、物即没官、仍注名申上。其百姓者、一依故按察使從三位大野朝臣東人制法、随事推決。

史料3　『類聚三代格』弘仁6年3月20日条
禁断出羽馬事
右中納言兼右近衛大將從三位行陸奥出羽按察使勳三等巨勢朝臣野足奏状偁、軍團之用莫先於馬、而權貴之使豪富之民手相徃來、捜求無絶。遂則託煩吏民犯強夷獠、國内不肅大略之非唯馬直踊貴兼復兵馬難得、仍去延暦六年下騰勅符特立科條、而久世移狎習不違、望請、新下嚴制、更増禁断者、被右大臣宣偁、奉勅、宜強壯之馬堪充軍用者勿出國堺、若違此制者罪依先符物則没官、但馱馬者不在禁限、其出羽國宜準、此。

史料4　『類聚三代格』承和4年2月8日条
應補弩師事
右得陸奥國解偁、弩戰、夷狄所長、平民數十不敵其一、但至于弩戰誰有萬之獷賊不當一箭之機發、尤是威狄之至要者也。今在庫中弩機手差誤、若有警急、何忽調備、望請、准鎮守府置件弩師、其公廨准一分給、更不加挙者也、謹請。
官裁者、權中納言從三位兼行左兵衛督藤原朝臣良房宣、奉勅依請。

（いずれも国史大系本より転載）

ことを、政府が認めていたということであろう。それなのに、ある時期以降、『続日本紀』からその記述は削除されていた。政治的な配慮が働いた結果だったのではなかろうか。このときの背景を考えるのは、国の正史を残す側の意図や、記す側が持っていた国家像を考えるうえでは大変重要なことであるが、ここではこれ以上深入りせず、後に言及する。

(2) 8世紀後半

　史料2として示したように、『類聚三代格』延暦6年（787）、陸奥・出羽国

の貴族や国司らと夷俘（当史料の表記は蝦夷ではなく「夷俘」であるが、以下では蝦夷と表記する）との馬などの交易を禁ずるとの太政官符が出された。宝亀5年（774）の海道蝦夷による桃生城襲撃から弘仁2年（811）の征夷終了までは、研究者のあいだでは38年戦争とも呼ばれ、最も激しい戦闘が繰り広げられた時期と評価されている。しかしその時期に、政府の役人や国司らは、戦争どころか蝦夷たち相手に私的交易をおこなっていたのである。そして、彼らが買い漁った重要な産物の一つが、蝦夷の育てた馬であった。

　この官符は禁止令である。したがって、禁止された諸行為、あるいは指摘された出来事は、実際にあったことと判断できる。政府軍と蝦夷らとが激しく戦っていたという正史の記述とは裏腹に、実はこの時期、役人も一般の民も、蝦夷らとの交易に勤しんでいた。もう少し内容を見ると、利潤を貪る悪徳商人が暗躍し、一般の民も蝦夷たちと交易をし、甲冑は蝦夷らの農具に作り変えられたとある。国の正史では、国軍と蝦夷とが激しく戦っていたとされるこの時期に、軍事面も含め、陸奥・出羽国内の政治全般をおこなっていた国司らが、馬を買い、武具を鍛え直し、蝦夷らの農具としていたというのである。征討の対象であった人々と国との間に緊張関係があったなどということを、この事態から読み取ることは、まったくできない。

　古代日本国側の人間が私的交易によって最も入手したがっていたものの一つが馬であった。「敵」と書かれているので、交易相手となった蝦夷は陸奥国や出羽国の領域に入っていない地域に住む者たちだったのであろう。もちろん、これは「敵であるはずの」という意味と解するべきであり、この時期であれば、秋田県北部以北、岩手県以北、青森県域の人々ということになろうか。それらの地域に住む蝦夷らは質の良い馬を育てていたのである。彼らがそもそもいかなる目的で馬を飼育していたか、この文献からは不明だが、それらは8世紀後半における「私的交易」の最重要品目の一つとなっていたことは確かである。

(3)　9世紀

　『類聚三代格』巻19禁制事に、弘仁6年（815）の太政官符がある。それには、

兵馬が欠乏するので、陸奥国・出羽国から馬を私的に購入したり持ち出したりすることを禁ずるとある（史料3）。文言は多少違っているが、同じ内容が『日本後紀』にも記されている。そのような行為をしているものは、『類聚三代格』では「権貴の使、豪富の民」、『日本後紀』では「権貴の家、富豪の輩」である。高い位の国の役人、貴族、その他の富豪層ということであろう。そして、彼らは、自分が用いるか他人に提供するかは別として、軍用に耐えるような強壮な馬を両国の外に運んでいた。同様の禁止令は、その後、貞観3年（861）にも出されているので、そのような命令など怖れず、馬の私的購入や使用がおこなわれ続けたことがわかる。

　またこれらからは、蝦夷の馬をめぐっていかなる社会的問題がおこっていたかがうかがえる。「夷獠を犯殺す。国内粛かならざる、大略之に由る」（史料3）、「馬を夷狄に求む。部内、其に由りて粛かならず」（『日本後紀』弘仁6年3月30日条）がそれである。蝦夷と和人との間で紛争がおこる原因の大方が、馬をめぐる私的交易にあったと政府は認識していたのである。延暦6年（787）の禁令の内容からもわかるように、蝦夷の馬を買い漁ることは8世紀から続いていた。その際にもさまざまな形で紛争が発生していたことであろう。記録を残す役人たちは、自分たちの背任行為を隠すために、蝦夷に問題があるかのように脚色した。それが、「征討」に関連する内容のかなりの部分を占めたのではなかったか。

　ほかに、『類聚三代格』（史料4）と『続日本後紀』承和4年（837）条に、蝦夷（『類聚三代格』には夷狄、『続日本後紀』には夷獠、と記されているが、以下では蝦夷と表記する）は弓馬の戦闘に長じているとの記載がある。文書ではこの後、そうであるがゆえに鎮守府に弩師（弩は機械仕掛けの強力な弓）を配置することを望むと続くので、それがこの官符の主題であり、蝦夷の弓馬の術のことは要求を通すためのお話でしかないとも考えられ、蝦夷と弓馬に関する記載がどれほど確からしいのかはわからない。それでも、それらは古代日本国の官符および正史として残された文書である。当時の人々が共有していた認識と、大きくかけ離れたものではなかったのであろう。

ただし、それは畿内あたりにいた人々の「認識」であり、必ずしも東北あたりの人々の実態とは言えない。これは陸奥国による報告であるが、弓馬の戦闘に優れていたということは、政府による「蝦夷征討」終了後も、いかなる目的かは不明だが、蝦夷はその訓練をおこたらなかったということになろう。馬は戦闘用に飼われていたことになるだろうか。しかしはたしてそれは本当だろうか。7世紀にいたるまで集落の跡もみつかっていない地域に住んでいた人々（松本 2006）、すなわち、それまで弓や馬を用いた戦闘などしたことがなかった人々が、馬を飼うようになった後、急激に戦の民になったなどということがありうるだろうか。そうであったとするならば、人々のなかには、単に馬を飼っていたというだけでなく、戦闘用に馬を飼う人々、すなわち武人に連なる系譜を持つ者がいたということになるのではなかろうか。

　また、この前後の時期の他の関連史料を用いると、蝦夷の馬をめぐる別の内容を読み取ることもできる。『類聚三代格』禁制事に残された弘仁 6 年 (815) と貞観 3 年 (861) の官符によると、古代日本国側の人間と蝦夷たちとの紛争の原因の大方は馬の交易であった。この時期、組織立った戦闘など、ほとんどなかったというのが実態ではなかろうか。ときには馬の入手にかかわって小さないざこざがあり、殺傷に発展した例もあったかもしれぬ。しかしそのよう場合でも、原因は権貴の使、富豪の民の側にあったであろう。そして、これらの史料に挟まれる時期に、弩の配備を要求した背後には、蝦夷らとの戦闘を名目とした、役人と兵器商たちがそれぞれの利益で結びつく構図があったとも見えるのである。21 世紀の現代でも、2008 年に「防衛省」と政商との癒着が問題となったが、どの時代にもこのようなことはあったであろう。

　以上に見てきたように、多くの史料から、蝦夷は戦闘用に用いることができる立派な体躯の馬を飼っていたということがわかる。それは、彼らが本来そのような馬を育てる技術を持っており、それを代々受け継いだからということになるだろうか。

(4) 10〜12世紀

　10世紀には、陸奥の馬を詠み込んだ歌が増える。佐藤智生（2006）は、「をふち」という言葉を用いた和歌を七つ集めた。「をふち」は、「おぶち」と発音されたはずであり、その歌のうち六つまでが馬と関係している。そのうち最も古い歌は、950年以前の作とされる次である。

　　陸奥のお（を）ぶちの駒ものがふには荒れこそ勝れなつくものかは

　　詠み人知らず『後撰和歌集』1252番（『新日本古典文学体系後撰和歌集』岩波書店）

　作者は未詳であるが、平安京あたりでは10世紀中葉にはすでに「をふちの駒」についての評判が、歌に詠まれるほど定着していたことが推察できる。ただしこの歌だけでは「みちのくのをふち」がどこかはわからない。東北地方の馬の産地で、後に「おぶち」と呼ばれる地域は、当時の陸奥国すなわち岩手県南半以南にはないので、その地は現在の青森県上北郡六ヶ所村尾駮を含む、平安時代後期の糠部郡にあたると考えるのが妥当であろう。そして、「蝦夷」、「えみし」、「えびす」、あるいは「えぞ」の、どの語もそれらの歌には伴わないことに注目しておきたい。

　しかしながら、12世紀に入ると「えぞ」という名称を用いた和歌が詠まれるようになった。それについては、海保（1987）、児島恭子（2003）に丁寧に集められている。それらを参考にすると、「えぞ」と馬の両方が歌われているのは、次にあげる13世紀の一首だけである。

　　駒とめてえぞみづかはぬささのくま　ひのくま川に氷とぢつつ

　　　　（『隆祐集』169番　13世紀前半〜中ころ─『新校群書類従』第12巻）

　ここに使われている「えぞ」は、係り結びの「えぞ〜連体形止め」として用いられたレトリックである。また、「ひのくま川」は奈良県の飛鳥を流れる。これは『古今和歌集』に載る「ささの隈檜の隈川に駒とめて　しばし水かへ影をだに見む」（読み人知らず）をもとに創られた歌であろう。蝦夷や北国の馬とはまったく関係がなく、この歌は、「えぞ」と馬との関連を示したものではない。以上のことから、13世紀はもちろん、10〜12世紀にも、蝦夷あるい

は「えぞ」と馬とを関連させた歌はない。この時期の平安京にはそれらを一連のものとするイメージが流布していなかったことになろう。

　ただし、10世紀後半の駒の歌からわかるように、東北北部は有名な馬産地であった。これを裏付ける史料もある。このころ、陸奥国が馬を貢納するようになっていたのである。927年に成立した『延喜式』に記された諸国牧、勅旨牧、近都牧のなかには、東北地方の地名は見られないが、高橋（1958）は、平安時代中期に東国の勅旨牧の制が衰退し、それ以降、奥羽が貢馬地帯になっていたという見通しを述べた。その後、大石（1997・2001）は、10世紀後半には陸奥国交易馬が恒例化していたことを明らかにした。それらの研究によれば、早い記録では、916年の『日本紀略』のような正史に、天皇が陸奥交易進御馬をご覧になったことが記されているし、その後も『御堂関白記』『権記』といった、中央の貴族の日記にたびたび記された。これらの馬が陸奥国から進上されると同時に、それらの馬の産地についての情報が伝えられたのであろう。駿馬が育まれる遥かな東北方面の地域についてのイメージが歌詠みの心情をとらえ、いつしか「おぶち」という地名も歌われるようになったと推定できる。10世紀前半に編纂された『倭名類聚抄』に「駁馬（ぶちむま）」という記載があり、馬の毛色を示す語に「駁」があったことがわかるが、駁の駿馬が貢納されたことがあり、それが話題となり、その成育された土地の名を良馬の産地として呼ぶようにでもなったのであろうか。

　それでは出羽側の馬産はどうであったか。878年に出羽国北部でおこった元慶の乱を鎮めた藤原保則の伝記である『藤原保則伝』（青森県史編さん古代部会編2001所収のものを用いた）によれば、その騒乱の背景に、長年にわたって権門らが善馬、良鷹を求めていたことが記されている。また、先に引用した787年、815年の『類聚三代格』等の記事では、出羽国でも馬の私的交易がおこなわれていたことを読み取ることができる。ただし、10世紀以降の記録によれば、貢馬が恒例化したのは陸奥国なので、おそらく駿馬が育まれたのは陸奥側だった。なかでも10世紀にはまだ日本国領ではなかったとはいえ、後の糠部郡、すなわち「おぶち」を含む地域が中心地であったと推測できる。

ところで、残された歌を見る限り、10世紀後半以降の和歌の世界では、「え
びす」「えみし」等と馬とを関連させる発想はなかった。高橋（1958）は、馬
を貢ぐとは、政治的な服属の証であったと述べた。質の良い馬を生産する者
たちがいた「おぶち」を含む糠部が、かつては古代日本国に服属しなかった「え
びす」「えみし」の居住地であったというイメージは、10世紀以降の平安京で
はすでに失われていたのではあるまいか。一方、「おぶちの駒」は、11・12世
紀にも歌われた。陸奥のなかでも、馬の産地として個別の名が記されるのは、
ここ以外にない。
　そして再度強調しておくと、12世紀以降には、津軽地方よりも北に住む人々
を「えぞ」と呼んだ歌が見られるようになるが、それらに馬を読み込んだもの
はない。10～12世紀の中央に、蝦夷（えみし・えびす）と馬、「えぞ」と馬
とが重なるというイメージはすでになかったのである。蝦夷と馬とを強く結び
つけたイメージは9世紀のうちに消滅し、10世紀以降は陸奥という地域、あ
るいはその奥に有名な馬産地があったくらいの意識となっていたのであろう。

第3節　東北北部の馬関連遺跡

(1) 7～8世紀

　前節で見たのは古代日本国中央で記された文献である。国の側から見た蝦夷
と馬との関連記事であったことになる。古代日本国では、蝦夷を馬の民であっ
たと認識していたことが読み取れた。次に、考古資料にもとづいて、東北北部
に馬飼の文化・社会があったことを説明する。
　東北北部の馬関連遺跡を第2図に示した。八戸市丹後平古墳群や岩手県山田
町房の沢IV遺跡から、7世紀末葉～8世紀前葉ころの馬の土坑墓が出土して
いる。それぞれ頭骨の一部や歯が検出された。丹後平古墳群2号土坑例（第3
図）は、馬の歯が永久歯であること、咬耗状態、出土状況、土坑の規模等から、
壮齢の一頭がそのまま埋められたと推定される（小林和彦1991）。房の沢IV
遺跡の4基の馬埋葬土坑も、長軸145～178cm、短軸72～100cmという規

第 3 章 蝦夷と馬　49

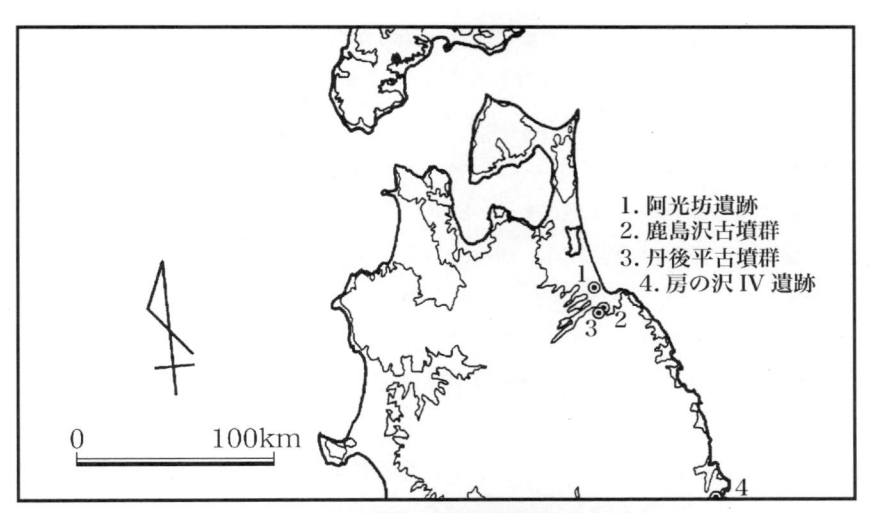

1. 阿光坊遺跡
2. 鹿島沢古墳群
3. 丹後平古墳群
4. 房の沢IV遺跡

第 2 図　東北北部における馬関連遺跡分布図

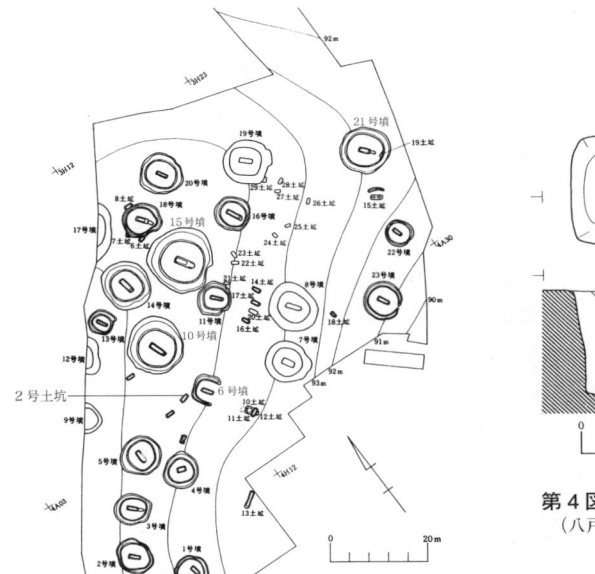

第 3 図　丹後平古墳群馬の墓の配置
（八戸市教委 1991―第 3 図に加筆）

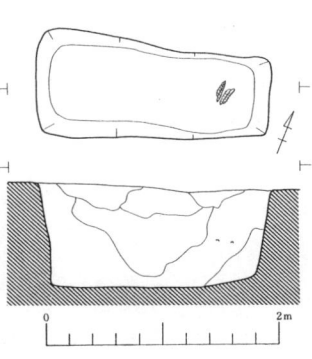

第 4 図　丹後平古墳群の馬の墓
（八戸市教委 1991―図 74 より）

模と歯の出土位置をもとに、それぞれ一頭分が埋められていたと推測できる。

　それらは末期古墳の近くに掘られた土坑であった。古墳被葬者の死に際し、所有していた馬を殉死させた可能性が高い。両遺跡の例は、ほぼ同じ時期に100kmほど離れた場所でおこなわれたことなので、それぞれ独自の思いつきによる行為ではなかった。人々は、広汎に存在したそのような葬法を自らの習俗として持っていたのであり、別の言い方をすれば、世界観あるいは思想を共有していたと考えるべきである。桃崎祐輔（1993）によれば、馬の埋葬は5世紀以来の日本列島内だけでなく、列島への馬および馬飼の技術の源であった、中国東北部（前漢中期以降）や朝鮮半島で広くおこなわれていた。

　ほかに、青森県おいらせ町阿光坊古墳群（下田町教委1991）、八戸市丹後平古墳群（八戸市教委1991）、同市鹿島沢古墳群から、轡や杏葉などの馬具が出土している。第6図9は、丹後平古墳群15号墳に周溝に埋置されていた轡である。7世紀末～8世紀初頭ころの土師器坏と共伴しているのだが、轡自体の製作年代は六世紀前半ころのものと推定できるものである。鹿島沢古墳群からは、杏葉の一部が出土している（第6図12・13）。この年代は、田中新史（1980）によれば7世紀中葉ころものとなり、類例が長野県、山梨県から出土している。

　そして、轡のように常に馬に装着されていた馬具が墓から出土するというのも、被葬者の馬を殉死させたことを示すのであろう。第1表に示したように、馬具が墓から出土する例は、7世紀末～8世紀前葉の例が多いが、房の沢例のみ8世紀でも中～後葉と、少し後まで続いたようであるが、9世紀以降はそのような例はなくなる。

　ところで、7～8世紀前葉に限れば、当時の東北北部の馬関連遺跡は、その東側地域にのみ知られている（第2図）。それらはすべて末期古墳を伴ってもいるのだが、東北北部近辺における7～8世紀前葉のその分布範囲は第5図のようになる。東北地方の東側に偏っており、集落遺跡の分布域と同様である（松本2006）。後に自然環境と関連させてやや詳しく述べるが、当時、東北北部に集落を造営した人々は、馬飼が可能な自然環境を選択していたのであった。また、馬具が末期古墳から出土する点、日本列島における馬飼が古墳文化で育

第3章　蝦夷と馬　51

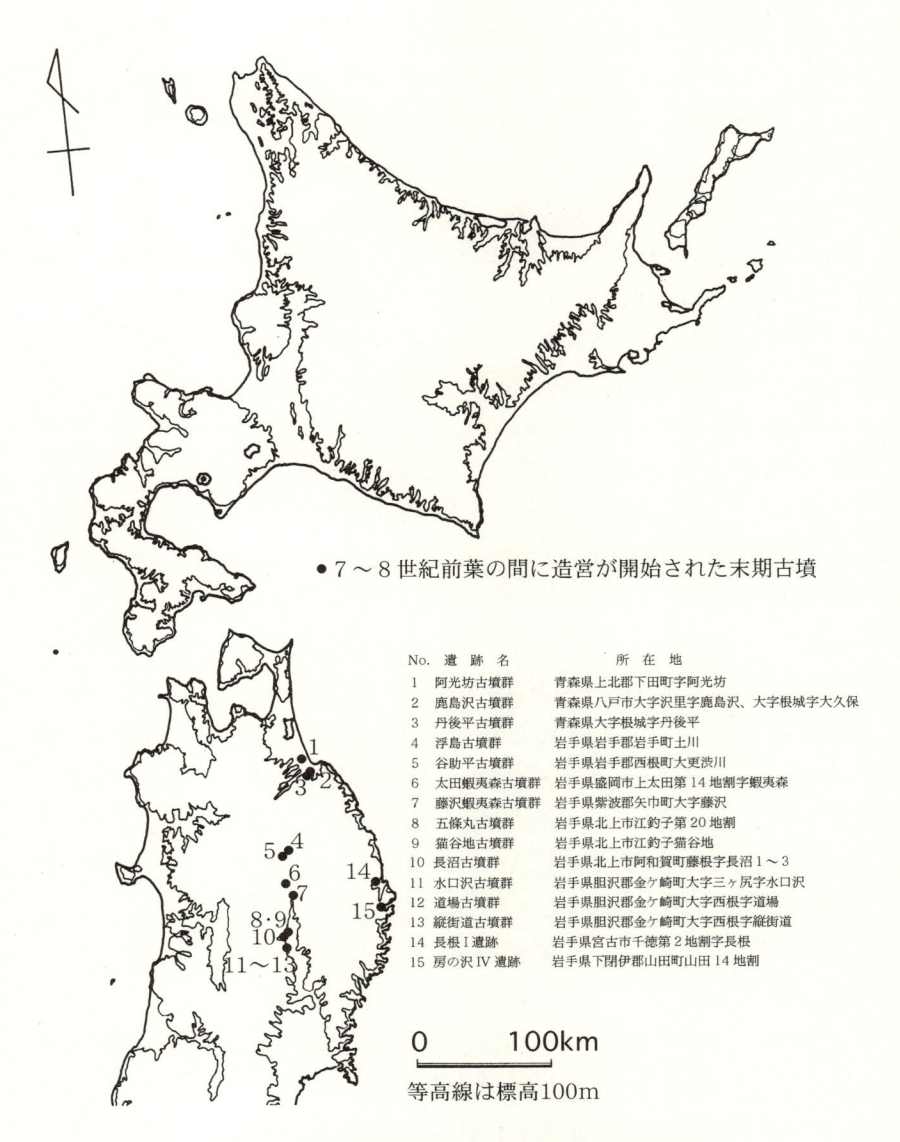

● 7～8世紀前葉の間に造営が開始された末期古墳

No.	遺跡名	所在地
1	阿光坊古墳群	青森県上北郡下田町字阿光坊
2	鹿島沢古墳群	青森県八戸市大字沢里字鹿島沢、大字根城字大久保
3	丹後平古墳群	青森県大字根城字丹後平
4	浮島古墳群	岩手県岩手郡岩手町土川
5	谷助平古墳群	岩手県岩手郡西根町大更渋川
6	太田蝦夷森古墳群	岩手県盛岡市上太田第14地割字蝦夷森
7	藤沢蝦夷森古墳群	岩手県紫波郡矢巾町大字藤沢
8	五條丸古墳群	岩手県北上市江釣子第20地割
9	猫谷地古墳群	岩手県北上市江釣子猫谷地
10	長沼古墳群	岩手県北上市阿賀町藤根字長沼1～3
11	水口沢古墳群	岩手県胆沢郡金ケ崎町大字三ヶ尻字水口沢
12	道場古墳群	岩手県胆沢郡金ケ崎町大字西根字道場
13	縦街道古墳群	岩手県胆沢郡金ケ崎町大字西根字縦街道
14	長根Ⅰ遺跡	岩手県宮古市千徳第2地割字長根
15	房の沢Ⅳ遺跡	岩手県下閉伊郡山田町山田14地割

0　　　100km

等高線は標高100m

第5図　東北北部周辺の7～8世紀造営の末期古墳

まれた点、末期古墳が古墳文化との関連なくしては生まれない点（第5章参照）を重視すると、東北北部で馬飼をおこなったのは、もともと馬飼をおこなっていた人々を基本としていたことを読み取ることができるのである。

(2) 9〜12世紀

　9世紀に入りしばらくすると東北北部西側に大規模な集落が見られるようになった。そこは、それ以前にはほとんど集落が知られていない地域である。それらの集落のうち、特に9世紀〜10世紀前半のものは現在の居住域ともほぼ重なり、水稲耕作が可能な沖積地に臨む台地縁辺部を占めるものが多い。それらの集落遺跡からは、馬の骨や歯などがいくらか検出されている（第3表・第7図）が、集落遺跡が多数である割りに多くない。また、地形から考えるならば、津軽地方では、馬を飼うよりもむしろ水稲耕作を目的とした土地が広く開拓されたようであり、前時期同様、馬が多く飼われていたのは台地や山間地が多くを占める東北北部の東側だったと推測できる（松本2006）。

　また、7〜8世紀には、末期古墳群内に大型の土坑を掘り、馬一体分をそのまま葬る例が複数見られ、主人が没した際の殉葬と考えることができるのだが、9世紀以降には墓と見られる土坑から検出される例はなく、廃絶された住居が埋没する過程で堆積する土や焼土ブロック内から、歯や足などの一部が検出されるのみである（第3表）。9世紀以降に東北北部西側でおこった集落遺跡の増加は、前時期に見られた東北北部東側でのそれとは無関係の、まったく系統を異にした人々の移住の結果と考えられるのだが（松本2006）、馬と人間との関係にも違いがあった。この時期の東北北部西側には、馬を殉葬するような立場の人物はおらず、また、そのような慣習もなかったのであろう。

　ところで、10世紀後半〜11世紀の八戸市林ノ前遺跡からは多量の馬の骨が出土した（青森県教委2006）。同遺跡からは、複数の鉄鏃、切断された人骨など、戦闘に関わると思われる遺物・遺存体が多いことから、それらの馬も戦闘用であったと推測されている。同遺跡は集落遺跡であり馬の牧は検出されていないが、台地の縁に位置しているので、周辺に牧が存在したのであろう。

第 3 章　蝦夷と馬　53

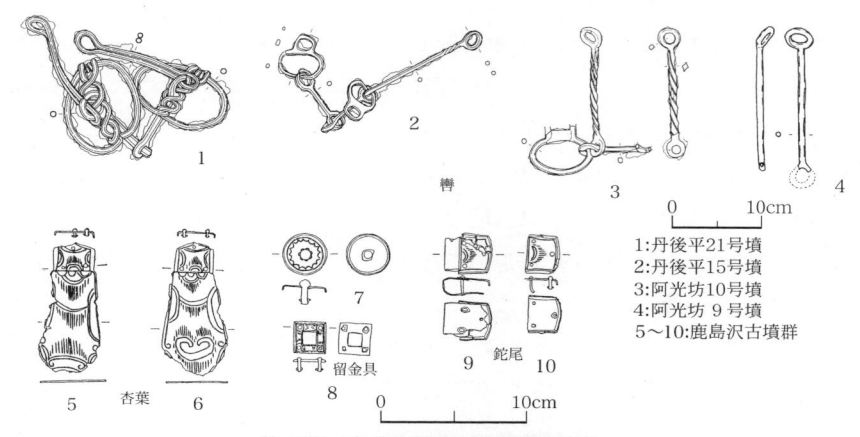

 　　　　　　　　　　　　　　　　0　　　　10cm

轡

1:丹後平21号墳
2:丹後平15号墳
3:阿光坊10号墳
4:阿光坊 9号墳
5～10:鹿島沢古墳群

5　杏葉　6　　　　7　　8 留金具　9 鉈尾 10
　　　　　　　　　　0　　　　10cm

第 6 図　東北北部出土の馬関連遺物
(1・2：八戸市教委 1991、3・4：下田町教委 1991、5 ～ 10：八木光則 1996a より転載)

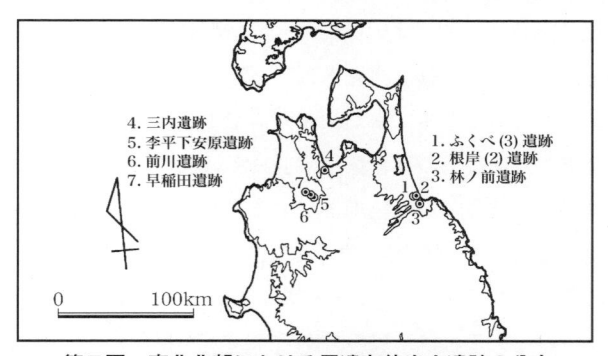

4. 三内遺跡
5. 李平下安原遺跡
6. 前川遺跡
7. 早稲田遺跡

1. ふくべ(3)遺跡
2. 根岸(2)遺跡
3. 林ノ前遺跡

0　　100km

第 7 図　東北北部における馬遺存体出土遺跡の分布

第 3 表　東北北部出土の馬遺存体（佐藤 2006、福田 2007 を参考に、各報告書を参照して作成）

遺跡名	所在地	時期	遺存体	出土状況	文献
ふくべ(3)	青森県上北郡おいらせ町	10世紀	歯	5号住居を切る土坑の覆土	下田町教委 (2006)
根岸(2)	青森県上北郡おいらせ町	9～10世紀初頭	歯	7号住居覆土上部（白頭火山灰下）	百石町教委 (1995)
林ノ前	青森県八戸市	10世紀後半～12世紀	歯・足骨など	住居11棟、土坑34基、堀1条などの覆土	青森県教委 (2005・06)
三　内	青森県青森市	9世紀後半～10世紀初	歯	H-44号住居覆土上部	青森県教委 (1978)
李平下安原	青森県平川市	8世紀後半より後（※ 1）	歯	49号住居床面上覆土（別遺構の覆土？）	青森県教委 (1988)
李平下安原	青森県平川市	9世紀後半	中手骨	87号住居覆土上部	同上
李平下安原	青森県平川市	9世紀後半	歯	96号土坑覆土上部	同上
前　川	青森県南津軽郡田舎館村	10世紀後半～11世紀	手骨・足骨など	12号住居煙道を切る焼土ブロック内	田舎館村教委 (1991)
早稲田	青森県弘前市	11世紀	歯	1号堀底面	弘前市教委 (2001)
早稲田	青森県弘前市	11世紀	歯	112号土坑（井戸）底面	同上

※ 1：住居覆土に、床面まで達する灰・焼土を含む層があり、その中から、ウマ・ヤギの骨が検出された。重複した遺構の覆土である可能性もあると報告されている。また、ヤギの骨は、保存状態から、後世の混入の可能性が指摘されており（小林 1998）、ウマの骨も住居の年代である 8 世紀後半よりも新しく、覆土中に見られる土器と同等の9 世紀後半あたりであろうか。

さらに一言加えるならば、10世紀後半～11世紀には周囲を濠で囲まれた集落があり、先にあげた八戸市林ノ前遺跡のように、戦闘行為をおこなった痕跡が見られる場合もあり、それらは「防御性集落」と呼ばれている（工藤1998c・三浦圭介ほか2006など）。そういった集落は東北北部の東側のみならず西側にも分布する。囲まれた区域は一辺が数十メートル以下しかないものがほとんどなので、濠は弓矢には無力であったろうが、構造から考えれば、馬の進入に対しては効力を発揮したことであろう。

第4節　北海道の馬関連遺跡

　12世紀までの北海道の馬関連遺跡は非常に少ない。馬具としては、余市町大川遺跡の土坑墓出土の5世紀中葉ころの鉄製鏡板が1枚あるくらいである（日高 慎 2001）。ただしこれは穿孔されており、馬具としてではなく、別の用途で再利用されたものである。また、北海道で生産されたものでもない。したがって、北海道における馬の存在を示す遺物ではない。

　ほかに、奥尻島青苗遺跡から、馬と解することのできる絵が器表面に描かれた坏が一点出土している（奥尻町教委1979）。器形や共伴遺物から、11～12世紀のものと考えられる。しかし、奥尻島に馬がいたことを示す遺構や遺物は知られていないので、これは、島の外から来た人が描いたか、土器が島外からもたらされたかのどちらかであろう。また、これは奥尻島出土のものなので、当時の北海道本島に馬がいたことを示すわけでもない。

　第2節で、出羽と渡島の蝦夷87名が千頭の馬を貢いだという8世紀初頭の文献を紹介し、一般に渡島とは津軽半島あたりから北海道のことと解されていることを述べた。しかし12世紀までの間には、北海道に馬関連の遺跡は知られていない。したがって、千頭の馬を貢いだ渡島の蝦夷とは、北海道の人々ではなく、津軽海峡よりも南の東北北部側の人々であったと考えるべきであろう。馬飼の有無からも、北海道と東北北部は8世紀初頭にはすでに異なる社会となっていたことがわかるのである。

第 3 章　蝦夷と馬　55

第 5 節　馬飼の始まりとその背景

(1) 馬のいなかった続縄文土器使用期

　考古学的事例によれば、4 世紀後半以降、日本列島各地でしだいに馬飼例が増加し、5 世紀には急激に古墳文化社会に広まった。水野　祐（1975）が述べるように、4 世紀末 5 世紀初頭にかけての朝鮮半島での高句麗の騎馬隊との戦闘を契機に、倭軍が騎馬の習俗を受容した結果と解するのが妥当のようである。したがって、この時期の馬は軍事用であり、馬を繁殖させることは優秀な軍団を作ることであった。戦闘用の馬を持つのは、古墳文化社会の基本要素の一つであった。五世紀後半には、岩手県奥州市中半入遺跡から馬の歯が出土しており、すでに岩手県南部でも馬飼が始まっていた（（財）岩手県文化振興事業団 2002）が、それらも軍事用だったのであろうか。

　一方、1 世紀末ころ〜5 世紀前半までの東北北部では、続縄文土器が少量出土する遺跡が散見されるだけであり、住居跡も知られていない。5 世紀後葉〜6 世紀初頭には、青森県八戸市田向冷水遺跡のようにカマド付竪穴住居で土師器を用いる生活がおこなわれた例があるが（八戸市遺跡調査会 2001・八戸市教委 2006）、東北北部全体では、6 世紀末ころに至るまで、併行して存在していた古墳文化社会とはまったく異なる生活様式が定着していた。同地域では、3〜4 世紀の後北 C_2・D 式土器は比較的広く出土しているが、それに後続する北大 I 式土器はごく少量しかない。遺跡といってもそれらの土器破片が出土するだけで、集落の全体像が把握できるほどの遺跡がないのがこの時期の特徴である。これは人口密度が極端に低かったことを反映しているのであろう。人口が増加する社会ではなく、栽培農耕もおこなわれていなかった。

　青森県域の遺跡を網羅的に記した青森県史に掲載されたデータによれば、後北北 C_2・D 式土器が出土しているのは 20 遺跡、北大 I 式土器が出土しているのは 5 遺跡だけである（青森県史編さん 2005）。出土している土器にもとづけば、5 世紀前半までの東北北部の文化は、北海道同様、続縄文文化であったと

見ておくのが妥当であろう。当時、それらの地域にまだ馬はいなかった。馬を用いた戦も、長い道のりを馬に荷を運ばせるという生活もなかったのである。

(2) 馬飼がおこなわれた地域の自然環境

　東北北部における古代の馬飼は、最初、その東側地域でのみ知られている。これは、当時の集落遺跡の分布と重なるのであるが、次に、そのような偏りがあった理由を考える。第6・7図として、20世紀中葉ころの自然環境を示す資料をあげた。このころまでは、水稲の品種改良があまりおこなわれておらず、また、地球温暖化の影響を受けていない時期でもあり、気候と古代の生活との関連を考えるうえでも都合がよい。

　これらの図で明らかなように、東北北部は東西で気候が大きく異なる。奥羽山地の東側（以後、東北北部東側と記す）はヤマセが吹き、冷夏となりやすく、冷害時に稲の収穫量が大きく減収になる地域である。しかしながら、冬の降水量が少なく、根雪は深く積もりはしない。それに対し、奥羽山地の西側（以後、東北北部西側と記す）には、弥生時代に水稲耕作がおこなわれた田舎館村域や弘前市域など、冷害時でもあまり減収にならない地域が多い。そこは冬の降水量も多く、積雪が深い。古代に一般的であった冬の戸外での馬飼に不利である。

　第10図によれば、古代の馬飼を示す遺物が多く出土している八戸市周辺は、台地、あるいは低い山地や丘陵地である。そこは水の供給が貧弱であり、水稲耕作地には向いていない。そしてそこに発達している土は黒ボク土である（第11図）。それは火山灰を源とした土であり、一般に農耕に適しているという評価は受けない。地形や土壌の性質から、八戸市周辺は栽培農耕には不適であるが畜産には適していると、20世紀の半ばまで記されてきた。

　第11・12図を総合すると、黒ボク土の分布範囲は古代から現代にいたるまで牧畜、特に馬産地域である。第12図作成に用いた古代の情報は、10世紀中葉の『延喜式』に記された地名を現代地名や牧場の在り方と照らし合わせて比定したものである（安田初雄1959）。ただし、東北地方のことは『延喜式』に述べられていないので、中世〜近世の文献から読み取った入間田宣夫（1988・

第3章　蝦夷と馬　57

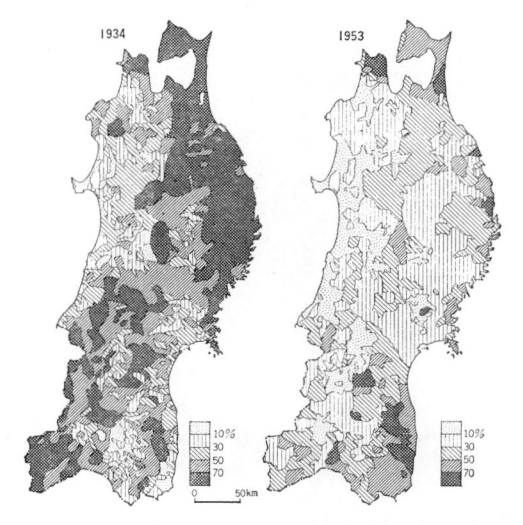

第8図　東北地方における冷害年の米の減収率
(農林大臣官房統計課「昭和8年、昭和9年、郡市別町村別統計書」『昭和28年冷害実態調査報告書』による) (日本地誌研究所1975より転載)

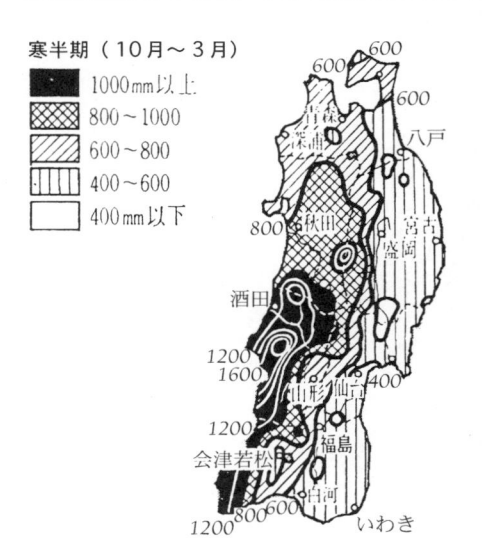

第9図　東北地方の寒冷期の降水量分布
(1921〜1950年の平均)
(岩波書店1961より転載)

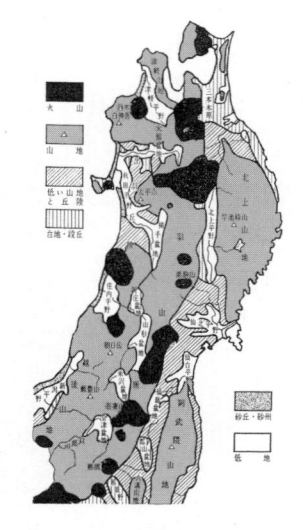

第10図　東北地方の地形
(岩波書店1961を一部加工)

第 11 図　日本列島における黒ボク土の分布
（山根・松井ほか 1978「日本の土壌図」『図説　日本の土壌』をもとに作成）

第 12 図　『延喜式』に記された古代の牧と近世東北地方の牧
（安田 1959、入間田 1988・1990 をもとに作成）

1990）の地図を参考に作成した。

　東北北部の黒ボク土地域が馬産地域となったのは、その土が農耕に適していないという消極的な理由ばかりではない。その地域の黒ボク土は火山灰にイネ科植物が生えることにより生成した（佐瀬　隆・近藤錬三 1990）。そこには樹木ばかりではなく、ササやススキが広く生えていたのであった。それらの植物は馬の好物であった。東北北部の黒ボク土地帯は冬の降雪量が少なく、冬季の戸外で馬たちが生きていくのに適した環境だったのである（第9図）。

(3) 馬飼がおこなわれた地域の社会環境

　7～8世紀に馬飼が広くおこなわれたのは東北北部の東側であった。そこには前方後円墳が造られたことはなく、それ以前には、古墳時代の日本列島に見られた馬飼が組み込まれた社会構造が存在したことはなかった。927年編纂の『延喜式』によれば、その地域には古代日本国が成立したころの諸国牧・勅旨牧などもなく、国や天皇の馬を直接飼うということはなかった（第12図）。

　しかし先に見たように、7世紀末葉～8世紀初頭の東北北部東側には、八戸市丹後平古墳群、山田町房の沢Ⅳ遺跡のように、末期古墳を営み、馬を殉死させ葬るという習俗があった。これは、『日本書紀』大化4年（646）3月22日条にある、庶民は高塚を築かず土中に埋め、死者の馬を殉死させる旧俗を廃止せよとの令に反した行為である。東北北部は古代日本国の外であり、大和政権に従うことはない。むしろ、古墳時代の習俗が、しかもそれが禁止された少し後に、国の外でおこなわれていたことにこそ注目すべきであろう。人々は、新たな令を気にすることなく、故郷を偲び古い習俗を続けたのであろう。それを続けたのは、前時代から東北北部に住んでいた、馬飼も高塚の墓も知らなかった人々などではなく、古墳時代社会からの移住者だったと考えることができる。古墳文化社会を生きていたからこそ、国の外に出ても、以前の習俗を大切にしていたのではないだろうか。桃崎（1993）で述べられたように、馬の埋葬は、中国東北部や朝鮮半島といった地域で広くおこなわれていた風習である。東北北部の馬の墓も、渡来系の人々がおこなったことであったがゆえに、その例が

少ないという見かたもできるであろうか。

　東北北部の末期古墳は、東北北部の東側のみにあった。墓の分布と集落の分布が重なるのは当然であるが、7～8世紀の集落の大部分がその地域に広がっていた（松本 2006）。先に見たように、そこは、馬飼や雑穀栽培に適した土地でもあった。もし、人々が稲作適地に住みたければ、東北北部の西側を選ぶべきであった。しかし、その地域に、当時の集落遺跡はほとんど知られていない。また、7～8世紀前半には、末期古墳も、馬飼の跡も見られない。東北北部で馬飼をしていた人々は、稲作よりも雑穀栽培をおこなえる環境の地を居住地としたのである。このように集落の立地条件からも、末期古墳の造営者たちは、馬飼や雑穀栽培を生業とした人々であったと考えることができるようである。

　その後9世紀には、東北北部の西側で集落が急増する。沖積地に面した段丘の縁や丘陵上に多く営まれたのであるが、それらは、水稲耕作を主な生業とした土地の開発と読み取れる。人々は古代日本国領域の水稲耕作地からの移住者が多かったと考えられ、馬飼もおこなわれていたが、殉葬の跡は見られなくなっていた。開拓された地域の地形や地質からは、馬飼よりも、水稲耕作を中心とした生業の姿を読み取ることができる。

　和歌や文献によれば、10世紀に入ると陸奥国による貢馬が恒例化し、そのなかに「おぶち」を代表とする東北北部東側の馬が含まれていた。そして、10～12世紀の史料や和歌に残された内容で忘れてならないのは、この時期の東北北部に住み、馬を飼っていた人々が、「蝦夷」「えびす」「えみし」と記さることはなかった点である。

第6節　蝦夷と馬

（1）馬を飼うとはどういうことか——北海道に伝わらない馬飼——

　先に見たように、文献からも考古学的資料からも、7世紀後葉には東北北部で馬飼がおこなわれていたことは明らかである。また、馬飼関連遺構や遺物が出土している八戸市丹後平古墳群、おいらせ町阿光坊古墳群などは、出土して

いる馬具が六世紀代のものであること、古墳群が7世紀前葉から造営されていること等を考えれば、彼らの生活が始まった時点で馬は飼われていた。人々は馬とともにやってきたのである。なぜなら、馬飼はそれまで馬を知らなかった人々が、突然おこなえるような性質の活動ではない。なぜなら、馬は単なる「物」ではなく、人間と「心」の交流ができる高等哺乳類である。馬を飼うとはどういうことか。馬飼については、人々の生活の文脈のなかで、さまざまな面と結びついた行為として捉える必要があるのである。

　7〜8世紀当時、日本列島内の諸地域で見られた馬飼は、多くの文化要素と組み合わさっていた。古墳時代中期に朝鮮半島から馬飼文化が移入されて以来、各地の色が加わったであろうが、基本的な点には、共通する部分が多かったであろう。757年施行の『養老令』「厩牧令」(井上光貞ほか1976)を参考にすると、馬飼には、飼料の面から、雑穀栽培、稲作、塩生産、馬具生産に関わって、鉄製産、鍛冶、そして地域によっては牧の草焼きなどの管理もあったであろう。また、馬の病気に対する処置法、それが死んだ場合の皮や内蔵等の種々の利用法、精神的な面では、馬を含む信仰大系のなかに暮らしていたとも考えられる。しかも、馬を利用するには、幼獣のころからの「しつけ」や調教が必要であり、馬の教育にあたる者は、それらの諸ルールを熟知した経験者でなくてはならない(沢崎坦1987)。それらの技術は体系だったものであり、簡単に独自に開発できるといったことではない。馬を飼うとは、遊動的な生活をしていたと解されているような人々(石井淳1997)が、隣接地で用いられていた馬を見て、なぜかその利用を思い立ち、始めたといったことでは決してないのである。ましてや、馬上から複雑な判断を瞬時に伝える必要のある戦闘で馬を使いこなすなどというのは、優れた先達なしには習得できない技であろう。

　北海道でも、道央〜道南にかけて、16世紀以降の馬の蹄跡が見つかっているが(鈴木信2002)、近世アイヌ民族は、一般には馬を利用してはいなかったと解されている。アイヌ語では、馬を「ウンマ」と言うが、これは日本語からの借用である。和人から得たものでも、アイヌ民族にとってよく利用されたもの、例えば稗・粟・米といった栽培植物には、アイヌ語独自の固有名が付け

られている。アイヌ語独自の言葉が生まれなかったことは、それをアイヌの人々が自分たちの文化大系のなかに位置づけようとはしなかったことをよく示している。仮に自然環境として馬が存在していたとしても、人々にその意志がなければ、必ずしも、飼育され利用されるとは限らないのである。

(2) 馬飼の目的

　馬の飼養目的は、1）乗用、2）輓用、3）駄用の三つが一般的だが、このいずれもが、広範な地域での活動や軍事活動、あるいは権力や国家の成立と関連している場合が多いであろう。1) は、頻繁に長い距離を陸路で移動する必要がなければ考えつかないことであろうし、2) には農具を輓く例も含まれるが、それは続縄文文化のなかからは生まれなかった。3) も、人間には運べないほど多量の荷を長い距離運ぶという必要性から発生する利用法であろう。やはり続縄文文化的生活からは生まれない活動である。

　軍事的な利用は、1) と 3) の総合形態とまとめることができるが、これも続縄文文化的生活からは発想されなかったことであろう。蝦夷は弓馬の戦闘に長けていたと『類聚三代格』等に記されていたが、その場合、馬飼の目的は第一には戦闘用ということになる。戦闘技術としての馬の利用や、動物に乗って戦うなどというのは、続縄文的生活からは絶対に生まれなかった発想であろう。特定の範囲に広がる畑を耕していたわけでもない人々には、戦い、その相手である人間を殺し、何か（例えば農地、共同体のある領域など）を「護る」、などという思想自体が、にわかには理解できないことだったのではなかろうか。そして、仮に、そういった戦闘をおこなう生き方やその方法を自ら取り入れたというのであれば、北海道の擦文文化社会やアイヌ民族の生活にも取り入れられたことであろう。しかし実際は、そのような事実はなかった。

　続縄文土器を使用していたころの東北北部における生活様式を考えると、人々は馬を見たところで、いきなりそれを利用しようとは思わなかったであろう。もともと馬を飼っていた人々がその地に移住してきたからこそ、馬の飼育も開始されたのであろう。その人々にとっては、馬を飼うこと自体が生活の一

部だったのである。

　馬飼の痕が濃厚に見られる末期古墳には、馬具のみならず、鉄鏃や刀などが埋置されていたことから、彼らの飼っていた馬は、第一には戦闘用に飼われていたものであり、少なくともその伝統上にある馬飼だったと推測することができよう。それはしつけられた馬であり、駄馬としても利用できたであろう。7〜8世紀前葉は、官道が整備され駅伝制が敷かれた律令国家成立期である。いかなる過程を経て、それを提供したか、その詳細を述べることはできないが、官営の牧での不足を補うために、乗馬、駄馬として、それらの制度で用いられた例が少なくなかったのではなかろうか。そのような、馬の使用例の増加、それによる牧の開拓が必要であったという社会背景が、人々の移住の背後にあったのではなかろうか。

(3) 馬飼の系譜

　八戸市丹後平古墳群で検出された馬は、体高が130cmほどの中型馬である。それらの系譜は、東アジアに連なると考えられている（市川健夫1981）。また、同古墳群に埋置された馬具には、朝鮮半島から持ち込まれた6世紀代の製品と見られるものもある（八戸市教委1991）。古墳時代中期に日本列島に導入された馬飼の技術や馬そのものは朝鮮半島経由のものであるから、東北北部の馬飼も、大きく見れば朝鮮半島に連なろう。丹後平古墳群等での馬の埋葬例に関する箇所で述べたように、その風習は中国東北部から朝鮮半島にかけて広く見られた。しかしながら、東北北部での検出例は少ない。さまざまな風習のなかから、文脈に合わせて行為が選択されたのである。東北北部に見られた馬の埋葬も、単にそれのみが伝わったのではなく、馬にかかわる文化一般を一通り知っている人の活動であったと考えるべきであろう。なかには渡来系の人々もいたのではなかろうか。

　しかし、このような大づかみな見方ではなく、物質文化を用いて直接の系譜を辿るならば、東北北部の馬飼は、東山道経由で中部高地、関東北部、東北南部の山間地あたりに連なると考えておくべきであろう。阪口　豊（1989）の

尾瀬ケ原の泥炭層のデータによる古気温の復元、北川浩之（1995）の屋久島の縄文杉を用いた年代測定および気候復元によれば、7～8世紀前葉は寒冷であった。そのころ、水稲耕作適地ではない東北北部東側で農耕を始めた人々は、東山道地域のような、水稲耕作よりも雑穀栽培や馬の飼育に適した地の出身者であったと推測できるのである。

　農耕や馬飼をおこなう社会は、一定の領域を必要とし、徐々に人口が増加する。それに対し、農耕をおこなわない狩猟や採集を基本とする社会の場合、人口は増加しない。前者は一定の土地の占有と人口増加が当然の社会であるので、時間の経過とともに所有する土地を拡大せねばならない。それに対し、後者は居住地を拡大する必要はない。両者の生活者の持つ自然環境や土地への観念は、自ずと異なることになる。

　農耕も馬飼もおこなっておらず集落の姿すら明確には知られていない生活をおこなっていた人々が、南の地域のまったく異なる生活様式を7世紀に突然取り入れたと考えるよりも、前時代からの居住者を凌ぐ数の移住者が出現したことによって、それが始まったと考えるのが自然であろう。そして人々が話していたのは、飛鳥時代の言葉、すなわちやまと言葉であった。

第7節　辺境の地の馬飼イメージの変化

　『類聚三代格』に採録された9世紀の記事（第9章参照）によれば、蝦夷は弓馬の戦闘に優れていたという。しかし、本来その戦闘技術は、古墳時代に馬とともに日本列島に登場したのであり、7世紀以前の東北北部にはないものであった。また、古墳時代に日本列島上に移入された馬は軍事用であったため、本来、馬それ自体に戦と関連したイメージが付随していたであろうし、その後も馬を持つ者は弓馬の術に励んでいた。そして、10世紀には武者が列島各地にあらわれた。

　7世紀後半～8世紀の律令国家成立期には、中央と諸国との相互の交流を緊密におこなうための設備、制度、すなわち駅伝制が整えられ、その制度の維持

には多数の馬が必要であった。「厩牧令」には駅伝馬等の騎馬用馬を民間から調達する規定がある（山口英男1995）。また、吉川敏子（1991）が考察したように、8世紀後葉の長岡京造営、平安京遷都には多くの駄馬が必要であったろう。それは、ほぼ同時期に為された桃生城・胆沢城・志波城などの造営に関しても同様であり、蝦夷らの馬が駅馬や駄馬として利用されたこともあったであろう。

しかしながら、蝦夷らの馬には体躯の大きなものが多く、古代日本国側から見れば、軍事用に向いているとの意識が高かったことは、『類聚三代格』弘仁6年（815）、貞観3年（861）の条からうかがえた。蝦夷はそのような馬を育てる意思と技術とを持っていたのである。彼らのなかには、馬とともに戦うことを知っていた人々が含まれていたことになろう。実際の戦闘がどれほどあったかは別にして、蝦夷と呼ばれた人々のなかに、武人に連なる出自を持つ者がいたことが、正史に数多くの戦の記録を残させた原因でもあるのではなかろうか。

そして、それが北海道の人々との違いでもあった。本州島の住民が北海道で馬を飼おうというのであれば、数頭の馬を連れて海峡を渡ればよかった。しかし、地図上の最短距離ですら約19kmはある津軽海峡を、馬とともに渡り、そこで馬を繁殖させ、それらを本州島で利用しようという計画を持った人間はいなかったようである。また、馬の繁殖にも雑穀栽培にも適した東北北部の地があったのであるから、馬とともに生きる風習を持つ人々は、無理をして津軽海峡を渡る必要はなかったのであろう。北海道には、馬を飼い、それを利用するという習俗は根付かず、9世紀までには、北海道と東北北部に住む人々の系譜が異なることになっていたのである。

高橋（1958）が明らかにしたように、古代、馬は政治的な記号として重要な意味を持っていた。正史を記した人々は、8世紀前葉段階では、その面から蝦夷と馬とを見てもいた。その後、史料には、交易の対象としての馬が登場する。蝦夷は馬を育てる人々であった。しかし、「蝦夷」という表記と馬とが関連しなくなる10世紀中葉あたり、すなわち「おぶちの駒」のころから、東北

北部における馬と人間との関係も、中央では別のイメージでとらえられるようになっていた。人々の通念のなかに、馬を飼う蝦夷はいなくなっていたのである。

　東北北部では、10世紀中葉以降も馬産は盛んであった。そして北海道より北の地域から得られるさまざまな特産品も加え、富豪層、受領、中央貴族らに繋がる人々との交易と関連した地域内の騒乱も増えた。渡島半島の日本海側地域に、北海道と東北北部とを結び、交易をおこなった、瀬川拓郎（2005）の言う青苗文化が盛行する時期である。また、防御性集落と呼ばれる遺跡が増えるころであり、馬を用いた戦闘もあった。しかし、馬を用いた戦いは東北北部に限ったことではなく、10世紀を前後するころ以降には日本列島各地でおこっていた。関東地方の山裾には駄馬による運送活動に従事した「僦馬の党」がおり、略奪をおこなう場合もあった（『類聚三代格』昌泰2年（899）条）。弓馬の戦闘に優れるのは「蝦夷」ではなく、武者である、そんな時代になっていた。平将門が常陸国府を武力で奪ったのは、天慶2年（939）であった。

　かつて蝦夷の地と認識されていた東北北部は、10世紀には古代日本国の経済活動体系に組み込まれ、同族同士で戦うような、和人たちの観念の蔓延する世界となっていた。そこに住む多くの人々と同時代の北海道の人々とは、ますます遠い関係になっていた。そして東北北部は、12世紀までに日本国に編入されたのであった。

　それでも、東北北部の東側の多くの無名の人々は、静かに馬を飼い続けた。12世紀末葉、奥州を抑えた源頼朝は、厩を建て、陸奥の馬のなかから30疋の上馬を選び置いた（『吾妻鏡』文治5年（1189）12月9日条）。その後、馬を愛で育てる伝統は、南部曲屋での馬飼、「チャグチャグ馬っ子」などとして、青森県東部〜岩手県北部のいわゆる南部地方に受け継がれたのである。

第4章　蝦夷の集落

第1節　集落の分布と規模

(1) 人口希薄期

　先の章では、馬飼文化に焦点をあて、蝦夷と呼ばれていた人々の多くは、東北北部よりも南の古墳文化社会の担い手であったと述べてきた。馬飼は馬を利用する必要がなければ始まらないということを重要な根拠とした。馬飼が根付かなかった北海道との比較によって、十分理解されたのではなかろうか。それでも、もともと在来の人々が多く存在していたのだから、馬を飼った人々の大部分はそれらの人々なのだと考えたい方も多いであろう。

　しかし、馬飼が始まるころ、東北北部に、それ以前からの居住者はほとんどいなかった。東北北部で馬飼をおこなった人々の大部分が、移住者であったということの重要な根拠は、7世紀に入り、集落遺跡が増加する以前には、ほとんど人口が希薄であったことなのである。ここでは、集落の分布と規模を示し、それを明らかにしておく。住居跡が出土した遺跡を集落遺跡であると判断して、その所在地、住居数、存続年代などを第4表に掲載した。

　集落遺跡が確実に現れる時期を明瞭に示すために、表には1世紀末あたりから11世紀までの情報を入れた。時期区分は50年ごととし、100年間を前半と後半とに2区分し、時期ごとに属す住居跡数を記号で示した。年代判定の基準は住居出土の土器によったが、6世紀後葉～7世紀前葉のように、6世紀後半にも7世紀前半にも属すことになる場合は、出土住居跡数の半分を前者に、残り半分を後者に含めた。

　時期をおって集落遺跡のあり方を見ると、東北北部では、1世紀末～5世紀までは、それが明白ではないことがわかる。数は少ないが、土器片や墓が見つ

第4表　東北北部・北海道南部の集落遺跡（2～11世紀）（松本2006―第4表に加筆）

No.	遺跡名	地籍	7C前	7C後	8C前	8C後	9C前	9C後	10C前	10C後	11C	住居数	竪+掘
1	丸子山	北海道千歳市中央2524		+								6	
2	末広	北海道千歳市末広			+	◎	+	+	◎	○		101	
3	K435	北海道札幌市北区24条西12丁目			+	+	+	+	+	+		24	
4	サクシュコトニ川	北海道札幌市北区17条西13丁目					+	+	○			5	
5	沢町	北海道余市郡余市町字沢町				+						4	
6	札前	北海道松前郡松前町字札前								+	+	33	
7	矢不来(3)	北海道上磯郡上磯町字矢不来	+									3	
8	中里城	青森県北津軽郡中里町大字中里字亀山							+	◎	◎	80	
9	蓬田大館	青森県東津軽郡蓬田村大字蓬田字宮本							+	+	+	16	
10	神明町	青森県北津軽郡金木町大字金木字芦野							+			5	
11	外馬屋前田	青森県西津軽郡鰺ケ沢町大字北浮田村字外馬屋前田						○	+			18	
12	杢沢	青森県西津軽郡鰺ケ沢町大字湯舟字若山							+	+	+	21	
13	宇田野(2)	青森県弘前市大字小友字宇田野						+	+			15	4
14	下恋塚	青森県弘前市大字三和字下恋塚						+	+			15	
15	隠川(3)	青森県五所川原市大字持子沢字隠川						+	+			6	2
16	隠川(4)(2)	青森県五所川原市大字持子沢字隠川					+	+	+	+		13	
17	蛍沢	青森県青森市駒込字蛍沢						+	◎	◎		62	
18	小三内・三内丸山(2)	青森県青森市大字三内字丸山						+	○			23	
19	三内	青森県青森市大字三内字丸山							○			29	
20	近野	青森県青森市大字安田字近野							○			116	
21	朝日山	青森県青森市大字高田字朝日山							◎	◎	+	72	7
22	野木	青森県青森市大字合子沢字松森							◎	+		573	
23	山下	青森県青森市大字宮田字玉水						+				4	1
24	山本	青森県南津軽郡浪岡町大字徳才字山本						○	◎			22	1
25	野尻(1)	青森県南津軽郡浪岡町大字高屋敷字野尻							◎			56	36
26	野尻(4)	青森県南津軽郡浪岡町大字高屋敷字野尻							+	+		41	41
27	野尻(2)	青森県南津軽郡浪岡町大字高屋敷字野尻					+		+	+		10	2
28	野尻(3)	青森県南津軽郡浪岡町大字高屋敷字野尻							+	+		17	14
29	高屋敷館	青森県南津軽郡浪岡町大字高屋敷字野尻						+	+	◎		75	
30	山元(2)	青森県南津軽郡浪岡町大字杉沢字山元					○	◎	+			108	4
31	山元(3)	青森県南津軽郡浪岡町大字杉沢字山元					+	○	+			17	1
32	平野	青森県南津軽郡浪岡町大字五本松字平野						+	+			6	
33	羽黒平(1)	青森県南津軽郡浪岡町大字五本松字羽黒平						◎	◎	◎	+	97	12
34	源常平	青森県南津軽郡浪岡町大字北中野字上沢田						◎	◎	+		72	
35	杉の沢	青森県南津軽郡浪岡町吉内字杉の沢						+	+			10	
36	松元	青森県南津軽郡浪岡町大字本郷字松元					◎					23	1
37	高館	青森県黒石市大字高館字丁原栗						+	◎	◎	+	118	
38	豊岡(2)	青森県黒石市大字豊岡字長坂				+	+	+	+			17	
39	牡丹平南	青森県黒石市大字牡丹平字牡丹平南						+	+			14	
40	浅瀬石	青森県黒石市大字浅瀬石字山辺				○	◎					31	
41	李平	青森県南津軽郡尾上町大字李平	+	+								3	
42	李平下安原	青森県南津軽郡尾上町大字李平下安原				◎	+	+	+	+	+	143	
43	五輪野	青森県南津軽郡尾上町大字猿賀字明堂				+	+	+	+			53	
44	烏海山	青森県南津軽郡平賀町大字沖館字比山館						◎	◎			52	
45	大平	青森県南津軽郡平賀町大字長峰字杉浦平						◎	◎			50	
46	永野	青森県南津軽郡碇ケ関村大字碇ケ関字永野							◎			24	10
47	古館	青森県南津軽郡碇ケ関村大字古懸字沢田館岸							+	○		46	
48	北の林I	秋田県鹿角市大字八幡平字北の林								◎		22	3
49	北の林II	秋田県鹿角市大字八幡平字北の林							+	+		11	3
50	飛鳥平	秋田県鹿角市大字八幡平字飛鳥平								+		8	
51	上葛岡IV	秋田県鹿角市大字八幡平字上葛岡								+		12	
52	一本杉	秋田県鹿角市大字花輪字一本杉								+		9	
53	赤坂A	秋田県鹿角市大字花輪字大久保								+	+	17	
54	赤坂B	秋田県鹿角市大字花輪字赤坂									+	15	
55	中の崎	秋田県鹿角市大字花輪字中の崎							+	+		20	
56	案内III	秋田県鹿角市大字花輪字案内								+		13	
57	妻の神I	秋田県鹿角市大字花輪字妻の神								+		33	
58	御休堂	秋田県鹿角市大字花輪字陳場							○			3	
59	下田沢	秋田県鹿角市大字花輪字下沢田								○		11	
60	堤忍沢	秋田県鹿角市大字花輪字堤忍沢							+			6	
61	太田谷地館	秋田県鹿角市大字花輪字中畑							+	◎		56	
62	高市向館	秋田県鹿角市大字花輪高市向館						+	◎			27	
63	小枝指館	秋田県鹿角市大字花輪字平元古館他			+	+						4	
64	大湯	秋田県鹿角市大字十和田大湯字万座他						+	○			26	
65	はりま館	秋田県鹿角郡小坂町大字小坂字下モ上八山							○	○		31	3
66	白長根館I	秋田県鹿角郡小坂町大字白長根字白長根							+	+		6	
67	横沢	秋田県北秋田郡比内町大字扇田字横沢							+	+		7	
68	袖ノ沢	秋田県北秋田郡比内町大字宿内字袖ノ沢							+			5	
69	餌釣	秋田県大館市大字餌釣字餌釣							+			8	
70	山王岱	秋田県大館市大字餌釣字山王岱						+	+			5	
71	池内	秋田県大館市大字池内字上野						○	+			32	
72	上野	秋田県大館市大字池内字上野									+	1	

第4章　蝦夷の集落　　69

No.	遺跡名	地籍	7C前	7C後	8C前	8C後	9C前	9C後	10C前	10C後	11C	住居数	竪+掘
73	塚ノ下	秋田県大館市大字大茂内字塚ノ下								+	+	9	
74	粕田	秋田県大館市大字花岡字大森上侉								+	+	7	1
75	脇神沢	秋田県北秋田郡鷹巣町大字脇神字タタラノ沢								◎		35	
76	法泉坊沢Ⅱ	秋田県北秋田郡鷹巣町脇神字法泉坊沢								○		17	
77	胡桃館	秋田県北秋田郡鷹巣町大字綴子字胡桃館	−				+	+				4	
78	土井	秋田県山本郡八森町字土井						+	+			6	
79	湯ノ沢侉	秋田県山本郡峰浜村水沢字湯ノ沢侉						○	○			38	3
80	上ノ山Ⅱ	秋田県能代市大字内字上の山						○	◎	○		39	4
81	寒川Ⅱ	秋田県能代市大字寒川家の上					+	+				16	
82	十二林	秋田県能代市大字浅内字十二林						+	+			12	1
83	福田	秋田県能代市大字浅内字福田上野					+	+	+			19	1
84	上尾駮(1)	青森県上北郡六ケ所村大字尾駮字上尾駮									+	7	
85	発茶沢	青森県上北郡六ケ所村大字鷹架字発茶沢						○	○	○		56	8
86	向田(35)	青森県上北郡野辺地町字向田							◎	◎		80	
87	堀切沢(3)	青森県上北郡六戸町大字犬落瀬字堀切沢				+						4	
88	森ヶ沢	青森県上北郡天間林村						(+)				+	
89	ふくべ(3)(4)	青森県上北郡下田町字瓢		+	+	+	+	+				33	
90	向山(4)	青森県上北郡下田町字向山		+	+	+						5	
91	中野平	青森県上北郡下田町字中野平			◎	◎	+	+				48	1
92	根岸(2)	青森県上北郡百石町字下谷地				+	+					13	
93	向日冷水	青森県八戸市大字田向冷水、デントウ平地内	+									2	
94	根城	青森県八戸市大字根城字東構	+	○	+	+	◎	◎	○			82	
95	丹後谷地	青森県八戸市大字根城字丹後谷地	+					+				4	
96	田面木平(1)	青森県八戸市大字田面木字田面木平			○							24	
97	丹後平(1)	青森県八戸市大字妙坂中		+								2	
98	湯屋新田(2)	青森県八戸市大字里字湯浅屋新田		+	+							5	
99	田面木	青森県八戸市大字田面木字上野道下			○		+	○				22	
100	盲堤沢(3)	青森県八戸市大字田面木字十文字池内			+							17	
101	酒美平	青森県八戸市大字田面木字酒美平			+	+	+					4	
102	熊野堂	青森県八戸市大字売市字熊野堂				+	+	+				60	
103	岩ノ沢平	青森県八戸市大字櫛引字ミタラセ							○	◎	+	160	
104	境沢頭	青森県八戸市大字豊崎町字境沢頭				+		+				10	
105	風張(1)	青森県八戸市大字是川字狄森					+	+				27	
106	八幡	青森県八戸市大字八幡字館						+	○			15	
107	砂子	青森県三戸郡南郷村大字島守字砂子										49	
108	泉山	青森県三戸郡三戸町大字泉山字田の上				+		+				8	
109	堀野	岩手県二戸市大字堀野字馬場	+	+								10	
110	上田面	岩手県二戸市大字金田一字上平		◎			+					35	
111	駒焼場・府金橋	岩手県二戸市大字金田一字駒焼場		+	+		+					50	
112	長瀬A・B	岩手県二戸市大字米沢字長瀬		+	+							44	
113	長瀬C	岩手県二戸市大字米沢字長瀬				◎						24	
114	長瀬D	岩手県二戸市大字米沢字長瀬			+	+						5	
115	中曽根Ⅱ	岩手県二戸市大字石切所字中曽根			◎		+					79	
116	寺久保	岩手県二戸市大字下斗米字寺久保			+							3	
117	火行塚	岩手県二戸市大字石切所字火行塚					+					9	
118	青ノ久保	岩手県二戸市似鳥字青ノ久保					+	+				10	
119	一戸城	岩手県二戸郡一戸町大字一戸字北館		+	+	+	+					12	
120	北館A	岩手県二戸郡一戸町大字一戸字北館			+	+						4	
121	北館B	岩手県二戸郡一戸町大字一戸字北館			+	+	+	+				11	
122	上野	岩手県二戸郡一戸町大字一戸字上野		+	○	+	+	+				36	
123	親久保Ⅱ	岩手県二戸郡一戸町大字一戸字親久保						+				5	
124	田中4・5	岩手県二戸郡一戸町大字岩館字田中			+	+	+	+				14	
125	子守A	岩手県二戸郡一戸町大字岩館字子守										4	
126	飛鳥台地Ⅰ	岩手県二戸郡浄法寺町大字御山字飛鳥谷地					○	◎	+			79	
127	桂平	岩手県二戸郡浄法寺町大字御山字桂平							+	+		13	
128	沼久保	岩手県二戸郡浄法寺町大字御山字沼久保							+	+		7	
129	五庵Ⅰ	岩手県二戸郡浄法寺町大字駒ケ嶺字五庵						+	○			27	
130	大久保Ⅰ	岩手県二戸郡浄法寺町大字御山字大久保							+			4	
131	上ノ山Ⅶ	岩手県二戸郡安代町上ノ山						◎	+			36	
132	関沢口	岩手県二戸郡安代町大字中佐井字関沢口							+			5	
133	扇畑Ⅰ・Ⅱ	岩手県二戸郡安代町扇畑							+			12	
134	叺屋敷Ⅰa	岩手県九戸郡軽米町大字軽米字叺屋敷	+									7	
135	駒板	岩手県九戸郡軽米町大字山内字駒板			○							14	
136	水吉Ⅵ	岩手県九戸郡軽米町大字軽米字水吉			+							7	
137	江刺家	岩手県九戸郡軽米町大字江刺家						○	○			32	
138	皀子久保Ⅵ	岩手県九戸郡軽米町大字晴山字小沼							+			5	
139	丸木橋	岩手県九戸郡九戸村大字江刺家字丸木橋		○								10	
140	川向Ⅲ	岩手県九戸郡九戸村大字伊保内字川向							+			3	
141	平沢Ⅰ	岩手県久慈市長内町					+	+	+	+	+	38	
142	上野山	岩手県久慈市長内町		+	+							4	
143	源道	岩手県久慈市源道第13地割		+	+	+	+	+				43	
144	中長内	岩手県久慈市中長内第28地割			○	○	+	+	+			52	
145	小屋畑	岩手県久慈市長内第19地割				+	+	+				11	

※住居数：0〜9棟を+、10〜19棟を○、20棟以上を◎で示した。

1. 7世紀　　　　　　　　　　　　　2. 8世紀

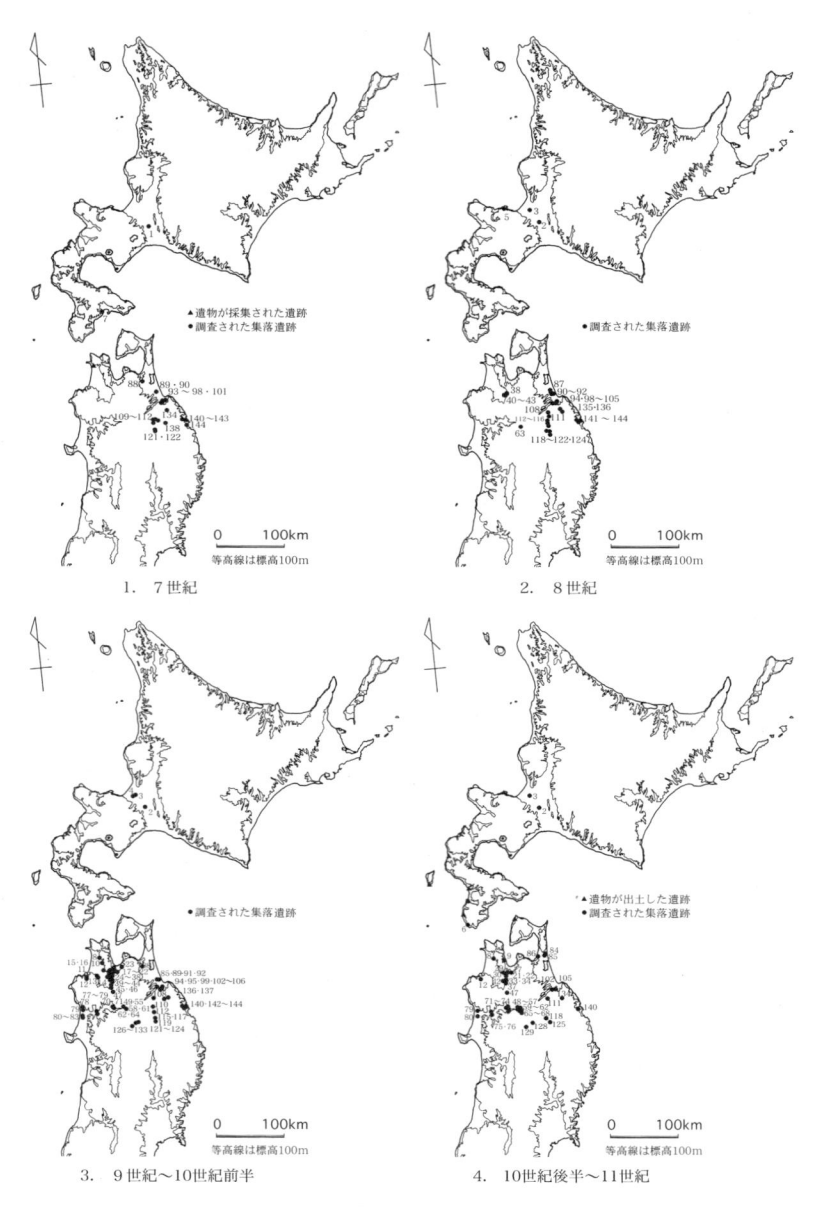

3. 9世紀～10世紀前半　　　　　　　4. 10世紀後半～11世紀

第13図 東北北部の集落遺跡分布図（北海道南部もわずかに含む）

かっているので、人々がいなかったわけではない。しかし、これまでの調査の結果からは、その間、縄文時代や7世紀以降に残されるような竪穴式の住居は作られていなかったと判断せざるをえない。この時期、この地域に住んだ人々は遊動性に富む生活をしていたと考えられている（石井1997）。また、採集されている土器片の数も少ないので、人口も少なかったであろう。1世紀末〜5世紀は、人口希薄期であったと判断できる。ところで、東北北部には弥生時代前期〜中期の水田跡がみつかっており、縄文時代の後、弥生文化があったとされているが、その後、弥生時代後期にあたる時期は、少なくとも「水稲耕作を基盤とする社会」ではなかった。そして3世紀後半〜4世紀、古墳時代前期に併行するころ、人々が作り使っていた土器は、同時代の北海道の人々が持つものとほぼ同じ深鉢と片口鉢の2器種の組み合わせしかなかった。後北 C_2・D式土器と呼ばれる続縄文土器である。東北北部でも、北海道と同様に続縄文土器が使われる時代が5世紀まで続いた。

　本州島の大部分が弥生時代後期〜古墳時代中期と呼ばれるころ、中国では魏・呉・蜀の三国鼎立〜晋の時代であり、いずれの地域も戦の絶えない時期であった。有史以来最も寒冷な時期であり、中国を中心に人口の移動も激しかったはずである。東北北部においては人口が最も少なかったころであった。これを以下では、東北北部における人口希薄期と呼ぶ。

(2) 東北北部の東側での集落遺跡の増加

　集落遺跡が増加し始めるのは6世紀後葉からであり、大部分の地域では7世紀に入ってからである。それ以前、5世紀後葉〜6世紀初頭ころにも、東北北部東部の八戸市域にのみ、集落が知られているが、そこから出土している土器や住居跡の重なり具合から見ると、生活は1〜2世代ほどで終わったと推測できる。その後、その人々の生活の場が別の地に移り、使用される土器がそこで自律的に変化したということもなかったようである。各地における土器の出土状況から考えても、ある程度広汎な地域で確実に集落が造営されるようになるのは7世紀以降ほぼ飛鳥時代併行期であるといって間違いない。

東北北部では、1世紀末〜5世紀前半の3百年以上もの間と、6世紀中葉〜後葉の人口希薄期の後、突然、集落遺跡が出現したことになる。そして、第4表からわかるように、東北北部の西側では、7世紀にはまだ集落遺跡は見られない。ただ、土器が出土する遺跡がいくらか知られているので、人口密度はかなり低くても人々はいたはずであるが、この時期もまだ人口希薄であったといってよいだろう。

　『日本書紀』によれば、7世紀に、阿倍比羅夫が津軽や齶田を経由して蝦夷征討のため渡嶋に向かった。正史に描かれている蝦夷は、東北北部の東側ではなく、西側に住んでいたのである。津軽や秋田県北部では、いまのところ当時の集落遺跡がみつかっていないし、渡嶋が北海道であるとして、そこでも7世紀の集落遺跡はほとんど知られず、人口希薄であったことには変わりはない。そのようなところに、実際に征討にいく必要があったのか、あるいは「征討」の実態が何であったのか、問わねばならぬ問題であるが、ここでは、少なくとも、7世紀段階では、遺跡の分布状況からは、東北北部の東側と西側とで、集落のありかたに大きな違いがあったことと、7〜8世紀のあいだ、集落遺跡が増加したのは、東北北部の東側であったことを押さえておく。

(3) 東北北部の西側での集落遺跡の増加

　9世紀に入ると東北北部の西側でも多くの集落遺跡が見られるようになる。同地域でも奥羽山地に近い地域では、8世紀後半にはいくつかの集落があったが、津軽平野周辺や陸奥湾沿岸といった、後の時代に多くの集落が営まれた地域が開発されたのは、平安時代になってしばらくたってからであり、特にそれが活発になるのは9世紀も後半以降のことであった。

　第4表からわかるように、9世紀後半〜10世紀前半に見られる集落遺跡には、50年の間に100棟を越す住居跡が発見されているものが複数ある。このような大規模集落は、7〜8世紀までの東北北部東側には見られなかった。特に大きな集落であった青森市野木遺跡では、およそ150年の間に、500棟以上の住居が作られた（青森県教委1999b・2000b, 青森市教委2000）。

しかもこの時期の集落は、50棟/50年規模のものが隣接して営まれており、総合すると同時に相当な数の住居が存在していたことになる。津軽平野の東部では多くの9世紀後半～10世紀前半の集落遺跡が調査されているが、このような規模の集落が平野部周辺に集中するという在り方は、7～8世紀の東北北部東側には見られなかった。また、八戸市岩ノ沢平遺跡のように、東北北部東側にも100棟/50年を越す集落が9世紀後半は出現していた（青森県教委2000b）。そして見落としてならいのは、当時の集落がそれ以前に利用されていなかった地域に造営されたということである。しかしながら、ほとんどの集落が10世紀初頭までに廃棄された。これも、この時期に東北北部西側に開発された集落の性質を考えるうえでの、大切な点である。

(4) 集落遺跡の衰退

　10世紀前葉～中葉にかけて、東北北部には二つの火山を噴出源とする火山灰が降下した。史料や地質学および地理学的な研究成果から、915年には十和田火山が、930年代後半には朝鮮半島北部の白頭山火山が噴火したことがわかっている（早川由紀夫・小山真人1998、福沢仁之ほか1998、石塚友希夫ほか2003）。前者は十和田a火山灰、後者は苫小牧—白頭山火山灰と呼ばれる（「苫小牧」と入っているのは、そこで初めてその火山灰が発見されたことに由来する（町田　洋ほか1981））。したがって、これらの火山灰は、集落遺跡の盛衰の時期を明確に示してくれるのである。

　東北北部西側の津軽地方では9世紀後半以降に多くの集落が営まれたが、これらの火山灰が降るより前にたいていが廃絶されていた。表では時期の区分が1世紀を前半と後半とに2分しているだけなので、たとえば9世紀後半～10世紀前半のおよそ100年間、集落が存続したかのような印象を与えてしまうが、遺跡における住居の廃棄と火山灰の堆積状況を見るならば、多くの集落が10世紀の初頭までには廃絶されていた。たいていの住居跡を覆う土に915～930年代後半に降下した火山灰が入っているのである。集落を造営した第1世代はそこに暮らしていたが、第3世代まで存続した集落は少なかったであろう。

そして津軽地方では、10世紀後半〜11世紀にかけて、集落の規模が小さくなり、数も少なくなった。ただし、岩木川上流域や秋田県北部の米代川中〜上流域の山間地、下北半島といった、それまで集落が見られなかったところに居住域を拡大する傾向が読み取れる。10世紀前半ころを境としたこのような集落の増減は、日本列島各地で見られる。時を同じくして、広範囲でおこっているので、気候の温暖化、寒冷化とかかわりがあると見ることもできるが、社会現象と解釈することもできる。そのことは後に述べる。

第2節　集落の立地条件

(1) 1世紀後半〜5世紀前半

　この時期の集落遺跡は知られていない。土器が採集されている遺跡を居住域の一部と判断すれば、7世紀以降に集落が増加する地域とこの時期の集落とは重ならないのが普通である。両時期の居住域は立地条件が異なるのであろう。

　墓が検出された例から、当時の集落遺跡の立地を考えると次のようになる。後北C_2・D式土器が副葬された墓がみつかった秋田県能代市寒川II遺跡は、低位段丘縁に位置している。集落もその段丘面にあったのであろうか。ほかに、青森県天間林村森ヶ沢遺跡から21基の墓が検出されており、後北C_2・D式土器や北大I式土器が伴っている（阿部義平ほか2008）。これらは連続した土器型式であり、3世紀前半〜5世紀前半のものと考えられている（鈴木　信2009）。墓が営まれたのは、沖積地に面した標高34mの段丘縁である。選択された地形は、寒川遺跡の例と似ている。同時期の住居跡は未検出である。

(2) 5世紀後半〜6世紀初頭

　この時期の集落遺跡はあまり多くはないが、青森県八戸市田向冷水遺跡から複数の住居跡が見つかっている。ここは、標高8〜20mで、現在の水田耕作面である沖積地よりも一段高い低位段丘上である。また、さきにあげた同県天間林村森ヶ沢遺跡からは、6世紀に入ったころの引田式（一般には5世紀後葉

〜6世紀初頭）と考えられている土師器坏1点、北大式の系統を引くと評価された長胴甕1点、甑片1点、球胴甕とされた土器1点を伴う竪穴式住居が1棟検出されている（阿部ほか2008）。これがその時期のものであれば、田向冷水遺跡とほぼ同じ時期の集落遺跡ということになる。しかし、それらの土師器は、どれも典型的な形態ではなく、また、それらを伴う住居跡が5世紀前半ころの墓を切っていることから、墓造営時期と住居築造時期が接近しすぎており、報告書での時期の判定が妥当か否か判断が困難なので、ここでは保留としておく。

(3) 6世紀前葉〜中葉

　6世紀前葉〜中葉にかけて集落遺跡はほとんど知られていない。前掲の阿部義平ほか（2008）では、天間林村森ヶ沢遺跡に5世紀後葉の墓を切るC4住居跡がある。住居出土の土器を引田式と判断し、「6世紀に入るころ以降」のものと述べている。だが、住居跡出土の土師器は7世紀後葉にも見られる形態である。しかも、6世紀中葉以降に東北地方で一般的する黒色処理が施されている。ほかに、住居跡の覆土における十和田a火山灰の入り方が、同遺跡の7世紀後葉の住居跡の覆土とほぼ同じである。したがって、C4住居跡出土の土師器は引田式と認定すべきではない。ここでは、この住居の時期の判断を保留としておく。

(4) 6世紀後葉〜8世紀

　6世紀後葉〜7世紀初頭にかけての時期、東北北部の東側に、集落遺跡が出現する。そして、7世紀に入ると確実にそれは増加する。ただし、8世紀の前半までの間、集落遺跡の分布域は東北北部の東側に限られる。

　この時期の集落遺跡は、台地上に営まれる例が多く、水稲耕作に適さない地域が選択されている場合が目に付く。例えば、八戸市丹後平古墳群周辺には複数の集落が営まれたが、それらは、標高50〜100mの丘陵上にあり、現在の水田が広がる沖積地から離れている。

特に注意しておく必要があるのは、この時期の集落が、前時代の集落から引き続いて成立したわけではない点である。6世紀中葉までの集落がほとんど知られていないことを先に述べた。単に見つかっていないだけであり、今後出土する可能性もあろう。しかし、現時点で明らかなことは、知られている7世紀代以降の集落からは、それに直接続く、より古い土器も住居跡も出土していないということである。多くの集落は7世紀に作られ始めるのだが、人々は、それより前の時代からその場所に住んでいたわけではないのである。

　この時期には八戸市のような馬淵川下流域だけでなく、その上流域にも多くの集落が作られた。それらは標高100mほどの台地上にあり、河川との比高は15m前後になる。そのなかの一つに、7世紀前半の住居跡が11棟検出された岩手県二戸市堀野遺跡（福岡町教委1965）がある。そこには他の時期の住居がないので、長く見積もっても2世代の間くらいしか人々は生活していなかったのであろう。当時の集落が営まれた場所やその近隣は、1960年代まで桑畑として利用されていた。20世紀中葉まで馬淵川流域を含む東北北部東側は、水稲耕作ではなく稗などの雑穀栽培を広くおこなっていた（山口彌一郎1940）。この8千年以内で最も寒かったと評される「古墳寒冷期」に属す7世紀である。堀野遺跡に生活した人々も、雑穀栽培をおこなっていたにちがいない。

　その後、8世紀後半になると、青森県西部の津軽平野西端の沖積地に面した段丘縁に集落が営まれるようになった。津軽平野とはいえ、そこは奥羽山地に近く、平野部で最も標高の高い地域ではあるが、当時の集落は、現在の集落が載る面とも重なり、現在の水田面に面している。このころは、「古墳寒冷期」から脱し、暖かくなっており、地理的なことも考慮すると、人々は水稲耕作を営める地を選択したのであろう。

(5) 9～10世紀前半

　9世紀に入りしばらくすると、それまでとは異なり、むしろ東北北部の西側に集落が増え始める。しかも、それらは、住居の数も多く、東北北部東側に造

られていた 8 世紀までの集落とは、立地条件に違いがある。
　津軽平野や陸奥湾沿岸といった、広い沖積地に面した丘陵や段丘の縁に、人々は住んだのである。この沖積地は、縄文時代前期には海や湿地であり、縄文時代後期から晩期ころに、ようやく葦原となったような場所である。古墳寒冷期には、その葦原がさらに乾燥したことであろう。その後、人々は、その近くに居を構え、沖積地を開拓した。そのような環境に、9 世紀後半〜 10 世紀前半の集落はある。

(6) 10 世紀後半〜 11 世紀
　前時期に津軽地方で営まれた大規模な集落は、十和田 a（10 世紀初頭）、白頭山（10 世紀中葉）の両火山灰降下の前に廃絶されたものが多かった。継続しているものでも規模が縮小していた。またこの時期は、沖積地から離れた山間地に集落が多くなるのが特徴である。ほかに、それまで集落があまりなかった下北半島南部にも比較的大規模な集落が出現した。これらは、沖積地に面した低位段丘上にあり、海からも近かった。
　集落数が減少し、また、集落の規模も縮小した津軽地方とは異なり、この時期に著しく集落数が増加した地域があった。秋田県北部の米代川中〜上流域の山間地である。ただし、前時代の津軽地方のものに比べると、各集落を構成する住居数は若干少なく、規模はいくらか小さい。
　この時期は、9 世紀後半に大規模な集落が造営されたような平野周辺部などから離れ、山間地や下北半島の南部といった、それまでに集落が営まれていなかったところ、すなわち、それ以前の社会環境から外れることを条件とした立地のように読み取れる。

第 3 節　北海道石狩平野南部の集落との比較

　北海道の石狩平野南部の千歳市から恵庭市にかけての地域には、続縄文〜擦文時代にわたる多くの集落遺跡が知られている。第 5 表に、それらの遺跡の所

第5表　北海道中央部の集落等の遺跡（2〜10世紀）（松本2011―第2表を転載）

地図No.	遺跡名	所在地	立地条件	続北A	続北B	続北C1	C2・D	北大I	北大II	北大III	8C	9C	10C	文献
	天内山	余市町入舟町	低位段丘 標高15-18m		土器	土器		土器	土器					峰山ほか1977
	ワッカオイ	石狩市石狩町生振	沖積地 標高3-4m			墓	土器	墓	土器		住居			石狩町教委1975·1976·1977
	蘭島	小樽市蘭島	沖積地 標高3-4m						土器					小樽市教委1990
	蘭島餅屋沢	小樽市蘭島	沖積地 標高3-4m	土器	土器	土器	土器	土器	土器					小樽市教委1991
	蘭島餅屋沢2	小樽市蘭島							土器					小樽市教委1995
	ウサクマイA	千歳市蘭越	河岸段丘 標高45-50m							墓	墓			ウサクマイ遺跡研究会1975
	ウサクマイB	千歳市蘭越	河岸段丘 標高30m											千歳市教委1979
	ウサクマイC	千歳市蘭越	河岸段丘 標高30-39m			土器		土器	土器	土器	土器	住居		千歳市教委1979
	ウサクマイN	千歳市蘭越	河岸段丘 標高24-26m				土器	土器	土器	土器		土器		千歳市教委1977·1995/道理文2000
12	ユカンボシC2	千歳市長都	低位段丘 標高23-26m					土器		住居	土器			道理文1993
10	ユカンボシC9	千歳市長都	低位段丘 標高23-26m				土器		土器	住居	土器			道理文1996a
11	ユカンボシC15	千歳市長都	低位段丘 標高23-26m	土器		土器		土器		住居				道理文1998
3	ユカンボシE3	恵庭市戸磯	低位段丘 標高23-26m	土器			土器		土器		土器			恵庭市教委1992·1993a 1993b
4	ユカンボシE4	恵庭市戸磯	低位段丘 標高23-26m							土器				道理文1992
5	ユカンボシE5	恵庭市戸磯	低位段丘 標高23-26m							土器				道理文1993a
6	ユカンボシE6	恵庭市戸磯	低位段丘 標高23-26m							土器				恵庭市教委1996a
7	ユカンボシE7	恵庭市戸磯	低位段丘 標高23-26m	土器					土器	住居				道理文1999
2	ユカンボシE8	恵庭市戸磯	低位段丘 標高16m							住居				恵庭市教委1996b
9	ユカンボシE9	恵庭市戸磯	低位段丘 標高16m							住居				恵庭市教委1996b
8	ユカンボシE10	恵庭市戸磯	低位段丘 標高23-26m								住居	土器		恵庭市教委1997·千歳市教委2002
13	オサツ2	千歳市長都	低位段丘 標高6-9m	土器	墓	土器				住居	住居			道理文1995·1996·千歳市教委2002
14	オサツ14	千歳市長都	低位段丘 標高8m							住居				道理文
1	恵庭公園	恵庭市駒場町	低位段丘 標高36-40m					土器						恵庭市教委2004b
15	カリンバ2	恵庭市黄金町	低位段丘 標高25-27m							住居				恵庭市教委1998
16	カリンバ3	恵庭市黄金町	低位段丘 標高25-27m			土器								恵庭市教委2004a
17	カリンバ4	恵庭市戸磯	低位段丘 標高25-27m							住居				恵庭市教委1997c·2001
	茂漁5	恵庭市幸町	低位段丘 標高36m					土器	土器	住居				恵庭市教委1997b
	中島松1	恵庭市中島松	低位段丘 標高8m											恵庭市教委1992a
	中島松7	恵庭市中島松	低位段丘 標高10-11m							住居				恵庭市教委1988
	中島松8	恵庭市中島松	低位段丘 標高10-11m							住居				恵庭市教委1988
	南島松2	恵庭市南島松	低位段丘 標高16m							住居				恵庭市教委1992a
	南島松3	恵庭市南島松	低位段丘 標高16m											恵庭市教委1992a
	西島松5	恵庭市西島松	低位段丘 標高25-27m					土器		土器	土器	土器		道理文2002

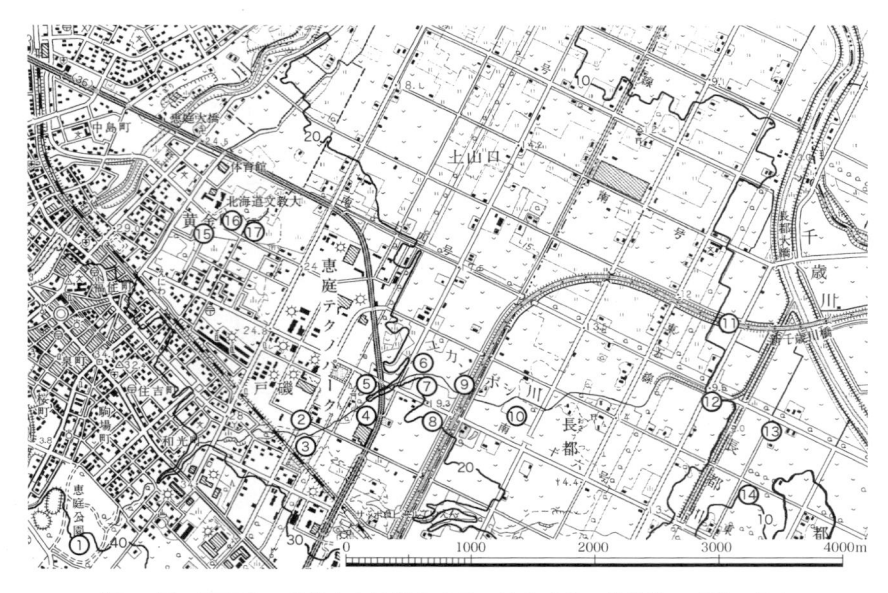

第14図　恵庭市・千歳市の続縄文時代〜擦文時代の集落等の遺跡の分布
（番号は第5表に対応する）

在地と存続時期を掲載した。そこに示した遺跡は、住居跡が検出されているものばかりでなく、土器や土坑が出土しているだけのものも含まれているが、それらの周辺には、集落があったと考えられるので、そのような情報も含めた。さきに示した東北北部の集落遺跡の一覧表も、同様の基準で情報を掲載した。また、第14図には、オサツ川流域の集落を含む遺跡の分布を示した。

　それらの表と図からわかるように、石狩平野では、1世紀末～11世紀に至るまで、集落がどこかに必ず存在していた。第14図に示したのは、標高10～25mほどの緩い傾斜地を蛇行するユカンボシ川やオサツ川に沿う低位段丘上に点在する2～10世紀ころまでの遺跡である。ユカンボシC15遺跡（同図⑪）そこから600mほど南のユカンボシC_2（同図⑫）遺跡には北大III式期以降、人々の痕跡があり、8～10世紀まで住居跡も出土している。図に示した範囲は、生活圏としては一つである。およそ1,000年の間、3×4kmほどの範囲内に人々は継続して生活していた。また、8世紀の竪穴住居が検出されている遺跡も、たいていは北大III式期から利用されている。8世紀以降にカマド付竪穴住居跡を伴う集落遺跡が出現するのではあるが、その出現以前と以後とで遺跡の立地条件に大きな変化はなかった。

　一方、東北北部においては、7世紀にカマド付竪穴式住居を持つ集落が出現してからとそれより前の時期とでは、集落の立地条件がまったく違った。この点は、北海道における集落のあり方と完全に異なる。それがなぜであるか、次に考える。

第4節　開拓の目的と移住者の出自

(1) 7～8世紀の集落

　この時期の集落は、東北北部の東側に営まれた。そこは水稲耕作には適さないが、雑穀栽培や馬飼には向いた土地であった。人々がその土地を選んだ理由には、その両方の生産活動が可能であることが第一であったと考えられる。彼らの大部分は、続縄文土器使用期以来の在来の民なのではなく、南の地域から

の移住者であった。雑穀栽培や馬飼をしていたことから、その多くは東山道地域の人々であったろう。東北地方南部の会津あたりから長野県・山梨県・群馬県域などが、その本来の居住地であったと推測する。

　人々は、律令国家成立期に、国内に留まれない事情が生じ、やむなく、新たな居住地を求めたのではなかったか。雑穀を栽培し、馬を飼う人々であったがゆえに、馬の餌となる笹やススキの類が広く生え、冬の積雪量が少ない土地のなかから、未開拓で人口の少ない地域を探す必要があったのではなかろうか。それが、東北北部の東側であった。

　五畿七道が整備され、駅伝制が実施され、非常に多数の馬を必要とした時代であった。古代日本国内では馬を繁殖させる牧を広く確保せねばならなかったであろう。その時期に人々は東北北部を目指したのである。ただし、増加が見込まれる馬の需要を満たすために新たな牧を開発することを目的とした移住だったとは考えない。馬飼は、単に自分たちのそれまでの生活を継続しただけのことであったろう。公的な記録が残らないからである。ただし、記された地域は異なるが、養老2年（718）の出羽・渡島の蝦夷らが馬を貢いだという記事が、東北北部の馬飼との関係を象徴的に示したものであれば、人々は、本来、朝廷に馬を貢いでいた者たちの末裔であった可能性があろう。

　また、おそらく意識はしていなかったであろうが、東北北部の地を選択したということは、客観的に見ると、古代日本国の外の「蝦夷」が住むとされる土地に、自ら進んで新天地を求めたことになった。畿内に拠点を置く後の政府から見れば、彼らの頭のなかにある国境線の外側に出ていったことになり、結果的に国内の秩序から逸脱することにはなったが、新天地を求めたほぼ飛鳥時代に相当する時期の、その前半にあってはまだ国家が確立しておらず、とくに別の国家があるわけでもない北東の地域では領土範囲の設定の必要もなかった。国境などあるはずもない。人々は、国の概念も知らず、自分たちの生活の場を求めて旅をした結果にすぎなかったであろう。

　そして、移住者たちはおそらくみな若かった。明治期の北海道への開拓者や昭和初期までのアメリカ、ブラジル、中国東北部への移民たちがみなそうであ

ったように、まだ自分の確たる居場所を持たぬ独身者や、働き盛りだが自らの土地を持たぬ次男三男の夫婦者とその幼子、そういった、過去の土地に未練を持たぬ、しかしながらいまだ何も形になることをしていなかった者たち、未来だけを見た若者たちが移住者となったのではなかったか。

(2) 9〜10世紀前半の集落

9世紀に入ると、8世紀までとは異なり、東北北部西側の平野部において、規模の大きな集落が沖積地に面した丘陵地や段丘縁に営まれた。須恵器や鉄製錬遺跡の出現時期から考えると、9世紀でも後半の時期に集落は造営された。また、立地条件から、それらの集落の居住者を支えた生業の中心は水稲耕作であったと推測できる。この時期の東北北部西側における開拓目的の第一は、水稲耕作が可能な土地を確保することにあったと判断できる。

そのような土地を求めたのは、もともとどこかで水稲耕作をおこなっていた人々であったろう。しかも秩序ある集団であった。そうでなければ、未開拓の土地に計画的に大規模な集落を造営することは無理であったろう。その居住者が、水稲耕作を基盤とした社会からの移住者であったことに注意するならば、人々は、古代日本国から国境線（これはあくまでも、今日的な文脈で強調して書いているのであり、当時、物理的な国境線があったわけでも、人々がそれを意識していたわけでもないであろう）を越えて移ったことになり、それは、公民であることをやめ国外に脱出した人々ということになるだろうか。ただし、それらのなかに須恵器や鉄の生産者という集落を新たに造営するのに不可欠な専門技術者が含まれているので、個人的な理由による「逃亡」ではなく、集落の造営を目的とした計画的な移住だったと考えるべきである。

第8章で述べるが、須恵器は、青森県五所川原市域の一部地域において非常に限定された期間のみ生産されたにもかかわらず、当時の東北北部の大部分の集落で使用された。鉄と鉄器の生産も、これと同様な利用状況であったろう。知られているだけで、9世紀後半には同時期に20もの集落が造営されたのだが、それらが連携することなく造営されたのではなく、相互に関係を持っていたこ

とを、須恵器や鉄の生産から読み取れるのである。このようなことから、近隣からの逃亡といった偶発的な出来事の結果、複数の集落が生まれたのではなく、計画的な入植だったと推測する。そして、多くの公民がその本拠地から移動するのであるから、背後に、荘園を持つ寺社・権門といった、政治の中枢とも深く結びついていた人々との関係があったと見るべきである。

このような大規模な集落の造営は、この時期、列島各地で見られており、東北北部だけの特殊なできごとと考える必要はない。宇野隆夫（1991）がまとめた北陸における6～10世紀の集落の消長図によると、古代を通じて集落数が最多となるのは9世紀である。ただし、9世紀に開始した集落は10世紀に入るころに消滅しているものがほとんどである。宇野は、集落の増加を寺院などによる荘園経営との関連で考えている。

そして、この時期に出現する東北北部の集落で注目すべきなのは、北陸の例に似て、多くが10世紀前半のうちに消滅あるいは衰退している点である。9世紀に複数の集落で住居数が増加し、10世紀前半のうちにそれらが減少する例は千葉県域にも見られる（笹生 衛 1990）。東北北部に関してのみ考えれば、915年の降下とされる十和田a火山灰や、930年代と推測される苫小牧—白頭山火山灰の降下以前には大抵の集落が廃棄されていた。阪口（1989）によれば、9世紀後葉～10世紀前葉は寒冷期である。8世紀中葉～9世紀中葉の温暖期に開拓が開始し、9世紀後葉までには大規模な集落が造営され、そこでの生活が本格化していたが、天候不順が続き、居住を諦め、別の土地（10世紀後半以降に集落が増加する米代川中・上流域など）を求めて移動した場合もあったかもしれない。しかし、列島各地で似たような現象がおこっていることから、それだけではなく社会的な理由が大きかったと思えるのである。

9世紀末～10世紀前半、国司長官の受領化と受領の専権の樹立、受領による国務の請負と国司の権限の強化、負名制の成立のように、国司を中心とする国家の地方支配のシステムは大きく変わった（勝山清次1995）。王朝国家体制となったのである。山中敏史（1994）によると、大部分の群衙・群家は10世紀までに衰退したが、国衙は11世紀まで継続するものが多く、12世紀まで続

くものもあった。これは相対的には国司の権限の強化を示しており、徴税の仕組みの変化と、この時期の集落の増減とは無関係ではないように見えるのである。

(3) 稲作をおこなうということ

　7～8世紀に東北北部の東側に営まれた集落は、雑穀栽培や馬飼に適した地域を選択したものであった。それに対し、9世紀後半～10世紀前半までに、東北北部西側に造営された大規模な集落は、水稲耕作を基盤とした生活様式であった。おそらく両地域の居住者の出身地における中心的な生業が、その新しい居住地を選択させたのである。

　水稲耕作をおこなっていた人々は、もともと温暖な地域に住む、古代日本国の公民であったであろう。そこで水稲耕作をおこなっていたということは、国あるいは権門・寺社から土地を借り、米を作り、それを納めていたはずである。奈良～平安時代初頭ころの米作りとは、律令国家古代日本国を支える重要な生産活動だった（原田信男 2006 など）。

　したがって、この時期に稲作適地を求めて、国の外であった東北北部に移住してきた人々には、国の秩序から外れた者という側面があったことも確かである。そして、それが可能だったのは、秩序を司る人々と関係があったからこそであったと考えることもできる。これは単なる推論であるが、例えば、東北北部で用いられたロクロ土師器の系統から考えると、北陸あたりの寺社荘園を営む者たちが、納税の必要のない、自由になる収益を国の外であげるために、外面上は逃亡者としながらも、裏では自ら手を引いていたということがあったのではなかろうか。

(4) 10世紀後半～11世紀の集落

　東北北部の西側に大規模の集落が造営されたにもかかわらず、10世紀初頭までにそれらの大部分は廃絶されていた。その状況が、それらの集落がいかなる意図で、誰によって開発されたかを物語る。居住者自らが場所を選び、永住

するつもりで開拓したのではないのであろう。だから、1～2世代くらいで集落を手放した。

　そして、10世紀後半～11世紀には、東北北部にいわゆる「防御性集落」が数多く見られた（三浦圭介ほか編2006）。複数の住居の周囲に溝や堀を巡らす集落である。戦闘の痕跡を残す可能性の高い遺跡は八戸市林ノ前遺跡（青森県教委2006）など、わずかしかないが、居住域を外の脅威から守る目的で設計されたと評価することができる構造の集落ではある。このようなタイプの集落は、それまでの東北北部になかった。

　9世紀末以降、地方社会には広範に私的土地領有が生れていたが、王権の基盤となっていない地域では、さまざまな貴族権門・寺社勢力などが争うように開発し、武力で私産を保護するようになっていたという（義江彰夫1995）。武力を持った者とは武士であった。関東で平将門が、西国で藤原純友が挙兵したのは10世紀前葉であるが、そのころ、私領を武力で守るということが、日本国域では普通におこなわれるようになっていた。東北北部に「防御性集落」が出現したのは、そのような時代であった。

　9～10世紀初頭にかけて、水稲耕作に適した条件下の未開拓の広大な土地を、大量の人力を投入して開発した。これが可能だったのは、9世紀に入り誕生してきた富豪層や、政治的にも力を持っていた寺社勢力・貴族権門であたろう。裏で糸を操るおおもとは後者であり、中間に入り実際の指令を出すのが、それぞれに連なる富豪層であったかもしれない。

　10世紀後半～11世紀の東北北部の集落の場合、9世紀の開発になる平野部に近い大規模な集落から離れた、山間地に営まれる例が多くなったとはいえ、青森市浪岡の高屋敷館遺跡のように、平野部に近いところにもいくらか存在した（青森県教委1998b）。9世紀に大集落が意図的に造営されたにもかかわらずそれが10世紀前葉までには急激に廃れてしまったことは、次のように解釈することができよう。9世紀には、国家の目の届かないところで国外に集落を造営し、そこで得た利益をすべて自分のものとすることができた者たちがいたが、10世紀に入るころには、それらの土地すら、徴税の対象としようとする

動きがあり、10世紀後半には、それを逃れるために、山間地や、それまで集落がなかったような地域にすら、「防御製集落」と呼ばれる集落が営まれるようになった。土地の開発主の勢力ごとにそれらの勢力範囲を守るための出先機関が置かれ、それが「防御性集落」と評価されているものであるように見えるのである。

　この時期の東北北部の住民は、制度上は日本国の外の民とされてはいたが、実態としては日本国の暮らしのなかにしっかりと組み込まれていた。「防御性集落」からは、擦文土器がいくらか出土し、それらの存在は、北海道南部の人々との交流を物語る。しかしながら、それは、単に、集落に住む人々の出自が北海道にあるということを示しているのではない。擦文土器の出土量から考えれば、北の地域出身の者は少なく、おそらく土器を作る女性が、時折わずかに嫁いできただけであった。その集落の住民が交易を基盤として北海道と中央の権門らとを結ぶ役割を担っていたことを示していよう。

第5章　蝦夷の暮らし

第1節　住居

(1) 古墳文化社会色の濃い住居の出現

　本州島の大部分が弥生時代後期～古墳時代中期にあたるころ、東北北部に暮らした人々がどのような家に住んでいたのかいまのところわかっておらず、当時の集落といえる遺跡が知られていないことは前章で述べた。それでも、土器片が採集される遺跡はあるので人が住んでいたことは確かだが、そのような遺跡すら数少ない。絶対年代で示して1世紀後葉～5世紀前半ころまでの300年以上、世代であらわせば10世代以上にわたる間の住居跡を見つけることができないのである。そんな東北北部に、5世紀後葉、八戸市田向冷水遺跡にカマド付竪穴住居ばかりで構成される集落が、突然出現した（八戸市遺跡調査会2001・八戸市教委2006）。

　日本列島全域を見渡せば、カマドを持つ竪穴住居は5世紀中葉の古墳文化社会に登場したのだが、それまでの数百年間どんな住居跡もみつかっていない東北北部にも、古墳文化社会でのその出現からほとんど時を置かずにそれが作られたことになる。そのような時期のものなので、田向冷水遺跡のカマド付竪穴式住居（第15図）は、古墳文化社会に属した人によって作られたと考えるのが妥当であり、一般的にもそう評価されている（八木光則2010など）。しかし、わざわざ作った集落であったにもかかわらず、人々は継続してそこに住み続けはしはしなかった。

　その後の6世紀中葉までの集落はほとんど知られていないのだが、7世紀に入ると東北北部の東側では竪穴式住居で構成される集落がいくつも見られるようになった。なかでも八戸市域には6世紀後葉ころの土師器（宇部則保2003）

第5章 蝦夷の暮らし　87

No.	深さ(cm)
P 1	12
P 2	22
P 3	33
P 4	38
P 5	48
P 6	15
P 7	20
P 8	30
P 9	13
P 10	24
P 11	24
P 12	29
P 13	37
P 14	49
P 15	13
P 16	28
P 17	34

田向冷水遺跡　SI1住居跡

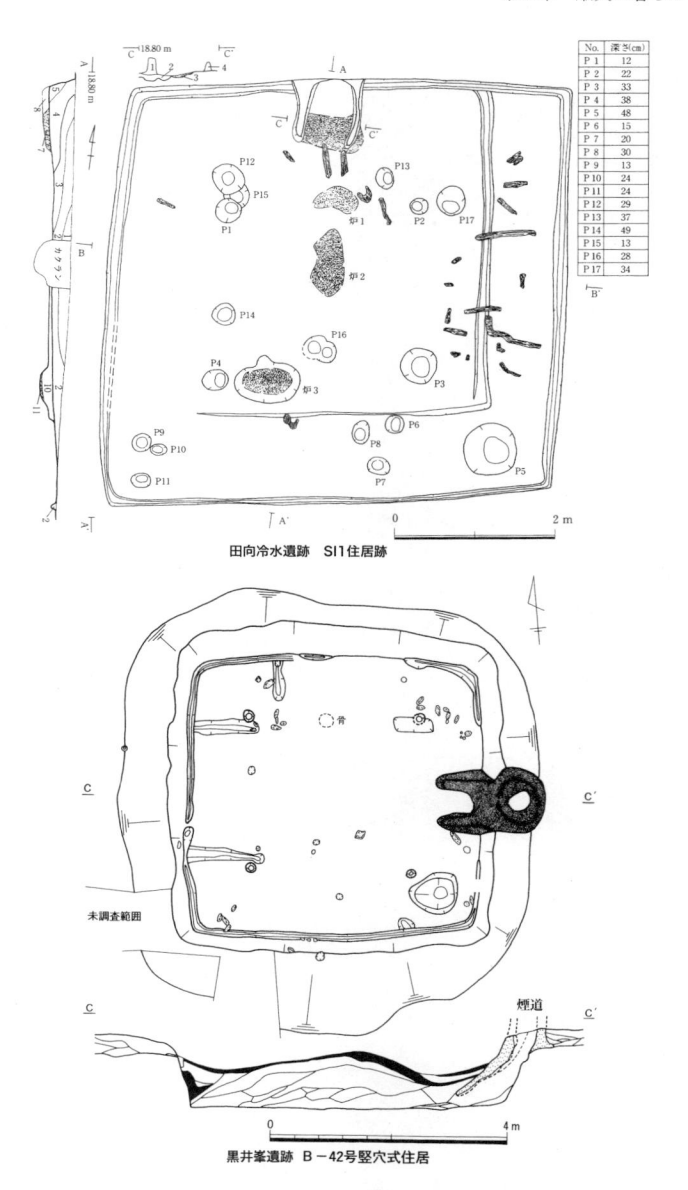

黒井峯遺跡　B-42号竪穴式住居

第15図　田向冷水遺跡出土住居跡と古墳時代住居の比較
（八戸市遺跡調査会2001，子持村教委1991より）

88

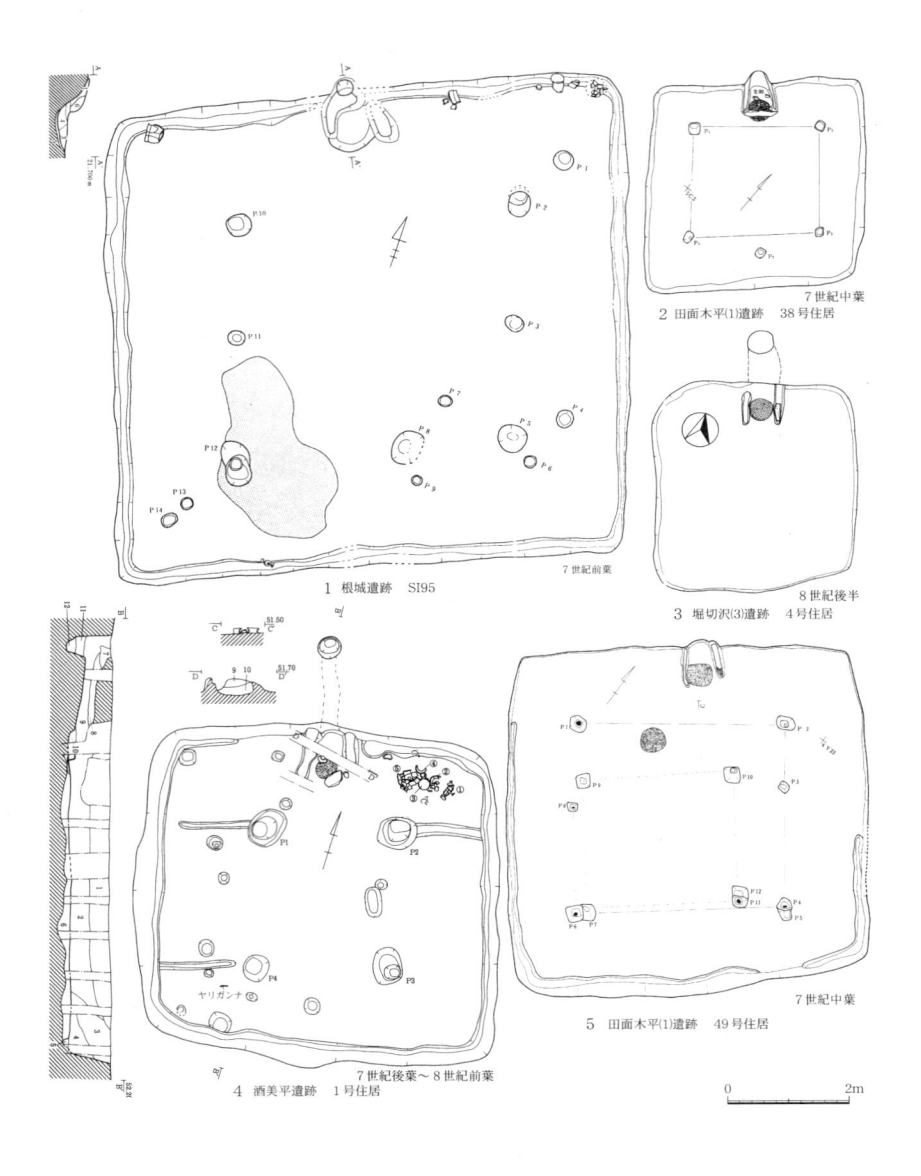

1 根城遺跡 SI95　7世紀前葉

2 田面木平(1)遺跡　38号住居　7世紀中葉

3 堀切沢(3)遺跡　4号住居　8世紀後半

4 酒美平遺跡　1号住居　7世紀後葉〜8世紀前葉

5 田面木平(1)遺跡　49号住居　7世紀中葉

0　　　2m

第16図　東北北部の7〜8世紀の住居跡

を持つ集落もある。それらの形態と構造は、古墳時代後期社会の中部・関東・東北地方南部のものに近い。当時の住居の平面形はほぼ正方形であり、竪穴は直線的な壁で構成されるので居住空間はほぼ箱形となる。そして、四面あるうちの一面の壁際に土でカマドが築かれる。煙道はいくぶん傾斜を持ち壁上方に延び、そのまま屋外に出ていたようである。類似したカマドの様子を知るために、6世紀半ばの榛名山の噴火により軽石で埋没した群馬県子持村黒井峯遺跡出土の住居跡の実測図（子持村教委1991）を参考として転載した（第14図2）。図の建物では、煙道がカマド背面の土壁に沿うように斜め上方に延びている。このような煙道を持つカマドは、古墳時代の関東地方には普通に見られた。5世紀後葉の田向冷水遺跡の住居も、竪穴は深さ50cmほど残存していながら、カマド部に煙道が見られないので、類似した構造だったのであろう。このような構造のカマドは東北北部では7世紀後葉まで残存した。

ただし、岩手県奥州市中半入遺跡の5世紀代の住居の場合、カマド背後に25度ほどの傾斜で70cmほど延び、地表に曲がる煙道があるし、7世紀後半には、後に説明する東北北部で7世紀末葉以降に出現する構造のカマドが見られる。古墳時代のカマドの構造は、同時に複数のものが各地にあったのである。

したがって、ここで説明するのは、あくまでも東北北部に限ったことであるが、7世紀末葉〜8世紀初頭になると、カマドに付随する煙道の形態が変わる。カマド上方に斜めに延びていたものが、この時期以降、まずカマド火床面の背後にほぼ水平に延び、住居の屋根の範囲を過ぎたあたりから垂直に折れ地表面に到達するようになるのである（第16図4）。同じころ、東北地方南部における煙道も同様な変化をしており、東北北部の7世紀後半のものが地域内で独自に変容したのではなさそうである。

北海道南部においても、100年ほど遅れて7世紀末〜8世紀初頭ころにカマド付竪穴住居が作られるようになった。そのころの集落の一つに千歳市丸子山遺跡がある。そこからは6棟の竪穴住居が検出された。独立した小丘の上面ほぼ全域を調査しているので、発見されたのはこの集落の全戸だったと考えられるのだが、半数の3棟にカマドがあった。うち、煙道がカマドの斜め上方

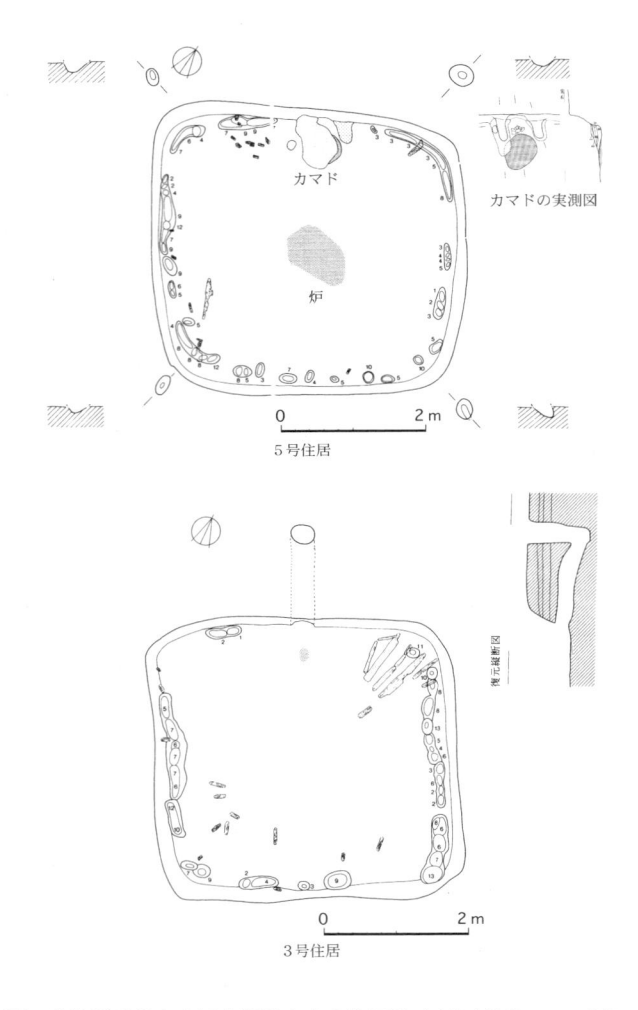

第 17 図　北海道千歳市丸子山遺跡出土の住居跡（千歳市教委 1994 の図に一部加筆）

に延びていたと推測できる住居が 2 棟（第 17 図）、煙道がカマド火床面から外に水平に延び、垂直に折れ地表に延びるタイプのものも 1 棟あった。前者は 7 世紀タイプの東北北部のもの、後者は、当時の東北北部の最新式のものが伝わったと考えられる。

(2) 竪穴住居出現の背景

　八戸市田向冷水遺跡の5世紀後葉の竪穴住居の発生については、日本列島にカマド付竪穴住居が出現して間もないころのものであることから、遺跡周辺で発明されものでも、東北北部的に改良される時間があったものでもなく、移住者が直接築造したと考えるのが妥当であろう。第15図1として同遺跡のSI1住居跡の実測図を報告書（八戸市遺跡調査会2001）から転載した。建物のほぼ中央に炉があるが、このような例はカマド付竪穴住居の出現期には関東地方にもいくつも見られるので、この地域の前時代の風習の名残と考えることはない。

　東北北部では、早いところで6世紀後葉、多くの場所では7世紀、すなわち飛鳥時代、いわゆる群集墳の時代以降に複数の集落が営まれるようになり、5世紀後葉段階から継続しているものはない。それらの集落で築造された住居も、新たな生活様式を持ちこんだ人々が築造したものなのである。

　東北北部東側の場合は、7世紀後葉までのものと7世紀末～8世紀初頭以降のものとで煙道の構造に違いがある（第16図）。後者の構造は、当時の東北地方に広く分布するものなので、それぞれその地でそう改良されたのではなく、前者の時期とは、モデルとしたカマドが違っていたことを反映しており、東北地方の住民は広い範囲で交流していたことを示しているのであろう。

　北海道では7世紀末～8世紀初頭ころのものが最古段階となるのだが、さきに述べた千歳市丸子山遺跡ではカマドを持たず、中央に炉だけがあるものが3棟あることと、煙道がカマド上方に付くタイプのものがあり、それは古墳文化社会のカマドの形態に近く、後の時代に道内では見られないので、当集落のカマド付き竪穴住居は、北海道で一般化する前の段階、すなわち道内における出現期のものと考えてよかろう。

　前章で説明したように、東北北部は1世紀後葉～6世紀に至るまで、集落がほとんど知られておらず、人口が非常に少なかったと考えてよい。そこに突然、6世紀後葉になってカマド付竪穴式住居を持つ集落が出現し、7世紀以降それが増加したのはいかなる活動の結果であろうか。移住者が中心となってそ

れらの建物を作り、集落を造営したと考えるのが最も無理がないであろう（松本 2006）。ただし一般には、以前から東北北部に居住していた人々が古墳文化社会の文化を学んだと説かれている。住居もそうやって作られるようになったと解されているのだが、仮にそうだとするならば、なぜ人々はまったく別の体系の文化を、突然、学んだのか、その説明が必要である。

　当時の東北北部では、建物ばかりでなく、文化全般が古墳文化社会仕様に変換していたのだが、なぜ人々は突然学んだのか。『続日本紀』に書かれているように、東北北部の人々はやまと言葉とは別の言葉を話していたというのであれば、そのような異文化の人々の生活様式全体を、なぜ人々はことごとく学ばねばならなかったのであろうか。

　5世紀後葉ころまで東北北部と類似する社会環境であったと考えられる北海道中央部の場合、8世紀に土師器とカマド付き竪穴住居を用いる生活様式が定着したかに見えるが、その後9世紀中葉以降、刻文が施される擦文土器が登場し、再び北海道独自の文化を持つ社会となった。7世紀末葉以降の一時期、土師器使用社会からの移住者が新たな生活様式を伝えたが、移住者の数が先住者よりも少なかったため、しばらくして同化されたと考えられる（松本 2006）。

　それに対し東北北部の場合、一旦土師器使用社会になると、後戻りすることはなかった。7世紀後葉～8世紀前葉ころにも、器面に文様が描かれた土器がわずかに見られるので、先住者も居住していたことはわかるが、新たな文化を伝えたのは移住者であり、しかも人口は後者が圧倒的に多く、前者が同化されてしまったからだと考えるのが自然であろう。単に、異なる言葉を話す隣人の文化を学んだ結果なのではない。

(3) 壁に板材を用いる竪穴住居

　9世紀以降に東北北部の西側に造営された大規模な集落を構成したのも、基本となるのは竪穴住居であったが、その壁には板材が用いられていた。代表例として青森市三内遺跡で検出された第44号住居跡を示した（第18図）。915年の降下とされる十和田a火山灰が、床面に広がる丸太材や禾本科植物の炭化

第 5 章　蝦夷の暮らし　93

物を直に覆っていたものである。それらの炭化物は屋根材と考えられるので、この建物は 915 年の火山灰降下時かその直前に焼け、廃棄された可能性が高い。第 8 章で紹介する須恵器甕が、床面下に埋けられ、おそらくは使用されている状態のままみつかった。

　地面に掘られた竪穴の四方の壁際地面にすき間なく板材を差し並べ、壁とされている。板材は、長さ 120cm、幅 25cm、厚さ数 cm ほどで、床面から約 10cm の深さの溝状の掘込みに据え、さらに 10cm ほど打ち込まれていた（青森県教委 1978a）。出土した土師器や須恵器の年代から、建物は 9 世紀後葉～10 世紀前葉のものと推定される。他の遺跡でも、9 世紀後半以降に造営された住居跡には壁際に溝が掘られるものが多いので、土壁に沿って板材がすき間なく打ち並べられていた可能性が高い。

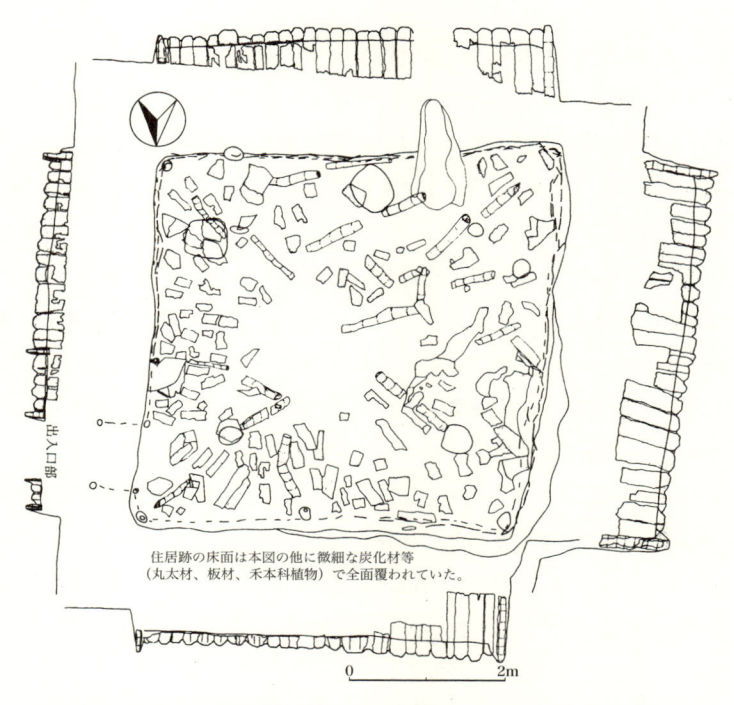

住居跡の床面は本図の他に微細な炭化材等
（丸太材、板材、禾本科植物）で全面覆われていた。

第 18 図　青森市山内遺跡出土竪穴住居実測図（青森県教委 1978a より）

板材は鉄製のヤリガンナやチョウナなどを用いて作られていたのであろう。そのような鉄製の道具が数多く利用されるようになって初めて、大量の板材が使えるようになったはずである。また、9世紀後半以降、とくに津軽地方では集落が増加し、集落ごとの建物数もそれ以前に比べ数倍になった。これは、用いられた板材の多さを語り、鉄の消費量、山林伐採量の増大をも間接的に語る。

これより古いころのカマド付竪穴住居にも壁際に溝が巡るものがあるが（第16図）、板材が用いられていたかは不明である。第15図2に示した群馬県子持村黒井峯遺跡出土例の場合も壁際に溝が巡るが、壁材は網代である。参考になろう。北海道千歳市丸子山遺跡の住居も、壁際に明確な溝が見られず（第17図）、板材の利用があったかは不明である。

(4) 掘立柱建物を付属する竪穴住居

9～10世紀前半（多くは10世紀初頭までに廃絶される）の東北北部西側に造営された集落に見られた住居には、8世紀までの東北北部東側にはなかった構造のものがある。竪穴住居のカマドが設置されている側に掘立柱建物を付属するタイプである（第19図）。前章の第4表に、集落ごとのその検出数も記しておいた。その住居は最初津軽地方に出現し、10世紀後半～11世紀には秋田県北部や下北半島でも見られるようになった。このように東北北部の東に少なく西に多いことから、豪雪に備えた構造という考えがある（木村 高2000）。分布状況を見るとその可能性はあるが、そればかりが理由とも言えない。その建物が最も多く作られた津軽地方でも、第4表からわかるように、それが多い集落と少ない集落があるからである。青森市浪岡の野尻遺跡（青森県教委1996）のように、大部分がそれで構成されている場合もあれば、同市野木遺跡（青森県教委1999b・2000a、青森市教委2000）のように、大集落でありながらそのタイプがわずかしか見られない例もある。単に自然環境への適応だけでなく、その多寡は文化的系譜など、社会的な理由とも関連しているだろう。

また、津軽地方の場合、それが作られたのは10世紀前半までに限られる。

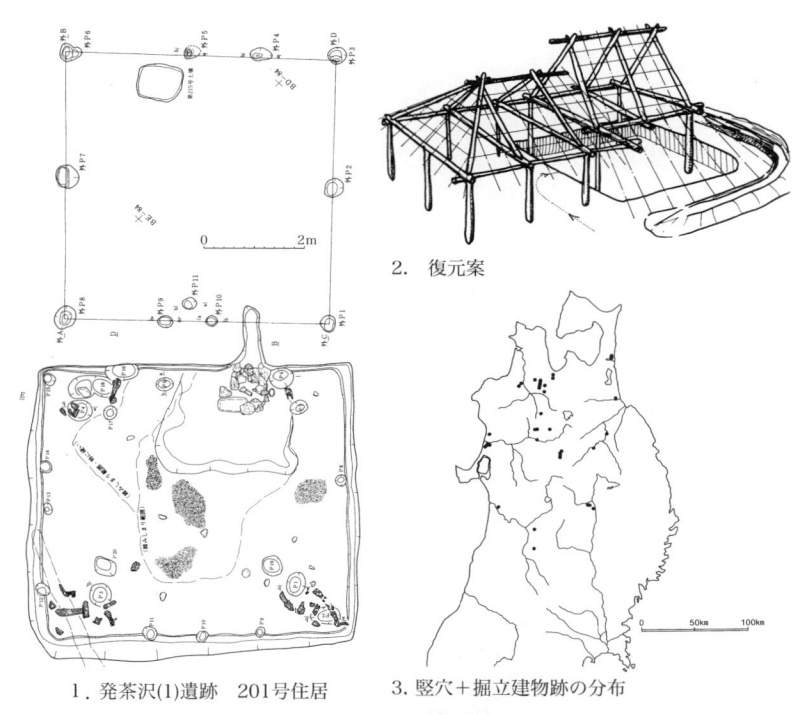

1. 発茶沢(1)遺跡　201号住居
2. 復元案
3. 竪穴＋掘立建物跡の分布

第19図　竪穴＋掘立柱建物跡とその分布
(2：高島成侑1989―第197図を転載、3：高橋玲子2001―図2を加工)

当時も当地方は豪雪地域であったろうが、その後もその気候は継続したはずである。それなのに、掘立柱建物を付属する竪穴住居は10世紀後半には見られず、住居は別の構造となっている。住居の構造が、単に環境への適応で決まるのではなく、社会的な内容を反映していると考えるべきであろう。したがって、掘立柱建物を付随する竪穴住居が示すことの第1として、意識の問題をあげておく。このタイプの建物を建てたいと思った人々が居住していた範囲を、同一の文化圏と見ることができるだろう。第4表から、10世紀前半までに津軽地方に出現し、その後秋田県北部や下北半島に広がったように見えるのだが、それらの地域へは、津軽地方に集落を造営した人々が移住したのではなかろうか。

第2節　土器と生活様式

(1) 土器から見る生活様式の変化

　前節で見たように、東北北部では、弥生時代後期～古墳時代中期に併行する時期、すなわち1世紀後葉～5世紀前半ころの住居は発見されていない。し

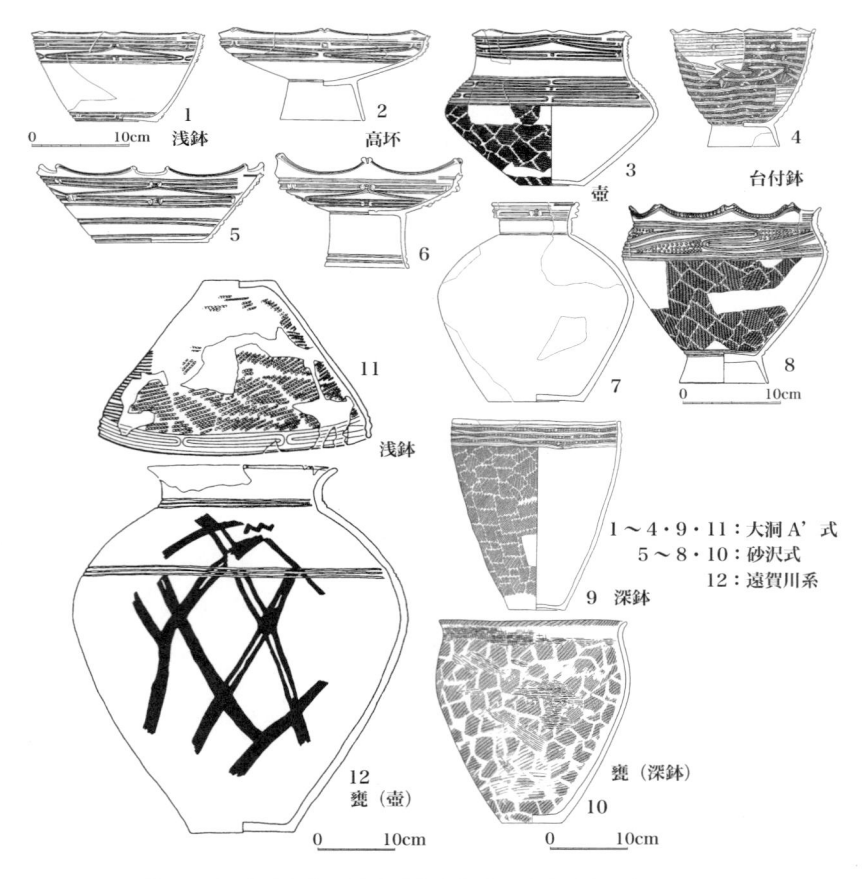

第20図　東北北部の縄文時代晩期末～弥生時代前期の土器
1～10：砂沢遺跡（弘前市教委1988より）、11・12：地蔵田B遺跡（秋田市教委1987より）

かし、土器ならばいくらか知られている。そこで本節では、土器を用いて、縄文時代晩期終末以降カマドを用いた生活様式が定着するまでの時期の、当該地域の人々の暮らしをいくらか考えておく。なお、土器そのものについての考察は第8章で改めておこなう。

　3世紀後半ころ～5世紀後葉までは、東北北部でも、北海道の続縄文土器とほぼ同じものが作られていた。第21図5～7には青森県八戸市周辺の後北C_2・D式～北大I式土器を掲載した。器種は深鉢と片口の2種である。それより前の1世紀末～3世紀前半ころには、天王山式土器と呼ばれる弥生時代後期の土器があったが、この時期も器種はわずかで、深鉢・壺・片口があるだけである。しかし、さらに古いころは、非常に丁寧に作られたいわゆる精製土器（第20図1～3・5～7）もあり、器種は豊富であった。弥生時代前期の弘前市砂沢遺跡、中期の田舎舘村垂柳遺跡といった、水稲耕作の跡が知られる遺跡のあるころである。土器には浅鉢、高杯、甕（深鉢）、壺、蓋などがあったが、その多くの種類は縄文時代晩期から続くものであった。第20図1～10に示したのは、砂沢遺跡出土の縄文晩期最終末期の大洞A'式～砂沢式土器である。これらは、同遺跡で連続して製作・使用されていた。

　このように、東北北部でも、水稲耕作がおこなわれた弥生前期～中期には、土器の器種も多くさまざまな道具が使われ、竪穴住居もあった。しかしその後の弥生後期に併行する時期、すなわち2～3の器種しかなかった天王山式土器使用期には、1遺跡から採集される土器片数は少なく、住居跡もみつからない。この傾向はそれに続く後北C_2・D式土器使用期も同様であった。よって、これらの時期の人々は遊動性に富む生活をしていたのだと考える研究者が多い（石井　淳 1997など）。ちょうど弥生時代後期～古墳時代中期に併行する時期である。

　しかし、古墳時代後期に併行する5世紀後葉になると、突然、東北北部にも土師器（第21図8～13）を用いる集落が出現した。だが、その生活はすぐに途絶えた。そして古墳時代終末期の始まる6世紀後葉～7世紀前葉に、カマドを備えた竪穴住居で複数の器種を揃えた土師器を使う生活が、再び始まっ

北海道南部　　　　　　　　　　　　　東北北部

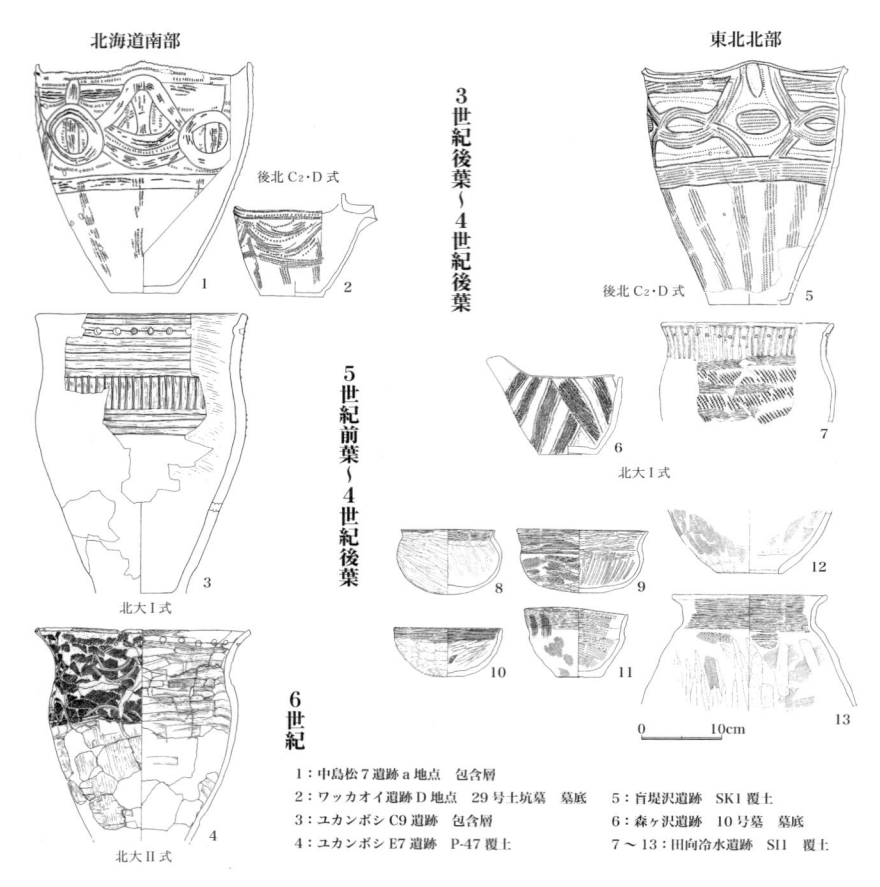

3世紀後葉〜4世紀後葉

後北C₂・D式　　　　　　　　　　後北C₂・D式

5世紀前葉〜4世紀後葉

北大Ⅰ式　　　　　　　　　　北大Ⅰ式

6世紀

北大Ⅱ式

0　10cm

1：中島松7遺跡a地点　包含層
2：ワッカオイ遺跡D地点　29号土坑墓　墓底
3：ユカンボシC9遺跡　包含層
4：ユカンボシE7遺跡　P-47覆土
5：百堤沢遺跡　SK1覆土
6：森ヶ沢遺跡　10号墓　墓底
7〜13：田向冷水道跡　SⅡ覆土

第21図　北海道南部・東北北部の3世紀〜6世紀の土器

た。坏、高坏、長胴甕、甑、壺が基本的な組み合わせであるが、特殊なものとしては甗、円筒形土器などを持つ場合があった（第22図）。円筒形土器はその使用法が明確にされているものではなく、出土地域も中部高地とその周辺（長野県・山梨県・東京西部・福島県会津地方・栃木県）および東北北部に限られる（西山克己1996、山口耕一1998など）。いずれにせよ、このような特殊な形態をした器種は、それぞれに特定の使用法があったことを示しており、その使用法が伝えられない限り、生じない形態の製品である。東北北部にはそ

のような特殊な器を使う生活様式が伝わったことがわかる。

　5世紀中葉までは続縄文土器を使っていた地域、言い換えれば、アイヌ語系言語を話す人々が暮らしていた地域（松本2006、本書終章）に、やまと言葉を話す人々の生活様式が突然出現し、定着した理由は何であったろうか。

(2) 須恵器模倣坏の誕生と一般化

　弥生時代後期～古墳時代中期に併行する時期、東北北部や北海道の人々が持っていた土器は、深鉢と片口だけであった（第21図）。続縄文文化の土器である。しかし、東北北部では古墳時代終末期6世紀後葉～7世紀初頭までに、北海道では7世紀末～8世紀初頭ころに、突然、坏や高坏を持つようになった。坏は丸底であり、この時期にはある程度変形してしまっているが、もともと古墳時代後期、5世紀後葉以降に、北部九州、中部高地および関東地方の古墳文化社会に広まった須恵器の蓋坏を模倣した器（以下では須恵器模倣坏と呼ぶ）を源とするものである（第22図－4・11・12）。また同じころ、高坏にも須恵器に由来するタイプが出現した。土師器の高坏には古墳時代前期以来の土師器の系統と須恵器の系統とがあるが、坏は須恵器の導入後に生まれたことになる。小笠原好彦（1971）が、和泉式段階までの東日本の土師器の椀は、須恵器模倣坏出現以降に多量化した坏・椀とは異なると述べたが、そのとおりであろう。また、西 弘海（1981）も、坏・椀は須恵器坏の導入によってはじめて一般化したと説明している。この点については後述する。

　東北北部や北海道には、本来、土師器を使用する文化はなかったので、坏と高坏の誕生について簡単に述べておく。5世紀の前半に朝鮮半島から伝来した技術によって成立した須恵器は、群集墳（和田晴吾1992の言う古式群集墳）における祭祀と結びついて急速に広まった（山田邦和1998）。そして、西日本では、5世紀後葉には日常の食器として須恵器が利用されるようになった。このとき初めて食器の「坏」が誕生した。そして、須恵器の蓋坏が十分に供給されなかった地域では、土師器でそれを補った。それが須恵器模倣坏であった。

　このとき、各人が己の坏を用いる古墳時代後期的食器の様式が誕生した。前

100

東北北部

7世紀末葉～8世紀前葉

11・12・16：樹城遺跡 SI 110
13～15：樹城遺跡 SI 95
17：湯丸射斜旧遺跡 SI 2　18・19：田面木平(I)遺跡 39号住居
20～22：樹城遺跡 SI 111
23・24：皆堤沢遺跡 SI 3　25～28：皆堤沢遺跡 SI 19

6世紀後葉～7世紀後葉

北海道南部

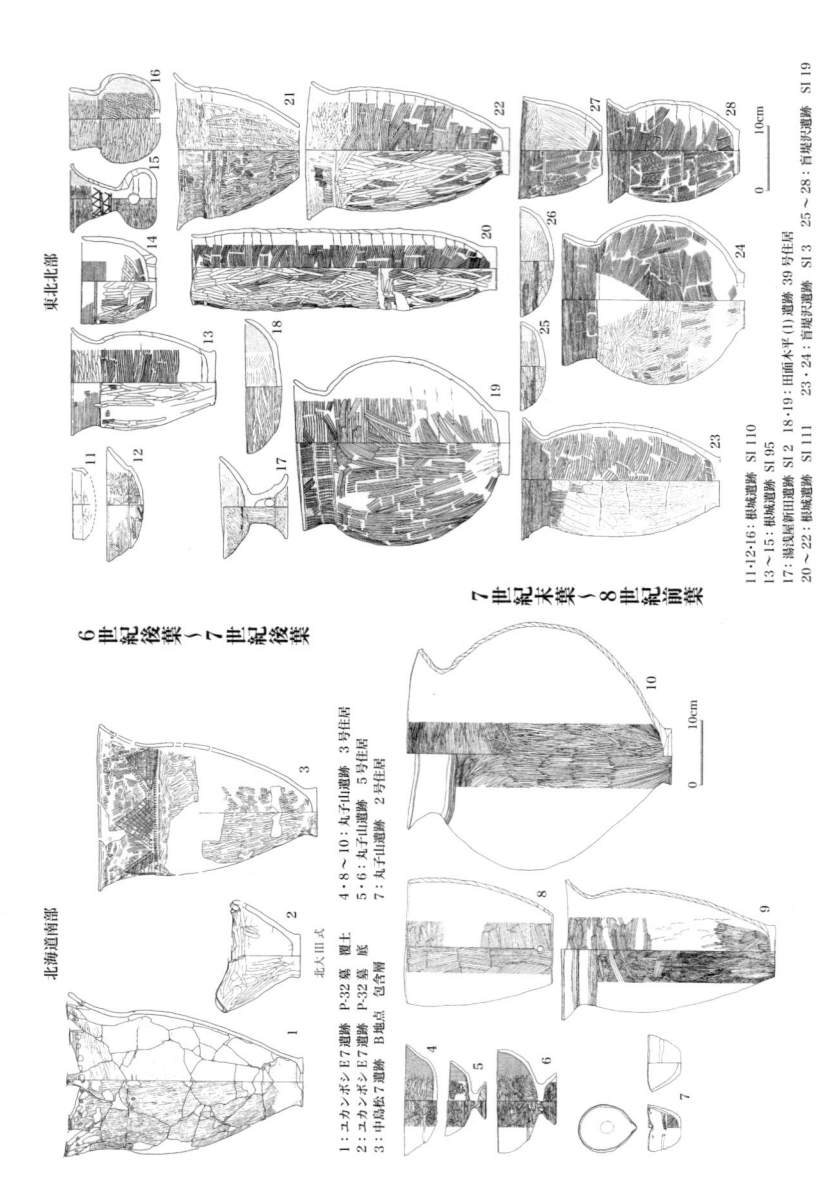

北大III式

1：ユカンボシE7遺跡 P-232墓 甕土
2：ユカンボシE7遺跡 P-232墓 底
3：中島松7遺跡 B地点 包含層
4・8～10：丸子山遺跡 3号住居
5・6：丸子山遺跡 5号住居
7：丸子山遺跡 2号住居

第22図　北海道南部・東北北部の7～8世紀前葉の土器

掲の西（1981）は、「朝鮮三国の生活習慣に倣った食器使用の習慣、発展を意味する」（8頁）と考えた。この時期より古い布留式の食器類には、高杯を別として坏類はほとんど目立たなかったというのが根拠である。この時期の食器様式の変化は、生活様式の根幹の変化として重視すべきであろう。

　須恵器では食膳具といえば、蓋が付属した坏であったが、土師器でそれを作るにあたり、蓋部分と身部分を模倣する場合があったようだが、使用される場合には、どちらも同じく、蓋のない、身だけの坏として認識されたようである。そして、5世紀後葉、群集墳の造営（前方後円墳の時代の古式群集墳）とともに、新しい生活様式が各地に広がった。そのなかに、須恵器模倣坏の使用も含まれていたのである。

　ただし、田向冷水遺跡における5世紀後葉の土師器は、その生活様式がまだ反映されていないものであった。この点は注意しておく必要がある。その後しばらくして6世紀後葉以降に、すなわち前方後円墳の時代終了後の群集墳の時代（和田1992の言う新式段階）、あるいは古墳時代終末期になって、東北北部にも須恵器模倣坏を用いる段階の生活様式が定着したのであった。

(3) 食生活と精神生活

　古墳時代後期的食器の組成は、各人が坏を使い、神との対話のなかで食事をするといった生活様式の確立を示しているのではあるまいか。食事という日常の営みといえども、須恵器に付随していた祭祀的イメージが手伝って、それが導入された当初は食事をすること自体に精神的な活動という意識が伴っていた可能性があろう。東北北部でその系統の丸底の坏が高杯とともに利用されるようになるのは、6世紀後葉〜7世紀初頭以降、すなわち古墳文化社会に前方後円墳ではなく群集墳が築かれるようになった時期であった。

　ほかに、青森県八戸市根城遺跡の7世紀の遺跡から土師器の甕（はそう）が出土している（第22図−15）。これも本来は須恵器で作られる特別な器種である。そのような器を模倣した土師器が用いられねばならなかったことからも、単に日常の生活様式の変化だけでなく、信仰の一部としての食にかかわる部分の変化

があったと捉えることができよう。その体系のなかにいた人間が、それ以前にその地域にいた者たちばかりなのではなく、多くは、その体系を持ち込んだ人々であったことを物語る。

　また一般に、高坏は単なる食器ではなく、精神的な活動と関連した器と考えられているが、北海道では出土数が非常に少なく、それは普及しなかったと評価でき、生活様式の全般が東北北部と同一になったのではないことがわかる。そこでは土師器を用いる食事は接ぎ木された文化であり、根付かなかった部分もあった。その様式を吸収したのが、本来、別の生活をしていた人々であったことを示す。

第3節　生産活動

(1) 1世紀末〜5世紀前半

　この時期の東北北部に関しては、土器が採集され、墓が検出されているだけで、それ以外の情報については知られていない。発見されていないだけのこともあり、考古学では存在しないことを証明するのは非常に難しい。しかし、知られている属性の組み合わせから生活様式を推定することは可能である。

　集落遺跡が発見されておらず、また、恒久的な堅固な構築物もみつかっていないことから、7世紀以降に見られた農耕を中心とした人口増加が可能な生活が営まれていなかったことは明らかである。居住者がいなかったわけではないが、自然条件の利用法が7世紀以降とはまったく異なっていたと述べることは間違いではない。前節で述べたように、北海道におけるのと同様、深鉢と片口で構成される続縄文土器が利用されていた。生産活動も、北海道の人々のものと共通性があったであろう。少なくとも、本州島の大部分を占めていた、弥生時代後期〜古墳中期ころの生産活動は見られなかった。

(2) 5世紀後半〜6世紀前葉

　前時期とはまったく異なる生活様式を持つ集落が、八戸市田向冷水遺跡に突

然出現した。カマドを持つ竪穴住居が造られ、そこで利用される土師器の複数の器種が見つかった。それらは、米や雑穀を食べるための設備、道具である。その時期の水田や畑の調査例はまだ知られていないが、米や雑穀を栽培し、それらを調理する生活様式を持つ人々が、突然出現したことになろう。

　田向冷水遺跡の住居からは、黒曜石と琥珀も出土した。それらは、遺跡周辺で採集できるものではない。分析の結果、黒曜石は宮城県から運ばれたことがわかっている。黒曜石製ラウンドスクレイパーを利用して、何かの製作がおこなわれていたのであろう。

　琥珀の成分分析は実施されていないが、直線距離にして約40km南東に日本列島最大の琥珀産地である岩手県久慈市がある。また、久慈産の琥珀は、同時期の古墳の副葬品としてよく利用されていたことがわかっているので、そこから得られたと考えるのが妥当であろう。ただし、久慈産の琥珀がそれ以前に、産地周辺で利用されていた事実はない。琥珀は松脂の化石であり、柔らかく、高い硬度を必要とする材料としての利用には向かない。この時期以前に、久慈周辺で使われた痕跡がないのはそのせいであろう。

　琥珀の利用は、それまでとはまったく異なる自然利用法を持つ社会の出現によっておこったことと考えるべきである。この時期にそれを必要とした人々があった背景には、それに価値を見いだす思想の浸透があったと推測する。古代、琥珀は中国では本草（薬）の一つであった。古墳の副葬品として納められるようになった背景には、琥珀を本草とする思想が一般化していた大陸・朝鮮半島からの影響があったのではなかろうか。また、どのような地質・地形の地域に琥珀が堆積しているかを知っていた人々によって、久慈産の琥珀は発見されたのであろう。この点も、それまで琥珀を利用していた人々、すなわち大陸からの人間の流入をうかがわせるのである。

(3) 6世紀後葉～8世紀

　6世紀後葉の遺跡はまだ発見例が少ないが、7世紀に入ると、主に東北北部の東側で、雑穀栽培がおこなわれ、馬も飼われていた。沖積地よりも台地上や

丘陵上に集落が見られるのが特徴である。地形や気候から考えると、水稲耕作よりも雑穀栽培適地を選択したようである。古代日本国領域の東山道あたりの人々の生活に、比較的近いのではなかろうか。

　8世紀後半になると、東北北部の西側にも集落遺跡が見られるようになり、なかには沖積地に面した段丘縁の集落もある。自然条件から考えると、こちらの地域では馬飼よりも水稲耕作を目的とした選択がおこなわれたと見られる。

　東北北部の東西、両地域において、それ以前には見られなかった、カマドを持つ竪穴住居が一般化したのであるが、壁には板材が用いられたようであり、前時期よりも確実に樹木利用が増えたであろう。そのためには、伐採具やヤリガンナ等が必要であったろうし、また、農耕が普通になっていたので、土地を耕す農具も必要であった。

　すなわち鉄器があったはずだが、出土例はあまり知られていない。鉄製鍬先を網羅的に集成した林 正之（2010）によっても、この時期にはまだその出土はない。ただし、羽口やカナハシが検出された例はあるので、鉄製品を作ったり修理したりする、いわゆる小鍛冶はおこなわれていた。

　馬飼・雑穀および水稲栽培・小鍛冶、どの活動も東北北部で独自に生れたものではない。また、前時代にそれぞれの地域に定着していた諸活動を充実させることにより一般化したのではなく、外来の文化要素である。カマド付竪穴住居を持つ集落の造営についても、5世紀後葉〜6世紀初頭ころに見られたものを基礎としたのではなく、新たに流入した人々によるのであろう。

(4) 9世紀〜10世紀前半

　東北北部西側に集落が急激に増加した9世紀後半〜10世紀前半には、津軽地域を中心に水稲耕作や雑穀栽培がおこなわれた。阪口（1989）の古気温曲線によるならば、この時期は温暖だったので、東北北部東部でも、雑穀栽培のみならず、水稲耕作がおこなわれたかもしれないが、西側地域に比べれば、自然条件は水稲向きではない。東部では前時代同様、馬も飼われていた。

　西側地域では、9世紀後半以降、砂鉄を始発原料とした製鉄がおこなわれた

(第7章参照)。当初は集落内に炉が作られ、集落を造営する際に利用された鉄製品の生産を目的としていたと推測される。50年間に100棟以上の住居を建てる規模の大集落が営まれた。家には板材を多用した(第18図)ので、多くの樹木が伐採されたはずであるが、それは鉄器が多量に用いられてはじめて可能なことであった。

また、津軽産地南西部の五所川原市域では、9世紀後葉～10世紀中葉頃まで須恵器が生産された(第8章参照)。鉄生産同様、第1の目的は、その窯の周辺地域である東北北部西側で造営された集落での使用であった。

(5) 10世紀後半～11世紀

米代川中～上流域や岩木川上流域の山間地に多くの集落が営まれる。この時期は、いわゆる防御性集落と呼ばれる周囲を堀で囲まれた集落が多い。山間地にあるものの場合、集落の周辺では水稲耕作よりは、雑穀栽培の比率が高かったであろうが、低地で稲作をおこない、居住域を山間地に持っていた場合もあろう。

この時期、岩木山麓に製鉄遺跡が複数あった。9世紀後半の製鉄炉はいくつかの集落で1基あるいは2基ほど、操業されたにすぎなかったが、この時期のものは、集落から離れた岩木山麓など山間地に多数営まれた。杢沢遺跡は、34基もの製鉄炉を操業したのである。鉄は不特定多数のために生産され、東北北部のみならず北海道へも運ばれた。

第4節　墓

(1) さまざまな墓

土坑墓

後北C_2・D式土器や北大I式土器といった続縄文土器が利用されていたころ、すなわち絶対年代で3世紀後半～5世紀前半ころ、北海道南部と東北北部の墓は類似した土坑墓であった(第23図)。土坑墓とは、人間を収められ

るだけの容積の穴を地表面から掘り、そこに死者を葬り、土を被せる、最も基本的な墓のことであるが、この時期の当該地の場合、長軸側の1面の壁面を軽く抉り、そこに土器を納めるという共通性があった（第23図）。一般には、これは北部に本のこの時期の特徴と評価されているが（阿部ほか2008など）、この風習が生まれるのは古墳時代前期に併行する時期からなので、これが北海道や東北北部に由来するのか、古墳文化の影響を受けていないのか、よく検討する必要があろう。

　ところで、北海道南部と東北北部の墓の造営のしかたには非常に大きな違いがある。東北北部では、5世紀中葉ころの北大I式期よりも後まで墓域が継続して営まれることはないが、北海道南部では、同一墓域で8世紀に至るまで継続して多くの土坑墓がみつかっているのである。

　例えば、東北北部では、後北C_2・D式土器期の土坑墓として秋田県能代市寒川II遺跡が有名であり、6基検出された（秋田県教委1989）。最も長期間営まれた墓としては、青森県天間林村森ヶ沢遺跡があるが、それでも後北C_2・D式〜北大I式期の20基だけである（阿部ほか2008）。それに対し、北海道恵庭市西島松5遺跡（(財)北海道埋文センター2002）からは、北大III式〜土師器の時代、すなわち8世紀代後半の蕨手刀の時代に至るまで、河川よりも一段高い低位段丘上に84基の土坑墓が密集して営まれた（第24図）。数が多いことは、墓周辺の居住者の個々人の墓であったことを示しているのであろうか。当該期の東北北部の土坑墓は、数が少ないのが特徴である。

末期古墳

　東北北部の場合は、7世紀に入り東北北部に丸底の土師器坏を使う集落が見られるようになると、そのような土坑墓は姿を消した。そのかわり、直径7〜12mほどの円形の敷地中央に土壙を掘り、そこに棺をおさめ、そのうえに土を盛った墓が造営されるようになった（第24図）。考古学では「末期古墳」と呼ばれている。このような形態の墓は8世紀まで続く。ただし、分布域は、東北北部の東側に偏る。西側からは8世紀後半のものがわずかにみつかっているだけである。また、土坑墓が集落を構成する個々人の墓であったと考えら

れるのに対し、「末期古墳」は一箇所から発見される例が数基程度であることが多く、集落の居住者全員のものではなかったことがわかる。

円形周溝墓

その後、9世紀には、末期古墳と同規模の円形の区域に溝を巡らせた墓が作られるようになった。円形周溝墓と呼ばれている。8世紀までの末期古墳は、地表から土坑を掘込み、そこを玄室にし、その上に低い半球状に土盛りをしていた（以下ではマウンドと呼ぶ）のであるが、こちらの墓は、深い土坑を掘らずに玄室を築き、土盛りをしていたのか、円形の溝だけが検出されるのである。青森県八戸市の丹後平古墳群や同県おいらせ町の阿光坊古墳群といった7～8世紀の末期古墳群に隣接して営まれる例があるほか、東北北部の西側の津軽地方からもいくらか見つかっている。

北海道式古墳

8世紀後半～9世紀前半、北海道中央部の石狩川低地帯の限られた地域に、マウンドを築くタイプの「北海道式古墳」と呼ばれる墓が造られた。それらが発見された当時の1930年代の調査の簡単な記録によれば、地表から深さ50cmほどの浅い土坑を掘って、そこを玄室にするタイプであり、東北北部の末期古墳に近い。同時期の北海道で営まれる土坑墓よりもかなり浅い。マウンドの直径は3～7mほどであり、東北北部の末期古墳より小型である。

刻文を持つ擦文土器が使われる9世紀後半には廃れていたので、非常に限られた時期に、しかも狭い地域でしか築かれなかったことになる。

その他の墓

発見例は少ないが、9世紀後半には2つの長胴甕を容器とした、合わせ口甕棺が津軽地方に知られている。これは東北中部以南にいくつか類例があり、日本列島北部に特有の墓なのではなく、古代日本国域や朝鮮半島に見られる形態である。

10世紀以降になると、東北北部だけではなく、北海道でも墓の調査例が極端に少なくなる。

まとめ

　続縄文土器使用期（東北北部では5世紀前半まで、北海道では7世紀末葉まで）：土坑墓の時代、東北北部で丸底の土師器坏が使用される時期（7～8世紀）：「末期古墳」の時代、ロクロ土師器の時期（9世紀）：周溝墓の時代、北海道で丸底の土師器坏が使用される時期（8世紀中葉～9世紀）：土坑墓と「北海道式古墳」の時代、となる。東北北部の西側に大型の集落が増えてしばらくたった10世紀以降は、墓があまり検出されなくなる。このように、7世紀に入り、東北北部東側にカマド付竪穴住居を持つ集落が出現して以来、数世代ごとに墓の形状は変ってきた。

　こうして見てくると、葬制は保守的ではなく、むしろ変化しやすいと言えるのだが、それは何が変化したことを反映するのであろうか。

(2) 末期古墳の出自

　先に示した古代の東北北部のさまざまな墓のうち、最もよく知られているのは末期古墳である。マウンド状に土盛された墓であり、外見が古墳時代の古墳と似ているのでこのような名称が与えられているのだが、研究史的には、1.前方後円墳のように、マウンドを盛りそのなかに玄室が設けられるのではなく、地表から墓坑を掘っている、2.墓の規模、形態、副葬品等から階層性が読み取れない、3.古墳時代が終わり奈良時代になっても造営され続けている、すなわち古墳文化の秩序から外れているなどの理由により、古墳文化の古墳ではなく、古墳の影響を受けながらこの地方で独自に生れた墓と評価されている（八木2010、藤沢2004など）。したがって、古墳と呼ぶのは適当でないという意見もある。しかしながら、すでに定着した名称であるし、以下に述べるように、墓坑を掘るタイプの古墳に由来する墓として生れたと考えられるので、本書でもそのまま使う。それを古墳とする根拠は以下である。

土坑墓との比較

　最初に、末期古墳は、古墳文化の要素を取り入れてはいるが、土坑墓を基本として生まれたものであるという説を検討する。

東北北部で最も古い末期古墳は、当該地域東側の八戸市からおいらせ町にかけての台地上にある八戸市丹後平古墳群（八戸市教委 1991・2002）やおいらせ町阿光坊古墳群（おいらせ町教委 2007）に含まれる。丹後平古墳群は 7 世紀後葉～ 8 世紀前葉、阿光坊古墳群は 7 世紀前葉～ 9 世紀末葉の築造である。その系統を知るには、その発生のし方が肝腎なので、より古い時代に築造が終了した丹後平古墳群を中心に考察する。

 東北北部には 6 世紀代の墓はないので、3 ～ 5 世紀の後北 C_2・D 式～北大 I 式期を基本に考えるが、北海道の 6 世紀代のものも利用する。　当該地域は一般的には前方後円墳が造られなかった地域と認識されているが、日本列島最北の前方後円墳である岩手県奥州市胆沢の角塚古墳が造られた時期、すなわち 5 世紀後葉に、八戸市域には田向冷水遺跡という古墳文化社会の集落が造営された。そのころはまだ古墳を造る文化の伝播はなかったが、古墳文化社会の人々の移住はあったのである。

 その後 7 世紀前葉以降に末期古墳が登場したのだが、それは、それ以前に当該地域にあった土坑墓を母胎に発展したのではない。マウンドを築きそのなかに玄室を設ける古墳とは異なり、土坑墓を玄室とし、その上にマウンドを盛るという作りかたなので、古墳ではないという意見が一般的であるが、続縄文時代の土坑墓とは築造にかかわる認識あるいは墓に対する概念が異なると解釈できる点が 2 つある。1. 土坑墓の上にそれを覆うだけの機能とは思えない規模のマウンドを築く、2. 土坑自体が続縄文時代までのものよりも大規模であり、なかに納められる棺の形態にあわせ、その形が直方体となる、の 2 点である。

 1. はこの主の墓を作らねばならぬ理由として、他の墓とは異なる、いわば偉容を必要としたことになろう。身の丈に合わせた土坑墓造営とは墓概念が異なる。2. は被葬者を木棺に納めたことがわかる。板材を用いた棺を必要としていなかった土坑墓とは異なる。樹木を伐採し、板材を加工したのである。一人の人間を葬るのに多大な労力を要しており、これも、土坑墓を造営していた人々の考え方からは生まれないであろう。

少し具体的に見てみる。第24図1・2は、青森県八戸市丹後平古墳群の15号墳と同県天間林村森ヶ沢遺跡の土坑墓群の墓域の範囲を、同じ縮尺にして比較したものである。丹後平古墳群15号墳の周湟内は直径14mほどの円形となるが、ほぼ同じ面積に森ヶ沢遺跡の20基の土坑墓群が入る。また、同図3・4は丹後平古墳群と北海道恵庭市西島松5遺跡の土坑墓群の敷地の規模を比較したものである。後者は50m四方におよそ80人分の土坑墓が入るが、前者は15人分ほどの古墳が入るだけである。

また、一般には、7世紀に南の地域から竪穴住居などの他の生活様式とともに古墳的な墓制も受容し、旧来の土坑墓と融合した独自の埋葬形態を作ったと解釈されている（八木2010）。しかし、第24図で見たように、末期古墳と土

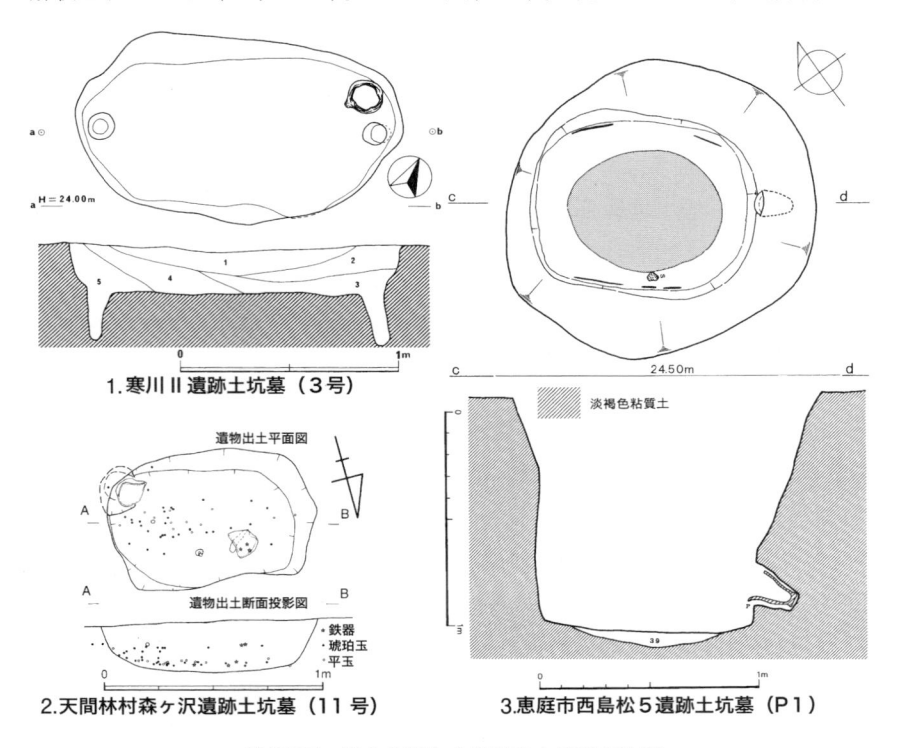

第23図　東北北部と北海道の土坑墓の比較
（1：秋田県教委1989，2：阿部ほか2008，3：北海道埋文センター2002より）

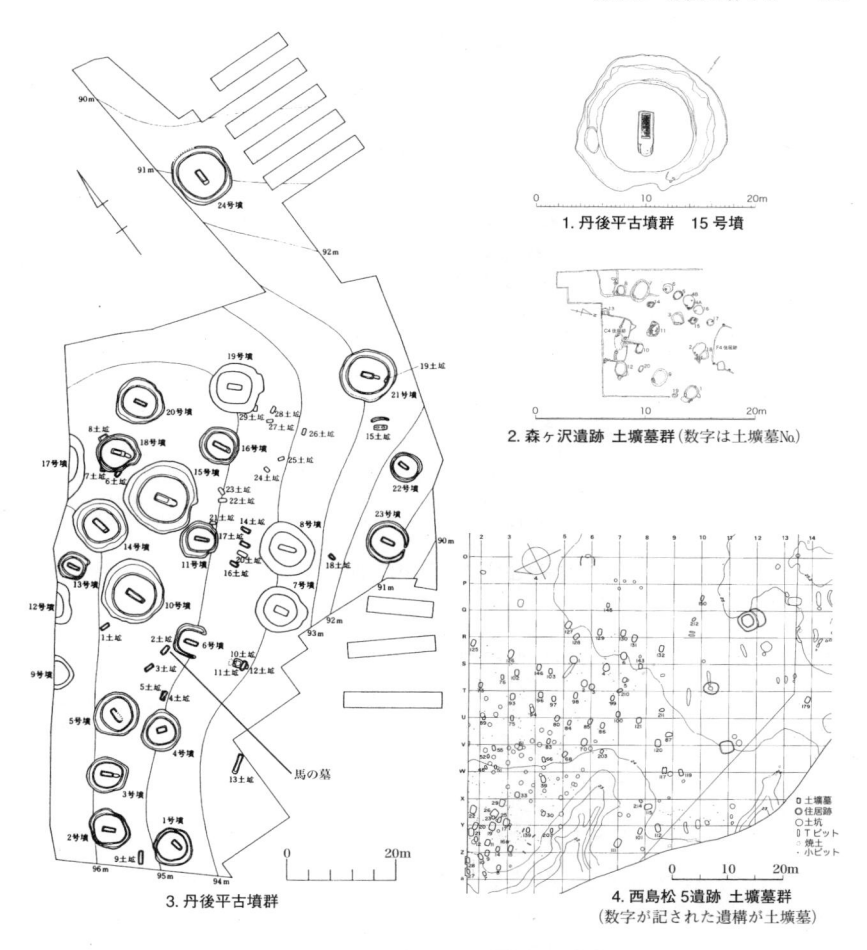

第 24 図　東北北部の土坑墓と末期古墳
(1・3：八戸市教委 1991，2：阿部ほか 2008，4：北海道埋文 2002 より)

坑墓とでは規模が違い過ぎており、墓の造営にかかる労力、そしてそれを可能にする道具を考えると、前時代の土坑墓と末期古墳とでは、墓に対する認識に大きな違いがあったとしか思えない。

　第 25 図は、同時代の北海道の土坑墓と東北北部の末期古墳の主体部の規模を比較したグラフである。土坑墓は被葬者の身体の容積に近い大きさの土坑し

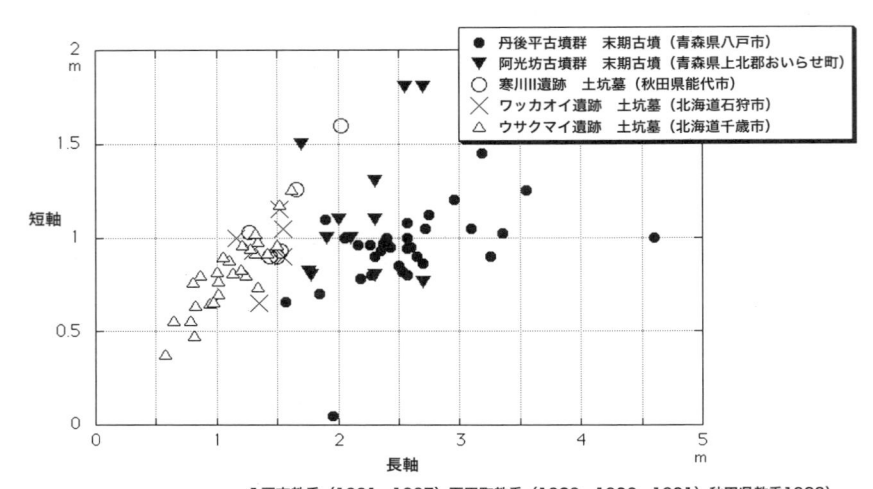

第25図　土坑墓と末期古墳主体部の規模の比較 (松本2006―図36を転載)

か掘らないのが特徴である。それに対し、末期古墳は、多くの場合、棺を納める部分に羨道が付随しているので、主体部となる土坑自体が、被葬者の身体の容積よりもかなり大きい。なかには丹後平古墳群10号墳のように、木炭粒の範囲により木棺が3m規模であったことがわかる例もある。加えて、末期古墳のマウンドは直径が7〜12mほどもあり、巨大である。繰り返しになるが、墓の造営にかかる労力に違いがありすぎる点を考慮すると、墓に対する認識に違いがあったことをおわかりいただけるであろう。

　また、続縄文の土坑墓の底面の長径が1mほどですむのは、膝を曲げた状態で葬られる屈葬だからである。末期古墳が伸展葬である点と異なる。単なる形式的な差ではなく、屈葬と伸展葬とで、被葬者の死後の世界での暮らし方についての考え方に違いがある可能性もある。

無袖横穴式石室・積石塚との比較

　末期古墳の玄室は竪穴状に地表面から掘られているので、土坑墓由来のものであり、マウンドを築き、そのなかに玄室を造る古墳時代の古墳とは異なる

第5章　蝦夷の暮らし　113

（辻 秀人1996など）との意見があるが、その点はどうであろうか。群集墳の時代の無袖横穴式石室を玄室とする円墳や、積石塚のなかには、地表を掘り窪めそこを玄室とするタイプ（土生田純之編2010では墓坑が掘られた玄室と呼ばれる）がある。末期古墳と呼ばれる墓でも東北中部のものには、花巻市熊堂古墳群、北上市猫谷地古墳群、同市五条丸古墳群（第27図1）といった、墓坑タイプの川原石積の無袖横穴式石室を玄室とする円墳があり、それらは群集墳の時代の古墳に含めることが可能であろう。また、桐原 健（1989）では積石塚に含められており、本書もその考え方を踏襲する。

　東北北部の末期古墳の場合は、玄室の構築に礫が用いられる例はないが、八戸市丹後平古墳15号墳では、玄室内の棺が置かれる位置の床面に川原石が敷かれており、その礫の存在は、本来それが石室に由来するものであった可能性を示す（第26図1）。同古墳群は2度の調査により53基の古墳が検出されているが、15号墳と同様に、玄室に礫が敷かれるものがほかに4例ある（第6

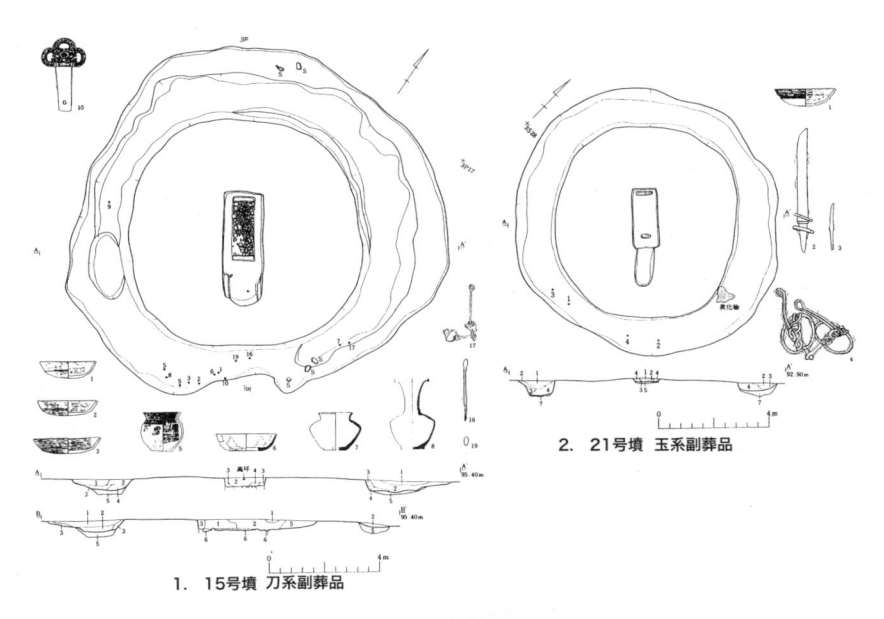

1．15号墳　刀系副葬品

2．21号墳　玉系副葬品

第26図　丹後平古墳群における供献品出土状況（八戸市教委1991－第21・36図より）

表、礫敷があっても副葬品が出土しなかった 11 号墳は表に不掲載)。

ただし、墓坑を掘るタイプの無袖横穴式石室の円墳にせよ、積石塚にせよ、土坑内に礫を積み上げて玄室を造るというのが本場のものである。それなのに、東北北部のものには礫が用いられない。その点が大きく異なる。また、横穴式石室とは本来、石室内に人間が入り、追葬をおこなうことを前提とした構造であるのに対し、充分な高さの部屋を持たず、それが不可能である末期古墳は、似て非なるものということになる。しかしながら、丹後平古墳群(第 26 図)や青森県おいらせ町阿光坊古墳群には、主体部に羨道的な掘込みを持つ例が複数あり、玄室に至る通路を備える横穴式の概念を基礎にしていることがうかがえる。しかも、第 26 図に示した土器や刀などの分布状況からわかるように、羨道の手前の周湟上にそれらは供えられた。まるで群馬県域の群集墳に見

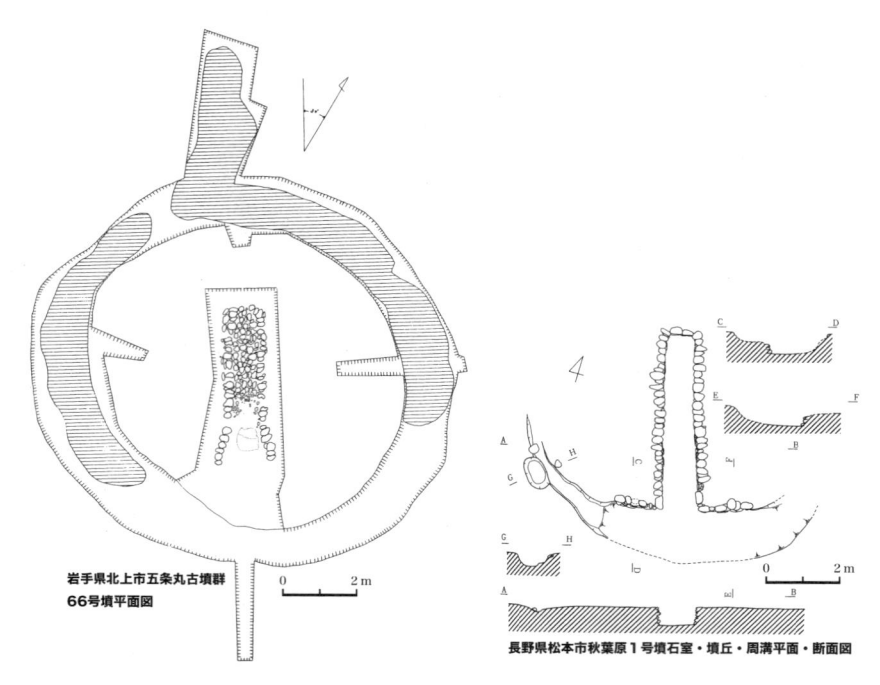

岩手県北上市五条丸古墳群
66号墳平面図

長野県松本市秋葉原1号墳石室・墳丘・周溝平面・断面図

第 27 図　東北中部の末期古墳と長野県松本市域の古墳
(江釣子村教育委員会 1978, 直井雅尚 1994 より)

られる、羨道手前の前庭部での供え物に似ている。

　ところで、羨道的掘り込みを持つが、十分な高さの石室を持たぬ類例は、東北北部のみに特有なのではなく、古墳文化があったと評価されている地域にもある。代表的なものは、山口県見島のジーコンボ古墳群（7世紀後半～10世紀初頭）の積石塚や長野県松本市の中山古墳群（7～8世紀前半）や同市秋葉原古墳群（7～8世紀前半、第27図2）の古墳である。とくに、第27図に示した松本市の秋葉原古墳例と北上市の五条丸古墳例は規模も構造も非常に似る。

　以上に述べてきたことから、東北北部の末期古墳の構造や規模に着目すれば、それは礫を用いずに積石塚的な墓を築いたか、あるいは墓穴を持つタイプの無袖横穴式の古墳と見ることができよう。末期古墳は、続縄文時代以来の在来の土坑墓を母胎として、それに外来の要素を加えたのではなく、古墳時代終末期の、群集墳時代の積石塚や無袖横穴式の古墳といった、古墳文化に属す系統の墓の派生形と捉えるべきである。

階層性と帰属時期

　階層性が見られないという評価について、53基の古墳が精査されている八戸市丹後平古墳群を例に考えてみる（八戸市教委1991・2002）。当古墳群は、副葬品や周溝から出土した土器類から、7世紀後葉～8世紀前葉の造営と考えられている。ただし、副葬された直刀や蕨手刀には8世紀後半と判断されているものもあり、本書では8世紀中葉としておく。丹後平古墳群を営んだ人々の集落がわからず、どれほどの人口に対しての53基かは不明だが、最大に見積もった継続期間である100年間に53基であるから、全居住者の墓として築造されたものでないことは明らかである。そうであれば、第1に、古墳に葬られること自体が特別であったと考えられ、古墳の存在自体が階層制の存在を示している。

　また、玄室の規模については、礫敷のものの礫の範囲の違いから推定できるように、被葬者の身長（および年齢）を反映しているだけの可能性もあるので言及しないとしても、礫が敷かれるものとそうでないものといった質的な違い

116

は確実にある。ただし、それは、被葬者の系譜にかかわる何かを示している可能性もあり、直ちに階層性を反映しているとは言えない。しかしながら、第1に玄室内の副葬品の種類と数量、第2に周湟における遺物の種類と数量、第3に周湟を含めた敷地面積、第4に墓の位置等の属性の組み合わせを考慮すると、階層性を読み取ることが可能である。

丹後平古墳の報告書（八戸市教委 1991）では、24基の古墳群を副葬品の種類により、刀系古墳（刀と刀子を副葬、第26図1）と玉系古墳（玉類を頭部に副葬、第26図2）に二分し、被葬者の性格を反映しているのではないかと述べている。いかなる性格であるかについては言及されていないが、第28図

第28図　主体部・副葬品の種類別古墳配置図（八戸市教委2002—第3図を加工）

第5章 蝦夷の暮らし

第6表 丹後平古墳群における古墳ごとの装飾品・副葬品・供献品

出土物等＼遺構名	15	44	10	5	7	8	22	33	51	3	2	21	16	20	23	6	24	32	30	1	28	52	18	13	45
環頭大刀柄頭	(1)																								
方頭大刀	1	1	1	1(1)				1(1)																	
直 刀							1	1	1	1	1												1		
蕨手刀												(1)													
刀 子	1	1	2	1	1		1		1	1		(1)		1	1		1								
鉄 鏃	(1)	2		(2)			(1)	10			2														
鑣									(1)			(1)													
管 玉												4	2	2	1										
切子玉	18								6			18	20	18	12	1									
勾 玉	7								1	23(1)		48	35(2)		33	2	4	5		1					
ガラス玉	122(1)								303(1)	185		284	191	368	207	3	3		1	1		159	123	27	
土 玉										10		4	10				39								
棗 玉												1													
丸 玉												2	2	1		1								1	
青銅空玉												2	1												
鉄 釧												2	1												
銅 釧											2	2	2	2	2										2
金銅耳環							1			1				1											
環状鉛製品	(3)		(5)	(2)	1			(1)			(1)	(1)(3)		(1)					(1)	(1)	(1)		(1)		
土師器坏	1	(1)							1		(1)	(1)								(1)	(2)				
土師器甕	(1)							(2)																	
須恵器坏	(1)																					(1)			
須恵器長頸壺	(1)													(1)											
須恵器短頸壺	(1)														(1)										
須恵器瓶類																	(1)		(1)						
土製紡錘車																									
礫槨の主体部	○			○																○			○		
埋葬部長軸(m)	3.3	2.3	3.6	3.1	2.8	3.3	2.2	3.6	3.4	2.4	2.6	2.3	2.2	2.5	2.6	2.7	2.6	2.0	2.4	2.4	2.1	2.6	2.4	1.9	2.3
時期	II	III	II	II	II	II	II	II	II	II	II	II	II	II	II	II	II	II	II	II	II	II	II	II-	II-

※括弧内の数字は、周溝などから出した供献品と考えられるもの。帰属時期は主に土器の年代による。刀類がある場合には、それらの推定年代にあわせた。Ⅰ：7世紀後葉、Ⅱ：8世紀前葉、Ⅲ：8世紀中葉、Ⅱ－：Ⅱ～Ⅲの間。

の遺構配置からもわかるように、確かにこの二分は被葬者の性質を反映しているようである。ただし、第6表からわかるように、刀子は玉系古墳にも副葬されるので、刀系の要素としては大刀だけでよく、むしろ、刀子は玉系の被葬者にとっても重要な副葬品と思われ、刀系・玉系の2区分は男性と女性として見ることができ、さらにそれぞれに階層差を読み取ることが可能なので、以下に簡単に説明する。さらに、第3の区分として、副葬品を持たぬ人、第4の区分として、古墳に葬られない人々等の存在を認識すべきであることも添える。

　身につけていた装身具も含め、副葬品が玄室から出土した古墳25基について、周湟からの遺物も含め、その種類と数量をまとめた（第6表）。刀類の副葬については、方頭大刀・直刀・蕨手刀の3種にまとめた。玉類の副葬については、多種の玉類を持つ墓にだけに管玉があるので、それを最も貴重な玉と考え、その数が多い順に並べた。

　刀系古墳は、尾根の先端から尾根奥に向かって15・10・5・3・2・51号墳の順で、ほぼ同一標高95.5mのあたりに一列に配置されている（51の南に並ぶ50号墳は主体部が削られており副葬品が不明だが、周湟から鉄鏃が9点出

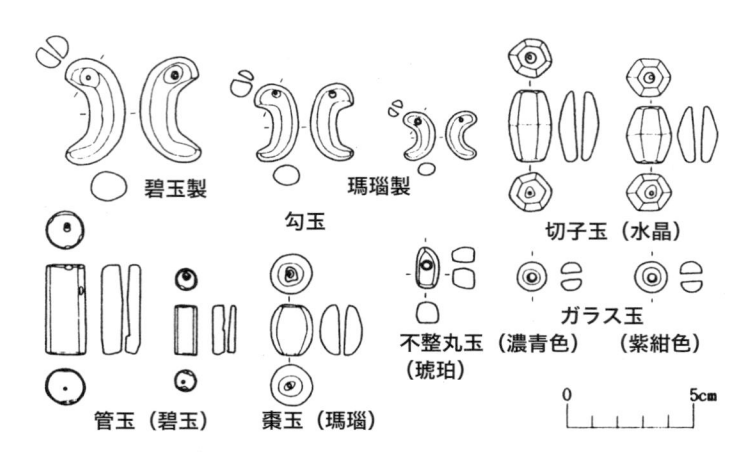

第29図　副葬品としての玉類　21号墳（八戸市教委1991—第38・39図より）

第 5 章　蝦夷の暮らし

第 7 表　阿光坊古墳群における装飾品・副葬品・供献品

出土物等＼遺構名	A11	A1	a3	T1	t1	T2	A7	A8	A5	a7	T3	A3	T4	A4	A6	A9a	A9b	A12	A14	A2
直　　刀	1	1	1	1	1															
蕨 手 刀						1														
小　　刀							1													
刀　　子	1					1			1		1		1	1						
鉄　　鏃	2	13	7	1					18				(1)							
鎌							1	1												
鉄　　斧							2	(1)		1										
鑓																(1)				
管　　玉											1	1								
切 子 玉											1	1								
勾　　玉						3					5	7	4(1)							
ガラス玉						144					76	22	150		12					
土　　玉													3							
棗　　玉																				
丸　　玉			1			1					1		2			(1)				
青銅空玉																				
鉄　　釧						1							1							
錫　　釧											1							1		
金銅耳環																			1	
環状錫製品																2	1			
土師器坏		(2)	1										(2)			(2)		(1)		(1)
土師器高杯		(1)													(1)	(1)				
土師器甕		(3)	(2)				(2)			(1)			(2)		(1)	(1)				1(1)
須恵器坏																				
須恵器長頸壷				(1)									(1)							
須恵器短頸壷				(1)																
須恵器甕				(1)																
須恵器横瓶																				
時期	I	II	II	II	III	II	II	II	II	-	II-	III	II-	II	II	II	II-	II	-	II

※ I：7 世紀前葉、II：7 世紀中～後半、III：8 世紀前半

土しているので、おそらく刀系に含められるが、参考資料としておく）。そして、その列の両脇に一列ずつ玉系古墳、あるいは副葬品を持たぬ（残らないと言うべきか）古墳が並ぶ。

　管玉を持つ古墳には錫釧が 2 点ずつある。それらは、腕と思われる位置にではなく、玉類に混じって出土しているので、腕に嵌められていたのではなく玉類と同じように扱われていたのであろう。釧類は丹後平古墳群では刀系古墳からは出土していない。また、土製紡錘車が 20・24 号墳の周湟から出土している。紡錘車も刀系古墳からは出土しない。紡錘車は女性の活動に関連する道具である。そこで、錫釧を装身具として持っている古墳を女性のものと考えることができるのではなかろうか。

刀系古墳を男性の古墳、玉系古墳を女性の古墳と考えるならば、男性を中央の列に配置し、女性の墓を両側に配列したように見え、ある秩序に沿って、古墳の造営は計画的におこなわれたようである。
　おいらせ町阿光坊古墳群でも直刀や蕨手刀を持つ刀系古墳と管玉・切子玉・勾玉等を持つ玉系古墳を見ることができる（第7表）。ただし、多数のガラス小玉はT2古墳のように、大型の刀類と伴う場合があり、それは、玉類とはいえ、他の玉類と同じ扱いはできない。そこで、数は少なくても複数種類の玉類を持つ墓を玉系とし、それは、大型の刀類とは共伴しないので、女性のものと見ることができるのではなかろうか。
　また第6表からわかるように、丹後平古墳群15号墳や21号墳といった、多くの品を持てる古墳とそうではないものがある。そしてさきにも述べたが、古墳に葬られる人とそうでない者もある。したがって、丹後平古墳群から、階層化社会を読み取ることができるのである。
　ところで、造営時期がすでに奈良時代である点も古墳文化の古墳ではないことの重要な根拠とされていることはさきに述べた。だが、群集墳の時代の古墳が奈良時代にまで継続する例は、東北北部以外の地域にもある。中部高地や関東地方西部の山間地、山口県域の孤島などがそうである。長野市大室古墳群、松本市中山古墳群、東京都あきるの市瀬戸岡古墳群などは8世紀半ばまで、萩市見島のジーコンボ古墳群などは、10世紀初頭まで継続した。これらの群集墳が造営された地域は、次節で述べるように、東北北部と共通した特徴を持つ。
　このように、末期古墳は、奈良時代あるいは平安時代となっても造営された場合があり、その時期に含まれるものは、当然、古墳文化の政治的秩序のなかにあったとは言えない。しかしながら、それはあくまでも政治の面から見たことである。古代日本国成立以降でも、その外の地域とされた東北北部や、あるいは国家領域内でも中部高地や孤島に居住し、群集墳を営んだ人々は、その時代以来の自らの墓制を、大切にし続けたのだと考えるべきではなかろうか。帰属時期の点からも、東北北部の末期古墳の出自が古墳文化にあると考えること

第 5 章　蝦夷の暮らし

は十分可能なのである。

(3) 積石塚・無袖横穴式石室・馬飼・牛飼

　積石塚は長野県域・群馬県域あたりに多かった。それらの地域の共通点は、5世紀以降は馬飼地域だという点である。また、黒ボク土地帯であり、稲作よりも雑穀栽培に適している。これらの点は、末期古墳が多く作られた東北北部東側と似る。

　ほかに、山口県萩市の沖、北約 46km にある見島のジーコンボ古墳群も、奈良時代の積石塚群である（山口県教委 1964）。面積が約 8 ㎢しかない玄武岩台地の孤島であり、これといった生業があったとは思えないのだが、積石塚が多数造営された。中には豊富な副葬品を持つものも多いので、防人たちの墓ではないかとも言われている（小野忠凞他 1985）。しかし、防人であれば任期を全うすれば故郷に帰るはずであり、182 基もの墓が営まれるとは考えづらい。現在の見島には、古代に渡来したころの特徴を残し、西洋からの影響を受けていないという理由で 1928 年に特別天然記念物に認定された見島牛がいる（岸 浩 1975）。このように、記録の残る近世以降、見島は重要な牛の産地なのであるが、古代においても同様だったと考えるべきではなかろうか。

　ただし、『延喜式』に牧として記録されているわけではない。国外であった東北北部同様、海上の孤島であり、その存在が一見わからない見島は、私的交易に都合のよい牛産地として利用されていたのではなかろうか。この点が、東北北部の馬飼地域と類似している点なのであり、ジーコンボ古墳群は牛飼いの人々の墓であった可能性がある。礫を用いた群集墳、馬飼、牛飼、これらに関わる人々はそれぞれ、どこか相互に関連があった可能性はないだろうか。

　さきにも少し述べたが、東北北部の末期古墳は、マウンドが礫で築かれておらず、本当の積石塚とは根本が異なるとの意見もあろう。しかし、それは現在のわれわれの見方である。材質は違っても、墓の構造や規模がおおよそ理想に近ければそれで良かったとするならば、土坑墓と末期古墳よりも、墓坑を掘るタイプの積石塚と末期古墳のほうが多くの類似点を持つ。積石塚を作るには、

礫を集めるというそれなりの重労働があったが、その点を省いたのが末期古墳だったのではなかろうか。

ブラジル移民や北海道への移住者が、限られた人材だけで、移住元の文化をそれなりに復元しようとした場合のやり方を調べると面白いであろう。東北北部への移住者も、これらの例と同じように、すべての専門技術者が一つの集落のなかにいたわけではないので、墓を作るときも、大切な点だけをおさえているならばよしとしたと考えるべきである。

あるいは、無袖式横穴石室を持つ古墳のうち、墓穴を持つタイプのものから派生した可能性もある。いずれにしても、長野県域あるいは群馬県域といった、東山道の馬飼地域の古墳との関連が見て取れる。

(4) 玉類から見た墓の被葬者

さきに八戸市丹後平古墳群には刀類が副葬される刀系古墳と各種の玉類が副葬される玉系古墳があることを述べた。そして、それらの組合せから、階層性を読み取ることができた。ただし、古墳文化社会の政治世界における階層制と直結していることを読み取ったわけではない。

ここでは、ことに玉類に注目して、玉類を副葬品として持っていることが何を示すのかを明らかにしておく。

玉系古墳に副葬されていたのは比率の高い順に並べると、ガラス玉、勾玉(瑪瑙、碧玉)、切子玉(水晶)、管玉(碧玉)、その他の玉の順になる。大賀克彦(2010)によれば、このような組成は、和田(1992)の言う新式群集墳の時代(本書における群集墳の時代)のものである。また、これらの産地は、材質から、当時最大の玉類の生産地であった山陰地方であると考えられる。

しかしながら、前掲の大賀によれば、山陰地方の玉類の生産は7世紀前半のうちに終了しており、それにもかかわらず、東北北部のみならず、7世紀後半の東北南部の群集墳にも、この組成の玉類が副葬されていた。そして、大賀は「玉類の流入が群集墳の築造を引き起こした」と言う。群集墳とは玉類を入手できた階層の者たちが葬られる墓であった。

そして、それらを装飾品にできなかった者たちしかいない社会は、古墳文化社会に属していなかったと見ることができる。東北北部で末期古墳が造営されていた時期の北海道からは、勾玉、切子玉、管玉、ガラス玉、このうちのどれも出土しない。北海道恵庭市西島松5遺跡からは7～8世紀の土坑墓が84基検出され、鉄製の刀が副葬品として数多く出土したが、玉類は1点も伴わない（（財）北海道埋文 2002）。

　同時代の北海道の土坑墓における玉類の有無を重視すれば、7世紀前半にそれらの生産が終了していたとしても、それから1～数世代の間である7～8世紀に玉類を持った人が葬られた群集墳は、古墳文化社会を構成する者、あるいはその末裔の墓であったと考えてよいであろう。丹後平古墳群は、土器の年代から7世紀後葉～8世紀前葉に営まれたとされる。最初に葬られた女性（21号墳）は、7世紀中葉ころにその地に移住した人だっただろうか。出雲における玉製造がおこなわれている最後のころのできごとかもしれない。そのとき女性は、成人しており、すでに玉類を身につけていたのではなかろうか。

　女性が被葬者であったと推測できる玉系古墳の玉類が、被葬者が生前身につけていたものであるならば、最古例の21号墳の場合には、生産終了前に入手していたものかもしれないし、それより後の人であれば、生産後、どこかに保管されていたものを、何かの機会に入手したことになるだろうか。

　玉類の副葬の有無は、末期古墳の時代となって、北海道の人々と東北北部の人々が属していた社会が異なるようになっていたことを雄弁に語る。北海道でも刀剣類は豊富に入手できたが、玉類はそうではなかった。この点から、古墳文化を象徴する副葬品は、刀剣類ではなく玉類だったことがわかるのである。そして、このように考えると、刀類を持つ人よりも玉類を持つ人こそが、希有な貴重な人物だったと思えるのである。

　さきに述べたように、北海道での出土例は、刀類は古墳文化と関係のない人々でも入手することができるが、玉類、とくに管玉は誰もが入手できるものではなかったことを示す。これを女性が持っていたとすれば、重要なのは玉類を入手したということよりも、女性の獲得であり、レヴィ＝ストロース流の

表現をすれば女性の交換、すなわち婚姻が重要であったことが浮かび上がる。

(5) 女性の交換の重要性

　ところで、女性の装身具となっていた玉類はどのように入手されたのか。何かとの交換の結果であろうか。だが、単に品物どうしの交換であればそれが北海道に入っていてもおかしくない。さきにも述べたように、恵庭市西島松5遺跡からは刀剣類は多数出土しているが、それは、海豹の皮や鷹の羽といった品物との交易の見返りとして手に入れたと考えて大過あるまい。そうであるとすれば、玉類はそのような品物どうしの交易で入手できるものではなかったということになる。大賀（2010）の述べるように、玉類こそが古墳を作らせたということになろうか。北海道にそれがないことから、玉類は古墳文化社会の人間しか持ち得なかったと言ってよいのではなかろうか。

　さて、玉類が刀類と異なり北海道から出土しないことから、品物どうしの交換で入手できるものではない可能性が高いことがわかったが、それならば、それをなぜ丹後平古墳群の女性が身につけることとなったか。これに答えるは、玉類を装身具としていた人々の数の少なさに注目する必要がある。それらは常に誰もが入手できるというものでもなかったのである。それでも、それを身につけたまま葬られるので、それは個人に属すものであり、継承されるものではない。例えば、丹後平古墳群では、碧玉製の管玉は4名だけが、1～4点持っていたにすぎず、弥生時代～古墳時代中期までは数多く用いられていた一般的な製品であったものが、むしろ貴重品の位置にあるように見える。これは、古い時代に製造が終了しており、そのつど墓に埋められるので、しだいに数が減少し、入手が困難となっていたことを反映しているのか。また、管玉を持つ人は、より古いころに入手したか、あるいはそれを入手できる系統にある、ということになるのであろうか。いずれにしても、玉類を持つことが示すのは、まずは、その保持者がそれを持てる関係にあるということであろう。それを身につける者の出自にかかわる何かを示す可能性が高い。

　そして重要な点なので再び繰り返すが、北海道西島松5遺跡には多数の墓

があろうとも1点の玉類も出土していない。玉類を身につけた女性が、婚姻によって北海道に渡るということはなかったのである。そのような女性とは、出自を古墳文化に持つ人々だったのであろう。6世紀後葉～7世紀すなわち飛鳥時代には、北海道南部と東北北部では、両地域で続縄文土器が使われていた時期とは全く異なる婚姻関係の結び方となっていたのである。

　婚姻は社会的には非常に重要である。女性の交換によって、その女性が生まれた集団と嫁いだ集団とが結びつけられる。群集墳の時代に末期古墳は出現した。そこには丹後平古墳群21・16・20・23のように管玉・勾玉・切子玉・錫釧を身につけた女性が葬られていた。もちろん玉類を持つ古墳ばかりではないので、それらを身につけていない女性も多く存在したはずであり、その人々の出自を辿ることは簡単ではない。しかしながら、少なくとも、玉類を身につけた女性の場合、古墳文化社会と繋がる人間であったことは間違いなかろう。

　それでは、この4人の女性が身につけていたこれらの玉類は、どこから入手したのであろうか。古墳文化社会内での古墳における玉類の組み合わせをもとに、系譜を考えるべきであろうが、それは今後の課題である。婚姻関係で大切なのは、言うまでもないが玉類ではなく、それを身につけていた女性であり、その女性こそが古墳文化社会内のある共同体との婚姻における「玉」であり、「絆」であった。

　一つの集落には婚姻すべき女性はたいていは数名以上いたはずであり、その相手となる共同体は一つではない。集落が存続するということは、数代にわたって他地域の複数の共同体と結びついていたことを示す。この点を忘れてはならない。丹後平古墳群の存在は、古墳文化社会内の複数の共同体との結びつきを強固にしていた集落が、その近隣にあったことを示しているのである。

第6章　蝦夷を語るとされる資料と実態

第1節　昆布と蝦夷

(1) 昆布を貢ぐ蝦夷

『続日本書紀』霊亀元 (715) 年 10 月の条に、須賀君古麻比留という名の蝦夷が、昆布を毎年朝貢しているという記載がある。
「蝦夷の須賀君古麻比留らが言上した。先祖以来献上を続けております昆布は、常にこの地で採取して、毎年欠かしたことがありません。今この地は国府から遠く離れているため、往復に何十日もかかり、大へん苦労が多いのです。どうか閉村に郡家を建て、一般の人民と同じ扱いにして頂ければ、共に親族を率いて、永久に貢献を欠くことはありません」(宇治谷 1992 より)。

郡家とは、律令制下の郡の役所である。海沿いの蝦夷の居住域で、しかも昆布が採れるところであるから、東北北部の太平洋沿岸である。この閉村は、名前が類似していることもあり、現在の岩手県の上閉伊郡・下閉伊郡、すなわち岩手県中部あたりの太平洋沿岸と考えられている。

ここで言われている昆布の現在の和名は、現在では最高級品とされ、しかも、北海道から三陸沿岸まで広く分布する種であるマコンブと考えられる。学名は *Laminaria japonica* であり、日本列島産の代表的昆布である。昆布研究者の大石圭一 (1987) によれば、昆布は寒流地域に棲息するが、この種は寒暖の中間を好みいくぶん暖流寄りとのことで、現在、北海道の津軽海峡周辺から宮城県北部あたりの太平洋沿岸部に見られる。ホソメコンブ *Laminaria religiosaha* はさらに暖流好みだそうであり、やはり宮城県北部まで分布する。8 世紀前葉の気候はあまり現在と違わないので、海流の流れる範囲もほぼ同じであり、マコンブやホソメコンブの棲息域も今とそう変わりないであろう。し

第6章 蝦夷を語るとされる資料と実態　127

第8表　昆布の種類と分布域（吉田忠生 1998 をもとに作成）

種名（和名）	分　　　布
ミツイシコンブ	北海道白糠から室蘭の間、渡島半島東部、本州太平洋岸北部
チジミコンブ	北海道西部
ガッガラコンブ	北海道東部
オニコンブ	北海道東部から千島列島
マコンブ	北海道南部から三陸沿岸
エナガコンブ	北海道東部（厚岸湾、釧路港）
ナガコンブ	北海道東部、千島列島南部
リシリコンブ	北海道北部、千島列島、サハリン
ホソメコンブ	北海道西岸、本州太平洋北部
カラフトコンブ	北海道北部、千島列島、サハリン
カラフトトロロコンブ	北海道東部
エンドウコンブ	北海道南部（室蘭と有珠）
ゴヘイコンブ	北海道東部、千島列島、カムチャッカ、アリューシャン、アラスカ、カナダ

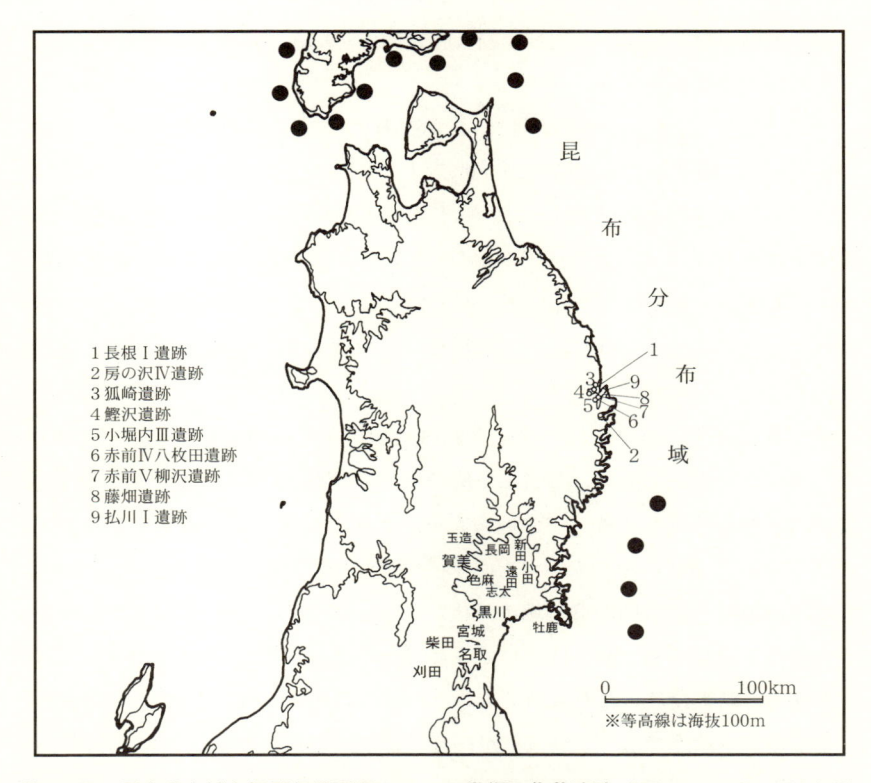

第30図　昆布分布域と旧閉伊郡周辺の7〜8世紀の集落遺跡（松本 2005―第1図を転載）

第 9 表　旧閉伊郡周辺の 7 〜 8 世紀の集落遺跡（松本 2005a ―表 3 より作成）

No.	遺跡名	所在地	時期	主な遺構	文献
1	長根 I	宮古市千徳第 2 千割字長根	8 世紀前半〜後半	末期古墳 28 基	(財)岩手埋文 1990
2	房の沢 IV	下閉伊郡山田町字山田	7 世紀末〜 8 世紀後半	末期古墳 35 基	(財)岩手埋文 1998
3	狐崎	宮古市山口 3 丁目	8 世紀前半	住居跡 5 棟	宮古市教委 1989・1990
4	鰹沢	宮古市花輪字程久保	8 世紀前半〜後半	住居跡 5 棟	宮古市教委 1992
5	小堀内 III	宮古市赤前第 14 地割小堀内	8 世紀前半	住居跡 4 棟	宮古市教委 1999
6	赤前 IV 八枚田	宮古市赤前第 11 地割八枚田	8 世紀後半	住居跡 1 棟	宮古市教委 1999
7	赤前 V 柳沢	宮古市赤前第 12 地割柳沢	8 世紀後半	住居跡 2 棟	宮古市教委 1999
8	藤畑	宮古市津軽石字藤畑	8 世紀後半	住居跡 1 棟	宮古市教委 1998
9	払川 I	宮古市津軽石字払川	8 世紀前半〜後半	住居跡 4 棟	宮古市教委 1991

たがって、「閉村」という地名を重視すれば、須賀君古麻比留が住んでいたのは現在の岩手県中部あたりの太平洋沿岸と推定して大過なかろう。

このように、『続日本紀』霊亀元（715）年の記事から、8 世紀前葉、三陸沿岸部の蝦夷のなかには、古代日本国と朝貢関係を結んでいた者がいたということを把握できるのである。

ところで、「日本」という国号が公にされたのは 7 世紀後葉である（吉田 1997 など）。須賀君古麻比留という蝦夷は、先祖の代から昆布を朝貢しているという。これが誇大表現でければ、おおよそ古代日本国が誕生したころ以来の関係であったと考えてよかろう。『続日本紀』に書かれているのであるから、古代日本国の正史ではそう認めていたということになろう。蝦夷が「まつろわぬ人々」であるという姿は、この史料からはまったく読み取れない（松本 2005a）。

第 9 表として、旧閉伊郡と推定される地域の 7 〜 8 世紀の集落（第 30 図）の存続期間などを示した。長根 I や房の沢 IV 遺跡のように、数十基の末期古墳が営まれた地域もある。この地域も東北北部と同様、この時期になるまで、しばらく集落遺跡がみつかっていない。また、第 5 章で述べたように、末期古墳は古墳時代終末期の群集墳の時代に移住してきた人々の墓と考えられる。どちらの古墳群にも、副葬品として蕨手刀や方頭大刀を持つ被葬者がいた。朝貢や交易の結果授けられたものであろうか。この地域は夏にヤマセが吹き冷涼な水稲耕作不適地であり、出入りが複雑で急激に立ち上がるリアス式の海岸となる太平洋沿岸部である。そこでの代表的な産物としては、昆布を入れないわ

けにはいかないであろう。

(2) 昆布の和名
　10世紀前葉に成立した『本草和名』に、中国語である昆布の和名として「広布」と「衣比須布」が紹介されている。「本草」とは、薬用となる植物、鉱物、動物のことであり、この文献は、薬とされたさまざまな漢名の和名を記したものである。
　さきに、マコンブは北海道から宮城県北部くらいまでの寒流の流れる範囲に棲息すると述べた。北海道には、リシリコンブやミツイシコンブなどといったほかの種も広く産する。アイヌ語にもその呼び名はあるが、それは「コンプ」であり、「こんぶ」という中国語由来の日本語からの借用語である。昆布をアイヌ民族が食料として頻繁に利用していれば、アイヌ語独自の名称があるはずであるが、それはない。アイヌ民族にとって昆布は身近な存在ではなかったのであり、利用されていなかったと考えてよかろう。現在のアイヌ料理でも、昆布は重要な位置を占めない。単にダシをとるための材料である。明治期以降に和人の鍋料理の影響ではじまったのであろう。過去においても同様であったと思われる。昆布が重要な食材であったならば、アイヌ語独自の呼び名があり、それを用いた特別な料理名もあったにちがいないからである。
　以上のことから、須賀君古麻比留が昆布を貢ぐようになった背景として、まず、古代日本国からの要求があったと推測できるのである。そのことを強調するため、次に、平安時代当時、昆布を誰が食べたのかを検討しておく。

(3) 昆布を食べる風習の誕生と蝦夷
　『延喜式』によれば、昆布を最もよく食べていたのは天皇であった（第10表）。『延喜式』は10世紀前葉の成立であるが、そこに記されていることは、8世紀に成立した律令法の施行細則を集めたものである。したがって、須賀君古麻比留が貢いだ昆布を食していたのは、第1に天皇であったと言ってよかろう。そして、東大寺など国家仏教と関連のある寺でも利用されていた。昆布

第10表　『延喜式』に見られる昆布の利用（松本2005a―表2より作成）

巻	式名	内容	品目と数量	備考
7	神祇7	践祚大嘗祭	昆布筥4合、15斤を別納する	大嘗殿での神撰
23	民部下	交易雑物	昆布600斤、索昆布600斤、細昆布1000斤	陸奥国の貢納品
30	大蔵省	僧への菜料（延暦寺）	昆布13斤12両	
31	宮内省	諸国例貢御贄	昆布、縒昆布	陸奥国の貢納品
33	大膳下	正月最勝王経斉会供養料	細昆布1巻を20人分に充てる、索昆布2条、昆布1帖を20人分に充てる	
33	大膳下	修太元師法料	細昆布60斤、索昆布390条	
33	大膳下	嘉祥寺春地蔵悔過料	細昆布16把	
33	大膳下	盂蘭盆供養料東寺（西寺、佐比寺、野寺、出雲寺、聖神寺）	昆布半帖、細昆布14両	
33	大膳下	仁王経斉会供養料	細昆布1把を6人分に充てる、広昆布1帖を20人分に充てる	
39	内膳司	年料（贄としての）	索昆布42斤、細昆布120斤、広昆布30斤	陸奥国の貢納品

は三陸沿岸より北の寒流地域にしか棲息せず、日本列島の中央に住むものからすれば、知っていたはずのない生き物なのに、なぜ天皇や仏教寺院でそれを食べるようになったのであろうか。

　前掲の大石（1987）によれば、「昆布」という語は中国で536年に著された文献に見られるのが最も古く、また、それは現在の「昆布」と同一の種と考えられるという。しかし、養殖するようになった現在は別として、本来、中国に昆布は棲息していなかった。昆布は、日本列島北部の寒流域に棲息する。寒流の流れが大きく変わったという情報はないので、分布域は古代においても同じであろう。そうであれば、中国皇帝の昆布利用は、その基礎に、日本列島北部で採集される昆布の存在があったはずである。

　『延喜式』にもとづけば、昆布の利用は、中国を源としており、仏教との関連で入ってきたと考えるのが最も妥当であろう。しかも、天皇や国家の仏教行事をおこなう大きな寺でしか利用されなかったのであるから、それは、非常に特別な食べ物であった。そして、須賀君古麻比留という蝦夷がそれを貢ぐようになったのは、それが、その地域にしか産しない希有な特産物だったからなどでは決してなく、もともと中国で、本草すなわち薬として皇帝の食事や特別な仏教行事で利用しており、その利用法を古代日本国が模倣した、あるいは採用したからなのであろう。当然、中国では、その産出地を把握していたことであ

ろう。古麻比留のいた地域も、そのなかに入っていたのではなかろうか。
　そのような特別なものを貢いでいた古麻比留は、『続日本紀』によれば蝦夷とされているが、昆布を得るためにそこに派遣された渡来人であった可能性もあろう。「古麻（コマ）」という名称は、高麗に通じる。朝鮮半島出身であることを示してはいないだろうか。そのことが、一般の百姓、すなわち公民にしてほしいと願い出ていた背景にあったと考えるのである。そうだとすれば、古代日本国から「蝦夷」と呼ばれた存在に、さまざまな系統の人々がいたことの証となろう。

第2節　琥珀と蝦夷

(1) 琥珀利用の開始

　琥珀はマツヤニが化石となったものであり、非常に柔らかいが、蜂蜜色の透明、半透明の外観はたいへん美しく、現在では装飾品として利用されている。日本列島には数ヶ所の琥珀産地があるが、埋蔵量が最も豊富なのは岩手県久慈市周辺である（佐々木和久 1986）。そして、赤外線スペクトル分析によれば、古墳時代後期 6 世紀代には、そこで得られた琥珀が関東や畿内に運ばれていた。6 世紀中ころの茨城県観音寺山 7 号墳、神奈川県広畑 3 号墳、奈良県東大寺山古墳 12 号墳、奈良県富雄丸山 2 号墳、奈良県慈恩寺脇本 6 号墳、奈良県御坊山 3 号墳、京都府長池古墳の棗玉などの玉類、奈良県曽我遺跡の玉造遺構群から出土した琥珀の原石が久慈産と推定されている（室賀照子 1976・1985）。ただ、この時期の久慈では琥珀を加工した遺跡が見つかっていないので、八木（1996a）では、原石が曽我遺跡のようなところに持ち込まれ、加工されたと考えている。
　また、5 世紀後葉～ 6 世紀代の遺跡である青森県天間林村森ヶ沢遺跡（阿部ほか 2008）・同県八戸市田向冷水遺跡（八戸遺跡調査会 2001・八戸市教委 2006)) ・岩手県奥州市中半入遺跡（(財) 岩手県文化振興事業団 2002）からも琥珀玉が出土している。これらについては化学分析による産地推定はおこな

われていないが、それらの遺跡に最も近い琥珀産地は久慈周辺なので、久慈周辺の琥珀が加工された可能性は高い。これらの遺跡からは陶邑窯の須恵器が出土しているので、そこには古墳文化社会と関係を持つ人々が来ていた可能性があろう。前述した畿内の6世紀中ころの複数の古墳や橿原市曽我遺跡の琥珀原石が、直接それぞれに供給されたのか、別の流通過程があるのかは不明だが、森ヶ沢遺跡・田向冷水遺跡・中半入遺跡にいた人々は、その供給体系の一端にいたと考えてよいであろう。

ただし、6世紀代の遺跡は久慈周辺では未検出であり、6世紀中ころの複数の古墳に供給された琥珀を採取したのが、5世紀後葉～6世紀初頭ころと考えられる人々の手になったと考えるべきなのか、今後、久慈市内で検出されることになるのか、いまのところ確実なことは述べられない。それでも、最近、久慈市内で5世紀前半ころの住居が検出された（高木 晃2010）。まだカマドを持たない段階のものであるが、琥珀原石の破片が南小泉式の土師器とともに出土している。今後、6世紀代の遺跡が出土する可能性もあろう。

7世紀末以降になると三陸地方や八戸地方でも集落遺跡が検出されるようになる。7世紀末～8世紀初頭にかけての遺跡とされている久慈市上野山遺跡では、住居跡から琥珀の半加工品が1点出土している（(財)岩手埋文1983）。8世紀後半～10世紀代の久慈市中長内遺跡では、多数の住居跡から琥珀の加工途上品が出土している（久慈市教委1988）。上野山遺跡と中長内遺跡は異なる時代の遺跡なので、同時代の琥珀加工の様子の詳細を述べることはできないが、両者に共通しているのは、そこが加工場であった点である。八戸市酒美平遺跡からも8世紀後半の住居から琥珀加工の痕跡と見られる琥珀片が多数出土している（八戸市教委1997）。

(2) 琥珀の加工と使用

中長内遺跡の場合はより確実なのであるが、そこでは数年間にわたり琥珀の加工がおこなわれた。琥珀加工場があったことをどう考えればよいだろうか。琥珀製品は遺跡内で使用されている証拠がない以上、中長内遺跡の集落内にお

ける使用を目的とした自発的な生産とは考えがたい。複数の住居から加工途上品が出ていることから、琥珀製品の生産は組織的におこなわれたことが推測できる。そこでは、製品は出土していないので、そこに住んだ人々は、その使用者ではなく、一連の琥珀製品製作工程における加工部門の技術者であり、加工品はすべて製品として搬出されたと考えられる。おそらくは、製品使用側からの要求→材料採取→生産→流通といった体系が確立していたのである。

しかし、そこで加工された琥珀がどこに供給されたかは定かではない。中長内遺跡からは臼玉の未成品が出土したが、8世紀後半～10世紀代に琥珀平玉が出土した遺跡は周辺にはない。琥珀利用があった最も近い遺跡としては、岩手県盛岡市の8世紀後半ころの上田蝦夷森古墳がある。琥珀玉が副葬されていた。

それではこのころ、琥珀はどのように使用されていたか。8世紀以降の仏教寺院の地鎮・鎮壇の供養には七宝として琥珀を用いた場合があった。琥珀は仏教における七宝として評価されており、仏教に関係した行為に利用されていた可能性が高い。時期は、少し後の12世紀後半になるが、岩手県平泉町の中尊寺金色堂の清衡の棺内遺品には、琥珀製の念珠母玉・露玉が納められていた。

918年成立の『本草和名』には、医療に用いられる動植物や鉱物の和名が記されているのだが、その中にも琥珀がある。ただし、その産地は限られていたので、琥珀は貴重であり、利用者はごく限定されていたであろう。

久慈産の琥珀の供給先を知るには、関東・畿内の寺院・墓・仏教関係の祭祀遺構から出土した琥珀を化学分析してみる必要があるが、7世紀後半以降の琥珀の用途の基礎となっていたのは、中国での本草（薬）としての使用法を基礎とした観念であると考えられるので、この点からも、東北北部産とはいえ、琥珀の利用は、在来の人々主導で始まったことではないと考えるべきである。

昆布と同様に、琥珀も産地の居住者が日常で利用しており、それが古代日本国の中央や仏教関係者に伝えられたというのではなかった。これも、もともと中国で確立した利用体系があり、東北北部の産地の人々がその一部を担ったということになるであろう。

(3) 琥珀の生産者は誰か

　琥珀の生産遺跡が示すことは、7世紀末以降には、久慈のあたりには、外の地域への供給を目的とした労働体系が存在したことである。この例がただちに、久慈周辺の社会全体がそのような体系の中に入っていたことを示すわけではないことに留意しておかねばならないが、文献上は律令国家に組み込まれていなかったとされる北部東北の蝦夷の居住域でも、国家の一端と結びついている人々がすでに存在したとみるべきであろう。

　そして、久慈に住んだ琥珀の加工技術保持者は、外来の技能者であった可能性があろう。それ以前のその地では、琥珀は利用されていなかったし、7～8世紀代の三陸地方でもそうであった。さきに記したように、久慈のいくつかの遺跡で加工された製品は、琥珀の産地周辺における自発的利用伝統のなかで生まれたものではなかった。産地の外にあった、琥珀という材質について、特別な価値を見出していた文化の中にある人々の需要を満たすために開発された資源の利用であった。

　以上のことは、次のようにまとめられる。従来、久慈周辺の居住者は琥珀を利用しようとは思っていなかった。だが、5世紀後葉以降、琥珀を利用したい者が久慈以外の地にあり、琥珀の入手を企てた。たとえば八戸市田向冷水遺跡のような遺跡は、琥珀の採掘もその居住目的とした人々の生活の痕跡であった可能性がある。そして、7世紀末以降になると、琥珀産出地（久慈市）で製品加工までをおこなう者があらわれた。

　久慈産の琥珀製品の出土遺跡から考えると、その利用は、古墳時代後期に各地の古墳被葬者の装飾品の一つとして始まり、奈良時代以降には各地の仏教関連の人間によっておこなわれた。それでは、それらを採取・加工した者は、久慈の外から来たのか、それとも土地の者だったのか。おそらく、八戸市田向冷水遺跡のような5世紀後葉における初期の琥珀加工は外から来た者によっておこなわれた。なぜなら、土地の者がその要求を知る手だてはない。仮になんらかの方法でそれを伝えられたとして、素直にその要求に従う必要もない。本来そのような軟らかい礫まがいのものは採集されてもおらず、意識の外にあっ

た代物である。

　久慈周辺の琥珀は泥岩・砂岩などの層に挟まれてブロック状に産出するが、そのような土地に琥珀があることを知っている、各種の鉱物に詳しい者、あるいは中国における本草、すなわち薬についての知識が深い者が、琥珀が堆積している露頭から琥珀を採取し、遺跡での加工を始めたのであろう。琥珀の生産者も、東北北部よりも南の古墳文化社会からの移住者であったと考えられる。昆布同様に、その知識の内容から考えると、渡来系であった可能性もある。

第3節　蕨手刀と蝦夷

(1) 蕨手刀の分布

　7世紀中葉～9世紀の日本列島上には蕨手刀と呼ばれる刀が広く分布していた（八木編集1994）。東北北部から北海道にかけての地域にとくに多いので、

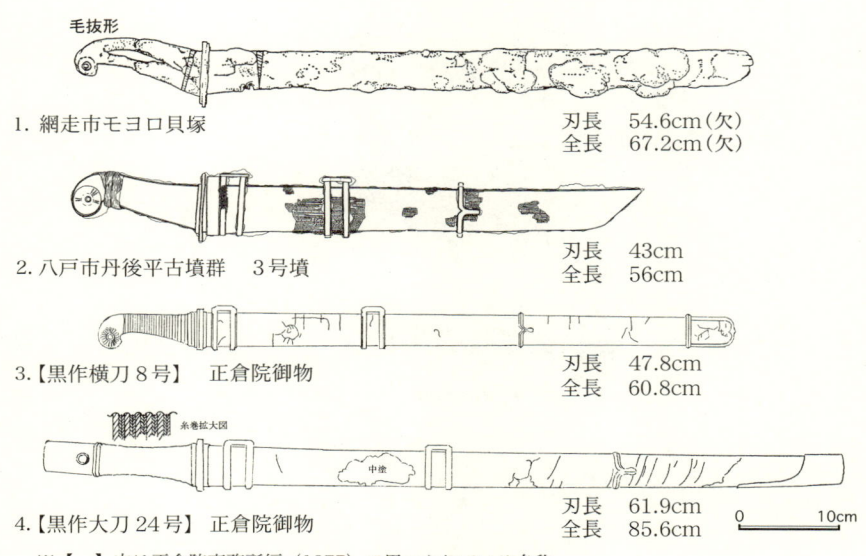

毛抜形

1. 網走市モヨロ貝塚　　　　　　　　　刃長　54.6cm（欠）
　　　　　　　　　　　　　　　　　　全長　67.2cm（欠）

2. 八戸市丹後平古墳群　3号墳　　　　刃長　43cm
　　　　　　　　　　　　　　　　　　全長　56cm

3.【黒作横刀8号】　正倉院御物　　　　刃長　47.8cm
　　　　　　　　　　　　　　　　　　全長　60.8cm

糸巻拡大図

4.【黒作大刀24号】　正倉院御物　　　刃長　61.9cm
　　　　　　　　　　　　　　　　　　全長　85.6cm

※【　】内は正倉院事務所編（1977）で用いられている名称

第31図　蕨手刀の形態
(1：石井1966、2：八戸市教委1991、3・4：正倉院事務所編1997より)

「蝦夷の刀」などと呼ばれる場合もあった。しかし、関東地方・中部山岳地方から比較的多く出土しているし、近畿よりも西側にはわずかとはいえ、山陰・四国・九州などでも出土しており、正倉院にも一振り納められていることを忘れてはいけない。東北地方以北の出土数が全体の8割を占めるとはいえ、この刀を列島北部のものに限定して物語ってしまっては、その社会的意味を見誤

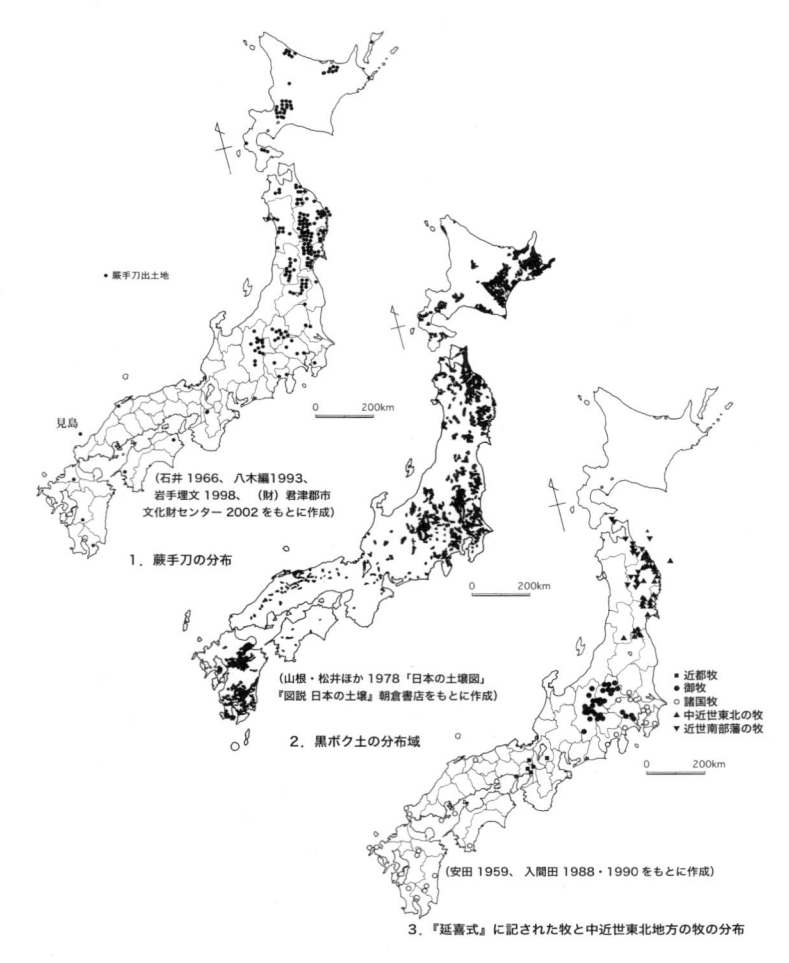

第32図　蕨手刀・黒ボク土・古代の牧の分布

ることになろう。

　それでも絶対的に数が多いので、まずは東北地方以北のものに限って述べるならば、その出土時期は、北海道のものは8～9世紀前半ころまで、東北北部のものは7世紀後半～9世紀前半のものが大半であり、秋田県域に9世紀後半と思われるものがわずかにあるが、これは例外的である。末期古墳や北海道の土坑墓からの出土品が大部分であり、墓にそういった副葬品を納める風習が見られなくなるとともに姿を消してしまうのである。

　ところで、それらの分布で最も注目すべきなのは、列島の広汎な地域に見られるとはいえ、火山地帯やその東側に偏っている点である（第32図－1）。それは日本列島上の黒ボク土の分布に似る（第32図－2）。黒ボク土については、第2章で述べたが、火山灰にススキやササをはじめ、その他のイネ科の植物が生育することによって生れた土であり、その分布域は馬飼適地であった。とくに関東から中部高地には、古代の牧が置かれていた（第32図－3）。蕨手刀の分布はそれとほぼ重なるのである（松本2003a）。九州南部の蕨手刀出土地域も火山地域であり、古代において高名であった日向馬の産地の周辺なので、馬飼があったと考えられる。また、山口県萩市沖の見島ジーコンボ古墳群（山口県教委1964）からの出土は、古代の牛の系統として天然記念物とされた見島牛との関連を連想させる（松本2006）。

　これらの図から、本州島以南の蕨手刀の分布域が馬飼、そして場所によっては牛飼の人々が暮らした地域と重なることがわかる。他方、北海道の蕨手刀はオホーツク海沿岸や石狩低地帯などにあり、馬飼地域と重なるわけではない。それらの地域は、サハリン以北の地域やオホーツク海周辺で得られる品物や海獣の皮などを交易した人々の居住域である。

　馬飼の人々と北方の産物を交易する人々、これらの人々の共通点は、当時の国司ら、国の役人たちと私的交易をおこなっていたという点である（第10章参照）。そこで、蕨手刀は、私的交易の結果、王臣や国司らの側から交易相手に渡されたものであったと推測した（松本2003a）。『類聚三代格』に採録された私的交易の禁止令に記された内容のような、馬や毛皮を対象とした非公式の

交易の見返りの品として、私的に作られ、贈られた刀の一つが蕨手刀であったと考えたのである。一カ所で、例えば畿内あたりで量産されたものでないからこそ、八木（2010）が生産地の地域性を示すと評価したような差異が、柄頭や鋒に見られるのである。

　しかしながらこれまでは、蕨手刀の形態は実戦に向いており、戦闘時に蝦夷らが馬上で用いた（高橋信雄1996など）と考えられてきた。また、津野 仁（2008）が「蝦夷の武装」として論じたように、蕨手刀は実戦にも用いられた武器であるとの評価が一般的である。確かに、蕨手刀を武器して用いることは可能である。蕨手刀が日本刀の源であるとする説もある（石井昌国1966）。ところが、日本刀などの実戦で用いる刀の場合、その柄はとくに丁寧に細工され、握りやすいのが特徴である。それに比べ、蕨手刀の柄はあまりに簡素であり、日本刀のみならず、正倉院に収蔵されている8世紀の実用刀に比べると、その使用目的に違いがあったとしか思えない（松本2003a）。次に、蕨手刀の

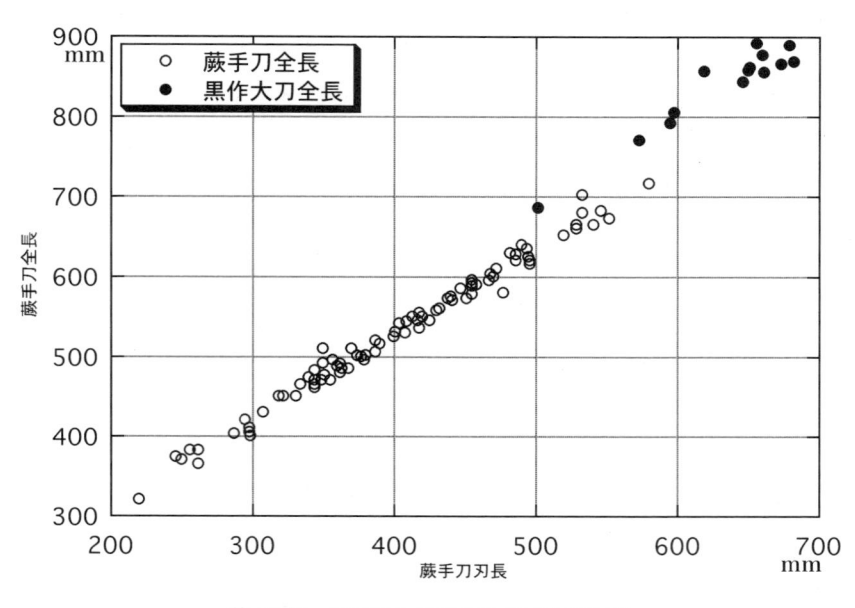

第33図　蕨手刀と黒作大刀の刃長の比較

第6章　蝦夷を語るとされる資料と実態　139

形態を少し詳しく見、その利用法を考える。

(2) 蕨手刀の形態的特徴とその利用法

　蕨手刀の特徴は、柄頭の形態が若い蕨のようになっている点である（第31図）。また一般に、古いものは刀身に対して柄が直線的に付いているが、8世紀中葉以降のものは、しだいに柄が刀身に対して斜めに付き、刀全体の形が若干反るように変化すると認識されている。石井（1966）の研究以来、そのような形になるのは、戦闘を経るにつれて、より実戦に有利な形態に変化した結果であると考えられてきた。

　だが、はたしてそうであろうか。『続日本紀』によれば、陸奥国で戦闘が激しくなるのは8世紀後葉以降である。それに対して、蕨手刀自体の年代で考えれば、これより数十年古いころに、刀身に対して柄が反るようになっていた。

　しかも蕨手刀を戦闘用の刀として見れば、それはあまり実戦向きではない。第1に、その刀身が短い。50cm以上のものは希で、むしろ短刀と思えるものが多い（第33図）。それに対し、正倉院宝蔵の同時代の武器である黒作大刀はみな50cm以上の刀身を持つ（同図）。蕨手刀が短いのは馬上で用いるからだという見解もあるが、馬に跨がり相手から離れて戦わねばならない分、むしろ長めの刀こそ有利ではなかろうか。

　第2に、蕨手刀の柄はあまりにも簡素な作りである。普通、日本刀の拵で大切なのは柄である。握って使い、戦闘時、柄から力が伝えられ、また受け止める。それぞれの刀で、工夫され、丹念に作られる部分が柄である。それなのに蕨手刀の場合、刀身から直接延びた鉄製の茎に直に植物性の弦や樺などの皮を巻くだけの柄である（第34図1・2）。これには、戦闘時に己の命を刀に託している者の思いなど感じられない。

　以上のように、蕨手刀には武器としての工夫が感じられず、むしろその特徴は、刀の名前に示されるように装飾にある。戦闘用の刀としてではなく、それは儀仗刀、あるいは威信材として機能していたと考えるべきであろう。

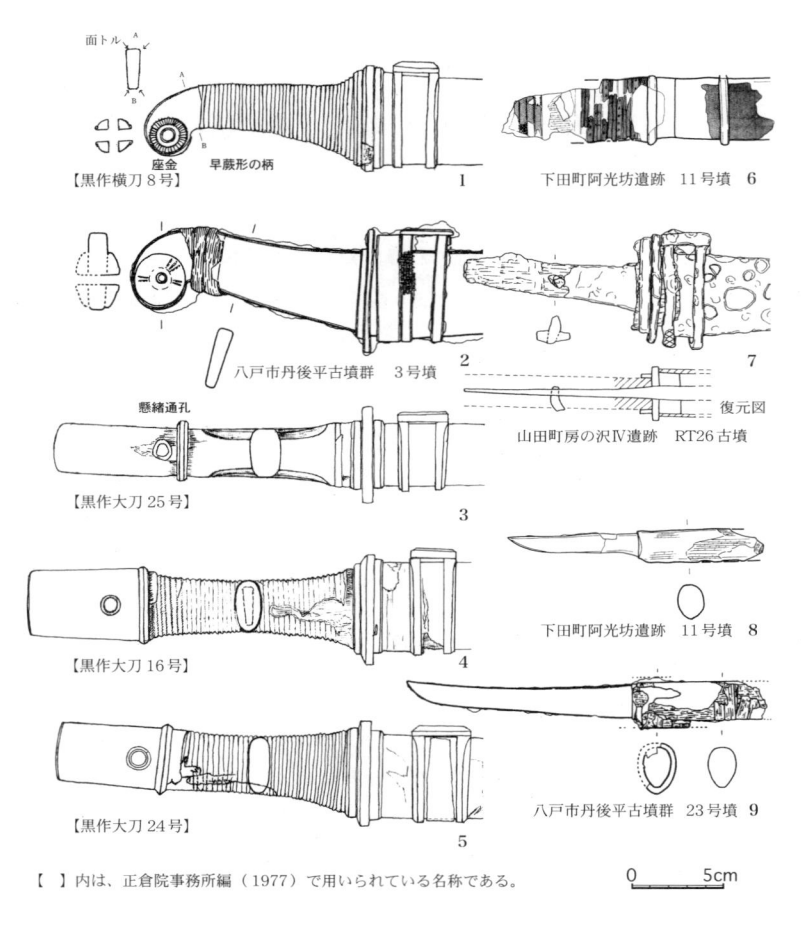

第34図　蕨手刀と他の刀類の柄の構造の比較

　それを肯定させる材料を2点述べておく。第1は、北海道のように古代日本国軍との戦闘が記録されていない地域からも蕨手刀が数多出土している点である。戦う理由も戦闘の歴史も持たなかった人々がその刀を持っていたのはなぜか。次章で述べるが、近代に入るまで北海道では鉄生産はおこなわれず、人殺しのための刀を自らの手で作ろうとはしなかった。いかなる目的のものであれ、蕨手刀はすべて本州から移入されたものである。交易の見返りとして、北

海道に入ってきたとしか考えられないのである。
　第2点は、16振りの蕨手刀が知られる長野県域の例である。桐原（1976）は、長野県域の蕨手刀には、終末期の古墳からの出土のものが複数あること、儀仗刀である頭椎大刀を副葬する古墳の分布域が同様であることを示し、蕨手刀の祖型を頭椎大刀をと考えた。そして「蕨手刀にはその祖型とした頭椎大刀の大和朝廷における儀仗の大刀としての性格が流れている訳だから六位以下の下級位階者が所有する小刀として恰好ではなかったか」と述べ、7世紀後半の大和朝廷の内廷直属の伴造的氏族にかかわる者の佩用とした。
　以上のように、北海道や中部高地出土の出土例は、蕨手刀が戦闘用に製造されたものではないことを示している。同じ特徴を持つ刀である以上、東北地方の蕨手刀とて、単に存在したというだけでそれが戦のためのものであったとは言い切れない。

(3) 蕨手刀の生産地
　蕨手刀を詳細に検討した八木（1996b）では、柄頭の形態や鋒に地域性が見られるということから、それらが出土している地域でそれぞれ鍛冶がおこなわれたのではないかと推測していた。しかし、八木（2010）では生産地について明確には述べられない。
　多くの蕨手刀が存在していた8～9世紀前半当時の北海道や東北北部では、鉄が生産されておらず、鍛冶の痕跡もほとんどないので、それらの地域での多数の蕨手刀生産は考えられない。一方、東北南部の古代日本国家領域には、福島県域の太平洋側に、7世紀以来、大規模な鉄生産地があった。そこで鉄を作り、それを用いて各地で鍛冶をおこなったと考えることは可能かもしれない。しかしながら、柄頭、鞘といった、蕨手刀の拵は、洗練された高い技術水準を示している。それは、精巧な金属製品を多数要求されてきた地域でこそ育まれた文化の一部である。
　さきほども記したように、蕨手刀が作られた時代、東北北部では、鉄生産関連の遺跡は、鍛冶の痕跡がわずかに知られているだけである。そのようななか

では高度な技術は必要とされず、蕨手刀生産にかかわる技術は、古代日本国内で育まれたとしか考えられない。7世紀中葉段階には、福島県域は古代日本国に属していた。鉄生産に携わり、蕨手刀を製造していたのは、古代日本国側の人々であったと推測するのである。

さきに、蕨手刀は実戦に用いられた武器ではなく、儀仗刀あるいはそれに類するものであったろうと述べた。なぜ、そのような刀が古代国家の外の地域にあったのか。その一つの答えを、北海道東部オホーツク海沿岸地域の墓に副葬されていた蕨手刀が語る。たとえば北見枝幸町目梨泊遺跡の土壙墓から出土した例がある（枝幸町教委1994）。それは、日本国政府軍との戦闘などなく、また馬飼などもおこなっていない地域のものであるので、中国からの品や海獣の皮、鷹の羽などを対象とした交易の見返りとして贈られたものと考えられる。その他、当該地域の社会的歴史的文脈から考えて、それは決して武器として用いられたのではなかった。

そして、蕨手刀の授受を伴う交易の相手は、一般に本州側の人々であったと考えられている。その場合、本来、北海道在住の人々との交易相手が蕨手刀を持っていたことになるのだが、それは誰であったのか。北海道の人々と直に接していたのは、古代日本国側との交易を仲介した東北北部の住人であったとの考えもあろう。しかしながら、その仲介者が生産者であったとは言えない。また、東北北部の人々が仲介者であったとしても、その人々が蕨手刀の生産者であったことを示す根拠はない。8～9世紀前半の東北北部では、鉄を生産していなかったからである。

そのころ鉄製産をおこなっていた地域は宮城県域以南であり、大規模な生産地は福島県太平洋岸にあった。刀の製作者は東北北部の人々ではなく、東北南部以南の古代日本国領域にいたと考えるのが妥当である。

また、16振りの蕨手刀が出土している長野県域における最新例は8世紀後半ころの臼田町英田地畑古墳出土のものである。この時期になると、蕨手刀が出土する遺跡の大部分は東北地方以北であり、このことが『続日本紀』に記された8世紀後葉の東征と重なって、一般に、蕨手刀が蝦夷の戦闘用の刀だっ

たと思われる所以であろう。しかし、この時期にも長野県域に蕨手刀があることから、本来それは東北地方以外にも存在していたのだが、残らなかったと見るべきなのであろう。蕨手刀は、古代日本国内の鉄生産域で生産されていたのであるから、それが素材としての再利用体系のなかに組み込まれていた場合、特別な理由がなければ遺存することはなかったのである。

　北海道や東北北部などの各地において、地域性を見いだせるほどの類似性があるとすれば、それは、私的交易などをおこなった、古代日本国領域の人々の側の生産地の地域性を反映しているのである。

(4) 蕨手刀とは何か

　前節までに見てきたように、蕨手刀は7～8世紀のいわゆる「蝦夷征討」の時期に用いられた武器として製作されたものではなかった。その分布が馬飼い地域、牛飼い地域、北方の産物の交易をおこなった地域と重なることをもとに考えると、8世紀に頻繁に繰り返された古代日本国政府役人らによる私的交易のさいに贈られたものと推測する。送り主が政府の役人である点や、その契機については推測であるが、生産地が古代日本国側にあることは、鉄生産関連遺跡の出土状況から見て間違いない。

　国司らに東北以北の人々との私的交易に関する禁止令が複数回にわたり出されたのが、8世紀後葉から9世紀前葉にかけてであった。そういった交易が実際に頻繁におこなわれていた事を語る史料がさきの禁止令であり、考古資料としては蕨手刀なのである。そして、その時期が、蝦夷と官軍とのいわゆる38年戦争のころだったことから、重要な事実が浮かびあがるのであるが、これは第10章に述べる。

　多少脇道に逸れかかったが、さきに見たように8世紀の鉄生産地を考えれば、古代日本国内で蕨手刀が製造されたとするのが妥当である。蕨手刀は、東北北部や北海道のそれぞれの地で、在来の人々が製作したものではなかった。当時それらの地域では、製鉄も、鉄器を作る鍛冶も、基本的にはおこなわれていなかった。だからこそ、それらの刀は鉄の再利用の循環のなかに入れられ

ず、墓に埋められたのであった。

蕨手刀は蝦夷が開発した刀でないばかりか、彼らが自らを守るために作り、古代日本国軍との戦闘に用いた武器でもなかった。7〜8世紀当時、すでに蝦夷の土地と記されることがなかった信濃や上野（長野県・群馬県域）から蕨手刀が複数出土したり、九州南部や山陰の離れ島である見島の墓からそれが出土したのは、やはり、蝦夷との関連を考えるよりも、馬や牛の牧の管理者に贈られたものと判断すべきであろう。

蕨手刀は、蝦夷と呼ばれた人々が、やまと言葉を話す人々とは異なる、独自の文化を持っていたことを示す道具などではない。単に、国の役人らとの私的交易をおこなった関係者がいたことを示す資料なのである。その関係者は、東北北部においては、おもに馬飼の人々であり、北海道にあっては、毛皮や鷹の羽などの交易者をおこなう者たちであったろう。しかしながら、両地域の人々が同一の集団に属すと解釈する必要はない。

最も戦いが激しかったように史料には記されていた時期、あるいはそれに向かう時期に、古代日本国の住人から贈られていたのが蕨手刀であった。蕨手刀の豪華さから考えれば、単なる住人ではない、おそらくは国家の役人たちである。第3章で史料2として示した『類聚三代格』に記されたごとくである。また、戦争があったとされる時期に、与えられ、持ち主から武器として他の者に受け継がれるのではなく、墓に供えられた。このことからも、それらが勇者の武器なのではなく、高位の人々の宝、威信材であったと見ることができるのである。そして、古代日本国側から与えられたものを「威信材」とする人々は、その国と敵対などしていなかったと考えられる。

第4節　弓矢と蝦夷

(1) 蝦夷と弓矢についての史料

『続日本後紀』承和4（837）年2月条に、「弓馬の戦闘は、夷獠の生まれながらの習性であり、十人の平民でも一人の蝦夷にもかなわない」と述べられて

第6章　蝦夷を語るとされる資料と実態　145

いる。ほぼ同様の内容の太政官符が『類聚三代格』にもある。これらの文献をもとに、一般には、蝦夷は弓を使う戦闘に長けていると考えられている。それは、蝦夷が弓をもちいることが多かった狩猟民であったからであるとの考えがあるが、はたしてそうだろうか。

　少し本題からずれるが、一言付け加えておく。この太政官符の主題は、新しい弩を購入すべきであるとの要求であり、さきの文章は、単にその根拠として添えられたものである。中央の役人たちが納得するであろう最もらしい理由が述べられただけのことであろう。したがって、ここに蝦夷の特徴として述べられたことが事実であったという保証はない。9世紀前半といえば、文献上でもすでに蝦夷との激しい戦闘もないころであり、少なくとも、そのような文脈で用いるような内容ではない。

　一般に、日本列島に住んでいた狩猟民の弓は短い。縄文時代の弓は、長いものでは、稀に160cmほど（曲線を計測）のものがあったが、大部分はおよそ100〜120cmであった。アイヌ民族の弓も120cm以下である。弓が短いことは、狩猟をする場所や狩猟形態とも関係している。樹木の生い茂る山中では、木々の間から遠くの獲物を狙うよりも、追い込んで、確実に射止められる位置から矢を放つのがよい。とくにアイヌ民族の場合は、毒を用いていたため、刺さりさえすればよかった。

　しかも縄文〜続縄文文化の人々は馬を飼っていなかった。アイヌ民族も同様である。したがって、「弓馬の戦闘」技術が、日本列島北部の狩猟民の伝統と関係があると考えることは難しい。

　それでは、史料に述べられる「弓馬の戦闘」とは、具体的にはどのような内容のことであろうか。次に、考古資料を用いて、7〜11世紀の東北北部の弓矢を見る。

(2)　東北北部の弓矢

　7世紀代の末期古墳に、鉄鏃が副葬された例が複数ある。八戸市丹後平古墳群、おいらせ町阿光坊古墳群などである。それらは長さ20cm前後の長頸鏃で

146

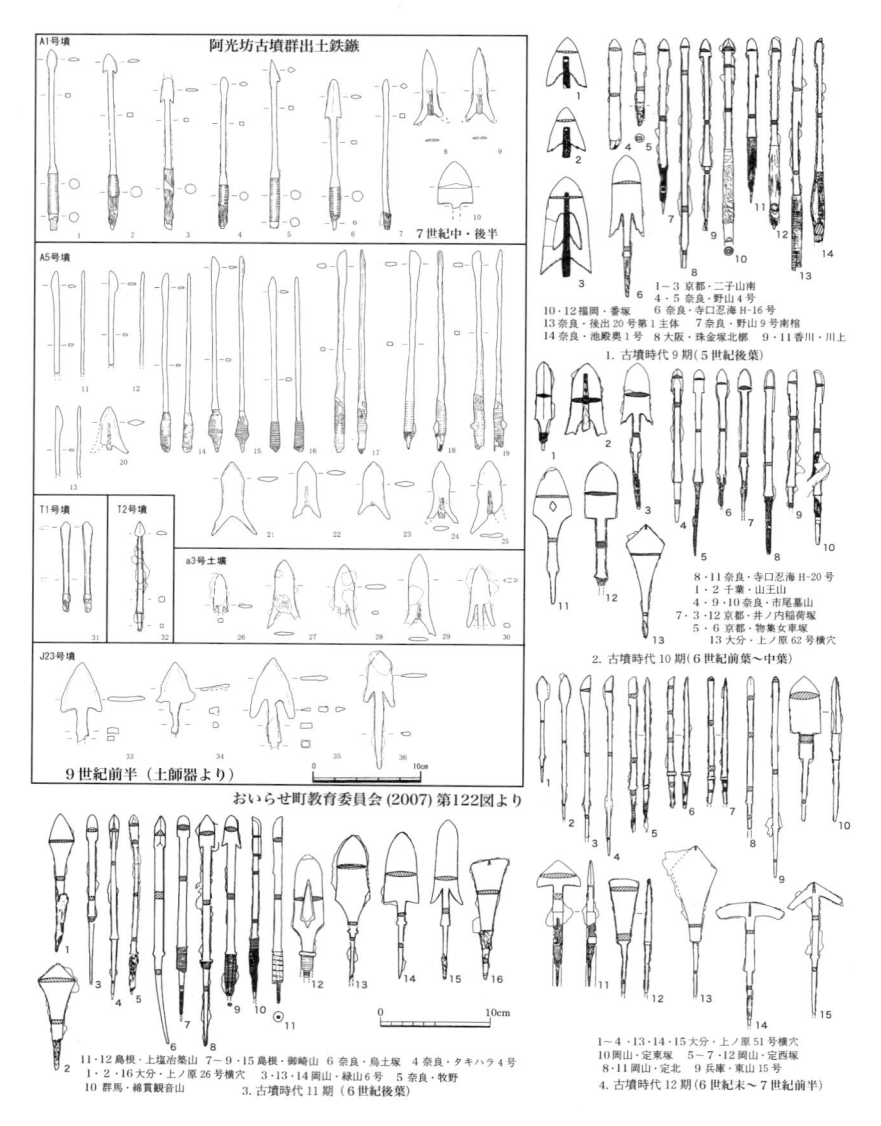

阿光坊古墳群出土鉄鏃

A1号墳
7世紀中・後半

A5号墳

T1号墳　T2号墳

a3号土壙

J23号墳
9世紀前半（土師器より）

おいらせ町教育委員会(2007)第122図より

1－3 京都・二子山南　4・5 奈良・野山4号
10・12 福岡・番塚　6 奈良・寺口忍海 H-16号
13 奈良・後出20号第1主体　7 奈良・野山9号南榔
14 奈良・池殿奥1号　8 大阪・珠金塚北槨　9・11 香川・川上
1. 古墳時代9期(5世紀後葉)

8・11 奈良・寺口忍海 H-20号
1・2 千葉・山王山
4・9・10 岡山・市尾墓山
7・3・12 京都・井ノ内稲荷塚
5・6 京都・物集女車塚
13 大分・上ノ原62号横穴
2. 古墳時代10期(6世紀前葉～中葉)

11・12 島根・上塩冶築山　7－9・15 島根・御崎山　6 奈良・烏土塚　4 奈良・タキハラ4号
1・2・16 大分・上ノ原26号横穴　3・13・14 岡山・緑山6号　5 奈良・牧野
10 群馬・綿貫観音山　3. 古墳時代11期(6世紀後葉)

1～4・13・14・15 大分・上ノ原51号横穴
10 岡山・定塚　5－7・12 岡山・定西塚
8・11 岡山・定北　9 兵庫・東山15号
4. 古墳時代12期(6世紀末～7世紀前半)

第35図　東北北部出土の鉄鏃
(1：松木2007―図54　2：松木2007―図55　3：松木2007―図56　4：松木2007―図57より)

ある（第35図）。7世紀中葉〜後半と考えられている阿光坊古墳群1・5号墳のものを例にとると、鉄製の部分が15〜20cm、頸部は角柱状（断面0.4×1.0cm）である。鏃の頸部を矢柄に差し込み、矢柄の周囲をきっちりと糸で巻き、上から漆を塗り、装着してある。装着部の矢柄の幅が10mm前後であることから、矢柄は、中世の矢同様に篠竹製と推定できる。

篠竹製の矢柄に15〜20cmの鉄鏃を挿入したとして、戸田 智（1976）が矢全体のバランスとその飛び方を考慮して古代の矢を復元した例を参考にすれば、その長さは80〜90cmであったと推定できる。そのような長さの矢は、120cm以下の弓で使うものではない。したがって、それは縄文時代以来の狩猟具としての使用法の系譜上には置けない。山中を矢筒に入れて持ち運ぶにも邪魔な長さであろう。この規格の長頸鏃は朝鮮半島と日本列島の両地域で5世紀中葉ころに確立されていたのだが（松木武彦2007）、その系統の矢と考えるべきである。

また、それだけの長さの矢を番えるには、弓はある一定以上の長さが必要である。古墳に副葬された弓を参考にすると、1.8m以上はあったであろう。また、80〜90cmの矢は正倉院御物とほぼ同じなので、弓の長さも同様に2m前後であった可能性が高い。一方、遺跡から出土した弓をもとに考察した津野（2010）は、2mほどもある長弓は古墳時代の儀礼用の弓の系譜上にあり、実用のものには短い弓もあったと述べる。しかしながら、出土している鉄鏃の長さと重量にもとづき復元するならば、矢の長さは80〜90cmとなり、その使用に適した弓は長弓でなければならない。「毒を塗布してあるので、刺さりさえすればよい」というアイヌ民族の矢に近いものではなく、遠く離れた場所からでも高速、重量により貫通し、致命傷を与えるという、まさに戦闘の場での使用を目的に開発された矢を放つための弓が必要であり、それは矢の長さの倍以上はあったであろう。

12世紀後葉成立の絵巻、『伴大納言絵詞』に見える、鎧に身をかためた武士が持つ弓の絵を参考にすれば、武器としての弓も身体の1.2〜1.3倍はある。絵師が描きなれた武器としての弓のイメージは身体に比して、それくらいのも

のであったことになろう。身長を 1.6m とすれば、2m 前後となる。それに対し、近世のさまざまな「アイヌ絵」(越崎宗一 1945 を参照) に描かれたアイヌ民族の弓は身体に比して 0.6 ～ 0.7 であり、それらが短い弓であったことが強く意識されていたことを物語り、それは残存する実用具の長さと一致する。

　以上に述べたことからわかるように、蝦夷と呼ばれた人々の弓矢は、古墳文化社会の弓矢を経て成立した古代日本国成立以降のものとほぼ同じだった。それらは、北海道や東北北部で遊動的な生活をしていた人々が、狩猟用に開発した道具を基礎に発展させたものなどではない。縄文～弥生時代前期ころまで、東北北部において矢に添えられる鏃は頁岩や黒曜石製のものであった。しかし、弥生時代後期～北大 I 式の時代には、遺跡からそれらが出土することはなくなる。アイヌ民族同様に、鉄製の刃物を使い篠竹や骨などの有機物で鏃を作り、毒を用いたからであろうか。

　このように、弥生時代後期以降、石製の鏃を持たぬようになっており、弓矢の使用が見られなくなっていた地域の人々が、7 世紀に入り、突然、鉄鏃を装着した矢を用いる長弓を持つようになったのはなぜであろうか。

　7 世紀以降の東北北部の弓矢は、その規格から考えて、狩猟具ではなく戦闘具である。また、当時、東北北部には製鉄の技術はなく、鍛冶の痕跡すら認められていない。これらの弓矢は、どの要素を見ても続縄文土器を用いていた北海道から東北北部にかけての人々の文化要素の系譜にはない。素直に考えれば、古代日本国領域から入手したということになろう。

　ところで、9 世紀以降になると墓に鉄鏃が副葬されることはなくなるが、11 世紀の集落遺跡から鉄鏃が出土することがある。それは、7 世紀のものとほぼ同様なので、矢の長さは 80 ～ 90cm ほどであったと考えられる。この時期の弓矢は、11 世紀後葉の記録、『陸奥話記』等に見られるような当時の戦闘に用いられたものであり、中世以降の弓矢、すなわち長弓と呼ばれる 1.8 ～ 2 m ほどのものと変わらぬもののはずである。

（3）弓矢の系譜

　アイヌ民族の弓は短弓であった。現在に残る民具例や近世末期の「アイヌ絵」によれば、弓の長さは 1.2 m ほど、矢の柄の長さは 50cm 前後である。鏃は篠竹や骨で作られていた。鉄鏃は一般的ではない。

　アイヌの矢にはトリカブトの毒が塗られていた。毒は猛毒で、矢が刺さりさえすればヒグマですら簡単に倒すことができた（石川元助 1963）。したがって、アイヌは、確実に射ることだけを考えて、至近距離から矢を射ていたのである。それに適した弓矢はどちらも短いものであった。それに対し、古墳文化社会の弓矢は、重量のある鉄鏃を装着した 80〜90cm ほどの矢と、それにみあう長さの弓であった。遠くから射て、矢を貫通させ、致命傷をおわせる設計になるものであり、アイヌの弓矢とは別の系譜上にある。

　『三教指帰・性霊集』に残る 9 世紀の空海の歌によれば（渡邊照宏・宮坂宥勝校注 1965）、陸奥国の戎狄は骨製の毒矢を使っていたという。この情報を空海がどのように入手していたかはわからないが、後のアイヌ民族の毒矢とそっくりである。また、12 世紀の平安京の貴族らによる和歌にも、当時の北海道の住民が毒矢を用いていたことが歌われているものがある。

　また、北海道東部に住んでいた狩猟・採集民、すなわちオホーツク文化の人々は、9 世紀くらいまで石鏃を用いていた。それは、縄文時代の石鏃と類似する。鏃は数グラムと軽いので、矢自体のバランスを考えると、古墳時代の 80〜90cm もの長さの矢ではなく、全体でも 50cm ほどのものであろう。したがって、近世アイヌ民族が用いた短弓状の弓が使われていたと推測できる。

　このように、北海道に住んでいた近世の狩猟民の狩猟活動に連なる矢は短く、弓は短弓なのである。それに対し、7 世紀の東北北部の末期古墳に副葬された鉄鏃は、狩猟採集民の矢ではなく古墳文化社会における矢であった。それを番える弓は長弓あるいは、非常に弾力性のあるものであったろう。そのような弓矢は、戦闘時の武器として開発されたものであった。

　以上に述べてきたことを総合すると、仮に蝦夷のなかに「弓馬の術」に長けていた者がいたならば、それは、狩猟民の末裔であることに由来するのではな

い。古墳文化社会の武人の系譜上にあったと考えるべきであろう。

(4) 鉄鏃が副葬される理由

　アイヌ民族の用いていたのが短弓であったことを参考にすれば、古代の北海道では、鉄鏃を用いる長いタイプの矢を用いた戦闘があったとは思われない。それにもかかわらず、当該地域にも、7世紀代の鉄製の長頸鏃があった。北海道恵庭市西島松5遺跡から出土した7～8世紀の墓の副葬品である。それらの鉄族は、東北北部の末期古墳出土のものと基本は同じで、長頸鏃であった。また、同遺跡の墓には鉄製の刀類が多数副葬されてもいた。

　遺跡から考えれば、そのころの北海道では製鉄も鍛冶もおこなわれていなかったので、鉄鏃も鉄刀も本州島からの搬入品と考えられるのだが、そのタイプの鉄鏃は、全長が80～90cmほどとなる矢に装着されるものであり、近世以降のアイヌの矢とは異なる。墓は当時の続縄文文化に一般的な土坑墓であり、被葬者が、続縄文文化社会の人間ではないと考える決定的な根拠はない。したがって、西島松5遺跡の墓に副葬されていた鉄鏃は、戦闘用や狩猟用として所持していたものではなく、同遺跡の墓に多数副葬されている刀類と同様に、交易に携わる者への返礼の品として入手したものであったろう。社会的には、威信材としての機能もあったかもしれない。

　また、北海道では鉄の生産や再利用が一般化しておらず、素材としての機能を持たなかったことも墓に鉄鏃が副葬される理由の一つでもあろう。このような社会的条件は、東北北部の末期古墳に副葬される鉄製品をめぐる社会の状況も同様である。

第7章　蝦夷と鉄

第1節　人類にとって鉄とは何か

(1) 鉄生産と国家

　人類史的に見ると、鉱石から金属鉄を分離し、思いのままに道具が作られるようになったのは、西アジアや中国においては、「文明」や「国家」と呼ばれる社会が成立してさらに後の出来事であった。それらの地域に国家が成立したころ、すでに金・銀・銅・鉛・水銀などの幾種類もの金属が利用されていた。しばらく後には錫と銅の合金である青銅を用いた強力な武器が後押しをした。そして、鉄製の武器や農具を用いて、さらに強大な帝国が形成された。鉄の時代の到来である。これは激しい戦争の時代でもあり、ずいぶんと長く続いた。例えば近代の日本国なども同じで、富国強兵のスローガンのもと、国営の製鉄所ができ、鉄製の武器と農具で大日本帝国を拡大していった。国家が拡張する時期の鉄の時代とは、侵略の時代でもあった。

　ところで、国家の定義については歴史学や法学の分野からさまざま述べられるが、最も基礎的で時代や空間を問わず使えるのは、古いものだが、エンゲルスが『家族・私有財産・国家の起源』のなかで述べたものである。国家の基礎的特徴は2つである。第1に「領域による国民の区分」、第2に「公権力の樹立」である。前者は、国民がいる領土の存在、すなわち、実際に見えるか否かは別として、国境線があることである。後者は、その機構を支える官吏がおり、その働きを可能とする税の徴収があることである。そして国民が税を納めるための基礎となる農地の開拓を大々的におこなうには、製鉄と鍛冶が最も有効な技術だった。

　軍備も国家の必須項目であるかのように語られることがあるが、本書ではそ

うは考えない。21世紀現在それを持たぬ国家があることで説明できよう。ただし、残念ながら手っ取り早く領土を拡大する方法としてそれが頻繁に用いられてきたことは確かであり、武器には鉄が適していることもまた、明らかである。

　このような事情は国の成立が周囲の国家群よりも遅れた日本列島でも同じであった。古墳時代後期以降の日本列島においても、自前で製鉄をおこない、鉄製の武器や農具を作ることが、国家を成立させる基礎となった。そして、国内政治を堅固にするためだけでなく、国外の諸勢力からの侵略を防ぎ、国家を維持するには、自国で鉄を生産し、諸々の道具類を作る必要があったのである。

　ただし古代の日本列島内では、いかなる金属もその生産技術が独自に開発されることはなかった。鉄生産技術も輸入されたのであり、しかも、鉄器の登場と鉄の生産の開始は同時ではなかった。鉄生産技術を持つ国が、それを外に出さないようにしていたからなのであろうが、現代でも最新型の重要な兵器に利用される技術や理論を、仮想敵国に漏れないようにしていることと同様である。

　以上に簡単に述べたように、人類史において、鉄の生産は国家や戦争と結びついて発展してきたと言ってよい。それでは、古代日本国に含まれていなかったはずの東北北部以北でも、9世紀後半以降に鉄生産が開始されるのは、どのような理由によるのであろうか。

(2)　日本列島における鉄生産の開始と東北北部
　日本列島上で鉄製産が開始されたのは、製鉄の際に生じる鉄滓（てっさい）の組織の顕微鏡観察や化学成分の測定といった分析にもとづけば、6世紀後半、すなわち古墳時代後期以降との見方が一般的である（村上恭通 2007）。鉄生産が開始され、しばらくすると、前方後円墳の造営が停止され、後の律令国家の中枢となる畿内の飛鳥を基点に、政治的動きが活発となるのである。ただし、この時期の鉄生産地は西日本に偏っており、それより東側の中部・関東・東北南部各地での製鉄は、7世紀後半の律令国家成立期となる。

第 7 章　蝦夷と鉄　153

　文献によれば、古代日本国は国外である東北北部に製鉄技術が広まることを許さなかった。9世紀前半にまとめられた『令集解』関市令弓箭条に「凡そ弓箭兵器は、並に諸藩と与に市場することを得じ。其れ東辺北辺は、鉄冶置くこと得じ」とある。東辺北辺とは『集解逸文』弓箭条によれば、「陸奥・出羽等の国也」とされ、「鉄冶」とは「鉄を作る術」のことである。『令集解』は、『養老律令』の注釈書であるから、ここにあげた条文は、養老2年（718）に『大宝律令』を改修し、天平宝字元年（757）に施行された、古代日本国成立期の基本的なものであったと考えてよい。この文章について、福田豊彦（1995）は、古代日本国が、侵略先に居住する蝦夷らに、進んだ技術が伝播するのを防止したと解釈している。これが一般的な見方であろう。

　ところが、東北南部には福島県原町市金沢の長瀞遺跡・鳥打沢A・B遺跡・鳥井沢B遺跡などのように、7世紀後半〜10世紀代の大規模な鉄生産遺跡群があり、東北中部にも8世紀代の鉄生産遺構が検出された宮城県多賀城市柏木遺跡がある。『養老律令』が施行された8世紀中葉以前に、当時の東辺北辺である陸奥国で鉄製産がおこなわれていなかったわけではないのである。これについては、蝦夷征討のための国家側による鉄生産であるとの見方（飯村　均 2005など）が主流である。

　しかし、生産された鉄が武器や武具となり、征討に使用されたことを示す証拠を探すのは難しい。7世紀以降の東北地方では、広大な土地が開拓され集落にされているし、また城柵などの政府機関も整備された。それに用いられた伐採具・農具・鉄素材の量は大量であったはずであり、福島県太平洋岸の製鉄遺跡群はそのためのものであったと本書では考える。したがって、関市令弓箭条に見られたような禁止条項は律令国家として必要な条項を形式上入れておいたにすぎないか、あるいは律令が遵守されていたというのであれば、それらの遺跡周辺は東辺北辺と見るほどの辺境ではないと解釈すべきであろう。

　同様に『続日本紀』では、8世紀後葉には蝦夷と古代日本国軍との戦闘が激しかったとされ、774〜811年までの征討を文献史研究の場では38年戦争と呼ぶ場合もあるが、激しい戦闘が続いたということには疑問を持たざるをえな

い。なぜなら8世紀後葉段階では、古代日本国領域より外には製鉄炉が無く、当該地域の人々に鉄製の武器を作る能力も意思もなかった。古代日本国軍には鉄の武器が大量にあったかもしれないが、自ら鉄を作る技術、それよりも意思を持たぬ人々が、どうやってその兵力と互角あるいはそれ以上に戦ったというのであろうか。樋口知志（2004）では、最も激しい戦闘であったとされる延暦8年（789）の兵士の数を考察し、『続日本紀』中の官軍側総兵力をおよそ10万と算出している。しかし製鉄遺跡がない以上、蝦夷側では鉄を作る意思も能力を持っておらず、日本国側軍がそのような大兵力を差し向けねばならぬほどの軍備はなかったと考えるべきであろう。

　東北北部だけでなく北上川中流域にまで視野を広げたとしても、7～8世紀の古代日本国領域外に住む人々は製鉄技術を持たなかった。小さな鍛冶をおこなった形跡がみつかっているが、例えば蕨手刀を鍛えた痕跡などどこにもない。数万の兵士と対峙するための武器を備えるつもりなど到底なかったとしか思えない。おそらく、戦争する意志もなかった。『続日本紀』に記されたような征夷の戦争などなかったというのが本書の立場である。その根拠を以下に述べる。

第2節　鉄製錬遺跡

(1) 鉄製錬炉

　砂鉄や鉄鉱石などを原料にして木炭を用いて還元し金属鉄を取り出す操作を、一般には製鉄、専門的には鉄製錬と呼ぶ。古代日本国の外であったはずの東北北部でも、9世紀後半には鉄の製錬がおこなわれるようになっていた。律令の条項は守られていなかったのである。それは日本海側の西側地域に偏ってはいたが、11世紀くらいまで継続した。

　実は、東北地方全域を見ても、9世紀後半～11世紀にかけて製鉄炉が作られた地域はそれほど多くはない。東北地方における製鉄遺跡の分布状況を簡単に述べておくと、7～8世紀の東北北部東側に集落が増加する段階では、そこ

でも鉄製錬はおこなわれていなかったし、そちら側では9世紀以降になっても鉄製連に関する遺跡はごく少量しか知られていない。また、延暦8年(789)、有名な阿弖流為との戦いのころ、その戦闘が繰り広げられたとする岩手県南部あたりにも、8世紀段階の製鉄遺跡はない。7～8世紀の段階で製鉄炉が操業していたのは、福島県域あるいは多賀城周辺といった古代日本国領域だけである。

　東北北部でおこなわれていた古代の鉄生産技術に関しては、大きくは次の2説がある。砂鉄を原料としてその地で鉄製錬・鋼精錬・鉄製品の製造をおこなっていたという説と、別の場所ですでに製錬されていた銑鉄を輸入し、それを原料にして鋼精錬・鉄製品の製造をしたとする説である。どちらの説が正しいのかを考えるには少し紙数が必要なのであるが、松本（2006）に詳しく述べたので解説はそちらに譲り、本書では日本鉄鋼協会（2005）の考えに従い、東北北部で実施されていたのは砂鉄を原料とした鉄製錬・鋼精錬・鉄製品製造であったとして論を進める。いずれにせよ、9世紀後半以降、東北北部でも、その日本海側を中心に砂鉄を原料として製鉄がおこなわれ、鉄製品が作られるようになっていたのである。

　最初に当時の津軽地域の平均的な鉄製錬炉の形状について簡単に記す。第34図に青森県鰺ケ沢町大館森山遺跡で調査された炉を示した。表土の下に堆積しているローム層と呼ばれる粘土層を掘込んで作った炉底部のみが残っており、上に立ち上がっていた壁の部分は残存していないが、さまざまな調査例や実験例から、炉の全体形は、煙突のように地表面に突き出た形であったと推測できる。地山を掘込んで作られたこの種の炉は半地下式竪型炉と呼ばれる。津軽地域のもので特徴的なのは、炉床の形状が幅狭の隅円長方形（幅30～50ｃｍ、長さ1ｍほど）で、20度ほどの傾斜を持つ点である。鞴はみつかっていないが、羽口が出土している。それが挿入された位置は傾斜の高い側にあると考えられる。

　また、安定した炉内反応を実現するためには周囲の土層からの水分流入の遮断は欠かせず、炉床の性質は重要である。例えば、大館森山遺跡の場合、炉床

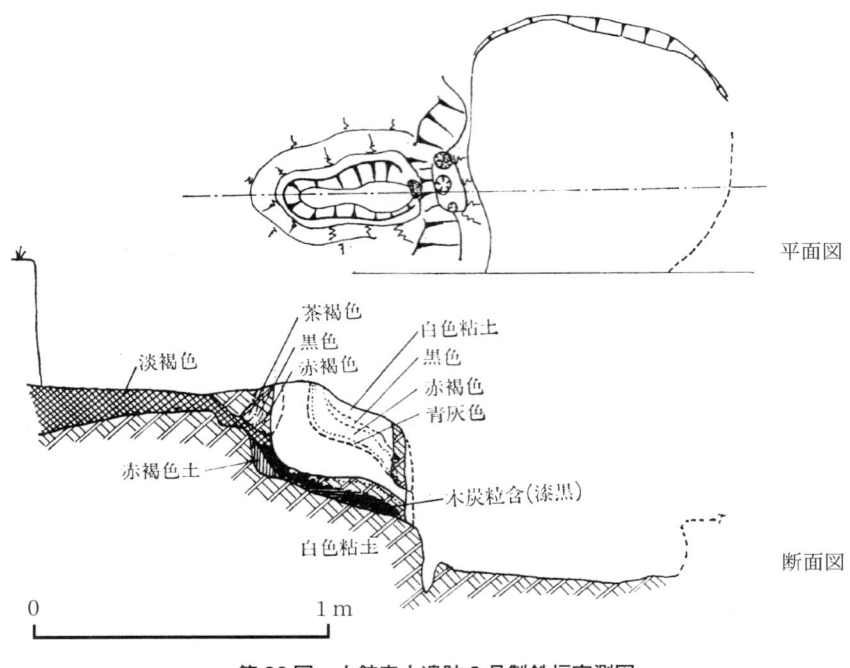

第36図　大館森山遺跡3号製鉄炉実測図
（戸沢武1968—Fig.199の一部を転載）

は褐色のローム層の下部に堆積している白色粘土であった（第36図）。それは土器の原料としても利用できる粘土層であり、炉を作る場合でも褐色のローム層よりも目的に合致した層である。ほかに、褐色のローム層を掘込み、そこに粘土を貼る例（同町大平野遺跡）もある。ローム層を掘り込んでいても、褐色層なのかその下の白色層なのか報告されていない例もあり、断定的に述べることはできないが、当時の炉作りに関しては、どうやら周辺から水分が入り込まないよう炉床の性質に注意が払われており、その目的で粘土層を掘込んでいたと推定できる。民俗例や実験にもとづけば、炉構築の後、操業前に、炉全体から水分を除去するために、炉を一日焼くのであるが、そのさい、この粘土層に掘り込まれた炉床部分は、その周囲も含めて全体が焼き物の器のようになり、周囲からの水分の浸透を防ぐことになるのである。

第 7 章　蝦夷と鉄　157

(2) 鉄製錬の原料・燃料・還元剤
　東北北部の 1 基の鉄製錬炉の周辺からは、数十〜数百 kg もの鉄滓が出土する。鉄滓とは鉄生産をおこなったときに生じる廃棄物である。これは、原料から金属鉄を分離した後に残る他の物質ということになる。鉄滓の化学分析により、製鉄に用いる原料は砂鉄であり、燃料および還元剤として利用されたのは木炭であったことがわかっている。
　砂鉄は、火成岩（噴火によって地表に噴出してできる火山岩と地下深くで生成する深成岩、その中間に位置する半深成岩がある）が風化分解・運搬淘汰されたものなので、磁鉄鉱・赤鉄鉱・チタン鉄鉱・石英・長石・雲母・カンラン石・角閃石・輝石・ザクロ石・ジルコン・クロム鉄鉱・燐灰石・砂金など、多くの鉱物が含まれることになる（工業技術院地質調査所 1960）。また、鉄滓の化学成分には、Si（硅素）・Al（アルミニウム）・Ca（カルシウム）・Mg（マグネシウム）といった磁鉄鉱やチタン鉄鉱には含まれていないはずの元素も多いことから、原料が純粋な磁鉄鉱やチタン鉄鉱のみで構成されているわけではないことがわかる。
　東北北部で得られる砂鉄は、第四紀の更新世あるいは完新世の堆積層中に含まれるものである。この地域に花崗岩のような深成岩はないので、安山岩や玄武岩あるいは火山灰といった火山噴出物に由来しているはずであり、鉄のほかに Ti（チタン）、Mg（マグネシウム）、Mn（マンガン）、V（バナジウム）等が多く含まれる。金属鉄が分離するさいの効率もあまり高くなかったので、原料砂鉄の 70％ほどは残存物となり廃棄された。製錬炉内は砂鉄中に含まれる多くの鉱物が融解するほど高温になってはいる。例えば、普通輝石 1,075 〜 1,260℃・シソ輝石 1,175 〜 1,210℃（長谷川熊彦 1963）、カリ長石 1,220℃・斜長石のうち Na を含むソーダ長石 1,100℃（素木洋一郎 1970）のように、多くの鉱物は 1,200℃ほどで溶融する。また、前掲の長谷川によれば、溶融するだけであれば、磁鉄鉱は 1,190 〜 1,260℃、チタン鉄鉱が 1,300 〜 1,450℃である。純粋な鉄の融点は 1,536℃であるが、1,200 〜 1,300℃ほどもあれば、金属鉄の分離は進むのである。

そうは言っても、炉内でそれだけの高温条件となっている部分は羽口の送風部近辺に狭く限定される。東北北部の傾斜を持つ炉床の場合、物質による反応の違いで、溶融するごとに床面を流れ下り、鉱物から分離・還元された金属鉄を残し、融解した他の物質は傾斜した炉床面上を移動しながら、冷め、さまざまな形状で固まる。その結果、鉄製錬がおこなわれた場合には、色々な形態の鉄滓が多量に廃棄されることになる。

　したがって、鉄滓の化学成分には原料であった砂鉄の成分が色濃く反映される。金属鉄（Fe）だけを分離するのが理想であり、砂鉄に含まれていたそれ以外の元素、あるいは操業中に融解した炉床・炉壁・羽口を構成する土に含まれる元素、そして木炭に含まれる灰の成分や炭素は鉄滓に残ることになる。鉄を生産する工程で砂鉄を用いるのは鉄製錬だけなので、砂鉄の化学成分が反映される鉄滓はこの工程からしか生じない。Ti（チタン）・Mn（マンガン）・Mg（マグネシウム）・V（バナジウム）といった、炉壁等の土に低濃度でしか含まれない元素が砂鉄なみの高濃度で含まれる鉄滓は、砂鉄を始発原料とした鉄製錬が実施されたことを示すのである（松本2005b）。

（3）遺跡の分布

　遺跡を対象とすれば、鉄製錬がおこなわれたことを示す第1の要素は鉄製錬炉である。原料砂鉄からの金属鉄の分離はこの炉のなかでおこる。炉は操業後、炉内の生成物を得るために壊されるので、遺跡では炉床の残骸や炉壁の一部が見られるだけの場合が多いが、遺構は動かないので、その存在は鉄製錬実施の貴重な証拠となるのである。第2の要素は、砂鉄が原料であったことがわかる鉄滓が多量に出土することである。普通、この第1と第2の要素は共伴する。

　東北北部において、炉跡・炉壁・多量の鉄滓等が共伴した遺跡の分布を示したのが第35図である。それらの操業時期は9世紀後半～11世紀であり、8世紀以前と12世紀以降ものは見つかっておらず、また、それらは東北北部西側から発見される例が多く、東側で知られているのは、青森県上北郡東北町の鳥

■ 9世紀後半〜11世紀代製鉄遺跡

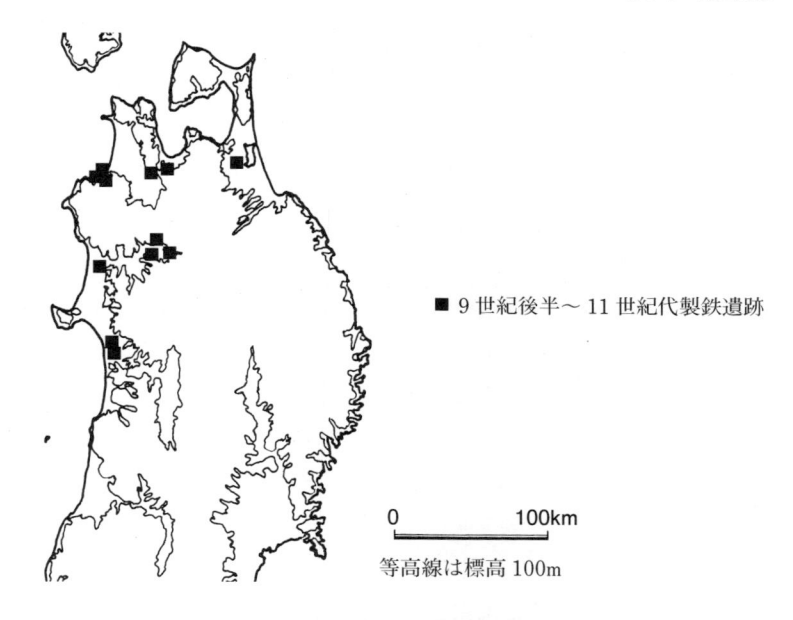

0　　　　100km

等高線は標高100m

第37図　製鉄遺跡の分布

口平（2）遺跡1例だけである（東北町教委2004）。出土した鉄滓の形状にもとづけば製鉄炉があった可能性が高いが、炉は検出されていない。出土した鉄滓の量が少ないので、利用期間はごく短期間であったと推測され、それが、炉が見えづらくなった理由かもしれない。

　第11表として、東北北部と北海道の幾つかの遺跡から出土した鉄滓の重量と、それらに共伴した遺構を記した。重量が報告されている例が乏しいので掲載した遺跡数が少ないが、傾向は読み取れる。北海道からは、鉄滓は少量しか出土しておらず、構造を持つ炉も検出されていない。最も出土量が多い松前町札前遺跡ですら2,044g（65点）であり、最大の椀形滓でも195gである（松前町教委1985）。大部分の遺跡では数〜数十gしか出土しない。それに対し、東北北部の半地下式竪型炉に伴う鉄滓は多量である。

　また、鉄滓の分析値を見ても、北海道で鉄製錬がおこなわれたことを示す例はない。奥尻郡奥尻町青苗の青苗遺跡から「製錬遺構」が出土したという記載

第11表　東北北部・北海道における出土鉄滓重量と共伴遺構

遺構名	所在地	共伴遺構	鉄滓重量(g)	備考
札前	北海道松前郡松前町札前	なし	2,044	遺跡全出土重量
山本	青森県南津軽郡浪岡町山本	2号集積	240,000	山本遺跡全体で約700kg
山本	同上	1号製鉄炉	26,500	
山本	同上	2号製鉄炉	145,800	
高屋敷館	青森県南津軽郡浪岡町山本高屋敷	1号鉄関連遺構	59,700	10世紀代
高屋敷館	同上	2号鉄関連遺構（小鍛冶跡）	458	

がある（奥尻町教委1979）。しかし、炉跡は未検出であり、出土している鉄滓が少ないことと、小型の椀形滓が数点含まれることから考えると、小鍛冶、あるいは鋼精錬がおこなわれたのであろう。

この時期、東北北部も北海道も古代日本国の外とされていた。ただし、前者では砂鉄を始発原料とした鉄製錬、そこで生じた物質をもとにした精錬鍛冶、そして鉄製品を製造する小鍛冶までのすべての工程がおこなわれていた。一方、後者では鉄製錬、すなわち製鉄はおこなわれなかった。

この違いは何を反映しているのであろうか。本章の最初に『養老律令』も交えながら述べたように、鉄生産は国家と結びついている場合が多く、その技術の移出も規制されるのが一般的であることを考えると、東北北部における鉄生産技術の移植は、政府の意思とまでは言えないにせよ、古代日本国領域からの移住者によると考えるべきであろう。東北北部の集落は古代日本国からの移住者が開拓したところだからこそ、その作業に不可欠な鉄製品の生産者も一緒だったのである。それに対し、同時代の北海道は、すでに別系統の社会であり、鉄生産者が移住する必要がなかったのである。

第3節　鍛冶遺跡

(1) 鍛冶の跡

古代の東北北部で土地を耕すために鍬の刃を作ろうとした場合、次の3つの工程がおこなわれた。第1、原料の砂鉄から鉄を分離する。鉄製錬と呼ばれる工程である。炭素量が1.7%以上ある鉄が得られた。第2、分離された鉄を熱し、打ち鍛え、鍛造し、炭素量を0.1～1.7%にまで減らし、鋼を得る。こ

の工程を鋼精錬あるいは精錬鍛冶と言う。第3、鋼を鍛え、整形し、鍬の刃の部分を製造する。この、製品を作る工程は普通、小鍛冶と呼ばれる。

　第1～第3の工程のうち、「鍛冶」と呼ばれる2つの工程は地面を掘り窪めただけの地床炉でおこなわれた。そして、これらの工程を識別するのに有効な遺物は羽口と鉄滓である。精錬鍛冶と小鍛冶の両工程で生ずる鉄滓には、椀形滓と呼ばれるものがある。炉底の形状が椀形の場合、そこに溜まった鉄滓もそのような形になるのである。理論上は、それらについては、化学成分を測定しなければ、どの工程で生成したものか識別できない。ただし、一般的には、砂鉄を用いた鉄製錬の場合、原料に応じてそこで生成する鉄滓の量は膨大となり、一方、製品を作る鍛冶で生じる鉄滓の量は少ない。羽口しか見つかっていない遺跡でも、そこで小鍛冶がおこなわれた可能性が高いことになる。

　ほかに、小鍛冶の痕跡を示す遺物として、鍛造剥片や鉗・金床・金槌などがあるが、それらの出土は概して少ない。以上をまとめると、普遍的に鍛冶の存在を示すのは羽口と小さな鉄滓、あるいは椀形滓である。次には、両鍛冶工程で用いられた羽口の違いについて述べる。

(2) 鍛冶遺跡の羽口

　北海道出土の羽口と津軽地方の鉄製錬炉に伴う羽口と比較すると、前者が小型で、先端の形状も違う。つがる市森田町八重菊 (1) 遺跡出土の羽口 (第38図14) は、9世紀後葉～10世紀前葉の鉄製錬炉跡から検出された。通風孔断面積が北海道のものの4～9倍あり、先端部が傾斜して溶け、還元範囲がそれに平行する。羽口が炉に斜めに挿入されていたことを示す。千歳市末広遺跡 (同図1・2) 松前町札前遺跡 (同図3・4)・千歳市オサツ2遺跡 (同図5) 枝幸町ホロナイポ遺跡 (同図6・7) から出土した羽口は先が細くなるタイプであり、先端の内径が2～2.5cmほどである。しかも、北海道のものは津軽地方の小型の羽口 (同図8～13) と比べても器壁が薄く全体に華奢で、全長も20cmほどしかない。また、華奢であるにも関わらず、製錬炉で用いられた大型品 (同図14・15) のように先端が斜めに溶解したものはない。それらの羽

口が受けた熱量は、鉄製錬炉用羽口が受けたものよりも小さい。旭川市旭町1遺跡からは、羽口先端に椀形滓が付着した例が出土している。滓の大部分は粘土であり、丸まった羽口先端の斜め下に金属を含むと思われる滓がわずかに付着する。地床炉中央の浅い擂鉢状に窪んだ炉底面に接するように小型の羽口が設置され、羽口先端部直下に椀形滓が生成されたことを示す好例である。

津軽地方出土の小型の羽口は、先端部がいくらか先細りとなり、熱を受けた部分が丸まる（同図8～13）。炉に接続する形状ではなく、それらは地床炉で用いられた鍛冶用の羽口である。本章第2節で、椀形滓は地床炉で生じ、それらには精錬鍛冶滓と小鍛冶滓があることを述べたが、羽口にもその2つの工程用に別々の規格があり、大きさや形状でそれを見分けることができるようである。

第38図13はつがる市森田町八重菊（1）遺跡から出土したものである。これは他の東北北部出土の小型の羽口に比べてもさらに小さく、また先端が丸い。それでも精錬鍛冶滓と共に検出されており、精錬鍛冶に用いられたと考えられる。一方、同図8は東北北部ではまだ鉄製錬がおこなわれていない8世紀後半の羽口である。鉄滓や炉は共伴していない。小型で先端が丸い羽口であることから、小鍛冶用と考えられる。

つがる市森田町八重菊（1）遺跡出土の精錬鍛冶用と考えられる羽口の例（13）からわかるように、小型で先端が丸いというだけでそれを小鍛冶用であると判断することはできない。精錬鍛冶をおこなったか否かを識別するには、比重の思い物質で構成される多量の鉄滓の存否も判断基準に加えねばならない。

他方、北海道の羽口が出土する遺跡は、数gの鉄滓から2kg程度の椀形滓が伴う。2kgの鉄滓は例外的で、普通は1kgにも満たない。また、数gと報告されているものには、土が融け固まったものである場合もある。小型の羽口に少量の鉄滓や椀形滓しか伴わない場合、羽口は小鍛冶用と考えられる。化学成分が公表されている北海道旭川市錦町の錦町5遺跡、松前町札前遺跡、千歳市末広遺跡の椀形滓は小鍛冶滓と判定されている（大澤正己1985）。

東北北部の場合、小型の羽口を用いて製錬鍛冶と鍛練鍛冶の両方がおこなわ

第7章 蝦夷と鉄　163

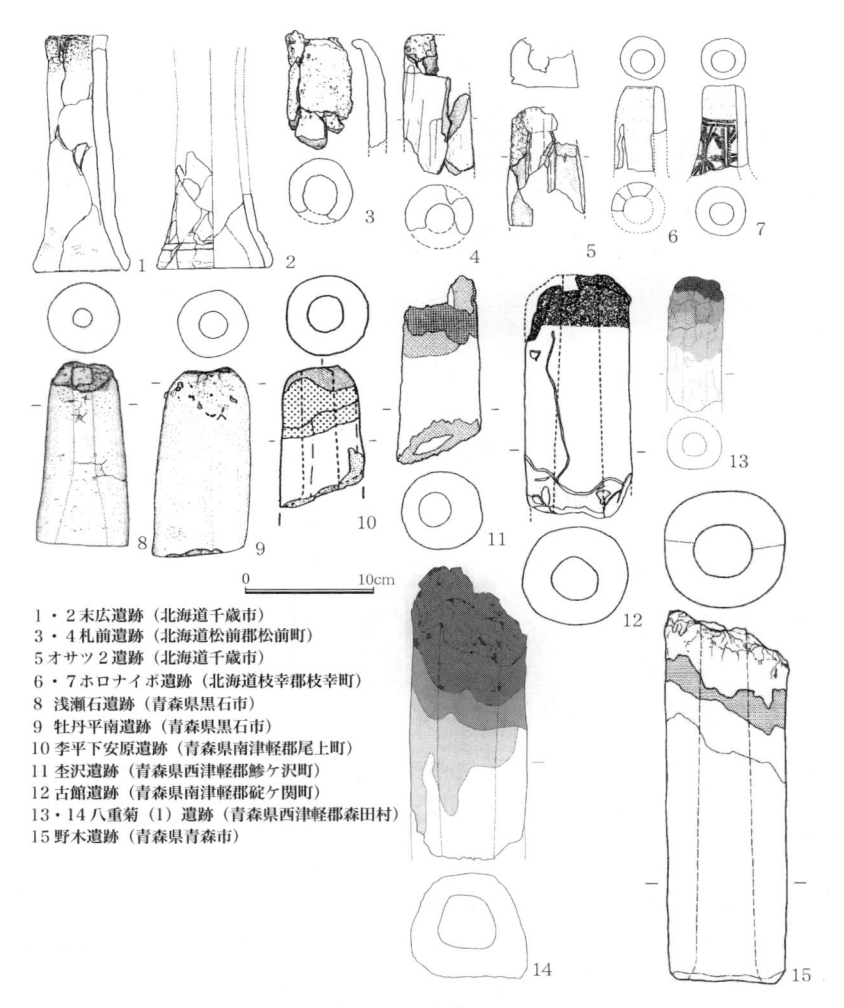

1・2 末広遺跡（北海道千歳市）
3・4 札前遺跡（北海道松前郡松前町）
5 オサツ2遺跡（北海道千歳市）
6・7 ホロナイポ遺跡（北海道枝幸郡枝幸町）
8 浅瀬石遺跡（青森県黒石市）
9 牡丹平南遺跡（青森県黒石市）
10 李平下安原遺跡（青森県南津軽郡尾上町）
11 杢沢遺跡（青森県西津軽郡鰺ケ沢町）
12 古館遺跡（青森県南津軽郡碇ケ関村）
13・14 八重菊（1）遺跡（青森県西津軽郡森田村）
15 野木遺跡（青森県青森市）

第38図　北海道・青森県域の古代の羽口

れていた。ただし、東北北部の小型の羽口は北海道のものに比べればいくぶん大きく、中型の羽口と言ってもよい。鍛冶炉用か製錬炉用かは、大きさばかりでなく、羽口先端部の形態や熔融状態を観察すれば識別できる。

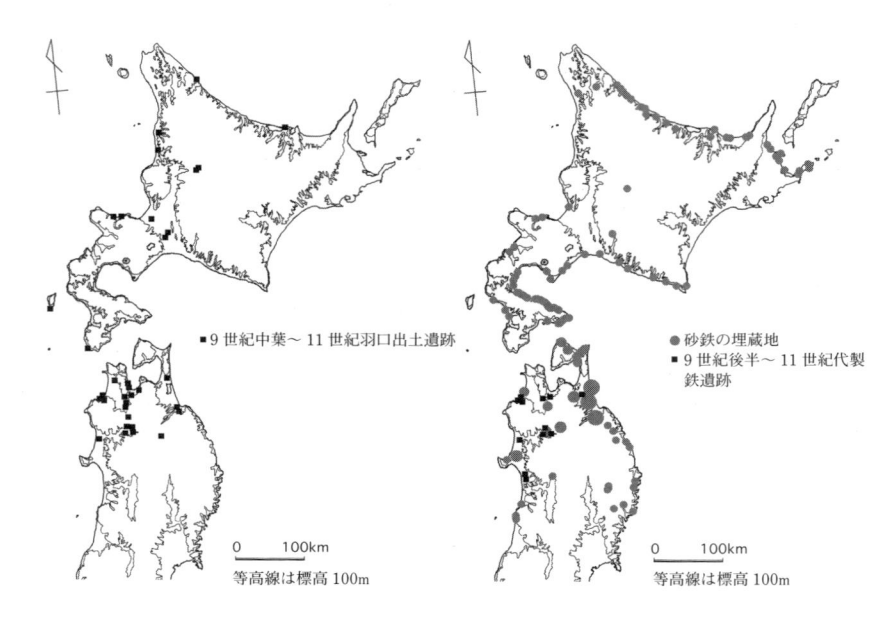

第 39 図　鍛冶遺跡の分布　　　第 40 図　東北北部の砂鉄の分布域と鉄製錬遺跡

(3)　鍛冶遺跡の分布と存続時期

　石附喜三男（1983）・菊池徹夫（1984）・設楽政健（2002）等を参考にして、東北北部および北海道における鍛冶遺跡の分布を概観した（第39図）。羽口しか出土していない遺跡と、地床炉や椀形滓が出土している遺跡も含めた。東北北部には精錬鍛冶跡も多いが、北海道本島には小鍛冶の痕跡しかない。

　これらの遺跡のうち東北北部例の大半は、鉄製錬遺跡同様、9世紀後半～11世紀ころのものであり、分布も津軽地方と米代川流域に偏る。7～8世紀に集落遺跡が多く分布した東北北部東側であるが、鍛冶跡は少ない。岩手県二戸市上田面遺跡で、羽口や炉は未検出だが7世紀末ころのC50住居床面から鉗が出土した（(財)岩手県埋文センター 1981）。8世紀後半には青森県黒石市浅瀬石遺跡から小型の羽口が出土した（青森県教委 1976）。多量の鉄滓が出土したわけではないので、小鍛冶がおこなわれたと推測できる。

鍛冶遺跡の多くが9世紀後半以降の開始であり、それは、東北北部における鉄製錬活動の時期と重なる。その地で展開した鉄生産諸活動については、出土している鉄滓や炉の分析から、1) 砂鉄を始発原料とした鉄製錬→ 2) そこで生まれた物質を原料とした精錬鍛冶→ 3) 鍛練鍛冶という3つの作業工程が推定されている。東北北部における鉄製錬は、津軽地方と米代川流域において9世紀後半に始まった。青森市山本遺跡（青森県教委1987）のように集落内で鉄製錬をおこなったのが初期の形態であった。遺跡からは五所川原産の須恵器が出土する。須恵器の生産開始時期と鉄製錬開始時期は同じころになる。

北海道の鍛冶遺跡では、9世紀中葉～10世紀前半ころの時期の札幌市サクシュコトニ川遺跡のものが古い例である。刻文を持つ擦文土器が作られるようになってからの時期である。東北北部で鉄製錬が開始されて以降の鉄が入ってきているならば、それは9世紀後半以降のこととなろう。10世紀前半の旭川市錦町5遺跡でも鍛冶滓と羽口が出土している（旭川市教委1985）。そして、鍛冶遺跡が道内各地に広がるのは、10世紀中葉以降、すなわち東北北部における製鉄遺跡の操業規模が拡大する時期である。

第4節　鉄生産と自然環境

(1) 砂鉄の埋蔵地と鉄生産遺跡

鉄製錬に必要な自然は、第1に原料としての砂鉄、第2に燃料および還元剤としての木炭、すなわち樹木である。第40図として、20世紀後半に把握されていた、東北北部地方および北海道における砂鉄の分布域を示した。それには、古代の鉄製錬遺跡も示したが、それらの分布域が砂鉄の埋蔵量の多い地域というわけではないことがわかる。

また、東北北部では、鉄含有量の高い砂鉄は下北・上北地方に多いが（通商産業省編1960）、この地域に古代の鉄製錬炉はほとんど知られていない。その可能性があるのは9世紀後半～10世紀中葉ころの上北郡東北町の鳥口平 (2)遺跡だけである。炉は発見されていないが、2つの土坑内に廃棄された鉄滓の

種類と総量、炉壁片の存在から、製錬がおこなわれたことが推測できる。ただし、鉄滓の総量は 41.72kg なので、鉄生産量はそれほど多くなかった。

東北北部の鉄製錬炉は、10世紀中葉以降、岩木山麓や米代川の中上流域といった山間部に営まれた。東北北部においては、平野部、山間部を問わず、9世紀以降に平野部が開拓され集落が増加するまでは、ほとんど手つかずの森林地帯がいたるところにあった。鉄製錬遺跡がそのような環境にあったので、鉄製錬の操業地の条件として、砂鉄よりも樹木が重視されていたと推測できる。

(2) 木炭生産地と鉄生産遺跡

鉄製錬には非常に多くの木炭を使う。竪型炉による実験例の場合、砂鉄と木炭の重量による比率は 1：4〜5 である（山口直樹 1991）。木炭は軽い。砂鉄の数倍の重さの木炭を得るには、大量の樹木が必要であったことになる。

近世の山陰でのたたらにおける木炭の利用法を参考にすると、鉄製錬には大炭、大鍛冶（鋼製錬）や小鍛冶には小炭が用いられた。大炭は樹木の幹の部分を原料として炭窯で焼かれるものであり、小炭は樹木の枝を原料として構造を持つ窯を使わずに生産される。枝などを平地で野焼し、柴や笹を被せて蒸し焼きにして、最後に土をかけて消火して作るとのことである（天辰正義ほか 2004）。

大量の樹木を伐採し、大炭を焼き、それを乾燥させた状態のまま輸送するには相当な労力を必要とした。一方、砂鉄はコンパクトにまとめやすく、湿ったとしても乾燥させることも容易である。古代の東北北部のように、輸送条件が整っていない下で頻繁に鉄製錬をおこなうには、大量の樹木を確保しやすい地域を選択せざるをえず、それが岩木山麓であったと推測できるのである。

また、下北半島南部や八戸市周辺は縄文時代前期以降黒ボク土地域あった（佐瀬 隆・細野 衛 1999）。黒ボク土とは、火山灰土にイネ科の植物が生えることによって形成される（佐瀬 1989）。当該地域では、9世紀後半ころにも、森林よりも笹やススキが生えた土地が広かったことになる。古代の東北北部東側が馬産地であったことも、これを傍証する（第2章参照）。しかも 7〜8 世

紀には、そこにすでに集落が点在していたので、山や樹木を利用するのに、後に入った者たちが自由に大量に使える状態ではなかったろう。それに対し、鉄生産が開始されたころの津軽地方や米代川流域には、それまで大きな集落はなく、馬産地でもなかった。未開発の豊富な樹木資源があったのである。

とくに10世紀中葉以降の鉄製錬遺跡は、青森県鰺ケ沢町杢沢遺跡のように操業規模が大きくなる（青森県教委1990b）。そこでは、10世紀中葉〜11世紀前半の間に34基もの製錬炉が営まれたので、多量の鉄が生産されたはずである。したがって、岩木山麓のような深い森林が必要であった。そして、日本海に近い環境を生かし、生産した鉄をそこから北海道に運んだのかもしれない。10世紀中葉以降、北海道では鍛冶の痕跡が増えていた。

第5節　鉄にかかわる生産と遍歴する民

(1) 鉄製錬と鍛冶と遍歴

鉄製錬炉と小鍛冶とではその分布に違いがある。前者は津軽地方や米代川流域に集中しているが、後者は北海道や東北北部東側にも広く分布しているのである（第37・39図）。前者は、重たい砂鉄と大量の樹木が必要であったが、後者のうち、とくに小鍛冶は鉄素材さえあれば、あとは樹木の枝などを原料としたある程度の量の木炭だけですむ。小鍛冶はどこでも可能な技術であった。

また、技術の専門性に着目すると、殊に鉄製錬技術は砂鉄の品質や生産量に応じて臨機応変に炉を設計・構築する必要がある。すなわち専門性が非常に高く、その習得には専門家からの伝授が不可欠であった。そしてその習得にはそれなりのまとまった年月が必要である。したがって、それらは希有な技術ということになり、その技術者はどの集落にもいたわけではなかったようである。

鍛冶遺跡が少なく、鍛冶遺物が出土する遺跡でもそれにかかわった遺物総量が少ない北海道の場合には、鍛冶は遺跡に常駐しておらず、遍歴していた可能性が高い。津軽地方でも、一つの集落から出土する羽口の数が数点だけの遺跡の場合、遍歴の跡と見るべきであろう。おそらくは、一人あるいは二人といっ

た少人数による移動である。

　それに対し鉄製錬に関わる労力は多い。砂鉄の採掘、多くの樹木の伐採と炭焼きなどである。それらが別々の人々によっておこなわれていたのか、季節を違えて同じ人々がおこなったのかは不明である。また、毎日の食料の確保も必要であった。還元剤でもあり燃料でもある樹木が枯渇すれば、それを求めて移動せねばならぬ。現在のところ、そのような視点で考察したことはないが、鉄製錬遺跡の中には砂鉄や樹木を求めて、同じ系統の人々が移動した結果残された複数の遺跡があるはずである。

　10世紀中葉以降の製錬遺跡である青森県鰺ケ沢町杢沢遺跡などは、1世代くらいの年代幅に34基もの製錬炉が検出されている。それにかかわった人数は多いはずであり、付近に集落があった可能性がある。杢沢遺跡は、突然出現し、すぐに廃れた。人々はどこからかやってきて、去っていったことになる。

　人々がやって来た動機が何であったか、人々がいつまで津軽に留まったかは定かではない。鉄製錬が津軽で発明された技術ではない以上、その技術者たちは津軽以外の地からの移住者であったろう。また、その移動が自発的なものだったのか、それらの人びとが関係していた権門や富豪層といった人びとに命ぜられたのかは不明である。高度な技術の流出ということになるので、後者であったと思われるが、それを証明するには文献研究も必要である。ここでは、鍛冶は少人数で移動し、鉄製錬は大人数で移動したことを確認しておく。

(2) 鍛冶とろくろ師・山の民

　近世以降にはほかにも遍歴する職能民がいた。木地師である。民俗例を参考にすれば、木地師は鍛冶もおこない使う刃物を自ら作った（成田壽一郎1996）。古代でも、鍛冶にかかわる遺物や遺構とともに木工用具が出土する山間地の遺跡であれば、そこには木地師（以下では橋本鉄男1979に倣い、ろくろ師と呼ぶ）がいた可能性もある（松本2006）。ただし、鍛冶の痕跡は残りやすいが挽物の痕跡は腐植しやすいので、ろくろ師の存在を証明するのは容易ではない。

津軽にもろくろ師がいたかもしれない。10世紀中葉～11世紀の大鰐町大平遺跡（青森県教委1980a）・大鰐町砂沢平遺跡（同県教委1980b）・碇ケ関村古館遺跡（同県教委1980c）からは、羽口や鍛冶跡だけでなく、ヤリガンナ・ノミ・手斧・砥石が出土し（第41図）、鉄鏃などの武具やツムなどの各種の鉄製品が伴う。さらに、大平遺跡と砂沢平遺跡からは挽物の椀も出土した。

大鰐町大平遺跡21号住居から、火災で炭化した椀の荒型が出土した（第42図）。厚い板材上に2～3個の単位で折り重なっていた。実測図から、内面も外面も手斧で削られたと見られる。須藤 功編（1988）によれば、ろくろが設置された木地小屋でヒラチョウナ（平手斧）を用いて荒型の外側を丸形に削り、次にナカギリチョウナ（中削手斧）で内部を削る。21号住居から手斧は出土していないが、同遺跡出土の手斧には大小の2種がある（第41図9・10）。平手斧と中削手斧にあたろうか。その後ろくろで挽かれ仕上げられたはずであった。遺跡内の他の建物と大きな違いはなく、21号住居でも生活一般がおこなわれていたと考えられるが、荒型があったのでそこにはろくろが設置されていたと推測される。

そして、それに類する遺跡からは鉄器が多量に出土する。利器だけでなく鉄鏃といった武具も多い。それらは鉄素材として集められていた可能性がある（松本2006）。例えば、古館遺跡の2つの住居跡からは小札が1点ずつ出土したが（第41図21・22）、それしかないので、武具として備えられていたのではなく、鉄素材として収集されていた可能性が高い。同遺跡からは鉄鏃（第41図23～29）、鉄鍋破片（第41図12～20）も多く出土している。遺跡が山間地にあるので狩猟用との見方もあろうが、さまざまなタイプや先端の曲がったもの（第41図24）があるので、鉄素材であろう。64号住居出土の鉄鍋破片（第41図18～20）は3点とも別個体である。1住居からの出土なので、そこで使われていた鍋の破片ではなく、鉄素材として集められていたものの残りであろう。同住居からは鉄滓も出土している。

岩木川上流域地域の大鰐町・碇ケ関村そして、さらに山間に入る大館市や鹿角市あたりの鍛冶の跡で、カンナの類が出土している場合にはろくろ師が残し

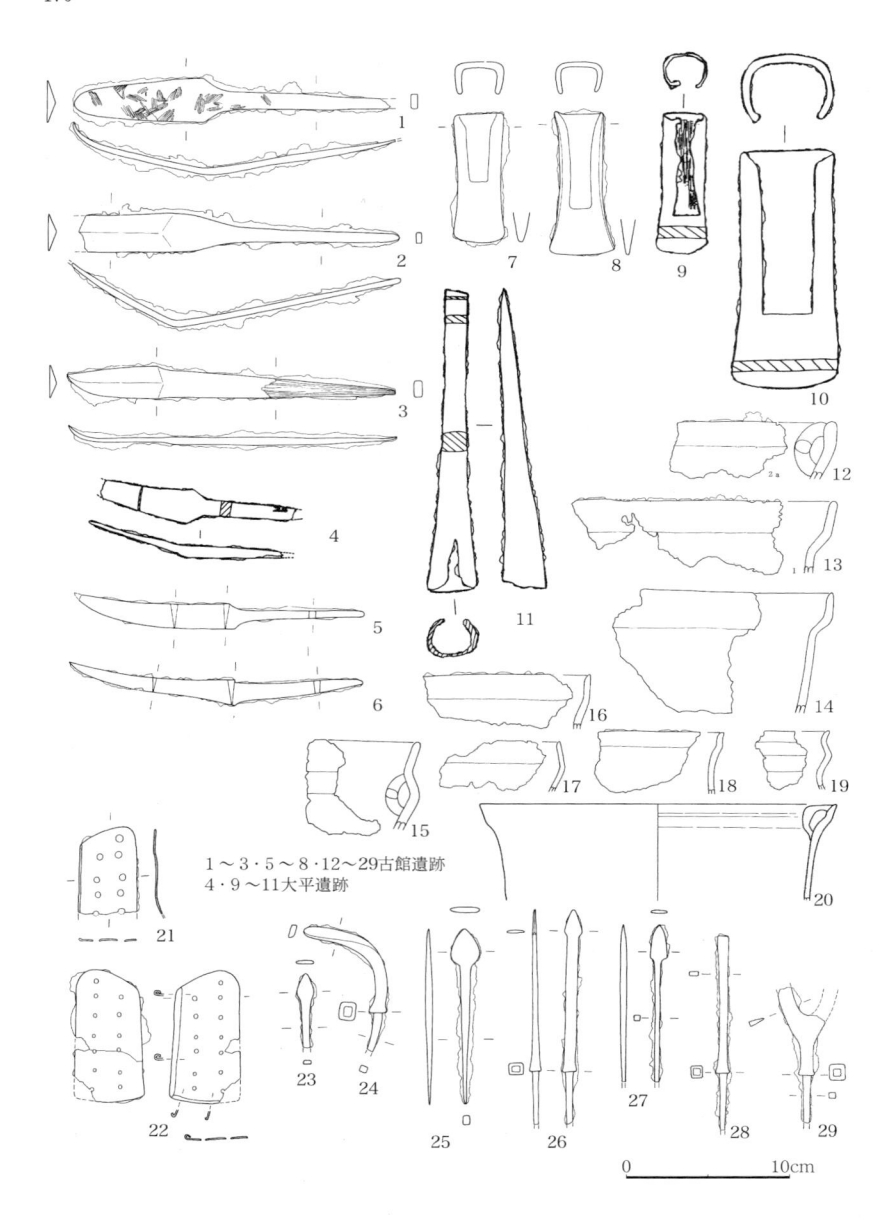

1〜3・5〜8・12〜29古館遺跡
4・9〜11大平遺跡

第41図　木地作業用の鉄器および鍛冶跡周辺出土の鉄器

第7章 蝦夷と鉄　171

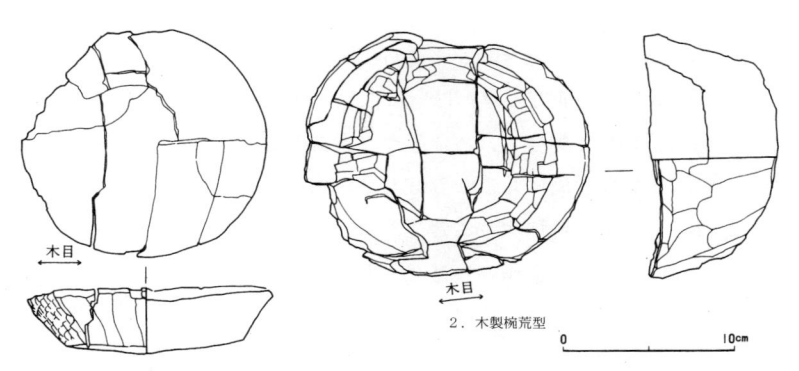

1．木製椀荒型（高台の部分か？）

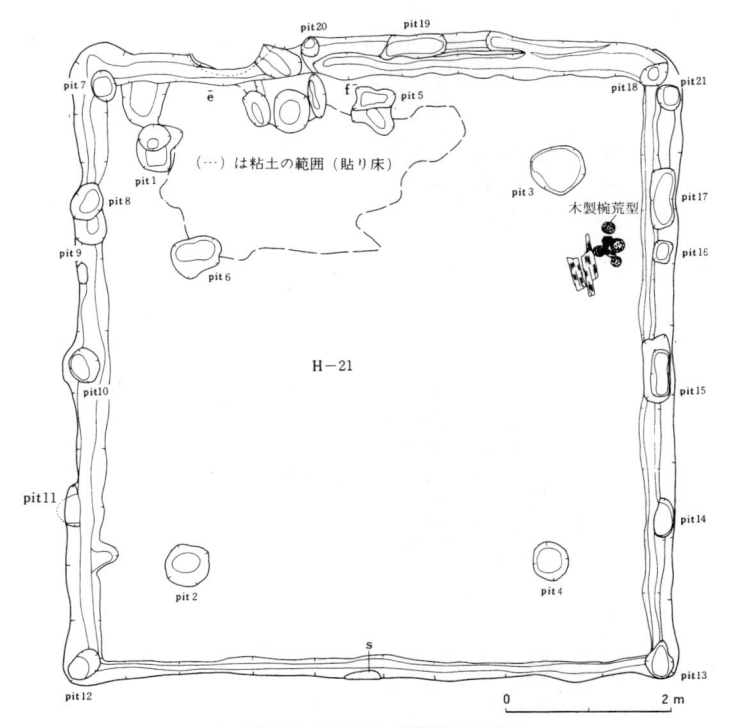

2．木製椀荒型

3．大平遺跡　21号住居　木製椀荒型出土状況

第42図　大鰐町大平遺跡出土の椀荒型とそれが出土した住居
（青森県教委1980a—第162図の一部を転載）

たものである可能性があろう。

　ただ、木工の痕跡を常にろくろ師の存在とのみ読み替えられるわけではない。9世紀以降の津軽地方の建物は壁に板材が使われていた。板材の作製にヤリガンナが利用された場合もあったろう。大抵の住居には板が多量に用いられたので、製板作業は頻繁におこなわれたはずなのである。単にヤリガンナが出土しただけで、単純に挽物作りをおこなったろくろ師の存在にのみ結びつけることはできないだろう。板作りなど、木工一般をおこなった人々を山の民と呼んでおく。

木地師部落のある町村分布図
（1）● 1点は1町村を示す
（2）北海道には道南に1点あるのみ

● 1点は1町村を示す

第43図　木地師の分布 (杉本1981―31頁の図を転載)

第 7 章　蝦夷と鉄　　173

　津軽地方で鉄製錬がおこなわれ、鍛冶が頻繁におこなわれた時期は、木材を用いた住居などの建物が多数建てられた時期であった。鉄利用の増大は山の民の活動が活発化することと正比例していたはずである。また、ろくろ師はろくろという特殊な道具を用いる民であり、特殊な技術の保持者である。ろくろ師の出現過程やその社会的意味を考古学的にどう考えるかは、今後の課題である。
　最後に杉本　壽（1981）の 20 世紀後半の木地師部落の分布図をあげる（第43 図）。部落は山地に分布する。10 世紀中葉～ 11 世紀代のろくろ師がいたか可能性のある遺跡は、近世以来の木地師部落と重なるのではなかろうか。鹿間時夫・中屋惣舜監修（1971）によれば、時期は記されていないが津軽地方の大鰐には、従来、宮城県の鳴子系の工人の出入りが多いという。山地の鍛冶遺跡を見るとき、奥羽山地を遍歴したろくろ師たちの姿が思い浮かぶのである。

(3) 鍛冶と擦文土器製作者

　鍛冶がおこなわれている 10 世紀中葉以降の津軽周辺の遺跡からは、擦文土器が出土する場合が多い。その傾向は日本海沿岸部だけでなく山間地でも同様であり、かなり内陸に入った碇ケ関村古館遺跡や秋田県鹿角市上野遺跡（秋田県教委 1992）などもその例である。
　他方、鍛冶がおこなわれていても、10 世紀前葉以前の遺跡では擦文土器はまず出土しない。その理由は定かでない。しかし、北海道に目を転じて羽口が出土する遺跡の擦文土器を見るならば、それらのほとんどは津軽地方に擦文土器が増える 10 世紀中葉以降のものである。津軽地方で擦文土器が見られるようになるころ、北海道で羽口や鉄滓が出土するようになることに早くから気がついていたのは石附（1983）である。例えば、千歳市オサツ 2 遺跡では白頭山―苫小牧火山灰降下後の鍛冶遺構がある（(財)北海道埋文センター 1995）。10 世紀中葉以降のものと考えてよい。
　青森市浪岡野尻（4）遺跡出土の擦文土器の胎土分析（松本 2004）や、同市新田（2）遺跡出土の擦文土器（青森県教委 2009）を分析した結果から、それらは遺跡周辺の土で作られたと考えられた（松本・市川・中村 2009）。それ

らの土器は、北海道の擦文土器と似ているので、北海道で土器製作技術を学んだ人が来て、津軽で製作された土器と考えるのが合理的である。

津軽や米代川上流域で出土している擦文土器は長胴甕だけである。子供の面倒を見ながら家の周辺でおこなえる労働にロクロを用いない土器作りがある（第8章参照）。そして、子供の面倒を見るのは女性であったと推測できる。調理具である長胴甕などの土器作り手は、女性がおこなった可能性が高い。北海道から津軽へは女性の土器作り手が移動してきていたかもしれない。

鍛冶は男性だったと思われる。津軽に本拠地を置く鍛冶が北海道から女性をつれて戻ってくることもあったかもしれない。枝幸町ホロナイポ遺跡（枝幸町教委1980）や千歳市末広遺跡（千歳市教委1982）出土の羽口には刻線文が入れられる（第36図2・6・7）。また、それらの器壁の厚さは約1cmで、土器とほぼ同じである。奥尻島青苗遺跡や札幌市サクシュコトニ川遺跡（北大埋蔵文化財調査室1986）から出土している羽口もほぼ同様の薄さである。一方、津軽地方の羽口の器壁は、普通2.5cm以上の厚さである。ホロナイポ遺跡や末広遺跡の羽口の製作者は、本州島で使われている羽口を知っていて、それと同じような羽口を作ろうとしたわけではない。

民俗例によれば、鍛冶は自ら羽口を作った。しかしながら、助手として働く者がおり、なおかつその者が擦文土器の作り手であったならば、擦文土器的な文様を持つ羽口を作ってしまったかもしれぬ。ただ、擦文土器が出土する遺跡の羽口のすべてに擦文土器的な文様が刻まれているわけではない。多くの羽口には文様は無く、器壁も厚く、東北北部の羽口に似るものも多い。こうした例の場合、羽口は鍛冶自らが作ったか、鍛冶とともに本州方面から移動してきた人が作ったということもあったのではなかろうか。

第6節　生産者の出自

日本列島には2種類の鉄製錬炉があり、箱型炉と竪型炉に2大別できる（穴沢義功1984）。箱型炉は容量が大きいので、消費されるエネルギーも、そ

して生産される鉄も量も多いことになる。山陰地方の箱型炉は、磁鉄鉱系列の花崗岩地帯にあり、Ti（チタン）濃度の低い砂鉄を入手できる地域にある。一方、箱型炉に比べると、東北北部に存在した竪型炉は、炉の容量が小さく、消費されるエネルギも生産される鉄の量も少ない。

　一般に、Ti濃度が低い砂鉄のほうが製鉄に向いている。Ti濃度の高い砂鉄しか分布しない地域には、箱型炉に比べて生産量が低い竪型炉が操業されていたのだが、それはTi濃度の高い砂鉄を製錬することに適応した技術でもあったのであろう。砂鉄は各地によって異なり、また、炉を築く粘土の成分や木炭にも違いがある。したがって、製錬条件の微妙な違いが、各地のいくぶん異なる形態の竪型炉を生んだのかもしれない。

　このように考えると、東北北部で鉄製錬をおこなった人々は、Ti濃度の高い砂鉄を用いて、竪型炉で製錬をおこなうという技術を持っていた古代日本国側の人々に連なるということになろう。そして、鍛練鍛冶の痕跡を残す者の中には、日本海側経由で東北北部に入るのとは別の系統の者で、木製椀などを作る、木地師あるいはろくろ師として把握される者なのかもしれないが、森林地

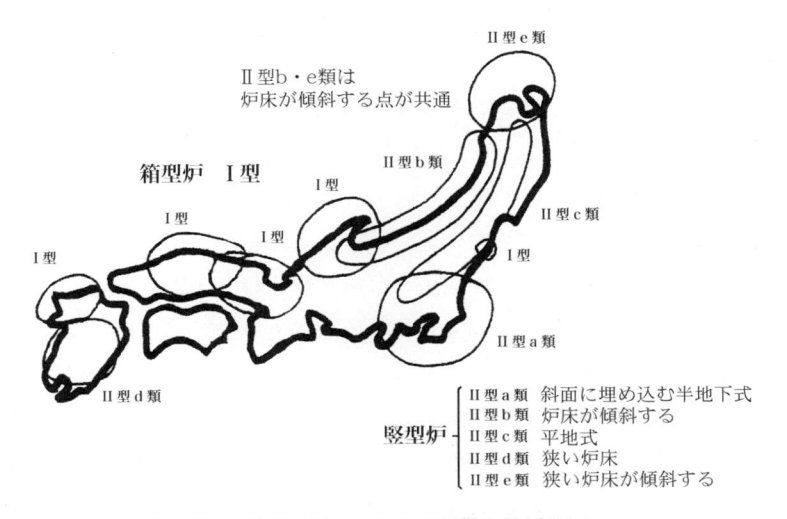

第44図　日本列島における2種類の鉄製錬炉
（穴澤1984の古代製鉄炉の類型をもとに羽場1997が編集した図を加工）

帯であった奥羽山地を経由する動きがあった可能性があろう（松本 2006）。

　北海道における鍛冶の出自はどうであろうか。一般的には、近隣の鍛冶技術の保持地域にその出自を求めるべきであり、東北北部の西側をその出身地と考えるのが合理的である。また、鍛練鍛冶に関わる遺物が多く出土している渡島半島西南部や奥尻島の場合、そこに住み着いた、あるいはそこで育った鍛冶もいたであろう。そして、そこから道内に鉄製品を持ち歩き、鍛練鍛冶をおこなうこともあったであろう。小島である奥尻島の松前郡奥尻町青苗遺跡や、半島の海に面した狭い段丘面（松前郡松前町札前遺跡）から、それ以外の北海道全域の出土遺物総量よりも多くの鍛冶関連遺物が検出されている。渡島半島西南部や奥尻島を、津軽の鉄生産活動上の出先ととらえるべきなのかもしれない。

　10世紀中葉以降に北海道の鍛練鍛冶関連遺物が増える。これはちょうど、東北北部西側山間地で大規模に鉄製錬炉が操業されるようになるころと一致する。鉄製品あるいは鋼を持ち、幾人かの鍛冶が、津軽地方から北海道に渡ったのではなかろうか。

第7節　鉄生産活動の目的

　東北北部では、その東側に恒久的集落が営まれ始めた7～8世紀には、製鉄はおこなわれていなかった。少し南の、桓武天皇のころの官軍と蝦夷軍との戦闘が最も激しかったとされる北上川中流域でも、製鉄はおこなわれていなかった。この時期、大規模な軍隊との戦があったと『続日本紀』には記されるが、蝦夷たちにそれを迎え撃つだけの鉄の備えがあったとは到底思えない。

　一般に、その戦闘で蝦夷らが用いたのは蕨手刀であったと考えられているが、第6節で述べたように、それらが8世紀の末期古墳から多数出土するのは、鉄がリサイクルされていなかった、すなわち鉄生産体制が整っていなかったことの証である。7～8世紀には、北上川中流域以北の地では鉄を作る目的を持たなかったことを示していよう。

　そんな東北北部でも、その西側で9世紀後半に大規模な集落が造営される

ようになると、鉄生産も始まった。第2節の最後に触れたが、津軽や米代川流域に鉄生産者が移住した目的と、北海道に鍛冶が渡った目的とには違いがあった。前者の場合、特に9世紀後半〜10世紀前葉段階では、その鉄生産者たちは集落を造営した人々の中にいた。彼らは当初、開拓民として他の人々とともに移住した。複数の集落には百棟を越す住居が築造され、それには杉のような針葉樹の板材が多量に用いられた。板材は鉄製の手斧やヤリガンナで加工された。また、鍬などの農具も開拓には欠かせなかった。

その後、10世紀中葉〜11世紀には鉄製錬炉の在り方が変化した。平野部の集落よりも、岩木山麓や米代川上流域の山間部で、狭いところに集中して多数の炉が操業されるようになった。津軽地方などの大集落の造営が一段落してからのことであった。不特定多数に向けての鉄生産であったと考えられる。

北海道では鉄製錬はおこなわれなかったが、そのころから小鍛冶跡が増えた。鍛冶は集落内に常駐してはいなかった。それぞれの集落外から臨時に訪れた。

以上にまとめたような、鉄生産者の移住の時期と彼らが置かれていた社会背景を考慮すると、9世紀後半〜10世紀前半段階の東北北部西側における、その地での砂鉄から鉄製品生産までの一連の鉄生産の目的は、その地の開拓にあった。同時期の北海道で鉄製錬はおこなわれなかった。その地では鉄を造る必要がなかった。そこを大規模に開拓しようとする人々がいなかったのである。

そして、当初計画された開拓が完了した後の10世紀後半〜11世紀には、東北北部における鉄製錬の目的に別の内容も加わった。ちょうどそのころから北海道全域で鍛冶がおこなわれた。津軽地方あるいは渡島半島西南部あたりの鍛冶が、北海道内を遍歴するようになったのであろう。東北北部の鉄生産者は、自らの住む地域内への鉄の供給だけでなく、北の地域との交易をおこなうことも目的に含むようになっていた（天野哲也1989・鈴木2003）。

なぜこの9世紀後半以降、古代日本国の外の地域が大規模に開拓されたか。開拓された土地の広さ、移住人口の多さを考慮すれば、開拓者たち自らの意思を問題にしていては答えられない。複数の集落から集められた者たちであった可能性もあるし、さまざまな技術を持つ者、そして多くの人間が移住したとい

うことは、古代日本国領域のどこかから人口が移動したはずである。その開拓の背後には、越後・出羽・陸奥（なかでも岩代）あたりの土地や民の居住を把握している王臣家、国司、富豪層らの意図があったとしか思えない。

　また、10世紀中葉以降の東北北部と北海道における鉄の交易は、律令国家体制が崩れ王朝国家体制になったころの活動である。鉄生産者自らの目的で活動したのではなく、背後に誰か有力者の存在が感じられる。

第8章　蝦夷の土器

第1節　土器から何が読み取れるか

(1) 縄文時代末以降の東北北部の土器

　先史時代から古代にかけて、土器は日本列島における重要な考古遺物の一つである。縄文土器・続縄文土器・弥生土器・土師器などの素焼き土器は、須恵器や陶器ほどの高温で焼かれるわけではなく、列島各地で入手可能な土を原料にしており、また、必ず製作者のなんらかの属性を示している。しかも時間が経過しても残存するので、地域を問わず各地の人々の活動を知る資料として使えるからである。ただし、時代とともにその生産者あるいは生産体制は変化し、土器を資料として読み取ることのできる内容も変わる。

　本書の舞台である東北北部の古代はどうであったろうか。第5章でも簡単に触れたが、弥生時代後期にあたる1世紀後葉くらいから平安時代後期、12世紀までの約1,000年間を問題にするならば、東北北部で製作・使用された土器は、弥生後期土器→続縄文土器→土師器（須恵器も使用）→土師器・ロクロ土師器・擦文土器・須恵器のように変化した。

　続縄文土器とは、弥生〜古墳時代に併行する時期に、農耕がおこなわれていなかったと推定されている北海道で使用されていた土器のことであり、縄文土器同様の「縄文」が土器の表面に施されている。東北北部では、縄文時代晩期末の大洞A'式と呼ばれる土器に続く砂沢式土器が利用されていた時期に水稲耕作が開始されたので、考古学では、それ以降を弥生時代と認識している。その後、弥生時代中期までは、津軽地方から水田跡が検出されており、東北北部でも水稲耕作がおこなわれていたと言ってよいのであるが、当該地域の弥生時代の土器には縄文が施されており（第5章第20図8・10）、関西以西に見られ

るような、縄文が施されない典型的な弥生土器とはだいぶ雰囲気が異なる。弥生時代後期の天王山式の段階になると、土器の器種が壺と甕だけになり、遺跡が減少する。その後、古墳時代に併行する次の段階には、北海道南部を中心に使用された続縄文土器である後北C_2・D式土器（第21図1・2・5）だけが出土する遺跡が大半を占めるようになるのである。

続縄文土器が利用されていたのは東北北部で集落遺跡が発見されていない時期でもあり、知られている文化要素が乏しいが、土器の種類から考えると、このころの生活様式は基本的には北海道におけるのと同様であったろう。両地域の人々の結びつきも強かった。ところが6世紀後葉以降、大部分の地域では7世紀以降、すなわち土師器が使用される時代になると、東北地方中部以南の古墳文化社会を経た地域の影響が強くなった。それは、東北北部の東側で集落が急に増加した時期でもあった。

そして9世紀に入りしばらくすると、ロクロ土師器が生産・使用された。9世紀後半には津軽地方で須恵器の焼成も始まった。窯を築き、高温焼成に耐える粘土を用いるといった技術を持つ須恵器は、古代日本国領域の男性の専門工人の移入がなくてはおこなえなかったであろう。

その後、10世紀後半以降、下北半島や津軽地方、米代川中上流域では、縄文時代以来の技術の延長上にある擦文土器が見られるようになった。これは再び北海道の人々との交流を示すが、当時利用されていた土器全体のなかでの占有率は非常に低く、その利用者はごく少数であった。

(2) 土器から何が読み取れるか

ここに雑然と書いてきたように、東北北部では、約1,000年の間に製作・使用されてきた土器が、さまざまな種類に変化した。続縄文土器、土師器、ロクロ土師器、須恵器、擦文土器等であるが、種類によってその生産や使用の文脈が異なっており、そこから読み取ることのできる内容は多様である。特に、長い間続いた縄文土器の系譜上にある続縄文土器の製作・使用から、古墳文化社会の土器の系譜上にある土師器の製作・使用へと変わった背後には、母語など

を異にする別の系統上にある社会を構成していた人々の移住があったと考えるべきであろう（松本2006）。

　土器は自然・製作者個人・社会など、さまざまな属性を反映する。例えば、外観で判断できる属性に次のようなものがある。そして、それらの組み合わせで、製作者にかかわるさまざまな関係を呼び起こすことができる。
　①材料：遺跡周辺で採取可能な材料か、そうでないか。
　②色　：酸化焔焼成か、還元焔焼成か、器表面の炭素の吸着の有無、塗彩の有無、堆積後の自然環境。
　③焼成：野焼き、焼成土坑、窯。
　④燃料：労力をあまり使わずに採集したか、伐採された薪か。
　⑤形態：地域で発明されたものか、そうでないか。
　⑥調整：在来の技法か、外来の技法か。

　これらは、すべてその土器を作る人間の属していた社会を語ることにもなる。例えば、須恵器生産に利用できる原料は、1,150℃を越す高温焼成に耐えねばならないが、そういった土の埋蔵地は、堆積する条件を知らねば、見ず知らずの土地で探し当てることは容易でない。③の窯の構築や④の燃料としての樹木の伐採とも関連して、須恵器生産に携わる人々は、確かな技術の伝承者から学んだ者でなければならない。東北北部のように本来その生産者がいなかったところの場合、須恵器生産者は外来の者であり、しかも、古代日本国領域からの者ということになる（松本2006）。そして、9世紀後半以降の東北北部以北では、その西側地域だけに、それらの製作者は存在した。同地方の東側では操業をおこなわなかったし、北海道にも渡らなかった。これも何か社会的な面を反映しているであろう。

　それでは、それまで続縄文土器が用いられ、集落遺跡も知られていない、まったく異なる社会構造だったはずの東北北部で、土師器の生産はどのような契機で始まったのであろうか。

第2節　土師器

(1) 土師器と続縄文土器

　古墳文化社会の素焼きの土器は土師器と呼ばれる。正確に述べれば、古墳時代に「土師器」という呼称があったかは不明ということになるが、大宝元年（701）施行の『大宝律令』を養老2年（718）に改修し、天平宝字元年（757）施行の『養老律令』の注釈書である『令集解』中に、「土師器」という呼称がある。古墳時代の終末期である飛鳥時代末期に、「土師器」という呼称が使われていたのであれば、その系統の器の製作が開始された古墳時代前期に、すでにその呼称も誕生していたと考えることは許されよう。

　土師器（第45図4・5・7・9）には、東日本の縄文土器や弥生土器・続縄文土器（第45図1～3）のように、縄文時代以来続いてきた器表面に施された縄や沈線による文様がなく、器表面には調整の痕跡しか見られず、文様が施されることはない。この、文様を持たぬ素焼きの土器は、古墳時代以降、現在の神社での使用まで続く。一方の縄文時代以来の器表面に文様が施された土器

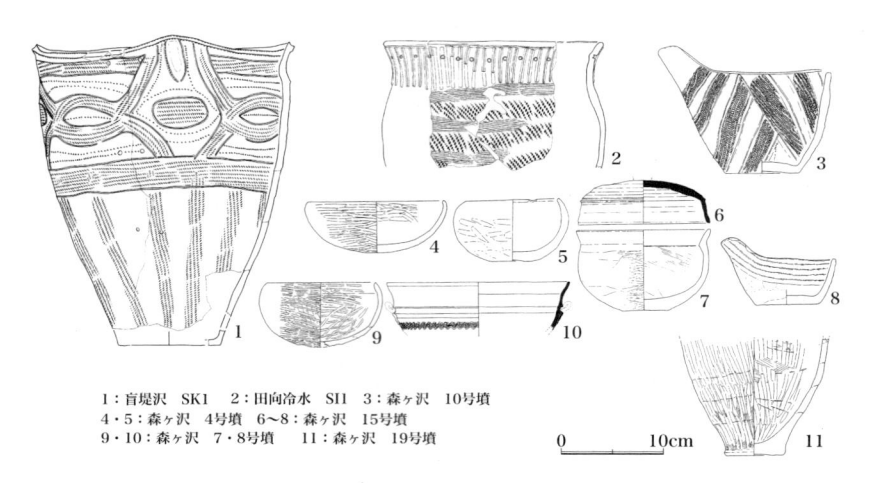

1：盲堤沢　SK1　2：田向冷水　SI1　3：森ヶ沢　10号墳
4・5：森ヶ沢　4号墳　6～8：森ヶ沢　15号墳
9・10：森ヶ沢　7・8号墳　11：森ヶ沢　19号墳

第45図　東北北部の3～5世紀中葉の土器

は、北海道と東北北部の続縄文土器を経て、北海道の擦文土器を最後に消滅する。

ところで、一般に、東北北部には古墳時代はなかったと認識されている。ただし、確実にそう言えるのは、前方後円墳造営時代（以下、前方後円墳の時代と記し、それを前葉・中葉・後葉の3期に分ける）のことであり、東北北部に見られる7世紀前半以降の末期古墳は、前方後円墳を造らなくなった後の、和田（1992）が言う新式群集墳（6世紀中葉～後葉）および終末期群集墳（7世紀）の時代（以下、両者を合わせて群集墳の時代と記す）の古墳と認識すべきであり、当該地域にも古墳時代があったと判断できることは第5章で述べた。したがって、東北北部で末期古墳が造られた時期、あるいはそれらに葬られる以前に人々が使用していた土器は、古墳文化社会の土師器だった（第47図1～18）。しかし、前方後円墳の時代中葉までにあたる時期に東北北部で普遍的に使われていたのは続縄文土器であった（第45図1～3・8）。ここに述べた点は、非常に重要である。

(2) 前方後円墳の時代前～中葉の東北北部の土器：続縄文土器

青森県史編さん委員会（2005）には、発掘調査された遺跡のみならず、出土の契機さえ不明となっている資料も網羅されているのだが、そこに示されたその時期の遺跡は26箇所であり、そのうち土師器が出土しているのは6遺跡にすぎない（第12表）。しかも、出土土師器の大部分は少量の破片である。それに対し、続縄文土器が出土しているのは22遺跡であった。土器型式名で示せば、土師器は前期の塩竈式、中期の南小泉式、続縄文土器は後北C_2・D式・北大Ⅰであり、実年代になおせば、すべて3世紀中葉～5世紀中葉までのものであるが、この時期、東北北部で利用されていた土器は、北海道南部と同様に続縄文土器だったのである。

第45図3～11として、青森県天間林村森ヶ沢遺跡の土坑墓から出土した続縄文土器や土師器を示した。本遺跡は、後北C_2・D式・北大Ⅰ式の土器とともに土師器や須恵器が出土したことで有名である。ただし、後北C_2・D式土器は、破片が散在していただけであり、墓に副葬されたものはなく、土坑墓

184

第12表 東北北部弥生・続縄文時代遺跡一覧（青森県域）※青森県史編さん（2005）のデータをもとに作成

No.	遺跡名	所在地	弥生前期	弥生中期	弥生後期	後北C2-D	北大I	塩釜	南小泉	中期後葉	6C土師	7C土師
1	小牧野	青森市大字野沢字小牧野			天王山							
2	滝沢	青森市大字駒込字目見野・滝沢	○									
3	玉清水 (1)	青森市大字駒込字目見野										
4	細越館	青森市大字細越字来山										
5	宇田野 (2)	弘前市大字小友字宇田野	砂沢									
6	砂沢	弘前市大字三和字下池西	砂沢～五所	井沢	天王山～赤沢							
7	桜ヶ峰 (1)	五所川原市大字前田野目字桜ヶ峰			後北C1							
8	桜ヶ峰 (2)	五所川原市大字前田野目字桜ヶ峰				○						
9	隠川 (11)	五所川原市大字持子沢字隠川				○						
10	隠滝 (11)	五所川原市大字羽黒大字隠滝										
11	宇鉄II	東津軽郡三厩村大字宇鉄字野中沢	宇鉄II～田舎館									
12	大曲	西津軽郡軍郷村大字町字大曲	砂沢									
13	神田	西津軽郡鰺ヶ沢町大字建石町字大曲	砂沢									
14	津山	西津軽郡鰺ヶ沢町大字鰺本木字津山	砂沢～五所									
15	日和見山	西津軽郡深浦町大字深浦字岡崎	砂沢	田舎館式								
16	湯の沢	中津軽郡岩木町大字裏刈字裏刈	五所									
17	五所	中津軽郡相馬村大字相馬字桜井	砂沢～五所	井沢								
18	一ドアがり山	中津軽郡相馬村大字相馬字エアーT下がり山	砂沢	井沢								
19	上牧丹森	南津軽郡平賀町大字上牧丹森		井沢	天王山							
20	五輪野	南津軽郡平賀町大字郷野字明笑		井沢～田舎館								
21	井沢 (1)	南津軽郡平賀町大字郷野井		田舎館								
22	駒沼	南津軽郡平賀町大字郷野井		田舎館								
23	大光寺新城	南津軽郡平賀町大字光寺字村井		井沢～田舎館		○						
24	鳥海山	南津軽郡平賀町大字中野字村山館		念仏間	赤沢							
25	高樋	南津軽郡田舎館村大字田舎館字堀・八幡・大曲		田舎館式項								
26	垂柳	南津軽郡田舎館村大字垂柳字大曲・前田 外		井沢～田舎館	赤沢							
27	大曲	南津軽郡艘ヶ関村大字五態字大曲		井沢～田舎館								
28	神楠町	北津軽郡金木町大字金木字神楠	三枚橋									
29	縄文沼	北津軽郡小泊村中小泊山間有林	砂沢	念仏間	天王山							
30	坊主沢	北津軽郡小泊村大字坊主沢	砂沢～二枚橋	宇鉄II～田舎館	天王山・南川IV							
31	清水森内	弘前市大字清水森内	五所		後北C1							
32	吾妻野	西津軽郡深浦町大字吾妻野字上	砂沢									
33	小磯	西津軽郡深浦町大字追原字小磯										
34	野沢 (1)	西津軽郡深浦町大字高根字野沢	馬場野II									
35	四戸橋	南津軽郡艘ヶ関村字四戸橋	砂沢									
36	弁天島	北津軽郡小泊村字艘風崎山間有林										
37	牛沢 (4)	八戸市大字館字キキトキ	砂沢～馬場野II									
38	風張 (1)	八戸市大字是川字鉄森 外	砂沢～二枚橋									
39	是川	八戸市大字是川字中居・一王字・堀田 外	二枚橋									
40	田面木平 (1)	八戸市尻内町字田面木平	馬場野II		天王山							
41	根城	八戸市尻内山台三丁目・剱山山台三丁目										
42	八戸城跡	八戸市内丸	三枚橋									
43	八戸城跡 (中館)	八戸市内丸								○		
44	弥次郎窪	八戸市大字十日市字弥次郎窪 外	馬場野II						○		○	○
45	凪沢	八戸市大字八幡字館ノ下・八幡丁	砂沢								○	○
46	笹子林	八戸市大字神子森字保久保 外					○?					
47	平沢 (3)	八戸市大字尻内町字下毛合清水					○?		○?			

第8章 蝦夷の土器

No.	遺跡名	所在地									初頭・後葉
48	田向冷水	八戸市大字田向字冷水・テント小平									○
49	小比田(2)	三沢市大字三沢字小比田					○				
51	中里(2)	上北郡十和田湖町大字旧館字森ヶ里	三枚橋	井沢〜田舎館							
52	家ヶ沢	上北郡天間林村大字天間館字家ヶ沢前			天王山						○?
53	弥栄平(4)	上北郡六ケ所村大字尾駮字家ノ前	砂沢	田舎館							
54	大石平	上北郡六ケ所村大字尾駮字上尾駮	砂沢	大石平IV〜							
55	上尾駮(2)	上北郡六ケ所村大字尾駮字上尾駮	三枚橋	大石平I							
56	千歳(13)	上北郡六ケ所村大字倉内字笹崎	砂沢		後北式的						
57	鶉古川荒町	三戸郡名川町字荒町									
58	四山	三戸郡福地村大字芦名字四山	馬場野II								
59	沢代	三戸郡櫛引郷村大字島守字沢代内	砂沢〜馬場野II				○				
60	畑内	三戸郡櫛引郷村大字島守字畑内	連賀川系統	田舎館〜大石平	赤穴・天王山						
61	松石橋	三戸郡櫛引郷村大字島ヶ崎・根岸平									
62	糠塚	八戸市大字糠塚字上ノ町下			天王山						
63	中崎	八戸市大字中崎・下梨沢			天王山						
64	貫梯沢(3)	八戸市大字田面木大字文字沢									
65	古間木(5)	三沢市大字三沢字古間木		大石平							
66	桃井沼(1)	上北郡十和田湖町大字柏田字長根									
67	長根	上北郡十和田湖町大字松ノ木・枇杷野									
68	松ノ木(1)	上北郡野辺地町大字松ノ木・枇杷野	三枚橋		後北B						
69	立蛇(2)	上北郡下田町字立蛇			天王山						
70	向山(6)	上北郡下田町字向山			天王山						
71	中野平	上北郡下田町字中野平・中平・下長根山 外									
72	大川目	むつ市大字城ヶ沢字大川目	砂沢	念仏間	赤穴						
73	大畑海岸	むつ市大字田名部字赤川	三枚橋	念仏間	天王山						
74	梨の木平	むつ市街道川	砂沢	念仏間							
75	坂子塚	下北郡川内町大字川内字板子塚	三枚橋								
76	備ヶ平	下北郡川内町大字川内字備ヶ平	三枚橋								
77	蝦越	下北郡川内町大字川内字川内	砂沢								
78	邪魔尻	下北郡川内町大字蛇ヶ川	三枚橋								
79	戸沢川代	下北郡川内町大字蛇川字川代	三枚橋	田舎館	後北B・C1						
80	大間貝塚	下北郡大間町字大間字大間平	砂沢〜三枚橋	念仏間	赤穴・後北C1						
82	三枚橋	下北郡大畑町大字大畑字大明道・三枚橋	砂沢	念仏間	後北C1						
83	大平(4)	下北郡大畑町大字大畑字大明岩	砂沢〜三枚橋	念仏間							
84	念仏間	下北郡東通村大字尻屋字念仏間	砂沢	念仏間	天王山						
85	前坂下(3)	下北郡東通村大字白糠字前坂下	砂沢	念仏間							
86	明神	下北郡東通村大字尻屋字明神川端		念仏間							
87	八幡常	下北郡東通村大字尻屋字八幡常		宇鉄II〜田舎館							
88	貝取	下北郡東通村大字白糠字貝取	三枚橋	念仏間	後北B・C1						
89	九艘泊岩陰	下北郡脇野沢村大字九艘泊			赤穴・後北C1						
90	瀬野	下北郡脇野沢村大字瀬野字九艘泊	砂沢〜三枚橋	宇鉄II〜念仏間	後北C1						
91	外崎沢(1)	下北郡脇野沢村大字瀬野字黒岩	砂沢								
93	高野川(3)	下北郡川内町大字川内字館間神川間		田舎館							
94	しなく木平(1)	下北郡大間町大字奥戸字なくノ木平	三枚橋		後北C1						
95	浜尻屋	下北郡東通村大字尻屋字形		念仏間	後北C1						
96	モノ平(1)	下北郡東通村大字尻屋字モノ平・三平			赤穴・後北B						

が営まれるより前に使用されていたものと考えられる。また、その時期の土師器もない。

　墓が営まれたのは北大Ⅰ式期である。なかには10号墓の3、4号墓の4・5や15号墓の6～8のように、確実に墓に供えられていたものもあるが、9・10は7号墓と8号墓から出土した破片が接合したものであり、どちらにしても、副葬品ではない。ただし、15号墓の副葬品として、続縄文土器の北大Ⅰ式8が5世紀中葉ころの須恵器高杯蓋6や土師器7と共伴する。しかし、遺跡から出土する土師器には椀や高杯の類しかなく、煮沸具や保存具といった日常生活の基本を支える土器はない。墓の副葬品なので、生活一般が反映されなくてもよいかもしれないが、北大Ⅰ式については、深鉢の胴部から底にかけての破損品破11が19号墓から出土している。この土坑の上部は削られているのだが、土器もそのときに破損したと考えられている。したがって、北大Ⅰ式の深鉢については、遺跡で利用されていたことがわかるのである。

　東北北部でも北大Ⅰ式期には、土器組成の基本は土師器であったとの説があるが（八木2010）、第12表でわかるように、当該時期に土師器が出土する遺跡はごく少ない。また、出土する場合でも、墓への副葬・供献品か、出土状況が不明なものばかりで、しかも日常の生活用具である煮沸具・保存具が伴わない。したがって、土師器がその時期の土器組成の基本であったとは言えない。

(3) 前方後円墳の時代後葉の東北北部の土器：土師器

　5世紀後葉～6世紀初頭、すなわち前方後円墳の時代でもその後葉に入ったころ、土師器が青森県八戸市田向冷水遺跡から出土している（第46図）。それらは、岩手県南半部あたりから東北地方南部にかけての古墳時代後期の土師器の範疇に属すものである。それらには、器面に文様を描くことに代表されるような、続縄文土器的な製作技法の影響などは見られない。器種の組み合わせも、坏、椀、鉢、壺、長胴甕、甑が見られ、高杯は欠けているが、まさしく古墳文化社会のものであった。

　日本列島最北の前方後円墳と呼ばれる角塚古墳が東北中部の北上川中流域に

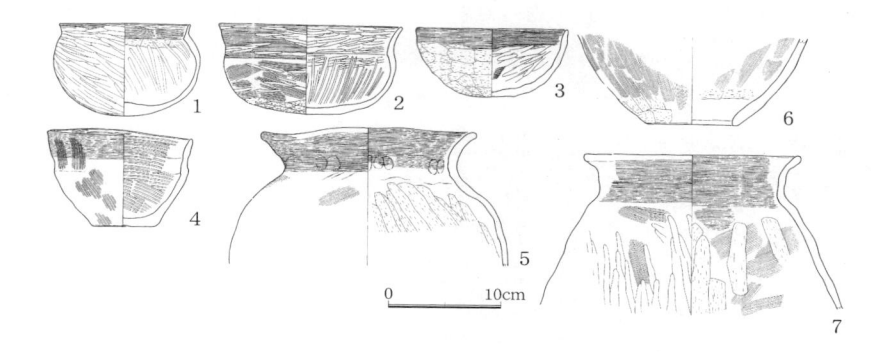

第46図　東北北部の5世紀後葉〜6世紀初頭の土器（田向冷水遺跡 SI1）

築造され、その周辺には奥州市中半入遺跡のように、それに関連すると見られる集落遺跡が出現している。田向冷水遺跡もその動きのなかで捉えることができるであろう。おそらく、未開拓地の利用や資源探査を目的として八戸市域に移住した古墳文化社会の人々がいたのである。しかしその動きは持続せず、6世紀の前葉で一旦収束した。

　ところで、田向冷水遺跡の土師器については注目すべき点がある。畿内や東海地方といった須恵器の産地では、5世紀後葉には須恵器蓋坏を基本とした新しい食器組成が流布し、同時に北部九州、関東地方および中部高地では須恵器坏蓋を模倣した土師器の坏が成立し、その後の基本的な器種として利用されていたのであるが（柳田康雄1991、花岡 弘1991、長谷川 厚1991）、当遺跡では須恵器坏蓋模倣の土師器はまだ基本器種となっていない点である。その時期、東北地方でもそれが使用されはじめているようであるが、数は多くない（古川一明・白鳥良一 1991）。それでも東北地方南部では、その後、徐々にそのタイプの土師器坏が増加していることを考えると、田向冷水遺跡で土師器生産を始めたのは、東北中部以南の東北地方内の人々であった可能性が高い。ただし、人々の流入は継続しなかった。

　以上に見てきたように、前方後円墳の時代の前〜中葉、東北北部で利用されていたのは続縄文土器であった。そして同時代の後葉に入ると、土師器を使う

人々が一時的に居住した所もあったが、そのような集落はごくわずかであり、当該地域に土師器を用いる社会は定着しなかった。

(4) 群集墳の時代の東北北部の土器：須恵器模倣の土師器

さきに簡単に述べたように、八戸市田向冷水遺跡からは、複数の住居跡とともに5世紀後葉～6世紀初頭の東北中部～南部のものに比定される土師器が出土している。遺跡からの土師器の出土量が多いので、おそらくそれらは集落内で製作されたものであろう。しかし、6世紀初頭にそこでの生活が途絶えると、その後しばらく、この近辺に土師器使用の集落は見られなくなる。

東北北部で再び土師器が製作されるようになるのは、早いところで6世紀後葉以降であり、大部分の地域では7世紀に入ってから、すなわち飛鳥時代併行期あるいは群集墳の時代であった。各地に複数の集落遺跡が出現し、坏、高坏、長胴甕、壺といった組成の土師器一式が使われるようになっていた。

第5章でも述べたように、これらの器種のうち、坏（第47図1・2・8・15・16）は古墳時代が始まった当初の土師器にはなかった器であり、須恵器蓋坏の模倣品を起源とする。また、この時期以降の高坏は、その起源を須恵器の高坏とするものもある。第47図7は、脚部に土玉が入れられた鈴脚高坏であるが、それは5～6世紀の須恵器を原型とする器種である。同図5の甑も須恵器に特徴的な器種であり、同図4とした小型の甑は、多孔である点で須恵器の甑に起源があることがわかる。

生産技術からみれば、6世紀後葉以降の土師器は、5世紀後葉～6世紀初頭に八戸市田向冷水遺跡に居住した人々の使用した土器がその周辺で独自に変化したものではない。第1に、6世紀後葉以降の坏は内面を黒色処理しているが、田向冷水の段階にはその技術はない。第2に、器の形態も、関東地方や中部高地で5世紀後葉に一般化した須恵器模倣坏を基本として、それがさらに変化したものとなっており、確実に新しい段階の土師器がモデルになっている。

第1の特徴とした黒色処理技術の古い例は、長野県域や福島県の会津地方にあり、そこでは須恵器模倣坏が登場した5世紀後葉には出現している。東

第8章　蝦夷の土器　189

6世紀後葉〜7世紀前葉

7世紀中葉〜後葉

7世紀後葉〜8世紀前葉

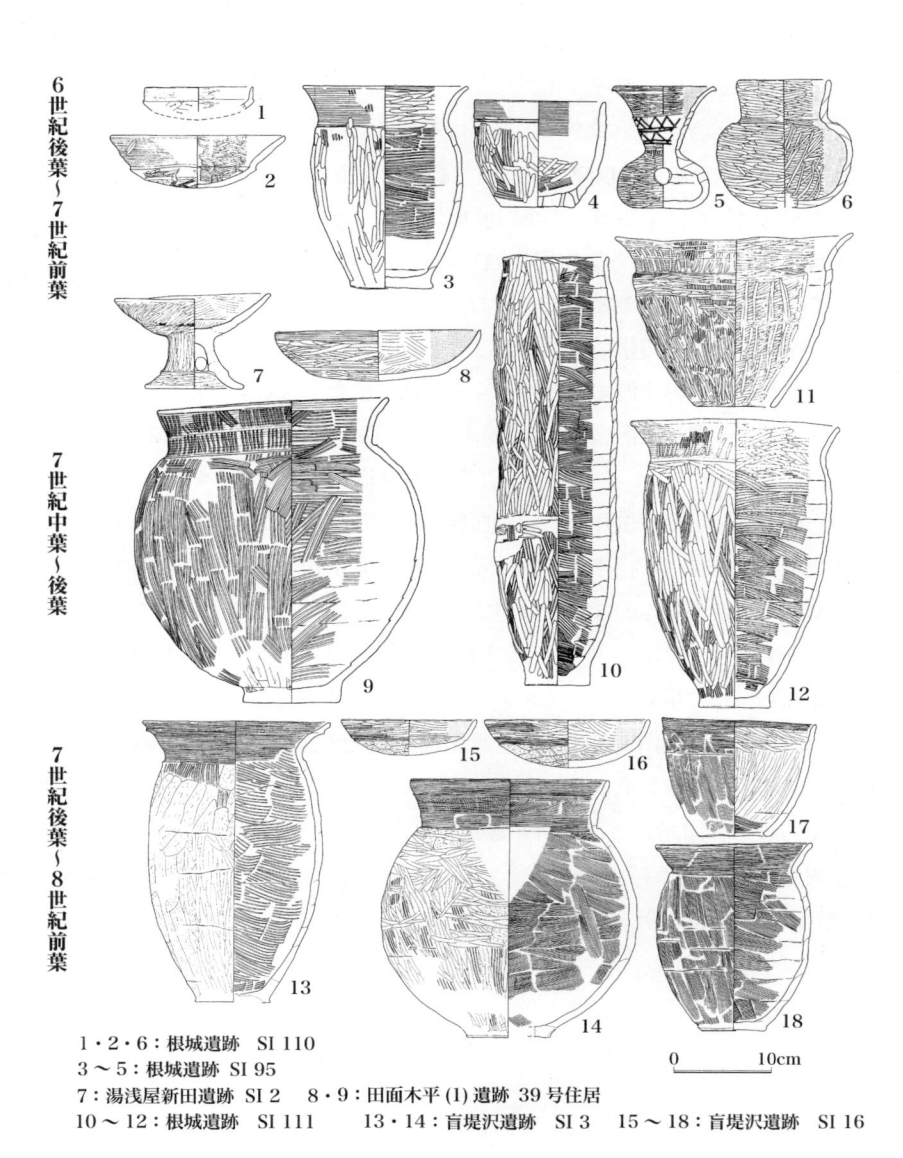

1・2・6：根城遺跡　SI 110
3〜5：根城遺跡　SI 95
7：湯浅屋新田遺跡 SI 2　　8・9：田面木平(1)遺跡 39号住居
10〜12：根城遺跡　SI 111　　13・14：盲堤沢遺跡 SI 3　　15〜18：盲堤沢遺跡 SI 16

第47図　東北北部の6世紀後葉〜8世紀前葉の土器

北地方でもその南部に6世紀中葉以降に、須恵器坏蓋の模倣坏の一般化とともに見られるようになる。関東地方では須恵器模倣坏の生産は5世紀後葉に始まっていたが、黒色処理は施されなかった。炭素吸着および漆仕上げと呼ばれる別の方法も含め、黒みがかった色に処理される土器が一定量含まれるようになるのは、6世紀後葉以降であった（長谷川1991）。

したがって、6世紀後葉〜7世紀前葉に始まった東北北部における土師器の生産は、黒色処理された須恵器模倣坏の拡散の範疇でとらえることはできるが、その出現からかなり後のことであり、田向冷水遺跡での土師器とは異なる技術・系統の新しい段階のものであった。

その新しい段階の土師器はどのような契機で生産されるようになったのであろうか。その時期に出現した坏の器面調整には、ケズリが施されるもの（第47図1・15・16）とミガキ手法によるもの（第47図2・7）があり、後者が多い。前者は須恵器模倣坏の一般的な技法であり、関東地方や東北中部以南の東側地域の手法である。後者については拙著（2006）でもそう述べたが、北海道や東北北部の基本的な技法なので、続縄文土器由来と考えられてきた。しかしながら、会津の6〜7世紀の土師器坏には内外面ミガキ調整が見られ、東北北部と会津で生産者の交流があったとの見方がある（菅原祥夫2007）。福島県会津美里町の油田遺跡出土の6世紀後半の土師器（会津美里町教委2007）は東北北部のものと類似しており、両地域の土器製作者に交流があった可能性を示す。また、同遺跡では5世紀後葉にはすでに内面が黒色処理されていたが、同じ時期にその技術が定着していたのは信濃地方だけである（原 明芳1989）。信濃の土師器には内外面にミガキが施されるものもあり、会津地方との共通項が多い。

第3節　ロクロ土師器

(1) ロクロ土師器の登場

9世紀に入ってしばらくすると、東北北部にロクロを使って生産された土師

第8章　蝦夷の土器　191

器が見られるようになった。これをロクロ土師器と呼ぶ。東北北部の東西両地域で製作されたのだが、当該地域の土師器製作者が発明したものではなく、新たに導入されたものであった。生産に必要な新来の技術は、ロクロの使用と土坑を用いた焼成法の2点であった。

　ロクロ土師器のなかに丸底の長胴甕や土鍋がある（第48図）。これらは、奈良時代以降の北陸〜出羽の日本海側地域に一般的であった。どちらの器も、内面をおさえながら器表面を敲いて整形し、底部を丸く作る。その技法は北陸〜出羽地域の須恵器の製作技法と通じる。東北北部に入ってきたロクロ土師器の技術や形態には、それらの地域に由来するものがあろう。古代日本国領域に源があるとはいえ、ロクロ土師器の製作者たちの系統は、6世紀後葉〜8世紀に東北北部東側で製作された土師器を作る人々とは異なっていたのである。

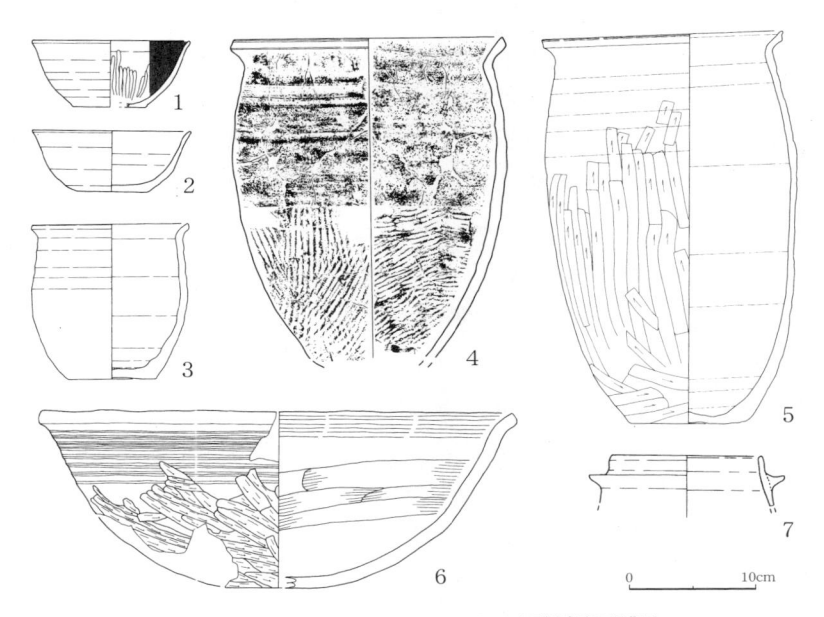

1・2坏　3小型甕　4・5長胴甕　6鍋　7羽釜　1・2・6山元(2)遺跡85号住居
3野木遺跡SI160　4山元(3)遺跡26号住居
5野木遺跡SI72新　7隠川(2)遺跡SK6

第48図　東北北部のロクロ土師器

(2) ロクロ土師器生産の技術と生産者

ロクロ土師器は、地表面から数十 cm 掘込まれた土坑内で焼かれた。考古学ではそれを土器焼成土坑と呼ぶ。土坑はただ掘込まれただけのものであり、須恵器窯のように、天井があり燃焼部と製品を置く場所とが分離されてはいない。

掘込まれただけの構造であったとはいえ、そのような焼成法はロクロ技術と同様に北海道では採用されなかったので、それはロクロを用いずに生産する土器とは異なる系譜上にある技術と考えられる。ロクロ土師器の生産にはロクロという専用の道具を必要とし、また製作者はロクロの原理や製作法を知っており、それが壊れれば自分で修理もしたであろう。しかも、ロクロ挽きに長時間を費やせる人であった。そのような人は、専門工人と理解できる。

ロクロ土師器は、東北北部の東西両地域で作られた。五所川原市隠川3遺跡では未成品や土器焼成土坑が見つかっており、胎土分析によれば、それぞれの地域の土の化学成分が見られるのである（松本2006）。

それに対し北海道では、ロクロ土師器を生産した跡は見つかっておらず、出土する器種も限られる。そのほとんどは坏であり、長胴甕は未検出である。坏以外の器種で出土が知られているのは、札幌市サクシュコトニ川遺跡出土のロクロ土師器の小型甕2点だけである。

北海道でロクロ土師器が生産されなかったのは、そこでそれを必要としなかったからである。それまでロクロを使わずとも効率的に土器を製作することができていた以上、異なる技術を習得する必要はない。また、在来の人々の土器製作者が女性であり、子供の面倒を見ながらその作業をおこなっていた場合には、ロクロを用いての作業は、子供にとって危険なので、習得・獲得したくなるような技術でも道具でもない。このようなことは、アーノルド Arnold (1985) が、民族例にもとづいて、土器製作において技術革新が妨げられる場合の第1にあげている、もともとあった生産技法が新技法であるロクロの使用を導入しない例から類推できる。一方、男性が土器作りをおこなう社会であれば事情は別であった。ロクロ土師器生産を始めたと言うことは、土器作りに拘束されても問題のない者がいたということであり、それは子育てに直接かか

わらない男性であったと考えることができる。

　このように、東北北部と北海道は、ロクロ土師器の生産者の有無を見ただけでも、9世紀の早い段階で、異なる体系の社会となってしまっていたことがわかるのである。土器製作者が男性か女性かの判断のしかたについては、後にもう少し詳しく述べる。

第4節　擦文土器

(1) 擦文土器と土師器

　考古学研究者のあいだでは、北海道で続縄文土器に続いて作られる7世紀末〜8世紀以降の土器を擦文土器と呼ぶのが一般的である。しかしながら、本書では7世紀末〜8世紀の土器を土師器（本州の土師器の特徴を持つ土器、刷毛で器面をなでた痕跡が見られる、丸底の坏、長胴甕の組み合わせが普及している、第49図8〜17）、9世紀以降の土器を擦文土器（第50図）と呼ぶ。北海道から出土したもので、本書で土師器と呼ぶ土器は、口縁部や胴部に沈線（土器表面に棒状の道具で引かれ、結果的に凹んだ線）が数本巡らされてはいるが、それ以外の要素は、北海道独自のものとは評価できないからである。

　それでも沈線が施された点が北海道的ということにはなるが、そのような土器は、数は少ないが東北北部の7〜8世紀前葉の土師器にも見られる。本州ではそれらを擦文土器と呼ぶことはなく、沈線が施された土師器と評価される。またそれらの坏は丸底であり、それは本来、古墳時代の須恵器模倣坏を源とする形態である（第49図8）。このように、北海道において続縄文土器に続いて作られる7世紀末〜8世紀の土器は、続縄文土器よりも土師器の特徴を多く持つ。横山英介（1990）によって、擦文土器には土師器と刻文土器があると述べられており、本書でもその考え方を踏襲するのである。

　それに対し、9世紀に入ると、長胴甕の頸部から口唇部まで全体に横走沈線を重ねるようになる（第50図1〜3）。そして、9世紀後半にはその横走沈線とは別の独立したモチーフを示す文様を刻む長胴甕が現れる（第50図7・8）。

後北C₂・D式

3世紀後半〜4世紀

北大Ⅰ式　5世紀

北大Ⅱ式　6世紀

北大Ⅲ式
7世紀

1：中島松7遺跡A地点　包含層
2：ワッカオイ遺跡D地点　29号土坑墓底
3：ユカンボシC9遺跡　包含層
4：ユカンボシE7遺跡　P-47墓埋土
5：中島松7遺跡B地点　包含層
6：ユカンボシE7遺跡　P-32墓埋土
7：ユカンボシE7遺跡　P-32墓底

8・13・14：丸子山遺跡　3号住居床面
12：丸子山遺跡　3号周堤下覆土
9・10：丸子山遺跡　5号住居覆土
11：丸子山遺跡　2号住居床面直上
15〜17：K435遺跡D地点15号住居

7世紀末〜8世紀前葉

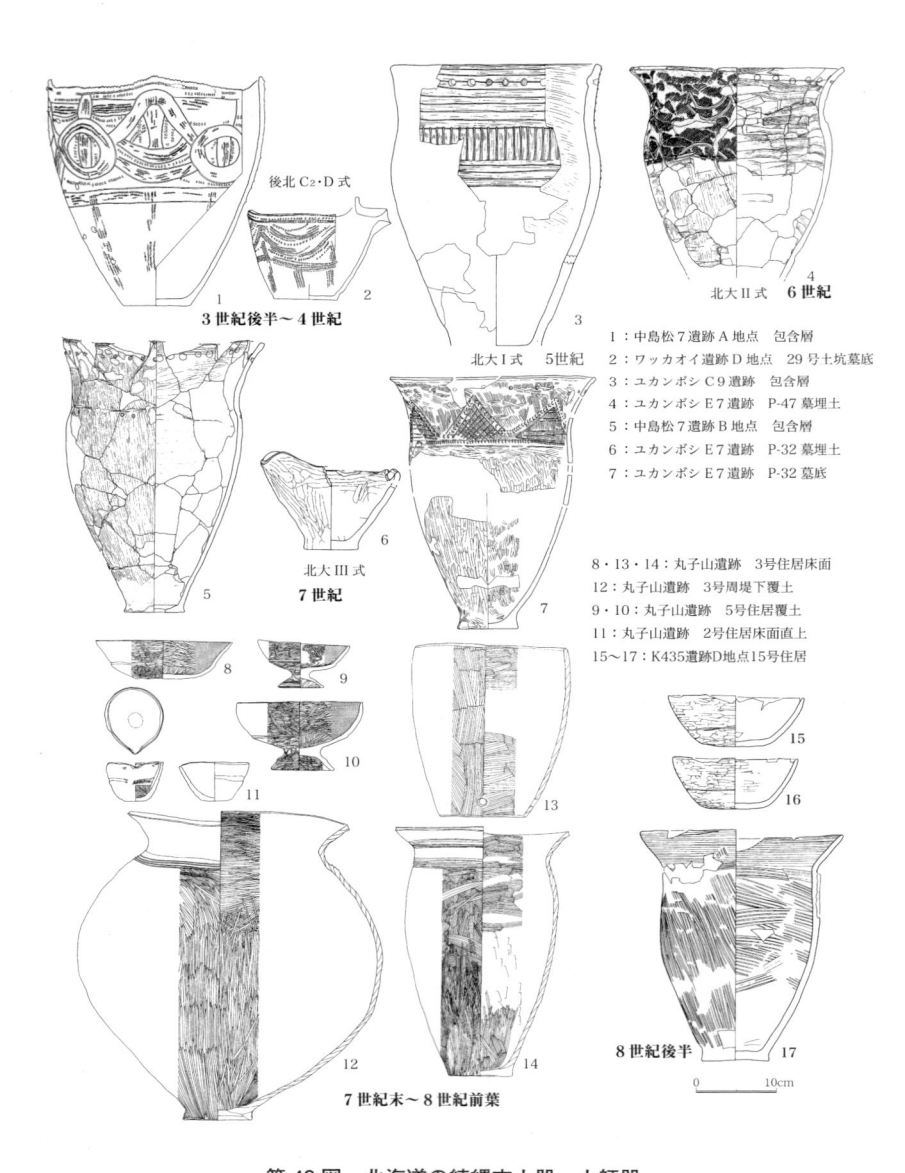

8世紀後半

0　　10cm

第49図　北海道の続縄文土器〜土師器

第 8 章 蝦夷の土器　195

9世紀前半

9世紀後半〜10世紀前半

I類：7・8

ロクロ土師器坏

10世紀後半〜11世紀

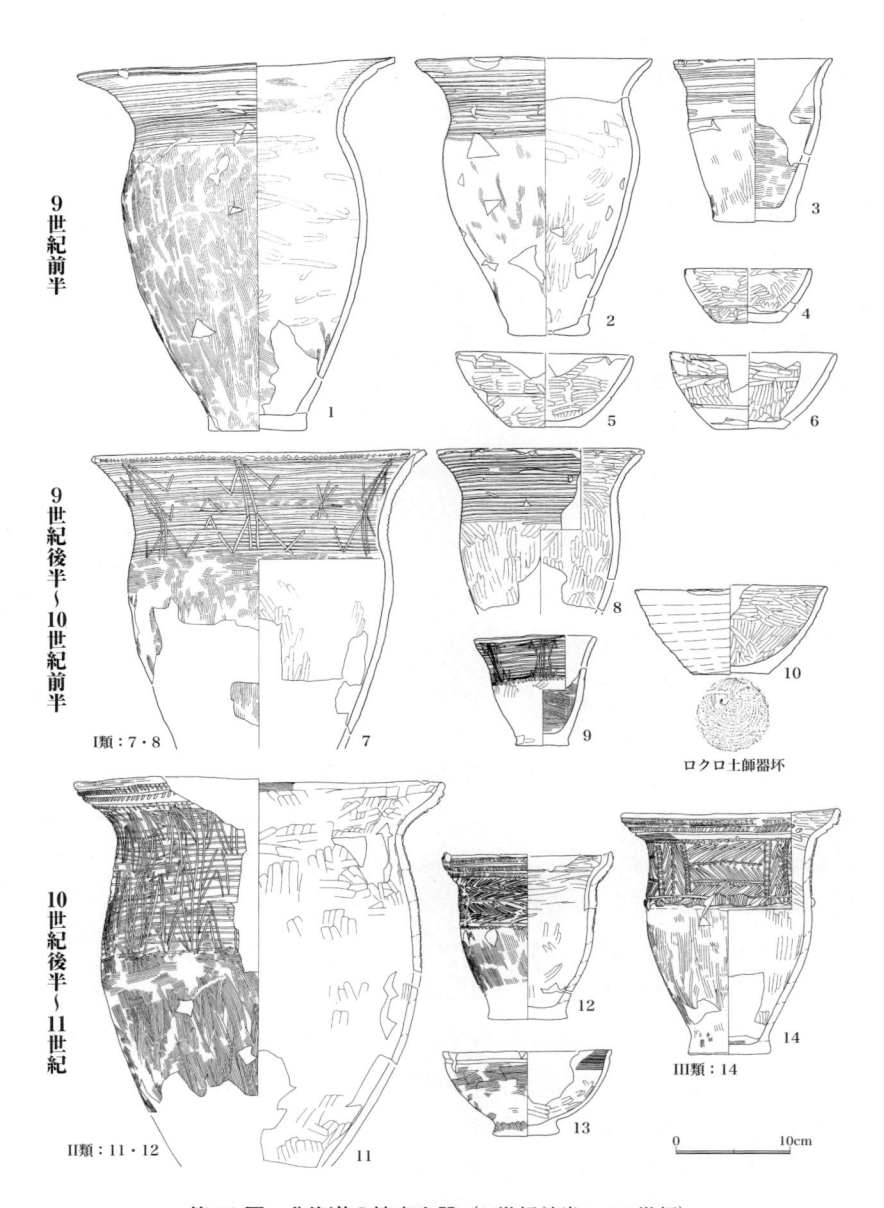

II類：11・12

III類：14

0　10cm

第 50 図　北海道の擦文土器（9 世紀前半〜 11 世紀）

9世紀以降の土器は、8世紀までの土器に比べ文様が施される範囲が拡大し、また、モチーフも沈線が巡るといった単純なものではなく、複雑化している。

続縄文土器から土師器への変化のように、複雑から単純へといった方向性と逆である。本書ではこれ以降を擦文土器と呼ぶ。後に東北北部でも擦文土器が見られるようになるが、刻文が施された9世紀後半以降のものであった。

(2) 東北北部における擦文土器の分布

東北北部の擦文土器については斉藤 淳 (2002) の詳しい研究があり、松本 (2006) ではそれをもとにその時期的変遷と分布の変化を見たので、詳細はそちらに譲り、その後の情報を加えて、図表を用いて簡単にまとめておく。青森県域で68箇所、秋田県米代川上流域で2箇所の擦文土器出土遺跡が知られている。渡島半島の主要な遺跡を加えて作成したのが第51図である。また第13表として地域別遺跡数を類型ごとに記した。同時期に複数の類型があるのでトータルは68遺跡ではない。なお、北海道の擦文土器の年代区分は100年を2区分としたが、東北北部のものはその研究に合わせ3区分としてある。

北海道では9世紀に入り、横走沈線が施される範囲が拡大した長胴甕を持つ擦文土器が作られるようになったが (第50図1～3)、東北北部にそれらはなかった。第51図2として9世紀後葉～10世紀中葉の製品であるⅠ類 (第50図7・8) の分布を示した。東北北部には下北半島と陸奥湾沿岸に6遺跡があるが、1遺跡あたりの土器の出土量は少なく、19破片未満である。渡島半島西南部でもこの時期の集落遺跡は知られていない。

Ⅱ類 (第50図11・12) は10世紀中葉～後葉の短い間の土器である (第51図3)。下北半島の北辺と日本海側の岩木川流域の丘陵縁に分布し、東北北部でそれらが出土する遺跡は17箇所である。破片出土数が4点以下の遺跡は15、5～19点以下が2遺跡である。この類も出土数が非常に少ない。

Ⅲ類もⅡ類同様10世紀中葉に始まるが、11世紀前葉まで続いた。分布もⅡ類より広い (第51図4)。下北半島北辺と陸奥湾沿岸、津軽半島の陸奥湾沿岸と津軽平野周辺の丘陵縁辺部、上北に及び、東北北部で35箇所が知られる。

第 13 表　東北北部の擦文土器の地域別遺跡数（斉藤 2002 をもとに作成）

類型	年代	渡島半島西南部	津軽平野・半島西部	米代川流域	陸奥湾岸津軽	下北半島	山八上北
I 類	9C 後葉〜10C 中葉	1	0	0	2	4	0
II 類	10C 中葉〜10C 後葉	2	11	0	0	6	0
III 類	10C 中葉〜11C 前葉	1	12	0	9	12	2
IV 類	10C 後葉〜11C 後葉	5	21	1	0	2	0
V 類	10C 中葉〜11C 後葉	5	32	2	8	6	1

　II・III 類同様 10 世紀中葉に始まるが、V 類は 11 世紀後葉まで続く。III 類と V 類は同一遺跡から出土する例が多い。例えば、上北地方、小川原湖西側の東北町赤平(3)遺跡からは 150 点を超す擦文土器片が出土したが（青森県教委 2007）、III・V 類である。10 世紀後半〜 11 世紀代の集落遺跡である東津軽郡蓬田村蓬田大館遺跡でも、III・V 類の破片数が 100 点を越す（桜井清彦・菊池徹夫編 1987）。

　10 世紀後葉に始まり、V 類同様 11 世紀後葉まで続くのが IV 類である。それらは共伴する例もそれなりにあるが、V 類だけが出土する遺跡の方が多い。IV 類 24 遺跡（第 51 図 5）、V 類 48 遺跡（第 51 図 6）である。IV・V 類は奥尻島を含む渡島半島西南部から岩木川流域を中心とする津軽地方に多く出土する。陸奥湾沿岸にも、それらが出土する遺跡はいくらかあるが、III 類ほど多くはない。これらの地域は日本海で繋がっている。

　以上のように、9 世紀後半に北海道で成立した刻文を施す擦文土器が出土する遺跡は、東北北部では 10 世紀中葉以降に少しずつ増え、10 世紀後葉〜 11 世紀になると、津軽を中心とした西側地域に数多く存在したのであった。

(3) 津軽の擦文土器製作者

　擦文土器は津軽海峡の南北の地域に存在した。10 世紀中葉ころのごく短期間に見られる II 類は量も少なく、搬入品が多かったように思われるが、III 〜 V 類は遺跡ごとに個性が見られ、それぞれの地で作られた可能性が高い。ただし 1 遺跡あたりの出土量から考えるならば、津軽海峡の南側の製作者は少なく、そこで擦文土器作りが伝授され続けることはあまりなかった。

　津軽で擦文土器の製作技術がいかにして伝授されたのか、擦文土器が出土し

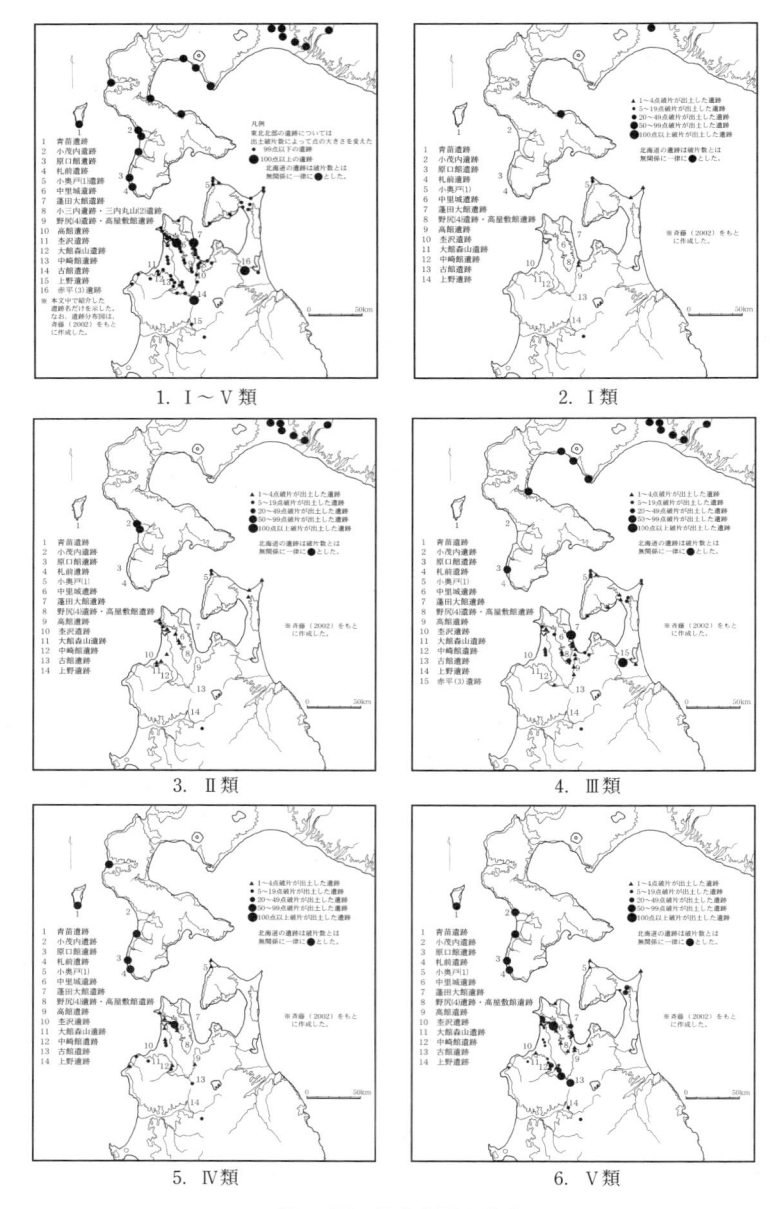

第 51 図　擦文土器の分布

た遺物に暮らした人々の社会構造の基本的形態を推定し、その上に民族誌を援用するという方法で考えてみる。土器作りは社会の一部であるから、社会構造および家族構成、労働形態の推定を大きく誤らない限り、土器作り伝授の過程もそれほど間違わないはずである。

　津軽で出土する擦文土器は深鉢（長胴甕）だけであり、しかも数が少ないので、製作者数はわずかであり、家族内での製作や利用であったと推測できる。出土した住居の規模から居住者数を推定する。北海道松前町札前遺跡では、住居は一辺が約4m四方の小規模例から15×9mほどの大規模例まであり、6～7m四方のものが多い。約4m四方の例が基本的居住要素を備えた住居だとすると、それを家族の最小単位、すなわち1夫婦2人のものと推定できる。しかしながらそれより大きな6～7m四方のものが多いので、そこでの構成人員は1夫婦と子供から成る核家族であり、それが基本であったとおさえておく。寿命がそれほど長くない時代であれば、そのような構成となるのは自然であろう。渡辺仁（1978）によれば近代のアイヌ民族の家族構成の基本も核家族である。また、複数の集落が政治的に統合されているとは見られないので、基本的な日常生活においては自給自足の社会構造であったと考える。

　結婚した若い女性は子供を生み育てる時期を持つ。病気や怪我など、さまざまな要因で子供が無事に成人する率が低かったと考えられる当時、子育て期間にある女性は、一般には子供の面倒を見ることを労働の中心に据え、家の近くで母子ともに危険度の低い活動をおこなっていた。

　アーノルド Arnold（1985）は、一時的あるいは季節的な活動に限定できる場合の土器製作は家族内労働であり、そのような土器作りには女性が最も適していると述べる。8つの理由があげられており、第1は土器作りが子供の世話をしながらできることである。男女の労働の種類を決める主な要因が、出産と子供の養育にあるとの1970年代後葉の民族学的解釈に依拠した説である。

　擦文土器使用社会においても、家の者の誰かは遠くに出かけることも必要だったし、危険な仕事もせねばならなかった。子供の養育を日常生活の最も大切な部分とするならば、男女の分業があったはずである。死に直面するような

危険な作業以外で、家からあまり離れずにできる作業は女性がおこなったであろう。妊婦にとって体力的に難しい時期には、土器の胎土となる土の採集を男性がおこなった場合もあろうが、そうでない時期の粘土の採取や土器の成形および焼成に関しては、女性がおこなったと推定できる。

子供たちは日常生活の中でそれぞれ尊敬する同性の労働を無意識的にまね、学んだ。母親ばかりでなく、子供の行動範囲の中にいる土器製作をおこなう女

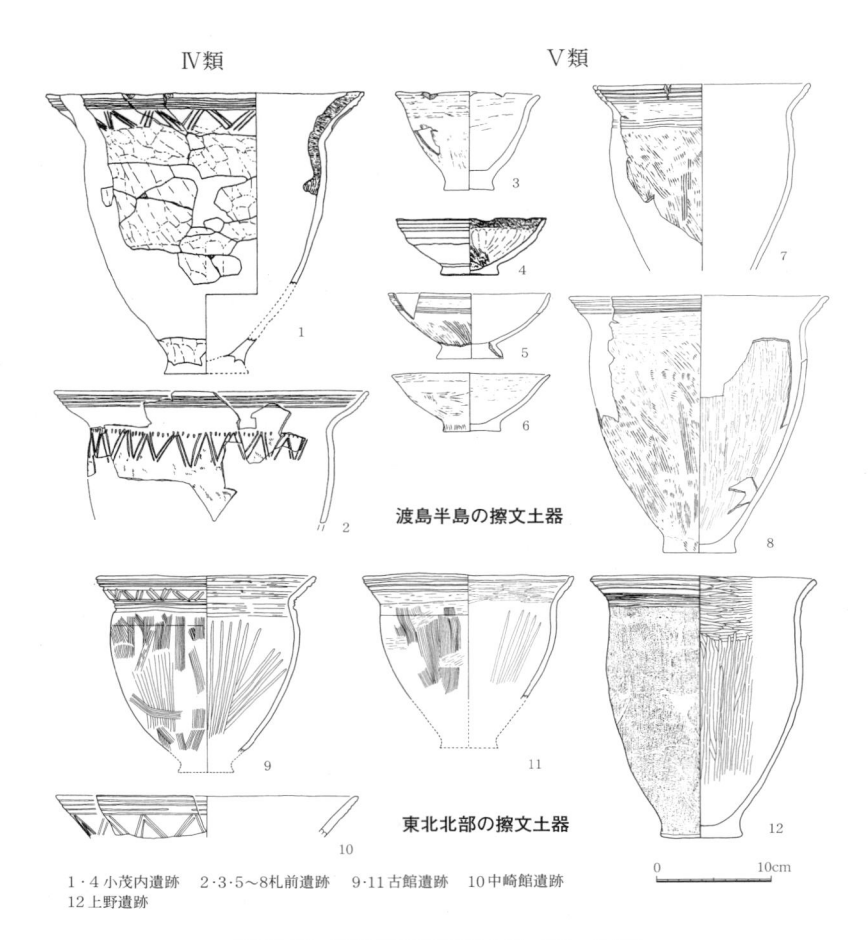

1・4 小茂内遺跡　　2・3・5〜8 札前遺跡　　9・11 古館遺跡　　10 中崎館遺跡
12 上野遺跡

第52図　東北北部の擦文土器（Ⅳ・Ⅴ類）

第 8 章　蝦夷の土器　201

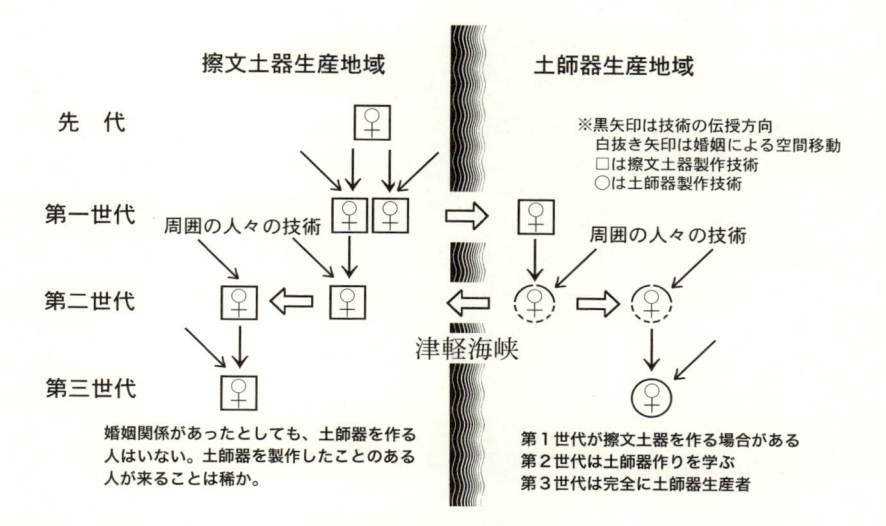

擦文土器生産地域　　　土師器生産地域

※黒矢印は技術の伝授方向
　白抜き矢印は婚姻による空間移動
　□は擦文土器製作技術
　○は土師器製作技術

先　代

第一世代　　周囲の人々の技術　　　　　　周囲の人々の技術

第二世代

津軽海峡

第三世代

婚姻関係があったとしても、土師器を作る　　第 1 世代が擦文土器を作る場合がある
人はいない。土師器を製作したことのある　　第 2 世代は土師器作りを学ぶ
人が来ることは稀か。　　　　　　　　　　　第 3 世代は完全に土師器生産者

第 53 図　推定される土器製作技術習得過程の概念図（松本 2006 ―図 77 に加筆）

性であれば誰もがその先達になり得た。そうやって子供のうちに土器作りの基礎を学んだはずである。婚姻先で学ぶこともあったろう。
　津軽における擦文土器作り伝授の過程の概要は次のようなものであったろう（第 53 図）。先代の擦文土器作りを学んだ娘が津軽に嫁ぐ。そこでは核家族を構成するので、土器を外から手に入れない限り、第 1 世代の女性は育った地域で学んだ擦文土器を作る。嫁ぎ先地域の土器製作による多少の影響はあるだろう。それが津軽から出土する擦文土器の大部分である。しかし、渡島半島西南部から津軽に嫁ぐ女性はあまりないので、一つの遺跡から出土する擦文土器は少ないことになる。
　第 1 世代の娘である第 2 世代の女性は、母親の土器作りを学ぶはずだが、遺跡から出土する擦文土器の量から考えると、一人の母親は頻繁には土器を作らなかった。集落を構成する女性の多くは土師器作りをおこなうので、娘は集落内の誰かのまねをして土器作りを覚える可能性がある。その結果、第 2 世代は、多くの場合、土師器作りを学ぶ。ただ、母親の擦文土器を知っているので土器の表面に文様を描くことに抵抗はない。南津軽郡浪岡町野尻（4）遺跡

出土の、馬の姿を沈線で描く擦文土器（高杉博章2002）などは、特定の型を逸脱した文様を持つ。第2世代が作る土器だったと推定できる。さらに、第3世代は周囲で作られている土師器作りを学ぶことになり、完全に土師器の作り手となるのである。このように、土師器生産地域の場合、擦文土器作り手が少数いたとしても、1〜2世代のうちにその技術が失われるのである。

津軽海峡両側の擦文土器の製作者には、南から北へ渡った人々も、北から南へ渡った人々もいた。ただ、どちらの場合でも、その数は少なかった。

第5節　須恵器

(1) 須恵器の生産

須恵器生産の技術は、5世紀前葉ころに朝鮮半島からもたらされた。窯を用いた焼き物としては、日本列島で最も古い。窯のなかを1,150℃以上の高温にし、途中で酸素の供給を遮断し、焼き締める。土器原料のなかに含まれる主要な鉱物である長石がガラス化するほどの高温環境の中で焼くのである。そのためには多くの燃料を費やす。伐採された樹木を燃料とするのである。燃料のために、樹木を伐採するなどということは、須恵器の生産が始まる以前にはほとんど必要なかった。ロクロ土師器の焼成もおそらくは樹木を伐採した薪を用いたが、土がガラス化するほどの高温にはしないので、それほど多量ではない。したがって、須恵器の生産の開始は、それまでにない量の樹木の伐採が伴ったことになる。とはいえ、千葉徳爾（1991）による1866年の岐阜県土岐郡（現土岐市）の例を参考にすれば、四間窯で煎茶椀焼成用の1〜2回の焼成に必要な薪が2,700束ほどとのことである。樹種にもよるが直径50cmほどの樹木であれば、十本以内といったところであろうか。

また須恵器は、日本列島に紹介された当時、古墳に副葬するなど、祭祀用の器も多かったが、中部地方以西の須恵器生産地周辺では、5世紀後葉以降には日常生活の食器・液体の保存具となり一般化した。その影響は、須恵器模倣坏を食器の基本的器種とした生活様式の普及に見ることができる（第5章参照）。

第8章 蝦夷の土器　203

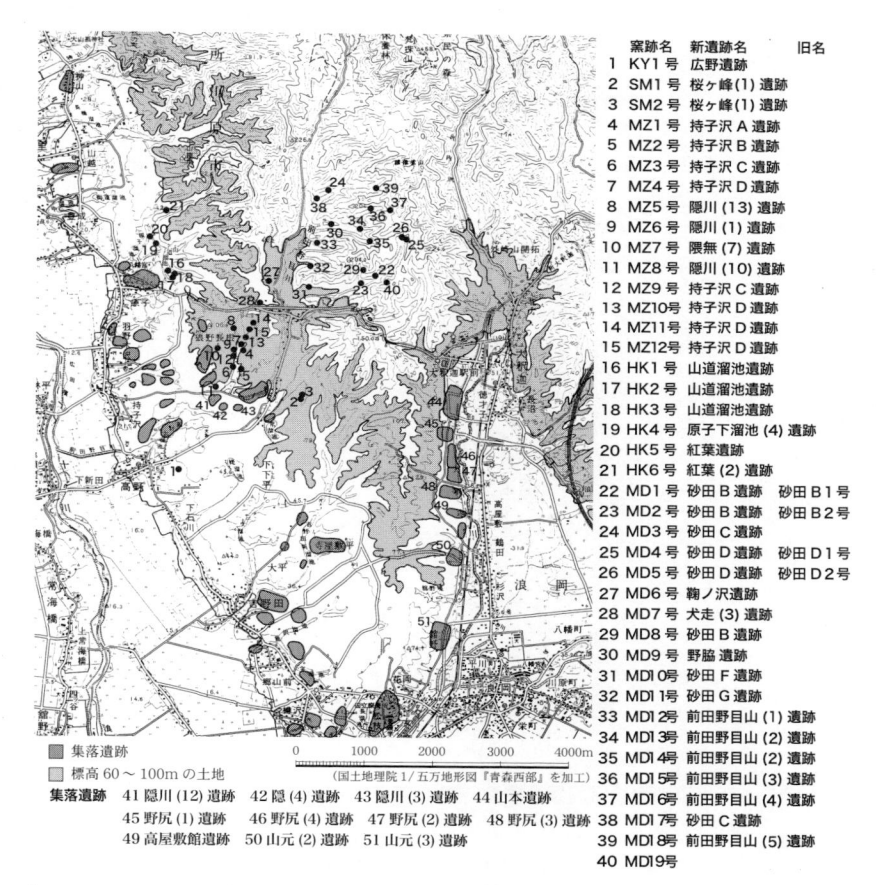

窯跡名	新遺跡名	旧名
1 KY1号	広野遺跡	
2 SM1号	桜ヶ峰(1)遺跡	
3 SM2号	桜ヶ峰(1)遺跡	
4 MZ1号	持子沢A遺跡	
5 MZ2号	持子沢B遺跡	
6 MZ3号	持子沢C遺跡	
7 MZ4号	持子沢D遺跡	
8 MZ5号	隠川(13)遺跡	
9 MZ6号	隠川(1)遺跡	
10 MZ7号	隈無(7)遺跡	
11 MZ8号	隠川(10)遺跡	
12 MZ9号	持子沢C遺跡	
13 MZ10号	持子沢D遺跡	
14 MZ11号	持子沢D遺跡	
15 MZ12号	持子沢D遺跡	
16 HK1号	山道溜池遺跡	
17 HK2号	山道溜池遺跡	
18 HK3号	山道溜池遺跡	
19 HK4号	原子下溜池(4)遺跡	
20 HK5号	紅葉遺跡	
21 HK6号	紅葉(2)遺跡	
22 MD1号	砂田B遺跡	砂田B1号
23 MD2号	砂田B遺跡	砂田B2号
24 MD3号	砂田C遺跡	
25 MD4号	砂田D遺跡	砂田D1号
26 MD5号	砂田D遺跡	砂田D2号
27 MD6号	鞠ノ沢遺跡	
28 MD7号	犬走(3)遺跡	
29 MD8号	砂田B遺跡	
30 MD9号	野脇遺跡	
31 MD10号	砂田F遺跡	
32 MD11号	砂田G遺跡	
33 MD12号	前田野目山(1)遺跡	
34 MD13号	前田野目山(2)遺跡	
35 MD14号	前田野目山(2)遺跡	
36 MD15号	前田野目山(3)遺跡	
37 MD16号	前田野目山(4)遺跡	
38 MD17号	砂田C遺跡	
39 MD18号	前田野目山(5)遺跡	
40 MD19号		

■ 集落遺跡
■ 標高60〜100mの土地
集落遺跡　41 隠川(12)遺跡　42 隠(4)遺跡　43 隠川(3)遺跡　44 山本遺跡
　　　　　45 野尻(1)遺跡　46 野尻(4)遺跡　47 野尻(2)遺跡　48 野尻(3)遺跡
　　　　　49 高屋敷館遺跡　50 山元(2)遺跡　51 山元(3)遺跡

第54図　五所川原須恵器窯跡群分布図（五所川原市教委2003・2005のデータをもとに作成）

　その後9世紀後葉には、政治的には古代日本国の外と認識されていたはずの東北北部でも作られるようになったのである。
　東北北部における須恵器の生産地は西側地域の一部に限られており、青森県五所川原市の須恵器窯跡群と秋田県能代市十二林窯跡の二箇所だけが知られている。五所川原窯跡群は前田野目川流域とその周辺に38箇所の窯跡が集中している（五所川原市教委2003）。十二林窯は9世紀後葉〜10世紀前葉、五所川原窯跡は9世紀後葉〜10世紀中葉ころの操業であったと推定される。

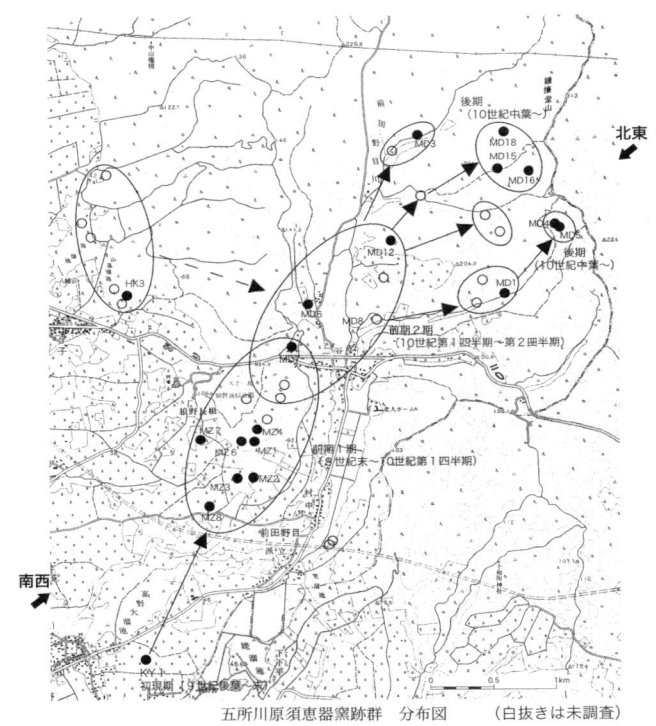

第 55 図　五所川原須恵器窯設置位置の時期的変遷　（五所川原市教委 2003―図 114 に加筆）

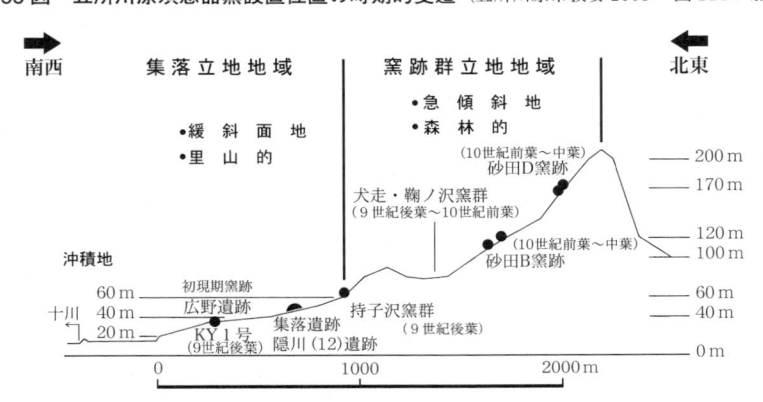

KY1：広野　MZ2：持子沢B　MD7：犬走(3)　MD1：砂田B　MD4：砂田D1号　MD5：砂田D2号

第 56 図　前田野目川流域の須恵器窯設置位置の移動　（松本 2006―図 89 に加筆）

(2) 五所川原須恵器窯跡群の立地

　五所川原市域を含む津軽地方は9世紀まで大きな集落は造営されておらず、山は手つかずの森林地帯であった。そこで須恵器生産が始まったのである。さきに1866年の例をひき、一度の焼成に必要なのは、太く成長した樹木であれば10本も必要なかったと述べたが、同一年に複数窯での操業があり、短期間に狭い範囲に窯が集中した場合、その周辺の山林の樹木が徐々に減少し、窯の築造位置を少しずつずらす必要があったのであろうか、初期の窯は集落の載る段丘面に設置され、窯が増えると前田野目川に沿って集落背後の丘陵地に、そして新しくなるほどさらに上流の山間地へと移動した（第55・56図）。

　第55図は持子沢A～D遺跡の窯跡群、犬走遺跡、砂田B遺跡および砂田D遺跡周辺を通る線を引き、その断面を切ったとして、距離：標高を1：2.5に変換して作図した模式図である。実際は、それぞれの遺跡上を通っているわけではないが、だいたい通ったとして作った図である。五所川原須恵器窯跡群の初現期の窯とされる（五所川原市教委2005）広野遺跡も図示した。

　第54～56図でわかるように、山道溜池周辺にもいくつか窯跡はあったが、しだいに前田野目川流域の山間地での操業のみとなった。集落遺跡は第54図に示す南側や東側に多いが、その近辺には窯は築かれなかった。粘土層の化学成分分析によって、須恵器生産に向いている粘土層は第54図での西側の段丘にあることがその原因であると考えた（松本2006）。

(3) 製作年代

　発掘調査があまり実施されていなかったころ、五所川原産の須恵器は、器形から考えられる系統や集落からの出土時期をもとに、9世紀末葉～11世紀中葉の生産と推定されていた（三浦1995）。しかし、犬走窯跡の調査（工藤清泰ほか1998）、五所川原須恵器窯跡群の調査（五所川原市教委2003）などにより、「9世紀後葉～10世紀第3四半期以降」（五所川原市教委2003）と考えられるようになってきている。筆者も型式分類と火山灰降下年代の関係から、10世紀中葉のうちには生産が終了していたとの説を述べた（松本2006）。細

第14表　五所川原須恵器窯跡群製品の3類型と推定年代（松本2006を改訂）

系統	器種等	壺形態・口唇部形態		中甕口唇部形態	大甕口唇部形態	推定操業年代
持子沢系	徳利/球胴・	断面垂直面取型	その他	断面□型	不明	9世紀後葉
犬走系	徳利	・やや寝る断面□型		断面□型	断面▷型	10世紀前葉
砂田系		/球胴・より寝る断面▷型		断面▷型	断面◁型	10世紀中葉

かい考察はそれらに譲るが、基本的なことのみ記しておく。

　五所川原産の須恵器は大きくは3タイプに分けることができ、その製作時期には新旧がある（第14表）。古段階が持子沢系、中段階が犬走系、最後が砂田系である。五所川原須恵器窯跡群の報告（五所川原市教委2003）に合わせると、持子沢系がMZ2窯、犬走系がMD7窯、砂田系をMD16窯のタイプとなる。壺の口縁部の製作手法で説明する。第1段階、持子沢系では断面が垂直に立つように作っていたものが、第2段階の犬走系ではそれを少し寝かせる、さらに寝かせるのが砂田系、第3段階である。中型の甕でも口縁部の変化の傾向は似ている。ただし、この器種の場合は、持子沢系も犬走系も、口縁部の断面形は立った四角形であり、類似している。砂田系はつまんだ四角形を寝かせている。大型の甕の場合も犬走系と砂田系とを口縁部のつまみが多少寝ているのが前者で、寝せて先端を延ばしてしまうのが後者であり、傾向は似ているが、持子沢系の形態が不明なので犬走系との差は現段階では述べられない。

　絶対年代が確実にできるのは中段階の犬走系である。犬走窯では2回目の焼成後、窯内に土が堆積し、その上に白頭山火山灰が堆積した。その降下は938年ころと推定されているので（福沢仁之ほか1998）、10世紀前葉のうちには窯は廃棄されていたことになり、犬走系須恵器は10世紀前葉の製作年代と考えられる。須恵器のタイプの変化が1世代ずつであるとすれば、最古の持子沢系が9世紀後葉、最新の砂田系が10世紀中葉の製作であると推測できる。五所川原市教委（2002・2003・2005）では広野遺跡のKY1号窯が初現期の窯で、9世紀後葉と推定している。各器種の口縁部形態が多様で画一化しておらず、集落遺跡からもほとんど出土しないことがその理由である。その通りであろう。

　一つの窯における焼成回数がわかっている例は少なく、それにもとづいて窯

第 8 章　蝦夷の土器　207

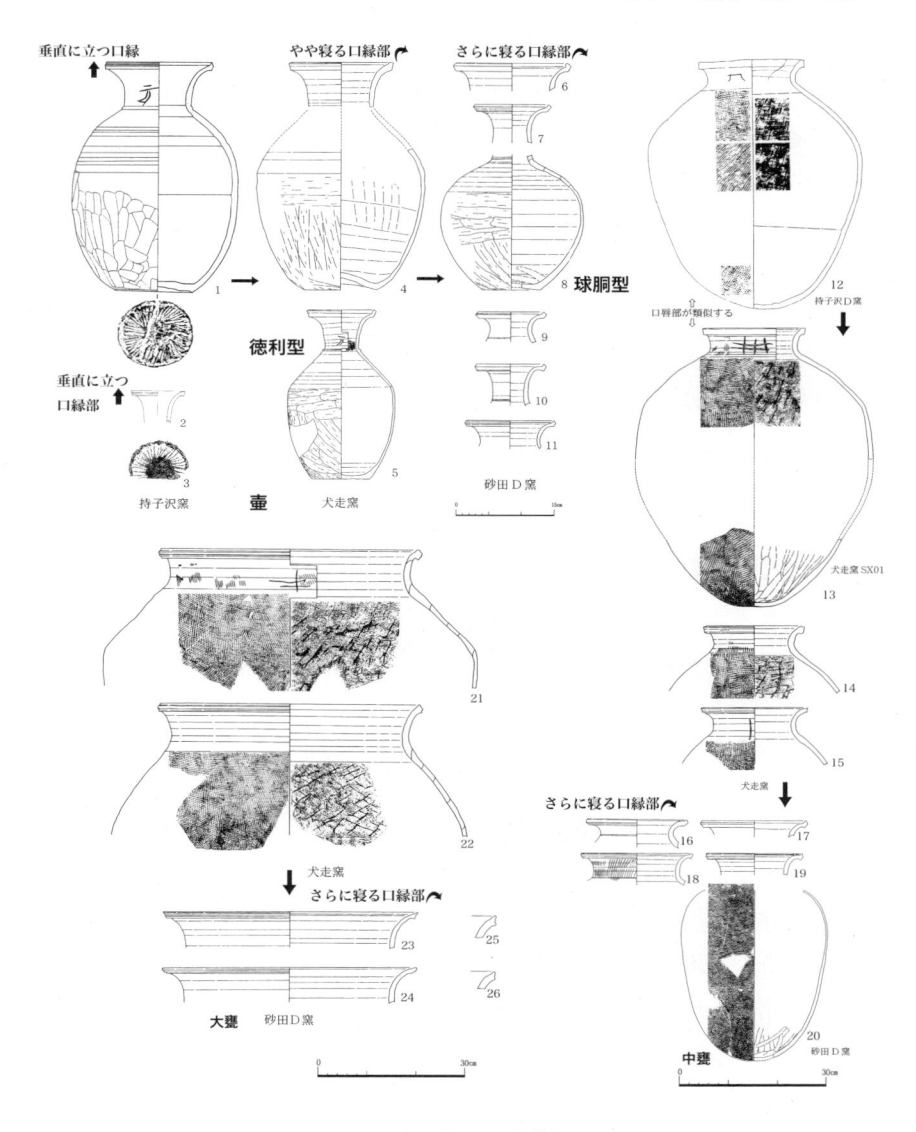

第 57 図　五所川原須恵器窯跡群出土須恵器（壺・中甕・大甕）

の存続年代を考えることには限界があるが、試みに計算をしてみる。犬走窯跡には2つの焼成面があり、最低でも2回窯焼きをおこなったことがわかる。いまのところそれより多い焼成面を持つものは知られていない。年間の焼成回数も不明だが、民俗例を参考にすれば近世～近代でも1～2回／1年であった（千葉1991）。38の窯で38～76回須恵器が焼かれたことになり、毎年1度の操業とすれば38～76年であるが、同一年に併行して複数の操業があったであろうからそれはそのままの年数とはならない。発見されていない窯もあろうが、器形が3類型に納まるので、1類型1世代＝20～30年として60～90年ほどとなる。

(4) 須恵器の分布と遺跡出土年代

　五所川原産の須恵器は東北北部や北海道に分布している。ただし、生産地からの距離によって出土年代に違いがある。窯跡周辺での使用開始時期は生産時期と同じであり、その廃棄年代も生産終了年代からあまり離れていないが、北海道や東北北部東側地域では、10世紀後葉～11世紀代の出土が目立つ（第15表）。これは生産が終了してからの年代である。須恵器は丈夫なので、生産された直後の廃棄あるいは埋置といった利用法でない限り、遺跡で読み取られる年代が、その生産年代よりも新しくなるのは当然である。しかしながら、生産地に近い地域では、集落遺跡の継続期間と関連して、生産後比較的短期間で廃棄された例が複数ある。そこで、915年に十和田a火山灰が、938年ころに白頭山火山灰が降下している津軽地方の例をもとに、その使用時期を考えてみる。

　青森市野木遺跡では、最新タイプである砂田系の中甕が白頭山火山灰より下の層から出土した（第58図1～3）。同系の窯における焼成が、例えば製作者1世代分、すなわち数十年続いたとすれば、この1例だけで砂田系の窯が938年以前に操業を終わっていたとすることはできない。そこで少し長くとって、砂田系を10世紀中葉の生産と考える。同一タイプの須恵器が作られる期間が1世代であったとすれば、10世紀中葉のうちにその生産は終了していたであろう。

第 15 表　北海道出土の五所川原産須恵器

No.	遺　跡　名	所　在　地	出土遺構・出土層の年代
1	TK67	北海道常呂郡常呂町	表土層・周辺に後期擦文土器
2	トコロチャシ南尾根	北海道常呂郡常呂町	10世紀後半頃
3	豊　里	北海道天塩郡豊里町	
4	香　川　6	北海道苫前郡苫前町	10世紀後半〜11世紀
5	香　川　三　線	北海道苫前郡苫前町	10世紀後半〜11世紀
6	高　砂	北海道留萌郡小平町	10世紀後半〜11世紀
7	納　内　3	北海道深川市	周囲に他の遺物なし
8	K 39	北海道札幌市	10世紀中葉〜11世紀
9	K435	北海道札幌市	10世紀後半〜11世紀
10	K446	北海道札幌市	9世紀後葉〜10世紀後葉
11	K460	北海道札幌市	9世紀後葉〜10世紀後葉
12	餅　屋　沢	北海道小樽市	10世紀後半〜11世紀
13	中　島　松　7	北海道恵庭市	10世紀後半〜11世紀
14	美　々　8	北海道千歳市	9世紀後葉〜10世紀後葉
15	オ　サ　ツ　2	北海道千歳市	9世紀後葉〜10世紀後葉
16	カンカン　2	北海道沙流郡平取町	10世紀中葉〜10世紀後葉
17	御　幸　町	北海道南茅部郡森町	9世紀後葉〜10世紀後葉
18	札　前	北海道松前郡松前町	10世紀後半〜12世紀

※報告書で確かめたもののみ、年代その他を記した。

　このような考え方にもとづくと、東北北部の東側や北海道で、10世紀後葉〜11世紀の土器とともに出土する砂田系の須恵器は、五所川原窯での生産が終了した後でも、使用されていた例であると推測できる。

(5) 須恵器の製作者

　須恵器は東北北部で発明されたものではない。古墳時代に朝鮮半島からその生産者が移住し、その技術が日本列島に広がったのである。技術の拡散に際し、ある技術者集団からの人間の直接の移住、移動があったはずである。
　五所川原の須恵器窯に関しても、その最初の生産者は移住者であったと考えられる。須恵器生産には、原料産地の開発、窯構築、陶土採掘、陶土調整、器成形、焼成、燃料伐採などの作業が必要だが、どれも専門的なものであり、確かな技術の獲得者でない限りおこなえないからである。また、一つ一つの作業には長時間を要するだけでなく、危険度の高いものもあり、子供の面倒を見ながら片手間にできるといった種類ではない。したがって、須恵器生産にかかわ

る労働一般は、限られた男性によっておこなわれたと考えられる。

　生産者は、9世紀中葉〜後葉に類似した須恵器を生産していた地域からの移住者ということになろう。長頸の壺を数多く調べた利部 修（2008）によると、環状凸帯付長頸瓶（第58図6）は、日本列島全域を見ても東北地方の製品に特徴的であり、会津大戸窯に9世紀前葉から出現し、五所川原窯跡で量産されたという。大戸窯は当時の東北地方では最大級の須恵器窯群であり、その可能性は非常に高い。五所川原産須恵器生産者の出身地として、会津大戸窯を第1の候補とすべきであろう。ただし、いまのところその関係を論証した考察はない。今後、会津大戸窯の各種製品との比較検討が必要である。

(6) 須恵器生産の目的

　五所川原産須恵器の生産地に近い地域では、その須恵器は、10世紀中葉以前に廃棄される例が多かった。それを利用していた集落自体が短期間しか存在していなかったからである。それに対し、北海道や東北北部の東側では、10世紀中葉〜11世紀代の遺物とともに出土する例が多数ある。それぞれの地域での須恵器流通の契機の違いによってこのような現象は生じたと考えられる。

　生産地に近い地域とは、9世紀後半〜10世紀前半に大規模な集落が多く造営された地域であった。しかもそれらの大規模な集落が営まれていた時期、すなわち須恵器の生産が開始された当初は、坏、甕、壺が揃っていたのだが、10世紀中葉となり、それらの大規模な集落が少なくなったころの最後の段階の砂田系の窯では、坏が焼かれなくなっていた。これらのことから、当初、須恵器が焼かれた目的は、集落開発に際し、多数の人々が利用するためのものであったと考えられよう。そこで暮らした人々は、もともと須恵器を生活用具として使っていたので、生産者も共に移住してきたのではなかろうか。

　それに対し北海道では大規模な集落は作られず、須恵器を利用する生活をしていた人々の入植もなかった。また、東北北部の東側からもいまのところ、その時期の須恵器窯は発見されていない。八戸市岩ノ沢遺跡のように9世紀後半〜10世紀前半の大規模集落もいくらかはあるが（青森県教委2000b）、そこ

第 8 章　蝦夷の土器　211

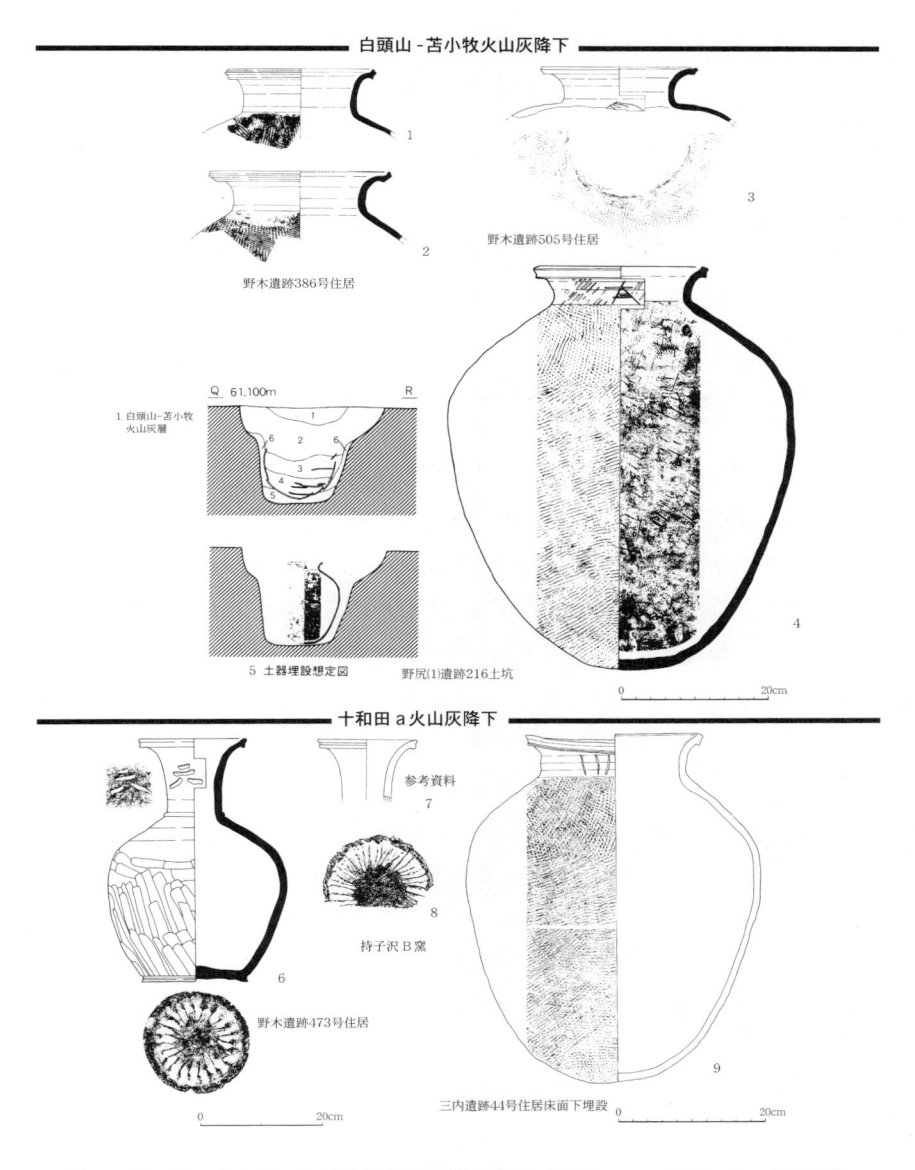

― 白頭山 - 苫小牧火山灰降下 ―

野木遺跡386号住居

野木遺跡505号住居

1 白頭山-苫小牧火山灰層

5 土器埋設想定図　　野尻(1)遺跡216土坑

― 十和田 a 火山灰降下 ―

参考資料

持子沢 B 窯

野木遺跡473号住居

三内遺跡44号住居床面下埋設

第 58 図　降下火山灰から見た須恵器の利用年代（松本 2006 ―図 85 を一部改変）

で出土する須恵器の大半は五所川原産であり、集落造営を目的とした須恵器の生産はその周辺ではおこなわれなかったと推測できる。

　以上のように、五所川原須恵器窯跡群は東北北部で集落を造営することを目的として生産された。短期間のうちに多数の集落が営まれたので、窯跡群も、その期間に応じて、操業は比較的短期間であったとみるべきであろう。

　また、重要な点を一つ付け加えておく。6世紀後葉～7世紀代の東北北部東側での集落造営のさいには、須恵器生産者は伴っていなかったということである。須恵器生産は誰もが簡単に学べる種類の技術ではないのである。

第6節　土器生産者の出自と相互の交流

(1) 土器の生産地

　さきにも述べたように、7～8世紀の土師器・9～10世紀のロクロ土師器・須恵器・擦文土器の生産者は、それぞれ異なる系譜を持っていた。特に、須恵器は専業化された労働体系の一部が移入されたのであり、生産地は限られていた。ロクロ土師器も製作される器種が限定されており、須恵器ほどではないが製作地は限られていたようである。それに対し、土師器は集落内で作られていた可能性が高い。土の化学成分を分析した結果、遺跡ごとに土の成分が似通っている土師器が多いのである（松本2006）。擦文土器の分析例は少ないが、一部に搬入品もあるかもしれないが、多くは遺跡ごとの製作と推定できる。

　以下に、4種類の焼き物が併存した時期である9～11世紀に焦点をしぼり、日常の食膳具として利用される頻度が高かった土器について、その出土量の地域的特徴を簡単に見てみる。中型甕や小型甕を除いた煮沸具ならびに食膳具の土器について、札前遺跡・青苗遺跡・中里城遺跡・古館遺跡における、土器の出土量を種類ごとにまとめた（第16表）。

　第16表からわかるように、渡島半島西南部では煮沸用具・食膳具ともに擦文土器である。津軽では、煮沸用具は土師器が、食膳具はロクロ土師器が中心である。特殊な器として把手付土器があるが、それはすべて土師器である。以

第16表　各種の土器の遺跡別出土量

土器種名	擦文土器		土師器				ロクロ土師器		
遺跡名	坏	長胴甕	坏	長胴甕	鍋	把手付土器	坏	長胴甕	鍋
札前遺跡	◎	◎	×	×	×	1点	△	×	×
青苗遺跡	◎	◎	×	×	×		△	×	×
中里城遺跡	×	○	△	◎	○	◎	◎	○	△
古館遺跡	×	○	△	◎	○	◎	◎	△	×

◎多量ある　○中量ある　△極く少量ある　×なし

※「◎多量ある」：対象としている遺跡においてその機能を持つ器の中で最も多く出土している場合を指す。
「○中量ある」：対象としている遺跡においてその機能を持つ器の中にその種類の器も比較的多くある場合を指す。

上を単純化すると、この時期の津軽海峡周辺地域には、非ロクロ製の土器とロクロ製の土器があり、非ロクロ製土器は海峡の北にも南にもあったが、ロクロ製土器は海峡の南だけにあった。そして、第2節で見たように、東北北部の擦文土器は、1遺跡から出土する絶対量が少なかった。

(2) 擦文土器・土師器・ロクロ土師器の製作者

　擦文土器について見ると、渡島半島西南部では、煮沸具・貯蔵具・食膳具が、津軽では煮沸具だけが作られた。両地域の擦文土器製作者の共通点は煮沸具を製作する点である。ただ、津軽ではあまり擦文土器自体を作らない。

　土師器の製作者は津軽・三八上北に存在し、煮沸具として長胴甕、貯蔵具として甕類を作った。食膳具は作られなかった。製作者の移動の実態を考えるとき、土師器が渡島半島西南部から出土していない点に注意する必要がある。青森県域で作られた土師器自体が渡島半島に移動することはなかった。そして、土師器製作者が移動することがなかったと以前は書いたが（松本2006）、土器製作者が移動先の土器製作を学んだ結果だと考えるべきなのであろう。

　ロクロ土師器の製作者　渡島半島西南部の札前遺跡では、ロクロ土師器の坏が出土するが、その絶対量は少ない。ロクロ土師器の製作者は、普通、大量に製品を作るので、渡島半島西南部にロクロ土師器坏が少量しか存在しないことは、その地域にロクロ土師器の製作者がいなかったことを示す。一方、青森県

域にはロクロ土師器の製作者が存在した。また、渡島半島南西部でのロクロ土師器坏の出土量の少なさは、津軽海峡の南で作られたそれらの坏が、海峡を渡って供給されることは希であったことを示す。

　以上から、擦文土器・土師器・ロクロ土師器の製作者の住んでいた地域は、それぞれ限定されることがわかる。すなわち、擦文土器の製作者は津軽海峡の南北にいたが、東北北部では西側と下北に限られ、また、少数であった。土師器製作者は東北北部にいたが、海峡の北に嫁ぐこともあった。ロクロ土師器の製作者は津軽海峡の南側だけに住んだのである。

(3) 土器生産者の交流

　東北北部と北海道南部の7〜8世紀の土師器には、沈線が引かれたものがある。東北北部ではそれが出土する比率は低いが、北海道の場合には大部分のものに沈線が引かれている。土師器に沈線を施すことは、続縄文土器製作者が土師器製作に持ち込んだ前時代の伝統のなごりと一般には考えられている。しかしながら、東北北部ではそのような土師器の生産は長く続かない。多くは8世紀の初頭までの製作である。このことから、土師器製作者が東北北部に入ってきたとき、在来の人々も新しい土器製作を学んだが、その第1世代は、旧土器の性質を土師器製作に残したことが読み取れる。しかし、しだいに旧来の特徴は忘れられ、第3世代くらいには文様のない土師器しか作られなくなっていた。新来の土器製作者と旧来の土器製作者とは、同じ社会的位置にいた人々であったからこそ、土器製作技術の混合が生じたのであろう。

　それに対して、ロクロを用いた土器生産は異なる側面を持っていた。ロクロ土師器や須恵器の生産者は北海道に渡らなかった。従来の土器製作技術が新来のものと相容れないような場合には、人々がそれを受け入れないことを、アーノルド Arnold (1985) はロクロ技術が定着しない民族例を引いて説明をしている。それにもとづき、北海道にロクロ技術が定着しなかった要因を考える。北海道の土器製作者である女性は、ロクロを用いた土器製作を、技術的にも社会的にも必要としなかった。これが第1の要因であろう。第2の要因として、

東北北部では、その専業化した労働を男性がおこなったのであろうが、北海道の場合は、土器作りに念する男性が生まれなかったことを読み取れる。両地域の社会が異なっていたのである。東北北部の場合、ロクロ土師器の生産が開始された当初から、それは男性によって生産されていた。社会構造とともに製作者自体が移住してきたからである。それに対し、北海道には、ロクロ土師器の製作者の移住も、それを作り用いる社会構造の定着もなかった。

　また、異なる土器製作技術が融合した例は、土器製作者どうしの交流と考えることができる。それを、7～8世紀の土師器、10～11世紀の擦文土器に見ることができる。瀬川（2005）の言う青苗文化の土器は土師器化した擦文土器であり、同時代の東北北部の擦文土器は擦文土器化した土師器と言えばよいだろう。松前町札前遺跡出土の擦文土器には、刻文や沈線を持たないものもある（第53図3・6）。ただし、同時期の東北北部の土師器の特徴である器外面の削り調整は見られない。したがってそれは土師器と呼ばれないのが一般的である。しかしそれを、擦文土器製作地でその技術を踏襲して作られた土師器と見ることはできるだろう。例えば、婚姻によって土師器製作地から渡島半島に渡った女性が嫁ぎ先で土器製作を学び、折衷タイプの土器を作ったと考えるのである。

第7節　土器から社会を見る

(1) 土器から見る社会の違い

　津軽地方には擦文土器が出土する遺跡が複数あるとはいえ、それが出土しない遺跡のほうが多い。擦文土器そのものが広範囲に流通するのではなく、婚姻のような個人的な理由による移動の結果、分布したのだということを反映しているのであろう。このように、土器はさまざまな属性を持つので、それを資料として製作者の特徴や社会構造を読み取ることができる。津軽海峡周辺地域で出土した土器の用途・製作者の社会的位置を整理すると次のようになる。

　擦文土器長胴甕・坏＝日常の調理・食膳具＝家族のために調理する者の製品

土師器長胴甕＝日常の調理用具＝家族のために調理する者の製品

　ロクロ土師器坏＝日常の食膳具＝ロクロを使う者の製品

　須恵器＝日常の食膳具・保存具＝ロクロや窯を使う者の製品

　この時期東北北部以北では、家族内労働の一環としての土器作りは女性がおこない、社会的労働としての土器作りは男性が従事したと考えられる。具体的に述べると、日常の食生活に欠かせない煮沸用具については、擦文土器も土師器もその製作者は女性であり、北海道では出土しないロクロ土師器坏を作った者は男性であったと推測できる。そうであれば擦文土器の分布は女性の移動を示すことになり、その範囲は瀬川（1996）が考えたように女性の婚姻関係があった地域と推定できる。津軽海峡の南北で相互に女性は行き来していた。ただし、擦文土器の出土量から考えるとその人数は多くはなかった。

　ロクロ土師器が作られた地域には、男性も土器を作る社会があり、擦文土器だけが作られた地域には、男性は土器を作らない社会があった。土器作りといっても、ロクロ土師器製作のような不特定多数に向けての労働と、家族内労働としての労働とでは、その社会における位置が異なるのである。

　そして流通したのは家族内労働による擦文土器ではなく、家族外労働の製品であるロクロ土師器や須恵器であった。その製品は流通することを前提に作られていたからこそ、特定の者だけがロクロ土師器や須恵器の製作者となったのである。ロクロ土師器や須恵器が作られた社会とそれが作られなかった社会とでは、社会構造が異なっていた。ロクロを用いて土器を作るとは、単に「発達した技術」なのではない。流通を前提とした社会、そして同一規格の製品を一定時間内に数多く作る必要がなければ不要な技術なのである。

　9世紀後半以降の東北北部と北海道とは、異なる構造の社会になっていたのである。ただし、渡島半島西南部および奥尻島あたりは、津軽地方との婚姻関係が結ばれることがあった。言葉がある程度は通じる地域だったのであろう。

(2) 土師器の定着が100年ずれる理由

　東北北部と北海道で後北C_2・D式や北大Ⅰ式といった続縄文土器が利用さ

れていたころ、両地域における土器の変化はほぼ同時に進行していた。しかし土師器の場合、その製作・使用の定着時期が、両地域では100年ほどずれていた。このような時間差が生じた原因は何であろうか。

続縄文土器使用期には、両地域の土器製作者はほぼ同じ社会的位置にあり交流も頻繁だった。しかし6世紀後葉〜7世紀前葉に土師器を用いた集落が東北北部で営まれた当初、両地域の土器製作者の交流はなかった。約100年後、北海道でも土師器が製作されるようになったが、坏の外面をミガキ調整する点は東北北部と共通であり、外底面をケズリ調整する東北中部以南の技術と異なる。そのころ、土師器坏の外面をミガキ調整する地域は東北北部・会津・信州であるが、隣接地域である東北北部からの影響を第1に考えるべきである。

後北C_2・D式・北大Ⅰ式までの続縄文土器製作者は類似した技術を持ち、互いの位置を交換できた。育児をおこなう関係で、自給自足的社会では日常の煮沸具である深鉢（長胴甕）の製作者は一般に女性であった。以上の条件を満たすのは婚姻により移動した若い女性である（松本2010）。一方、6世紀後葉〜7世紀前葉の土師器製作者は東北北部にのみおり、北海道には渡らなかった。その後、約100年間、両地域の土器製作者の交流が途絶えた。両地域は婚姻関係を結ばなくなっていたのである。これは、末期古墳の玉類を装身具として持つ被葬者をもとに考察した結果と一致する（第5章）。北海道ではアイヌ語系言語が利用され、東北北部ではやまと言葉が話されるようになっていた。

(3) 擦文土器の誕生と東北北部への拡散

しかし100年たって、7世紀末〜8世紀前葉になると再び両地域間の人的交流が活発になった。北海道に複数器種の土師器とカマド付竪穴住居を基本とした生活様式を持つ集落が出現したのである。生活様式全般が変化したことから、土器製作者個人だけではなく、集団による移住があったと考えられる。ただし、8世紀のうちには土師器が徐々に在地化し、9世紀に入るころには横走沈線を頸部全体に施す擦文土器に変わっていた。移住者自体が少なく、また婚姻関係については北海道内での関係が中心であり、東北北部の人々との関係の

継続は乏しかったことがその背景にあると推測できる。その結果3世代もするうちに、在地の世界観に根ざした土器、すなわち刻文が施された土師器である擦文土器が誕生していたのである。

東北北部での擦文土器の製作の開始は9世紀後半にならねばならなかった。そのころ東北北部の西側に大規模な集落が次々と造営された。擦文土器が当該地域で見られるにようになるのもこの時期であった。逆の見方をすれば、9世紀前半までは両地域の人々はあまり交流しなかったが、9世紀後半以降、徐々にそれが増えた。とくに10世紀中葉以降交易が頻繁になり、渡島半島西南部に「青苗文化」社会が成立したころ、東北北部でも津軽地方や下北地方などで、少量ではあるが擦文土器が一定量見られるようになった。

この背後には何があったか。前節でみたように、煮沸具といった日常生活の基礎となる土器の場合、自給自足的生活をおこなっていた社会ではその製作者は基本的には女性であった。東北北部と北海道南部がそのような社会であった時期、類似した土器が製作される範囲は婚姻関係があったことを示し、その範囲内における土器の変化が同時である場合、それは複数の共同体どうしでその関係が結ばれていたことを語るのである。ただしその関係はむしろ希であり、さらに南の地域に広がるということがなかったことを忘れてはならない。

第9章　蝦夷とは誰か

第1節　蝦夷と呼ばれた人々の移動

(1) 人口希薄期の東アジアと倭国

　東北北部では、1世紀末～6世紀ころまで非常に人口が少なかった。本書では人口希薄期と呼んだ（第4章参照）、本州島の大部分では弥生時代後期～古墳時代後期前半と呼ばれる時期にあたる。そのころは世界的に寒冷であった。その前半は、中国大陸においては魏・呉・蜀の3国が鼎立し、東アジア全体を見れば、小国家が中国周辺に生まれた時代である。日本列島では前方後円墳が造られ、新たな社会構造が生まれていた。そして4世紀後半には、朝鮮半島で高句麗が南下を始め、倭国も半島南部の百済や伽耶などとともに高句麗と戦った。高句麗の騎馬軍団と戦うために、倭国でも馬の使用が始まった。そして東アジアにおける小国家の衝突と、それらの国々の変容は7世紀まで続いた。

　この時期、日本列島にも中国大陸や朝鮮半島から人々が断続的に渡来した。5世紀にはさまざまな技術を持った人々が、主に朝鮮半島から渡ってきていた。馬飼、馬具の生産、須恵器の生産と利用は、専門の技術者の渡来で始まった。5世紀後半にはカマド付竪穴住居やカマドに掛ける甕や甑の使用なども各地の古墳文化社会に瞬く間に浸透した。これらは、朝鮮半島の影響を受けながらも、日本列島化して拡散した例である。

　外来の技術や思想の影響で新たに生まれた諸技術や生活様式が、5世紀後葉～6世紀初頭における日本列島各地での急激な集落遺跡の増加に伴って定着した。北部九州や中部高地および関東では、須恵器模倣坏で代表される須恵器模倣器種を含む新しい食器組成の流布といった現象が見られた。ただし、物質文化全般が置換されたのではないので、異なる文化体系に属す人々による居住

地の開拓、すなわち移住が実施された地域もあったが、多くのところでは移住者側の一方的な動きだけでなく、受け入れ側との共同の働きによる結果と考えられる。中部高地と関東における初期の須恵器模倣坏の内面処理の仕方の違いは、そういった面を反映している。またそれは、同時性や内容から、相互に関連を持つ現象だったとは思えるが、5世紀後葉段階では東北地方の大部分に須恵器模倣坏があまり入らないことから、一元的源からの組織的な移動といった動きではなかったことがうかがえる。

(2) 寒冷期における各地の適応

　新たな生活様式を持った人々が、馬を飼い、農耕をおこなうには、広大な土地が必要であった。特に中部地方や関東地方といった東日本地域では、水稲耕作に不向きな丘陵地が開拓された。そして、注意しておく必要があるのは、この現象がおこっていた古墳時代後期とは、この8,000年以内で最も寒い時期と評価される古墳寒冷期と呼ばれる時期であった点である（第4章参照）。

　3～7世紀までの東アジアで見られた、国家間の動乱の理由を、自然環境と社会環境の変化にあわせて単純化するならば、気候の寒冷化が、中国大陸内における国家群の編成を変え、それが周辺を脅かし、周辺諸国家の成立を促したように見える。毎年一定の割合で人口増加することが特徴である農耕社会が多く存在した東アジアでは、環境の変化に伴い、各地で、農耕・牧畜に適した環境の確保が必要になった。そのことが、国家間の動乱やその再編成の基盤にあったのである。農耕社会は、自然環境に能動的であり、農耕をおこなわない社会は、受動的であるという側面を持つ。能動的な社会は、自然環境の変化に対し、積極的に自然と社会を変え、適応しようとしたのである。

　一方、人口増加しないことを特徴とする狩猟採集民社会では、寒冷期の遺跡が減少、すなわち密度が低下し、現象としては拡散する。局所的に見れば、人口はさらに減少した。弥生時代後期～古墳時代中期に併行する時期、日本列島の東北北部では集落遺跡が不明となり、使われる土器も深鉢を主なものとする単純な組成となった。古墳寒冷期の前半、当該地域は人口希薄であった。そし

て、利用されていないかに見える広大な土地があったことが、農耕社会からの人口の流入を可能にした。この時期、東アジアでは広く人口の移動があり、列島でも農耕社会において人口の増加や移動があった。このような情勢のなかで、5世紀後葉、6世紀後葉～8世紀に、東北北部への移住がおこったのである。

(3) 東北北部への人々の移住の3つの波

　東北北部への人々の移住は、日本列島各地に前方後円墳が見られるようになる3世紀後半には見られなかった。最初に明確な移住が認められたのは5世紀後葉である。八戸市田向冷水遺跡にその痕跡があるが、他の地域への波及はなく、また継続することもなかった。ただしこれは、岩手県南部の奥州市胆沢区角塚古墳や奥州市水沢区の中半入遺跡といった、その周辺の同時代集落の造営と併行している。八戸市の例も含め、どれも沖積地周辺に立地しており、それらの造営はおそらく一連のことだったであろう。この時期の移住を第1の移住の波と呼ぶ（第59図）。古墳寒冷期と呼ばれる、この8,000年間で最も寒い時期のできごとである。

　第2の移住の波は6世紀後葉～8世紀に見られた。移住は6世紀後葉～7世紀までの群集墳の時代にあり、その後はそこから拡散した。夏にヤマセの吹く東北北部の東側に集落は造られた。第1の移住と違い、黒ボク土地帯の台地上など、水稲耕作には向かないが馬飼や雑穀栽培には適する土地が選ばれた。第1と第2の波とでは、移住した人々の目的もその出身地も違っていたと推測できる。6世紀後葉～8世紀前葉は、古墳寒冷期の最後の時期にあたる。移住者は、馬飼や雑穀栽培を生業とした、やや寒冷な地域からの人々であったろう。長野県域や群馬県域といった黒ボク土地帯を候補の一つに入れられる。

　山口 (1940) による東北地方における稗の作付面積図を基本にして、5世紀後葉～11世紀の地域区分をおこなってみた（第60図）。山口によれば、稗は稲の栽培に不適な次のような環境にも有利に栽培された。1) 冷害的気象条件になり易いところ（田稗・畑稗）、2) 冷水掛りの地帯（田稗）、3) 掛流地帯の水口（田稗）、4) 低湿地帯（田稗）、5) 高冷地帯（田稗・畑稗）、6) 旱魃

地帯（主として畑稗）、7）不毛地・瘦薄地（畑稗）、8）空閑地。また、稗は栄養も米や麦に劣らず、人間の食料以外に、家畜、養鶏等の飼料となり、東北地方のような牧馬地帯では馬糧として重視されていたとのことである。当時、奥羽産地の東側は畑稗が主であった。古代に比べれば品種や農業技術等の面で格段に改良が進んでいた20世紀前半でも、東北北部の東側は水稲ではなく稗が栽培されていた。群集墳の時代にも同様であったはずである。

　9世紀以降におこった移住を第3の波と呼ぶ。特に9世紀後半にピークがあ

第59図　東北北部・北海道南部への人々の移住の波 （松本2006―図92を一部改変）

第9章 蝦夷とは誰か　223

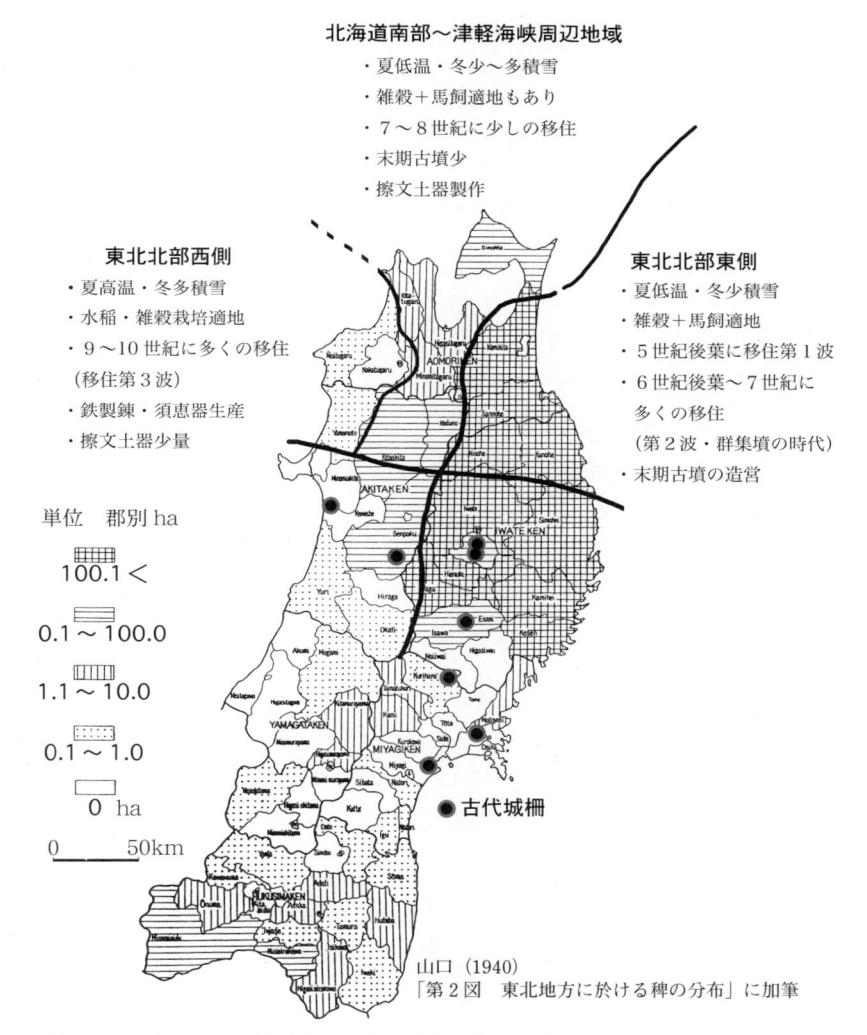

北海道南部〜津軽海峡周辺地域
・夏低温・冬少〜多積雪
・雑穀＋馬飼適地もあり
・7〜8世紀に少しの移住
・末期古墳少
・擦文土器製作

東北北部西側
・夏高温・冬多積雪
・水稲・雑穀栽培適地
・9〜10世紀に多くの移住
　(移住第3波)
・鉄製錬・須恵器生産
・擦文土器少量

東北北部東側
・夏低温・冬少積雪
・雑穀＋馬飼適地
・5世紀後葉に移住第1波
・6世紀後葉〜7世紀に
　多くの移住
　(第2波・群集墳の時代)
・末期古墳の造営

単位　郡別 ha
100.1 ＜
0.1 〜 100.0
1.1 〜 10.0
0.1 〜 1.0
0 ha

0　　50km

● 古代城柵

山口 (1940)
「第2図　東北地方に於ける稗の分布」に加筆

第60図　東北北部地域の東西の違い 自然・文化・社会 (松本 2006—図93を転載)

った。温暖なころであった。大規模な移住が見られたのは東北北部のなかでも水稲耕作に適した自然環境の地である、その西側の平野部周辺であった。50棟以上の住居が並ぶ集落がいくつもできた。第2の波の時期とは異なり、この移住は水稲耕作適地の開拓を目指していた。しかし大規模な移住は長くは続

かず、10世紀初頭までには集落の規模はかなり小さくなり、10世紀前半のうちにはその多くが途絶えた。ただし、小規模な集落が11世紀までは確実に存続した。

第2節　「えみし・えびす」と「えぞ」とアイヌ民族

(1)『風土記』のなかの「えみし・えびす」

　和銅6年（713）〜養老2年（718）ころに各地で編纂された『常陸国風土記』『豊後国風土記』『肥前国風土記』には、土地の古老の話として、景行天皇、ヤマトタケルノミコト、崇神天皇が土蜘蛛等、国に服従しない土地の人々を平らげるという記事が見られる。しかしながら、『続日本紀』では蝦夷が侵入してくることになっている常陸国の『風土記』にも、蝦夷のことはまったく記されていないことは第1章で述べた。

　一般に、『日本書紀』の記載をもとにして、東の「えみし・えびす」に対して、西の「くまそ」が征討されたことになっているが、ほぼ同時代に成立した『風土記』には、実年代も不明な古い時代に土蜘蛛、あるいは球磨贈於が討たれた記事が見えるだけであり、8世紀ころにそれらの人々がいたという記載はない。また、肥前には崇神天皇の時代に「西戎」が戦わずして自ら滅びたともある。西戎は「にしのえびす」と読まれるのだが、中国の用法に従い、中央であった畿内からみて西側にいる「まつろわぬ人々」を表現したのである。

　ところで、豊後、肥前の『風土記』は和銅年間の編集になる部分はほとんど残っておらず、天平4年（732）から数年の間に編述されたと考えられている。そして、記載内容および文章そのものが『日本書紀』に酷似する部分があることから、地方の記録ではなく『日本書紀』を典拠とした記述が多いことも認められている（秋本校注1958）。

　とりあえずここでは「くまそ」の実態について考えるわけではなく、「えみし・えびす」も「くまそ」、あるいは「土蜘蛛」も、8世紀当時にあっては『日本書紀』を記した人々以外には、その存在など意識もされていなかったこ

とを明確にしたいだけである。『風土記』の場合、どれもが、景行天皇や崇神天応などといった、5世紀後葉の雄略22代天皇よりも10代以上も古い天皇のころの話としてしか記されていないことから、それは十分理解できる。

　また、ここに示した『風土記』が編纂された地域は、現在の茨城県、大分県、佐賀県にあたり、遠いところどうしでは直線距離にして1,000km以上離れている。それらの地域に類似した内容が流布しているのはなぜであろうか。豊後と肥前の『風土記』の征討部分は『日本書紀』をもとに書かれた可能性があることをさきに述べた。『常陸国風土記』は『日本書紀』成立より古い記載である。各地の在来の存在を景行天皇らが征討したという話が中央から流布していたことを物語る史料として、『風土記』を用いることができる。景行天皇やヤマトタケルノミコトの活躍は、いわゆる日本神話として語られる部分でもある。神話とは、国家が作られるときに中央から意識的に流布されたものなのである。

　『風土記』という、地方の記録を典拠として書かねばならないはずの文書ですら、『日本書紀』の影響が大であったし、とくに各地の「まつろわぬ人々」に関する伝承については、各地での実話にもとづく伝承ではなく、むしろ中央からある時期に一斉に広められた可能性が高い。日本列島の東北の方角にいたという「蝦夷」は、まさに国を作る時期に意図的に創造された話なのである。

(2)「えみし・えびす」から「えぞ」へ

　このことについては拙著（2006）でも考察したが、本書の重要なまとめとなる部分でもあるのである程度詳しく述べておく。「蝦夷」表記は7世紀後葉の古代日本国の成立とともに生みだされた。蝦夷の存在は、独立した国としての構造が成立していることを、政治的・対外的に示すのに必要な装置であった。それは、仕掛けや工夫と言い換えてもいいのだが、それは公民とされた人々に対しても重要であった。非公民が誰であるかを示すことは国内の人々に対して公民が誰かを示すことであり、見えない国境線を引くことにもなった。

　第2章で記したように、「えみし」「えびす」「えぞ」は、古代日本国に属す

者たち、すなわち呼ぶ側がその時々で対象となる地域をある程度は決めて、そこに住む人々に対して一方的に用いた名称であった。したがって、表記された（呼ばれた）者と国との関係に変化があったとき、表記やその読みも変わっていた（第2章第2表）。ただし、7世紀後葉の「日本」国号成立よりも前の命名の場合には、畿内あたりに住む個人名にも用いられていた。このことは後に述べる。

第61図を用いて、「えみし」・「えびす」から「えぞ」への変化をまとめておく。『宋書』倭国伝に記された478年の倭王武による中国皇帝への上表文には、「毛人」が用いられているが、畿内あたりよりも東の地域に住む人々を、その概念に近い中国語に翻訳して一括してそう記していたにすぎない。『日本書紀』に「蝦夷」表記が登場する以前には、畿内よりも東の地域の人々を「えみし」と呼ぶ場合があったとしても、特定の集団を指していたわけではない。

その名残は人名に見られる。『古事記』『日本書紀』成立より前の史料を編集したとされる（家永三郎1976）『上宮聖徳法王帝説』では、大化元年（645）に自害したと伝えられるソガノエミシが蘇我毛人と表記されている。また、丁丑年（677）の造墓と記された小野毛人の墓誌が京都市左京区修学院町から発

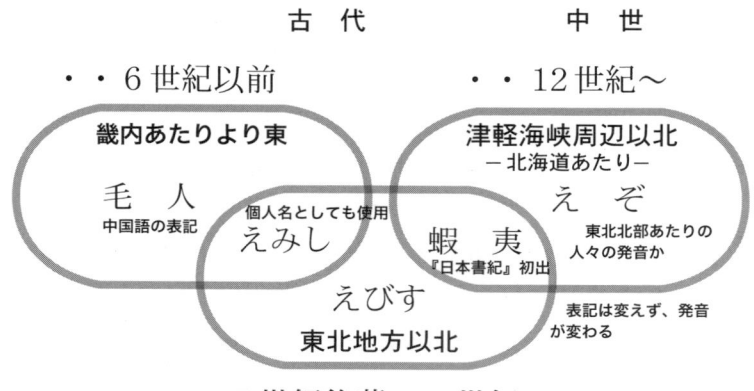

第61図　「蝦夷」表記が指す対象の変遷（松本2006―図95の一部を改変）

見されているが、その人物は7世紀初頭の遣隋使、小野妹子の息子である。天武天皇時代の太政官であるので、命名は、まだ「日本」国号が成立していない7世紀中葉であろう。これらの例からわかるように、少なくとも7世紀中葉より古いころは、「えみし」という音や「毛人」という表記が、日本列島の東北方に居住する異文化集団を指す名称として限定されていたわけではない。

しかしながらその後、蘇我毛人は、『日本書紀』で蘇我蝦夷と表記された。7世紀後葉に古代日本国が成立するころ、「蝦夷」表記が生まれ、それ以前に、やまと言葉である「えみし」を中国語に翻訳するさいには「毛人」と置き換えていたのを、『日本書紀』独自の表記である「蝦夷」と記すようになったのである。斉明天皇紀によれば、東夷についての知見を広く持っていたはずの中国にすら「蝦夷」についての知識はなかった。

東国や東北地方南部の人々が、それよりも北に住む人々を指して「えみし」と呼ぶ場合には「えびす」と発音されたのではなかろうか。それが「蝦夷」表記を生んだ背景にはあろう。

注意すべきは、変化したのは蝦夷等と記された対象の側ではなく、人々と国との関係であり、その関係を作り変化させていたのは国の側だということである。表記やその読みを次々と変えた古代日本国にとって、表記された人々の実態など重要ではなく、自らに都合のよい蝦夷像が描ければそれでよかった。

蝦夷とされた人々の中には、北海道を中心に居住していた後のアイヌ民族に連なる人々もおり、異なる言葉を話す者がいたことは事実であろう。だが、全人口から考えればそのような人々は少数であり、それにもかかわらず一部で全体を代表させていたのが、古代日本国が残した文字記録であった。

(3)「えみし・えびす」と「えぞ」の姿

「えぞ」という呼称は、11世紀にはすでに生まれていた（熊田1986）。また、海保（1987）で多数紹介されているように、12世紀の平安京貴族たちの歌の中に「えぞ」という表記が多く見られ、それは津軽半島以北の住民たちのことであることがわかる。東北北部以北の人々は、「えみし・えびす」と呼ば

れることはなくなっていた。おそらくこのような変化は 10 世紀のうちに進行していた。その背後にあるのは差別化であり、それは東北北部の地でおこった。

6 世紀後葉〜7 世紀にかけて東北北部の東側には、古代日本国の古墳文化社会の伝統を引く人々の移住がたびたびあった。7 世紀末〜8 世紀には、北海道南部への東北北部からの人々の移住もいくらかあった。しかしその移住は 8 世紀代にはひとまず終わり、9 世紀代に入ると東北北部の西側を中心にして別のタイプの移住が始まる。特に 9 世紀後半〜10 世紀前半に、津軽平野に臨む丘陵地の縁辺に大きな集落が造営された。移住が開始されたころは温暖期でもあり、地形から考えて、水稲耕作適地を開拓することを目的としていた。

だがそのような移住、そして開拓は北海道南部を目指さなかった。当該地域にロクロ土師器・須恵器・鉄の生産者がいなかったことがそれを物語る。そこが稲作適地ではないという自然条件の違いがその理由であろう。そして、9〜10 世紀の間に生じた両地域における住民の出自の違いが、「えみし」の地に住む人々と、「えぞ」と呼ばれた人々との乖離を生んだ。

「えみし・えびす」から「えぞ」への音の変化の背景を次のように推測する。「えみし」は畿内あたりの人々が用いていたやまと言葉中心地域の音であった。「えびす」は、東国の人々による「えみし」の発音で、7 世紀後葉に古代日本国が採用し、「蝦夷」という漢字表記を加えた。「えぞ」は 9 世紀以降に東北北部地方に入植した人々や、本来、日本国にその出自を持つ人たちが、さらに北に住む異なる言葉を母語とする人々を対象として呼ぶようになり、おそらく日本国の中央に住む人々に会話で伝えた呼称だった。漢字表記は付随していなかったので、表記する場合は「えぞ」あるいは「蝦夷」のままであった。ひらがなで記された和歌には「えぞ」が見える。「えぞ」は、古代日本国政府あるいは漢字を用いる人々が記録するために作った呼称ではなかったからこそ、7 世紀後葉に、「毛人」に代わって、実際の音に近づけた「蝦夷」表記を作る必要があったのとは異なり、新たな漢字表記は生まれなかった。

9 世紀中葉に、北海道南部には土師器に刻文が施された擦文土器が出現したが、東北北部においては津軽地域や下北半島の一部を除いてその土器は出土し

ていない。この擦文土器の分布は、浪川健治（1992）が示した近世におけるアイヌ民族の分布に似る。人々は津軽半島と下北半島以北の地に住んでいた。

後にアイヌ民族になる人々と和人意識を持つ人々との乖離は、東北北部西側に集落が増加するころに始まった。多くの移住者は北海道の人々に会うこともなかったので、あまり意識はしなかったであろう。しかし、札幌市サクシュコトニ川遺跡や余市町大川遺跡から9世紀後半のロクロ土師器が出土していることからわかるように、両地域の人々は少しずつ交流を持っていた。擦文文化の担い手たちと接触するうちに、東北北部の人々は自らと北海道の人々との違いを強調し始めた。それが決定的になるのは、擦文土器が東北北部で出土するようになる10世紀中葉以降のことである。渡島半島に擦文文化の集落が営まれ、以前よりも鉄器や須恵器などが北海道に運ばれる量が増えた時期であった。

そして最後に強調しておくが、北海道の人々との違いを強調した東北北部の人々こそが、平安京の側から見れば、この時期の「えびす」そのものであった。しかしながらその人々は、出自も意識も古代日本国の人間であり、「えぞ」はさらに北の北海道にいると考えていた。

(4)「えみし・えびす」と「えぞ」とアイヌ民族

それでは、近世以降のえぞ（蝦夷）、すなわちアイヌ民族は、擦文文化の担い手たちの末裔であろうか。ところで、考古学で言う「〜文化」とは、あくまでも物質文化にもとづいた括りであり、文化人類学や社会学で用いられる文化概念とは異なる。そして、「われわれ意識」「われわれへの帰属意識」（後には同族・共属意識と記す）として構成者自らが共有する意識（山内昌之1994）にもとづく民族という概念とも別の枠組みに属する。例えば、日本民族意識を持つ人々の文化複合といっても、21世紀の大都会の構成者のものと、20世紀前半における人口希薄地域の構成者のものとでは、相当に違っており、考古学的には別の「〜文化」に分ける必要があることになるのである。アイヌ民族についても、近世と現代とでは物質文化を中心とした要素には大きな違いがある。

一方、時代を問わず、同一民族で共通と考えられるのは、言語や同族・共属

意識であろう。ただし、21世紀の今日、アイヌ語の話し手は減少するばかりであり、同一言語を母語とすることによる客観主義的同族意識は消滅するかに思える。しかし主観主義的な同族意識は存続している。そこで、松本（2006）でも述べたことであるが、同族意識の基礎にもなり得る、アイヌ民族の神話をもとに、民族意識がどこまで遡れるのかを考えておく。

　知里（1976；228-229頁）によれば、稗および粟のことをアイヌ語ではアイヌ・アマムと言う。「アイヌ（人間）の穀物」の意味である。それに対し、米はシサム・アマム、すなわち「隣人の穀物」であり、その隣人は南の地域の隣人であり、本州島以南の人々のことと理解できる。また、知里は同書229頁で「人間の始祖オキクルミ（Okikurumi）が、天界のヒエの種を盗んで、自分の脛を切り裂き、その中え隠して天降ったのが此の世のヒエの起源であるとする神話もある通り、アイヌわヒエを以て太初から存在すると考えている。従って、あらゆる穀物の中でこれを最もこれを尊び、晴の日の食糧として粢や酒に造り、また遠く旅する際わ、身の守りとして少量でも鞄の中え入れて携える習いである」と記している。アイヌ民族が尊んでいるのは稗なのである。明治期に北海道に入植した日本人が稲の栽培に手を尽くすのと好対照である。

　そして注目すべきは、アイヌ民族が稗などの栽培をおこなう存在を人間（アイヌ）と考えている点である。すなわち農耕をおこなうようになってからの人々こそを同民族と意識できるかもしれないということである。アイヌ・アマム、シサム・アマムの語がいつ誕生したのかはわからない。それでも、稗・粟などの栽培が開始された時期以降の人々を現代のアイヌ民族が同じ民族と意識できるのであれば、その時期を考古資料によって掘り起こしてみよう。東北北部を介して、千歳市丸子山遺跡に雑穀栽培を含む文化複合が見られるようになった7世紀末～8世紀初頭ころから、札幌市サクシュコトニ川遺跡（稗、粟、大麦などが出土）を代表とする9世紀中葉ころ、すなわち刻文の擦文土器が生まれた時期までに当たる、アイヌ・アマムを栽培するようになった時期以降を、アイヌ民族に連なる時代と言ってよいことになろうか。

　ただし、これは、8世紀当時の人々が自ら、「民族」として括られる集団の範

囲を認識していた、あるいは意識していたと言っているわけではない。あくまでも、現代的な、「民族」にこだわった視点から述べてみたのである。

第3節　蝦夷とは誰か

(1) アイヌ民族に繋がる人々は誰か

　前節で見たように、民族概念を用いるならば、アイヌ民族共有の「われわれ意識」、すなわち主観主義的同族意識の基礎を支える主要な属性は、北海道における土師器使用期～擦文土器使用期初期の間に生まれていたと考えることができる。ただしそれはあくまでも主観的な意識の問題である。近代に始まったような民族意識、すなわち第1に言語をあげることができるような、客観的に把握できる属性にまで広げてしまえば、縄文時代までさかのぼらせることも可能である。しかしこれには注意が必要である。それは、主観から離れた第三者が述べることだからである。本書では、知里が述べた稗や粟栽培の起源神話によって考えられる範囲を、アイヌ民族の主観主義的同族意識を持てる範囲としておく。

　これを表明することは、同時に5世紀に成立していた海獣狩猟民によるオホーツク文化の担い手とアイヌ民族とを分けることになる。オホーツク文化人はブタやイヌを飼育してはいたが、海獣狩猟民であり農耕民ではなかった（天野2003）。稗や粟の栽培後アイヌ（人間）が生まれたというような起源神話が語られることはなかったはずである。オホーツク文化の住居は平面形が五角形であり、カマドを持たないものが基本であった。それは稗などの栽培が始まって以来、古墳文化社会のものと同様の平面形が四角形でカマドを持つ住居を築造するようになった北海道中央部以南の人々の生活様式とは異なっていた。アイヌ民族へと連なる人々は、その生活の基礎である住居を、道東の人々のものではなく本州島の人々のものと共通にしていたのである。

　しかし、オホーツク文化の人々と関係がなかったわけではない。独自の土器や住居を持っていたのは9世紀前半までで、9世紀後半～11世紀には、住居

や土器に擦文文化の担い手たちとの交流の結果生まれたと解釈されているトビニタイ文化が道東に誕生していた（大西秀之 2007）。土器は深鉢であり、女性が製作者であると推定される。オホーツク土器と擦文土器との両方の属性が見られるトビニタイ土器は両文化の土器製作者の交流の結果を示し、これは本書第 8 章で説明したように婚姻関係があったことを物語るのである。トビニタイ文化は道東に限定されるのでその比率は高くはないが、アイヌ民族に連なる人々のなかにはオホーツク文化に出自を持つ人々もいることになるのである。

ところで、北海道で稗などの栽培が始まったのは 7 世紀末〜 8 世紀頃であった。それは東北北部からの移住者が伝えた技術であったと考えられるのであるが、その後、北海道と東北北部の住民との乖離が 9 世紀後半に始まり、10 世紀中葉以降にはその差はさらに大きくなっていた。9 世紀後半ころ、東北北部の西側に入植した人々は、北海道の人々のことをあまり知らなかった。人々は古代日本国領域からの移住者であり、それまで北海道の人々との関係を持ってなかった。その後、10 世紀後半以降に北海道の人々との交易が活発になり、東北北部の人々は北海道の住民との違いを強く意識したのであった。

次に言語について考える。水稲耕作が可能な地域を開拓することを目的として、9 〜 10 世紀前半に東北北部西側に移住してきたのは、やまと言葉を話す人々であった。それに対し、そのころ成立した擦文土器を用いる人々は近世アイヌ語に直接連なる言葉を話す人々であったろう。9 世紀中葉〜 10 世紀前葉には、両者が互いの違いをおおいに意識する素地はできていた。両地域の人々の接触の結果、「えみし・えびす」と別の、「えぞ」という呼称が生まれたのであろう。それは、鍛冶の痕跡が北海道一円で見られるようになる 10 世紀後半以降のことであった。そしてその情報が、東北北部の人々を介して平安京に伝わったのである。この呼称も、北海道の住民の自称ではなかった。

最後に重要な点を述べておく。「えみし・えびす」も「えぞ」もそう呼ばれた人々の自称ではなかったという点である。アイヌ民族の「アイヌ」ですら本来は「民族」の自称ではない。日本人がアイヌ語の「ヒト」を指す言葉を使って、北海道に住む人々に対して付けた名前である。すなわち、集団を指す呼称

としての「えみし・えびす」「えぞ」「アイヌ」の３つは、その時々に日本国側が付けた名称である。日本国の人々に、北の地域の人々を呼ぶ必要があったがゆえに、その時々の時代的要請に合わせてその都度付けた名称なのであった。

「倭」は中国が記した名称であったが、「日本」という国号を、ある時期に自ら対外的に表明したことを忘れてはいけない。自ら付けた国号を主張したのは、自国の歴史を記し始めたときでもあった。アイヌ民族も、自らの歴史を記すとき、その民族の自称が使われ、同時に「民族」の範囲が決まることになろう。ただし、名称の成り立ちがいかなるものであったかは別として、20世紀後葉以降、アイヌ民族自らが「自分たち」のことを「アイヌ民族」と表記するようになった。本書でも「アイヌ」を民族名としても用いている。

(2) 蝦夷の姿

　蝦夷の外見について形質人類学の成果を紹介しながら少し述べておく。正式報告はないが、下北半島の青森県下北郡泊村大穴洞窟から古代の人骨が出土した（鈴木　尚 1956）。人骨を含む層から出土した土器類についての鈴木の記述によれば、それは土師器の特徴を備え、7～11世紀の間の製品であると判断できる。鈴木は頭骨の写真を示し、「日本人遺骨」（192頁）と結論づけた。

　南津軽郡尾上町李平下安原遺跡の土坑墓（61号土壙）から、壮年期女性の人骨が検出された（青森県教委 1988）。墓は10世紀初頭の土師器を伴う112号住居より新しく、11世紀代の土師器を含む111号住居に切られる。10世紀後半を中心にその前後の時期の埋葬であると推定できる。形質人類学的な観察の結果、その女性には「アイヌの特徴は認められなかった」（森本岩太郎 1988：481頁）と報告された。発掘調査にもとづく例であり、貴重である。

　以上の２例が、これまで知られている古代の東北北部居住者の出土例のすべてである。一例は洞窟から、もう一例も墓域ではなく、住居密集地からの出土である。しかも後者は、古い住居の床面を掘込み、さらに新しい住居の下になるように造られた墓である。どちらも、特殊な事情があった例かもしれない。しかしながら、例えば異なる出自のもののみを別の葬法としたとも考えら

れないので、それぞれ、当時の居住者の一人であったことを確認しておく。

　また、東日本縄文・北海道アイヌ・古墳時代人（北部九州・関東・東北）・江戸時代人（北部九州・関東・東北北部）の頭骸形態の分析および統計的研究によると、アイヌ民族が最も縄文的な形質に近く（第63図）、東日本域では、どの時代にあっても縄文的な人も後の日本人的な人もおり、前者の比率は関東

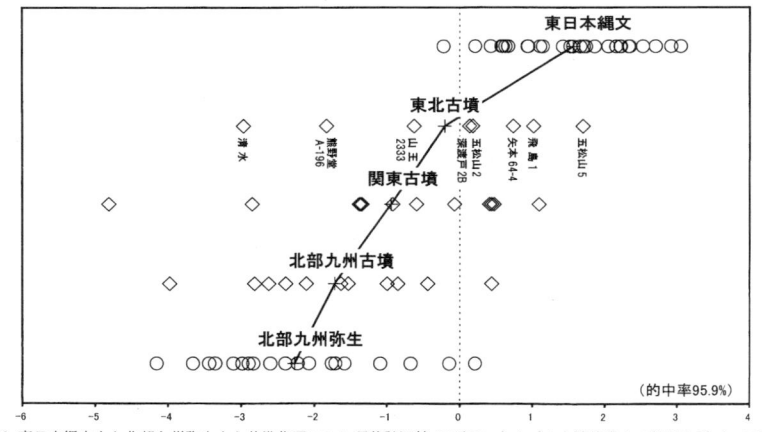

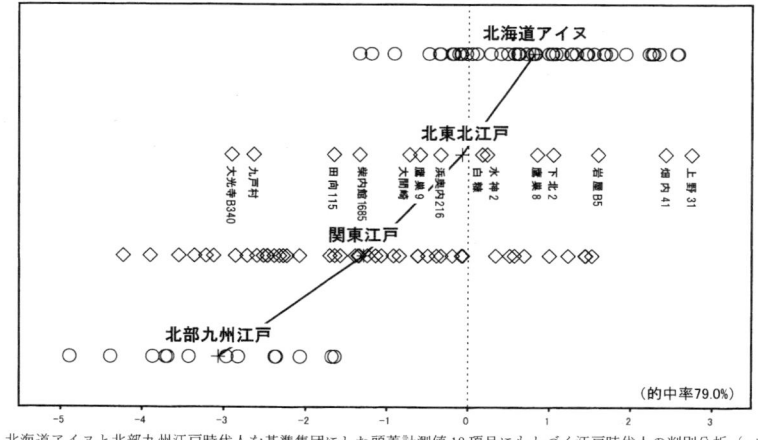

第62図　古代・近世の人々の頭骸の形質的差異（川久保・澤田・百々2009—図4・5を転載）

第 63 図　頭蓋形態小変異 6 項目にもとづく統計的分析結果
（川久保・澤田・百々 2009 －図 8 を転載）

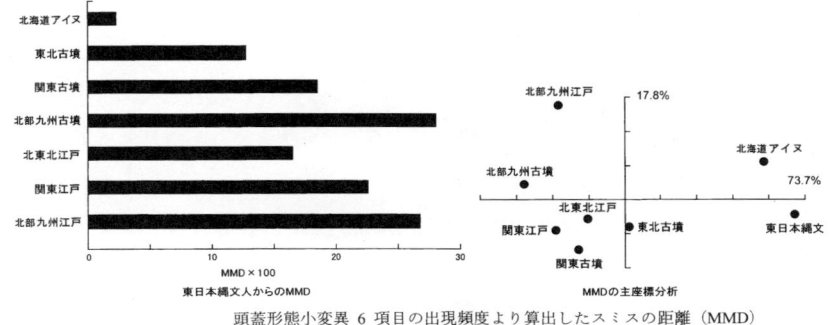

地方よりも東北地方が高いが、全体的にはどの地域も日本人的であることがわかった（第 62 図、川久保・澤田・百々幸雄 2009）。この研究の優れているところは、利用できる人骨試料のほとんどすべてを用いたという点であり、それにもとづく結果であるから信頼度は非常に高い。そしてこれは、埴原和郎（1994）で提唱された「日本列島人の二重構造モデル」を支持する内容であった。

　二重構造モデルとは、日本列島上にはもともと南方系の出自を持つ縄文時代人がおり、北方系の形質的特徴を持つ人が弥生・古墳時代に移住し混血が進み、徐々に現在の日本列島人が成立したという説である。現在では、DNA 研究などにより、縄文時代人が南方系ばかりでないことがわかっているが、古い形質を持つ縄文人がおり、その後新しい形質の人々が断続的に流入し、ハイブリッドとしての日本列島人が成立するという点は大筋としては間違いない。

　ただし、埴原（1995）では『日本書紀』の斉明天皇紀における蝦夷の外見についての記載をもとに、蝦夷は在来の縄文系集団の子孫であったと推測している。「現代的意味でのアイヌでも和人でもなく、それらが分離しつつあった中間段階の人々だったと考えられる」（同書 295 頁）と述べており、蝦夷という確固たる存在があったと考えている。これは古代の文献に捕われた見方であり、仮に古代の文献が存在せず考古資料および人骨だけで日本列島上の人々の

形質の変化過程を述べるならば、別になったであろう。それに対し、前掲の川久保・澤田・百々（2009）は、文献で述べられたような実態があったとして蝦夷を考える場合と、蝦夷が概念上の存在であるとした場合とでは、「蝦夷がいかなる形質であったか」の評価が違ってくることを踏まえた記載となっている。

　日本列島上にはもともと縄文人がいた以上、後に新しい形質の人々の流入があり混血が進んだとしても、どちらかの形質の特徴を示す人はどの地域にも存在した。第62図はそれをよく示している。したがって、例えば東北地方の古墳人のうち縄文的な形質の人が蝦夷であるなどとは言えない。関東地方の古墳人にも縄文的な人がいるが、その人を蝦夷の系統だとは言えないであろうし、江戸時代の関東人にはアイヌ民族に近い形質の人々は多数いるが、それだけでその人々がアイヌの系統だと言えないというのは理解できるであろう。

　蝦夷であるか否かの評価は、客観的事実にもとづくのではなく、古代日本国政府の創作だった。畿内から遠く、中央の人間には簡単にはわからない東北地方以北の歴史的環境を上手に使ったものであった。

(3) 蝦夷と呼ばれた人々の出自

　本書第2章で見たように、東北北部は1世紀末〜6世紀ころにかけて人口が希薄であり、そこでの人々の生活の実態はほとんど知られておらず、むしろ、さらに北の地域の人々との繋がりが濃いと認識されていた。斉明天皇紀では、蝦夷を3種に分け、最も遠くの人々を蝦夷ではなく都加留と呼んだ。現在の地理的知見に照らせば蝦夷が居住していたのは東北地方であり、東北北部以北の人々を都加留の範疇に入れていた可能性があった（第1章）。

　しかしその後、6世紀後葉〜7世紀になり、突然、群集墳の時代の古墳文化社会に見られたものと類似する住居や土器などを持つ集落が増加し始め、人口も急増した。このような急激な変化は、人口が増加しない狩猟採集民の生活様式や思想から生まれたとは思えない。本書では、そこに古墳文化社会の担い手たちの移住があったと見た。換言すれば、『日本書紀』等の古代日本国の正史において蝦夷と呼ばれた人々は、古代日本国領域からの移住者であった。

根拠は次の5つである。1. 狩猟採集民が住んでいた人口希薄地帯における急激な人口の増加。2. それまで集落の造営地とされていなかった条件の場所での集落の急増。3. 馬の飼育。4. 群集墳の時代の古墳の範疇に入る末期古墳の造営。5. 生活様式全般の突然の変化。

仮に、人口に変化がなく、生活様式が少々変化しただけであれば、移住を考えることはない。しかし、6世紀後葉～7世紀以降の東北北部東側、9世紀後半以降の東北北部西側では、人口希薄地帯において、突然人口が増えた。それも、狩猟採集民社会と見られていた地域で、である。何か、大きな変革がなければおこらない現象である。それを南からの人々の移住と捉えたのである。

そして、この8,000年間で最も寒冷な時期に、夏に涼しく稲作農耕に向かない土地を選んで移り住んだ第2の移住については、その主人公たちは、古代日本国領域でも東北地方南部から中部地方の東山道地域の山間地あたりの、比較的寒冷な雑穀栽培地域の出であったと考えた。

第3の移住については、北陸から出羽といった日本海側の水稲耕作地域、それに大戸窯のある会津あたりがその源の候補に入れられる。律令体制が崩壊し、富豪層が出現したころであり、列島各地にそれに関連した集落が多数造営された時期である。東北北部への人々の動きもそれに連なるであろう。10世紀後半に見られる「防御性集落」はまさにそれにかかわる人々の施設であり、その地域に独自のものではなく、むしろ武士に連なる人々がいたことを示す。東北北部の地が、富豪層の富の源泉となっていたことの現れなのである。

したがって、蝦夷と呼ばれた人々の出自を問われたならば、縄文時代以来の在来の系統の人々も少しはいたはずだが、大部分はやまと言葉地域からの移住者だったと答えるほかはない。

しかし、以上に述べたのは実態についてである。序章で見たように蝦夷表記は日本国号と対になって生まれた。古代日本国も実態の前にまず概念である。蝦夷は誰であったか、この問いへの回答としては、考古資料で説明できるような実態の話だけでは不十分である。次章以下にもう少し考える。

第10章　蝦夷と征討記事

第1節　古代日本国の正史における蝦夷征討

(1) 古代日本国の記した蝦夷征討記事

　本書で述べてきた蝦夷像は、これまでの多くの蝦夷研究の結果とはあまりに違いすぎるかもしれない。特に、古代日本国に抵抗する存在としての蝦夷といった姿は、本書の記載からほとんど読み取ることはできなかったであろう。『続日本紀』中で、とくに桓武天皇の時代、すなわち8世紀後葉に、古代日本国軍との間で激しい戦闘を繰り返したことになっていた蝦夷であったが、東北北部にほとんど集落が知られていない6世紀中葉ころまでそこに住んでいた人々には、戦う理由もなければ、そのような手段で自分たちの意志を認めさせようなどという思想もなかった。

　6世紀後葉～7世紀前葉以降、飛鳥時代併行期に東北北部の東側に古墳文化社会から移住者が入ってきてからは、武力を備え、戦闘によって問題を解決するといった思想の持ち主も増えたことになるが、少なくともそれより前には「国」などという概念を理解している者はいなかった。その後ですら、ほとんどいなかったであろうが。したがって、積極的に「古代日本国」を脅かそうと考えた人々がいたとは思えない。次に、史料を見てそれを確かめておく。

　第17・18表は、古代日本国の正史のうち蝦夷の記載が見られる『日本書紀』『続日本紀』『日本後紀』、および六国史をもとにして編纂された『日本紀略』『類聚国史』等から、「蝦夷」あるいはそれに類する名称が登場する記事をすべて抜き出し、内容ごとにまとめ、年代順に並べたものである。法令集である『類聚三代格』からも、戦闘記事となんらかの関連が見られるものをいくらか載せた。これらは、平安時代以前の蝦夷に関する基本史料である。

第10章 蝦夷と征討記事

第17表 古代日本国の史料に描かれた蝦夷 (1)

年 代	朝 貢	帰 順	饗応・位禄授与
神武天皇			
景行天皇27年2月			
景行天皇40年6月			
景行天皇40年10月		蝦夷は戦わずに服従	
景行天皇56年8月			
応神天皇3年10月3日	東の蝦夷がみな朝貢		
仁徳天皇55年			
雄略天皇23年8月			
敏達天皇10年(581)2月			
舒明天皇9年(637)3月2日			
皇極天皇元年(642)9月21日		越の辺境の蝦夷数千人が帰服	
皇極天皇元年(642)10月12日			蝦夷に朝廷で饗応
皇極天皇元年(642)10月15日			蘇我蝦夷が蝦夷を慰問した
孝徳天皇2年(646)1月		蝦夷が帰順した	
斉明天皇元年(655)7月11日			越/陸奥の蝦夷を饗応。柵養蝦夷/津軽蝦夷に位授与
斉明天皇4年(658)4月			渡嶋の蝦夷を饗応
斉明天皇4年(658)7月4日	蝦夷が朝貢		饗応。柵養蝦夷、渟代群、津軽郡の蝦夷に位を授与
斉明天皇5年(659)3月17日			越、陸奥の蝦夷を饗応。
斉明天皇5年(659)			飽田、能代、胆振さえの蝦夷を饗応
天智天皇7年(668)7月			蝦夷に饗応
天智天皇7年(668)8月			蝦夷に饗応
天武天皇11年(682)3月			陸奥国の蝦夷に爵位
天武天皇11年(682)4月22日			
持統天皇2年(688)12月12日			蝦夷に饗応、冠位の授与
持統天皇3年(688)7月23日			越の蝦夷、八釣魚らに物を賜わる
持統天皇10年(695)3月12日			越の渡嶋の蝦夷と粛慎に錦、紺色の袴、斧など授与
文武天皇元年(697)10月19日	土地産物		
文武天皇2年(698)10月23日	土地産物		
和銅2年(709)3月5日			
和銅3年(710)1月1日	朝賀に参列		
和銅3年(710)1月16日			蝦夷ら位禄を賜わる
和銅3年(710)4月21日		陸奥の蝦夷、君性を賜わり、願いどおり公民となる	
和銅5年(712)9月23日			
霊亀元年(715)1月1日	陸奥・出羽蝦夷、土地産物		
霊亀元年(715)1月15日			蝦夷に位階を授与
霊亀元年(715)10月29日		陸奥蝦夷、閇村蝦夷、願いどおり公民となる	
霊亀2年(716)9月23日			
養老元年(717)2月26日			
養老2年(718)8月14日	出羽・渡嶋蝦夷、馬千疋		出羽・渡嶋の蝦夷、位禄の授与
養老2年(718)8月14日			
養老3年(719)7月9日			
養老4年(720)9月28日			
養老5年(721)6月10日			
養老6年(722)4月16日			蝦夷征討に功績のあった蝦夷に勲位を授与
養老6年(722)4月21日			
養老6年(722)8月29日			
養老7年(723)9月17日			蝦夷征討に功績のあった蝦夷に位と褒美を授与
神亀元年(724)2月25日			
神亀元年(724)3月25日			
神亀2年(725)1月4日			
神亀2年(725)3月17日			
神亀4年(727)12月29日			
天平2年(730)1月26日		陸奥国の田夷村の蝦夷を公民とする	
天平8年(736)4月29日			陸奥・出羽の帰順した蝦夷に爵位を授与
天平9年(737)4月14日		軍勢で攻めるのは夷狄を教え論じ帰順させるため	
天平宝字2年(758)6月11日		陸奥国、帰順した夷俘に水田を与え、王民にする	
天平宝字2年(758)12月8日		帰順した蝦夷らも桃生城、雄勝城造営に参加	
神護景雲元年(767)10月15日		吉弥侯部真麻呂は蝦夷をすなおに服従させた	
神護景雲元年(767)11月8日		出羽国の俘囚が雄勝城への服属を願い、許す	
神護景雲3年(768)1月2日	陸奥蝦夷朝賀に参列		
神護景雲3年(768)1月17日			陸奥蝦夷に位と褒美を授与
神護景雲3年(768)2月17日			
神護景雲3年(768)11月25日		陸奥国牡鹿郡の俘囚を、願いどおり公民とする	
宝亀元年(770)4月1日		陸奥国の俘囚3920人を、願いどおり公民とする	
宝亀元年(770)8月10日			
宝亀3年(772)1月1日	陸奥・出羽蝦夷朝賀に参列		
宝亀3年(772)1月16日			陸奥・出羽蝦夷に位と褒美を授与
宝亀3年(772)10月11日			

年代	争乱・征討	移住政策	その他
宝亀5年(774)7月25日			
宝亀5年(774)8月24日			
宝亀6年(775)3月23日			
宝亀6年(775)11月15日			
宝亀7年(776)5月2日			
宝亀7年(776)9月13日			
宝亀7年(776)11月26日			
宝亀7年(776)11月29日			
宝亀8年(777)3月29日			陸奥の蝦夷で投降する者が相継ぐ
宝亀8年(777)4月			
宝亀8年(777)12月14日			
宝亀8年(777)12月26日			
宝亀11年(780)2月2日			
宝亀11年(780)3月22日			
宝亀11年(780)6月28日			
宝亀11年(780)7月22日			
宝亀11年(780)12月10日			
宝亀11年(780)12月27日			
天応元年(781)6月1日			
天応元年(781)9月26日			
天応元年(781)10月16日			軍功のあった蝦夷に位階を授与
延暦元年(782)5月20日			
延暦2年(783)4月15日			
延暦6年(787)1月21日			
延暦6年(787)5月5日			
延暦7年(788)3月2日			
延暦7年(788)3月3日			
延暦8年(789)3月9日			
延暦8年(789)5月12日			
延暦8年(789)6月3日			
延暦8年(789)6月9日			
延暦8年(789)7月17日			
延暦9年(790)5月5日		陸奥国、遠田公押人の願いどおり公民とする	
延暦13年(794)6月13日			
延暦17年(798)6月21日		相模/武蔵/常陸/上野/下野/出雲、帰降蝦夷へ禄授与	
延暦20年(801)9月27日			
延暦21年(802)4月15日			
延暦21年(802)6月24日			
延暦21年(802)7月25日			
延暦24年(805)12月7日			
弘仁2年(811)7月29日			

※ 695年まで『日本書紀』、790年まで『続日本紀』、798年は『日本紀略』

第18表　古代日本国の史料に描かれた蝦夷 (2)

年代	争乱・征討	移住政策	その他
神武天皇	東夷の物語中、愛瀰詩を討つ		
景行天皇27年2月			武内宿禰、東国の日高見国の蝦夷を討つべし
景行天皇40年6月	東国の蝦夷が叛き辺境が動揺		
景行天皇40年10月			
景行天皇56年8月	東国の蝦夷を討つ		
応神天皇3年10月3日			蝦夷に廐坂道を造らせる
仁徳天皇55年	蝦夷が叛いたので討つ		
雄略天皇23年8月	吉備国で蝦夷が付近を侵略		
敏達天皇10年(581)2月	蝦夷数千人が辺境を犯す		
舒明天皇9年(637)3月2日	蝦夷が叛き入朝せず、蝦夷を討つ		
皇極天皇元年(642)9月21日			
皇極天皇元年(642)10月12日			
皇極天皇元年(642)10月15日			
孝徳天皇2年(646)1月			
斉明天皇元年(655)7月11日			
斉明天皇4年(658)4月	阿部比羅夫軍180艘を率いて蝦夷を討つ		
斉明天皇4年(658)7月4日			
斉明天皇5年(659)3月17日			
斉明天皇5年(659)			中国皇帝に蝦夷を紹介
天智天皇7年(668)7月			
天智天皇7年(668)8月			
天武天皇11年(682)3月			
天武天皇11年(682)4月22日			越の蝦夷、70戸で1郡
持統天皇2年(688)12月12日			
持統天皇3年(688)7月23日			
持統天皇10年(695)3月12日			
文武天皇元年(697)10月19日			
文武天皇2年(698)10月23日			
和銅2年(709)3月15日	陸奥・越後の蝦夷を討つ		

第10章　蝦夷と征討記事

年月日			
和銅3年(710)1月1日			
和銅3年(710)1月16日			
和銅3年(710)4月21日			
和銅5年(712)9月23日	北辺の夷狄を討つ		出羽国の設置
霊亀元年(715)1月1日			
霊亀元年(715)1月15日			
霊亀元年(715)10月29日			
霊亀2年(716)9月23日		出羽国に近隣国の民を移す	
養老元年(717)2月26日		出羽国に他国の民を移す	
養老2年(718)8月14日			
養老2年(718)8月14日			
養老3年(719)7月9日		出羽柵に東海・東山・北陸の民を移す	
養老4年(720)9月28日	陸奥国蝦夷が反乱、按察使を殺害		
養老5年(721)6月10日	太政官、陸奥や筑紫の辺境ではしばしば戦乱		
養老6年(722)4月16日			
養老6年(722)4月21日	辺境の民が賊の侵略を受ける		
養老6年(722)8月29日		陸奥鎮所に棚戸を置く	
養老7年(723)9月17日			
神亀元年(724)2月25日		陸奥鎮守の軍卒、本籍を陸奥に移し家族を呼ぶ	
神亀元年(724)3月25日	海道蝦夷反乱、大掾を殺害		
神亀2年(725)1月4日	陸奥蝦夷の捕虜を伊予、筑紫、和泉の監に置く		
神亀2年(725)3月17日	常陸国、蝦夷に裏切られたものへの税免除		
神亀4年(727)12月29日	渤海の使者、蝦夷の地に漂着、16名殺害される		
天平2年(730)1月26日			
天平8年(736)4月29日			
天平9年(737)4月14日			
天平宝字2年(758)6月11日			
天平宝字2年(758)12月8日			
神護景雲元年(767)10月15日			
神護景雲元年(767)11月8日			
神護景雲3年(768)1月2日			
神護景雲3年(768)1月17日			
神護景雲3年(768)2月17日		桃生城、伊治城周辺への移住を勧める	
神護景雲3年(768)11月25日			
宝亀元年(770)4月1日			
宝亀元年(770)8月10日	蝦夷、宇漢迷公宇屈波宇らが賊地に逃げ還る		
宝亀3年(772)1月1日			
宝亀3年(772)1月16日			
宝亀3年(772)10月11日			下野国から人民が陸奥国に逃亡
宝亀5年(774)7月25日	海道蝦夷、桃生城に侵攻		
宝亀5年(774)8月24日	蝦夷を討つ		8月2日東国に援軍派遣を命じる
宝亀6年(775)3月23日	陸奥蝦夷が騒ぎ、人民は砦にこもり田畑が荒廃		5月27日陸奥国で綿製の甲冑を造らせる
宝亀6年(775)11月15日	降伏した蝦夷が再び桃生城を侵攻		10月13日出羽国の警備に、相模国などから鎮兵派遣
宝亀7年(776)5月2日	出羽国志波村の賊が反逆し出羽国と戦う		志波村に東国から騎兵を派遣
宝亀7年(776)9月13日		陸奥国の俘囚を太宰府管内に分配	7月14日東国から船50隻を購入し、陸奥国に配備
宝亀7年(776)11月26日	陸奥国胆沢の賊を征討		10月11日征夷の疲弊から陸奥国の田租を免除
宝亀7年(776)11月30日		陸奥国の俘囚を太宰府管内や讃岐国に分配	
宝亀8年(777)3月29日			5月25日東国・越より出羽国に甲を送る
宝亀8年(777)4月	陸奥国で山海両賊を討つ(9月の記事)		
宝亀8年(777)12月14日	志波村の賊が蝟のように集まり、悪さをする		9月15日征夷の疲弊から陸奥国の調庸・田租を免除
宝亀8年(777)12月26日	出羽国の蝦賊が反逆		
宝亀11年(780)2月2日	賊の来襲が止まない		胆沢に覚繁鷙城造営を計画
宝亀11年(780)3月22日	多賀城を焼く		
宝亀11年(780)6月28日	征討の引き延ばし		5月鎮所へ甲を輸送、糒を準備、兵士の募集
宝亀11年(780)7月22日	征討の引き延ばし(10月29日の記事に記される)		兵士の募集、糒の準備
宝亀11年(780)12月10日	虫のようにうごめく蝦夷、隙をついた害悪		
宝亀11年(780)12月27日	神に折り、勝利する		
天応元年(781)6月1日	戦わずして軍を解散した征夷大使らを叱責		2月30日東国より陸奥軍所に穀10万石を送らせる
天応元年(781)9月26日	征討の引き延ばし		6月1日在外の国司らが私腹を肥やすことを叱責
天応元年(781)10月16日			
延暦元年(782)5月20日	陸奥国、鹿嶋神に祈祷して凶賊を討つ		
延暦2年(783)4月15日			陸奥鎮所の役人ら、私腹を肥やす
延暦4年(787)1月21日			陸奥・出羽の国司らと夷併との私的交易禁止(三)
延暦6年(787)5月5日			陸奥鎮守府将軍百済王俊哲、ある事件で左遷
延暦7年(788)3月2日			征夷のため多賀城に軍糧を運ぶ、3日東国より徴兵
延暦7年(788)3月3日			国司らは公務に不真面目、蝦夷征討を誤る
延暦8年(789)3月9日	賊を攻める		
延暦8年(789)5月12日	天皇、征討の引き延ばしを咎める		
延暦8年(789)6月3日	阿弖流為らとの合戦		
延暦8年(789)6月9日	征討の引き延ばし		
延暦8年(789)7月17日	7月10日奏状、蝦夷に簡単に勝利する		
延暦9年(790)5月3日			閏3月征夷のため東国に軍糧を準備させる
延暦13年(794)6月13日	坂上田村麻呂らが蝦夷を征討する　(紀略)		
延暦17年(798)6月21日			
延暦20年(801)9月27日	坂上田村麻呂が蝦夷征討を報告する　(紀略)		
延暦21年(802)4月15日	夷の大墓阿弖流為と盤具母礼らが降伏　(紀略)		
延暦21年(802)6月24日			出羽、国司ら渡嶋狄と毛皮等の私的交易禁止(三)
延暦21年(802)7月25日			百官が蝦夷平定を祝う(紀略)
延暦24年(805)12月7日			蝦夷征討の停止(後紀)
弘仁2年(811)7月29日	邑良志閇の降俘に爾薩体の夷を征討させる　(後紀)		12月、征討が終了し、兵士削減を計画(後紀)

※ 695年まで『日本書紀』、790年まで『続日本紀』　　※ (三)は『類聚三代格』、(紀略)は『日本紀略』、(後紀)は『日本後紀』

しかしながら、すべて古代日本国が残した記録であり、源が一方に偏っているため、時期については別として、出来事の内容については、その信憑性を全面にわたり保証するわけにはいかないものもあることを忘れてはいけない。

(2) 実年代のわからない時代

景行天皇40年夏6月、東国の蝦夷が叛き辺境が動揺した。蝦夷が古代日本国に敵対するというニュアンスの最古の記事である。ここで言う東国は、前後の文脈から考えると現在の中部〜関東地方あたりであり、東北地方は入らない。その後、同年の冬10月に日本武尊（これは『日本書紀』における表記であり、『古事記』では倭建命である）が東国を経て陸奥国まで行き、蝦夷を平定した。

ここでの記載によれば、東夷のなかに蝦夷がいるとされている。しかも、蝦夷はとくに手強く、「男女親子の区別もなく、冬は穴に寝、夏は木に棲む。毛皮を着て、血を飲み、兄弟でも疑い合う。山に登るには飛ぶ鳥のようで、草原を走ることは獣のようである」（宇治谷1988）などと書かれており、これらのすべては縄文時代以降の考古学的知見にてらせば肯定できない内容である。津田左右吉（1963）が中国の夷狄観を用いた潤色であると述べているが、その通りであろう。そして、10月の実際の戦闘の場面では、蝦夷らは日本武尊を畏れ、戦わずして従ったとされている。その際、蝦夷の側が仰ぎ拝み、言葉を述べてきたことになっており、言葉が通じないなどということは一切書かれていない。

また、景行天皇56年8月にも、東国で蝦夷が騒ぎ、御諸別王が兵を送り討ったとされる。ここも、場所は東国とのみ記され、具体的ではない。ほかに、仁徳天皇55年にも、蝦夷が叛き田道という武将を派遣するが、破られ、彼は伊峙の水門で死んだという。その後、雄略天皇23年8月、新羅征討に率いられていった蝦夷たちが吉備国で付近を略奪したという。

以上が実年代のわからない段階の記事である。これらはどこまでが事実にもとづいているか不明であり、また、記載内容も、本書で述べた東北北部の蝦夷

と関係があるとは言えない。

(3) 6世紀後葉～7世紀末葉

『日本書紀』によれば、6世紀後葉～7世紀中葉にかけて、蝦夷が争乱をおこした、あるいは討ったと書かれている箇所が3つある。敏達天皇10年 (581) に蝦夷数千人が辺境を犯し荒らした。舒明天皇9年 (637) に蝦夷が叛き入朝しなかったので、討った。そして、斉明天皇4年 (658) の阿倍比羅夫が渡嶋の蝦夷を討つという記事である。さきの2つについては、どこに居住する蝦夷であるかも具体的には述べられていないし、舒明天皇9年の、入朝しなかったので討ったというのは、それが正しい記録であったとしてもまったく一方的な理由であり、蝦夷の側に落ち度があるとは言えない。

また斉明天皇紀には、『日本書紀』のなかで蝦夷という表記が最も多く記されているが、蝦夷は比羅夫軍とは一度も戦っておらず、遠くから見ただけですぐに降伏しており、敵対している印象はない。そればかりか、蝦夷と言葉が通じないということは少しも書かれていない。そして、「官軍と戦うために、弓矢を持っているのではありません。ただ手前どもは肉食の習慣がありますので、弓矢を持っています。もし官軍に対して弓矢を用いたら、秋田浦の神がおとがめになるでしょう。清く明らかな心をもって、帝にお仕え致します」(宇治谷1988) と言わせている。

アイヌ民族の用いた狩猟用の弓矢は短弓であった (第6章参照)。ここに記される蝦夷の弓矢が山中での動物の狩猟に用いるものであれば、やはり短弓だったはずである。しかし末期古墳から出土する長弓用の鉄鏃は、バランスを考えると長さ80～90cmほどの矢に用いられるもののようであり、短弓に用いることはできない。そういった矢は狩猟ではなく戦闘を目的とするものである。肉食の習慣があると言わせているのも妙である。さらに加えれば、公民でもない者たちに、「帝」や、その存在に「仕える」といった概念がわかるであろうか。このあたりも、まったくの作文であることは明白である。

その後7世紀末までは、蝦夷らが帰順した、位禄を授けた、といった内容

ばかりであり、敵対関係は強調されていない。

(4) 8世紀初頭～9世紀前葉

　阿部比羅夫の遠征以来、50年ほど征討の記事はないが、和銅2年（709）3月に陸奥・越後の蝦夷を討つという記事の後、720年代までしばらく蝦夷反乱の記載が断続的に見られる。しかし、この時期、蝦夷と古代日本国との関係はそれほど悪くない。何度か蝦夷に位階を授け、褒美を与えている。

　また、709～774年の記事によれば、戦いの相手である蝦夷たちはそれほど強くないようである。和銅5年（712）9月23日の条に、官軍が雷のように痛撃したところ、凶賊は霧のように消えて賊の地は安らかになり、そこに出羽国を設置したと書かれている。さらに、宝亀5年（774）の8月24日の条にも、賊の行動はまるで犬や鼠が人に隠れて物を盗むときのようであり、大害には至らないと記される。この記事はその一月前、7月25日に桃生城が蝦夷らに攻撃されたとの報告に、天皇が援軍の派兵を命じ攻撃した後の将軍の言葉である。

　ところで、この774年は、研究者の間では「38年戦争」と呼ばれることもある蝦夷と古代日本国の戦闘が開始した年である。確かに、蝦夷征討記事が最も多いのがこの38年間である。しかし「38年戦争」のころでさえ、戦闘内容に関する記載は具体性に欠け、緊張度の低い記事が大部分である。征討に関連する記事は26あるが、蝦夷の攻撃・悪事についての記事は8、戦闘は10、過去の征討の再録が1、坂上田村麻呂による征討報告が1、阿弖流為らの降伏記事が1、戦いを避け陣地に留まっていることに関する記事が宝亀11年（780）～延暦8年（789）に5というように、実際の被害や戦闘行為についての記事は18である。ただし、戦闘内容が具体的なものは数えるほどしかない。

　789年は、有名な「阿弖流為」らとの戦闘があったとされる年であり、6月3日の記事は、珍しく具体的な人名や人数などが記されている。しかし、その数字が正しいか否かはなんともいえない。6月9日には、蝦夷があまりに強いので進軍できないと言ったかと思うと、7月10日には戦わずして勝ったと報告しており、むしろ蝦夷軍は弱いと書かれているのである。

第 10 章　蝦夷と征討記事　245

　また、兵力規模についての記載も確かな記録にもとづくとは思えない。『続日本紀』をもとに、樋口（2004）では征夷軍の兵士の数を、総数で 10 万ほどになると計算しており、ほかにも 789 年の戦いでは大規模な兵力が費やされたとする研究は多い。しかし、これほどの数の兵と対峙するだけの兵力を、現在の岩手県奥州市胆沢あたりの人々が持っていた可能性は低い。第 1 に、第 7 章で述べたように、このころ多賀城周辺よりも北で鉄は生産されていなかったので、鉄製の武器・武具を調達しようとすれば古代日本国側から得るしかなかったはずだが、本当に戦闘状態になっていたのであれば、当然、鉄製武器の流出は防がれており、入手できなかったであろう。仮になんらかの理由により入手できていたとしても、10 万の兵と対峙できるほどの軍備があったとは思えない。第 2 に、同年 7 月 17 日条に記された 7 月 10 日の奏状には、国軍が簡単に勝利したことが記されているだけで、その後もこれに関連する戦闘の記載はない。また、10 万という数の兵を用意するだけの根拠を示した部分もなく、さきの奏状からもそれだけの兵が必要であったことは読み取れない。したがって、実際に大規模な戦闘があったことを信じるだけの証拠を『続日本紀』以外の史料で示してもらわねば、阿弖流為が記される一連の記載は、戦の記録としては、利用すべきでない史料であるとしか判断できない。

　確かに、『続日本紀』には、東国から陸奥国への大規模な派兵、数次におよぶ多数の甲や穀の運搬、あるいは征夷による疲弊のため、陸奥国の調庸等の免除などといった記事が多く見える。まるでこれらは、その都度の戦に使われたかのように感じるかもしれないが、それらの記事と戦闘の記事はセットになっていない場合のほうが多い。例えば、第 18 表のその他の欄、宝亀 11 年（780）5 月に甲、糒を準備し、兵士を募集した記事がある。しかし、その 6 月と 7 月に 2 度も軍を動かさず、なかなか征夷をおこなおうとしなかった。送られた甲も糒もすぐには役立っていない。翌年の天応元年（781）にも 2 月に穀 10 万斛が送られたが、6 月には戦わずして軍を解散したことが記されている。9 月にも、征夷をおこなおうとせず軍を留めていた記事が見える。

　また、同じく天応元年（781）6 月 1 日、在外の国司らが私腹を肥やしてい

ることを天皇が叱責している。延暦2年（783）にも陸奥鎮所の役人らの同様の行為が記されている。

このように、『続日本紀』上では、激しい戦闘を繰り返していたころであり、そのために兵粮や甲冑などが集められたことなってはいるが、それらはその目的に対して有効に使われてはいなかった。それらは横領され私的交易に費やされ、賄賂として利用されていたのが実態ではなかったか。38年戦争とは、8世紀の後葉に頻繁におこなわれた国司等、国の役人たちの悪行を覆い隠すための作文、あるいはあくどい交易の結果生じた殺傷沙汰を取り繕った、戦闘を装った出来事が大部分ではなかったか。

第2節　蝦夷と古代日本国との関係——朝貢・帰順・饗応など——

(1) 実年代の記されない時代

さきには、蝦夷を討つという内容、すなわち、蝦夷と国とが敵対しているような記事を中心に見た。蝦夷が文献に記されるようになるのは景行天皇紀からであり、武内宿禰が侵略を進言したのが最初であった。そしてその後、征討記事が見られるようになったのであった。実年代の記されない段階では、古代日本国側が東国へ領域を拡大するときに付随された物語であったと評価することができよう。

しかしながら、第17・18表からわかるように、そのころ、戦闘の記事が特別多かったわけではなかった。蝦夷と国とが敵対してはおらず、むしろ良好な関係であったと見ることができる記載もある。

応神天皇3年10月3日、東の蝦夷がみな朝貢した。そして、朝廷はその蝦夷らに厩坂道を造らせた。『日本書紀』における東は、現在の中部・東海・関東あたりであるが、「みな」と書いてあるので、「全ての地域の蝦夷が」朝廷に従ったということを正史に記録したかったのであろう。

さきに景行天皇記に初めて蝦夷征討の記事が載ると書いた。しかしながら同天皇40年10月の日本武尊による征討の後は、成務、仲哀、神功と、蝦夷記

事が記載されない天皇が 3 代続いた。そして、応神はその次の天皇であった。ここに見たように、古代日本国が成立する以前の段階で、「討ちて取る」はずの相手であった蝦夷らが、すでに朝廷に抵抗しなくなっていたことが強調されていた時期があったのである。

(2) 7 世紀

　この時期には、物を献上した、あるいは帰服したという記載が 3 つある。皇極天皇元年（642）には越の辺境の蝦夷数千人が帰服した。越では、その後孝徳天皇の時代に磐船の柵（647）、渟足の柵（648）が造営された。他の 2 つの記載は斉明天皇の時代である。元年（655）には蝦夷が服属し、朝貢した、4 年（658）には 200 人あまりの蝦夷が朝貢した。

　斉明天皇 4 年（658）は、阿倍比羅夫が船軍を率いて蝦夷を討った年であったが、これも景行天皇紀における日本武尊が蝦夷を平らげたときと同様、蝦夷らは戦わずして降伏した。そして、その前後の時期には、蝦夷に位禄を授け、饗応したという記事が断続的に見られる。しかも、その後、天智・天武・持統の 3 代の天皇の時代に連続して蝦夷らを饗応し、冠位を授けた。さらに、『続日本紀』の時期に入り、持統に続く文武天皇の時期にも蝦夷が土地の産物を朝貢したという記事が 2 年連続して見られる。どこの蝦夷のことか正確にはわからないが、昆布なども土地の産物に入っていたであろうか。

　このように、7 世紀には征討記事が少なく、蝦夷と政府とは、敵対していなかった時期のほうが長い。

(3) 8 世紀初頭〜 8 世紀中葉

　前述したように、7 世紀後葉の天智・天武・持統・文武の連続する 4 代の天皇の時期、蝦夷の争乱や征討についての記録はなかった。そして、蝦夷征討が再開したのは和銅 2 年（709）であった。ただし、その後、征討の記事は宝亀 5 年（774）に至るまでに、2 回しか見られない。しかも、数字などを示して具体的内容を記す記事はない。

朝賀への参列の記事が3つ、710年、768年、772年、朝貢の記事は2つ、715年、718年に見られる。後者は第2章で触れた千疋の馬を貢いだ際のものである。ほかに、蝦夷が公民となった記事も710年、715年、730年、768年、770年に見える。蝦夷に位禄や位階を授けるという記事は、710年〜772年の間に、断続的に8つある。

以上のように、この時期は、早いころに蝦夷の征討が2回あったが、むしろ蝦夷が朝貢をしたり、自ら志願して公民になったりしている記事が多く、蝦夷と国との間であまり大きな衝突はなかった。

(4) 8世紀後葉〜9世紀初頭

宝亀5年(774)〜弘仁2年(811)の、いわゆる38年戦争があったとされるのがこの時期である。この時期の戦争に関してはさまざまな論考があり、一般的には、最も激しい戦闘があったと解されている。しかし、ここでは、その記載の奇妙な点を述べ、本当に激しい戦闘があったのかについて疑問を呈しておきたい。

この時期の征討あるいは戦闘についての記事は774年、775年、776年、777年、780年、781年、782年、789年、794年、811年に見られるが、数字等を示した具体的な記載はほとんどない。また、780年、781年、789年には、なかなか攻撃せず、ただ滞在していただけという状態が長く続いた。しかも789年には、38年間で最大の戦闘がおこなわれたようだが、前半の記載では具体的な情報は記されないまでも、蝦夷がたいへん手強いと記されている。それに対し後半には、蝦夷は非常に弱く、簡単に勝利したと書かれている。それどころか777年、780年には、蝦夷の行動を「蟻のよう」である、あるいは「虫のように」うごめくと記されている。これらは、わざわざ蝦夷が強いという印象を与えないような表現をしたとしか思えない。

(5) 古代日本国の正史と他の同時代文献との違い

第1章で述べたように、蝦夷という表記は『日本書紀』や『続日本紀』に

記されたが、他の同時代の文献には見られなかった。現在刊行されている『古事記』には1箇所だけその表記があるが、それは、寛永の版本以降出現したのであり、それ以前は「瑕夷」という表記であった（第1章参照）。また、本章で見てきたように、正史に描かれた蝦夷関連の事柄は、不正確なものが大半ではないかと考えられた。ただ、蝦夷を征討したということを、国の歴史として記したかったことだけは明白である。

　『日本書紀』と『古事記』とはほぼ同時に成立したが、当然、両者は書かれた目的に違いがあった。こと蝦夷に関してのみ述べるならば、『古事記』はそれについて積極的に記すつもりはなかった。また、『常陸国風土記』も、ほぼ同時期に成立したが、蝦夷に関する記載はなかった。常陸国は、蝦夷の居住域に隣接しており、『続日本紀』には蝦夷の被害があったと記されているにもかかわらず、なのである。このことからも、古代日本国の正史に、蝦夷を征討したという物語が必要だっただけだという考えは、そう的外れとは思えない。『日本書紀』『続日本紀』『日本後紀』等に記される蝦夷との戦闘に関する記事は、事実ではなく、別の内容を言い換えていると見たほうがよい部分が大半ではなかろうか。以下で、さらにそれについて考察する。

第3節　征討記事と同時代の文献に見る蝦夷と古代日本国

(1)　馬の交易について

　『類聚三代格』という法令集に、蝦夷と国司らとの交易を禁じた文書が複数あった。陸奥や出羽における馬の交易に関するものが、延暦6年（787）、弘仁六年（815）、貞観三年（861）と、3回発布されている。787年は『続日本紀』によれば、最も激しい戦闘がおこなわれていたとされる、いわゆる「38年戦争」のころである。そのような時期に、国司などの国の役人や一般の公民までもが、こぞって蝦夷らと馬や奴隷などを私的に交易していたというのである。

　国司のように、古代日本国から派遣され諸国の政治全般を監督する者が、激しい戦闘時にそのようなことをするであろうか。戦闘記事か禁止令に記された

ことのどちらかが偽りであると考えるべきではなかろうか。

『類聚三代格』に見えるのは禁止令である。実際におこっていた不都合を禁止したのであるから、そのような出来事があったということは間違いない。ただし、法を破った者の処置が適正におこなわれたか否かは不明であるが。一方、『続日本紀』における戦闘記事は、前節に記したように、具体的でなく、しかも、789年の3～7月のもののように、同じ戦闘に関しても、蝦夷が強くて攻められないと書いたかと思えば、最終的には「露のようにもろく」戦わずして勝利したと書かれている。

また、815年の禁止令に、陸奥国での騒乱の大方は馬の交易をめぐるものであると書かれている。これが陸奥・出羽における征討記事の真相であろう。鉄の兵器や武具などを鍬や鋤に鍛え直し、馬などと交換した際に、国司らが蝦夷らを裏切るような仕打ちをしたような場合に、ちょっとした殺傷沙汰がおこり、それに関わる行為を、戦闘、征討と表現していたのではあるまいか。

(2) 皮の交易について

『類聚三代格』延暦21年（802）6月24日の禁止令によれば、王臣諸家は競うように渡嶋の蝦夷らと毛皮の交易もしていた。良いものを私物とし、残りの質の劣るものを官に進めていた。そのことで、既に禁止令も出していたのだが、出羽国司はそれを守ろうとしなかったというのである。毛皮にはヒグマ・アシカ・アザラシなどがあったようであるが、特にアザラシの毛皮は珍重された（武廣亮平2004）。

海獣は北海道沿岸に棲息するが、アザラシはオホーツク海以北に限られるので、大部分はオホーツク人によって捕られていたはずである。ところで、8世紀後半～9世紀前半にかけて、北海道にも蕨手刀（第5章参照）が存在した。オホーツク海沿岸部のオホーツク文化人の墓にもそれらは副葬されていた。それら蕨手刀は、蝦夷らが古代日本国軍との戦闘において用いた刀との考えもあるが、北海道の墓からの出土例のように、戦闘で用いる必要のない地域にも蕨手刀は存在した。当時の北海道では、鉄製錬はもちろん鍛冶すらおこなわれて

いない。蕨手刀はこのような私的交易の対価として贈られたものと考えられるのである（松本2003）。交易相手は、禁止令に書かれたように、京の王臣諸家、そして国司らであった。蕨手刀の贈り主もそれらの人々ということになろう。

　また、『日本書紀』斉明天皇5年（659）の記事に、蝦夷には3種類あり、最も遠い人々を都加留と呼ぶ、というのがあった。この都加留は、アイヌ語のtukar（ツカル）、すなわちアザラシであり、アザラシの皮の交易相手を、交易品の名で呼んだ可能性が考えられた（第2章）。恵庭市西島松5遺跡では、鉄器を副葬品に持つ7〜8世紀の墓が多数検出された。アザラシの皮などの交易によって得た鉄器であった可能性があろう。

(3) 8世紀末葉〜9世紀中葉の交易を示す考古遺物

　以上のように、787年、802年、815年、861年、これらの年に蝦夷らとの馬や動物の皮などの私的交易についての禁止令が出ていた。交易を示すと考えられる考古遺物もあった。蕨手刀である。陸奥国の北辺という位置にあたる岩手県域からは、それが多数出土している。出土する蕨手刀は8世紀後半のものであり、国軍と蝦夷との戦闘が激しかったとされる時期のものが多い。しかしながら、第5章で述べたように、この時期の東北北部では鉄製錬はおこなわれていない。蝦夷と呼ばれた人々が蕨手刀を製造したのではないのである。さきに述べた北海道出土の蕨手刀同様、私的交易の対価として、王臣諸家、国司らから贈られたと考えるべきであろう。

　このように、陸奥国北辺で最も激しい戦闘が繰り返されたとされる8世紀後葉に、蕨手刀は古代日本国側から蝦夷に渡っていた。本当に戦闘がおこなわれていたのであれば、国司など、国の中枢と関係のある人々が敵に刀を贈るであろうか。

第4節　蝦夷の遺跡と和人の遺跡を区別できるか

(1) 東北北部の場合

　本書では、東北北部における古代の住居、土器、墓、馬飼に関するもの、鉄生産にかかわる遺物などの考古資料を見てきたが、それらの多くは古墳文化社会で生まれたものが基礎になっていた。しかしながら、当該地域における古代の人々の出自は単一ではなかった。例えば、7～8世紀の東北北部東側の集落と9～10世紀の東北北部西側の集落とでは、おそらくその居住者の出身地が異なっていた。

　前者では、文様が施された土師器がいくらか見られる場合があったことから、先住の民がいたことを読み取ることもでき、そのような土器は、文化接触の結果生まれたのだと考えた。しかし、文様が施された土師器は1世代ぐらいで消失し、短期間のうちに移住者の土器製作・使用法に同化したようであった。これは、ほとんど土師器と言ってもよい土器が作られるようになって数世代以上後に刻文を施す擦文土器が製作されるようになった北海道とはまったく異なる現象であった。

　土器組成、住居の構造や馬飼関連の遺物といった、生活様式を反映する資料にもとづけば、東北北部においては移住者と先住の民とが敵対していたようには見えず、先住の民は移住者の文化に抵抗なく同化したようである。あるいは、移住者の数が圧倒的多数だったのであろう。

　『日本書紀』景行天皇紀で、中国の天子に紹介された熟蝦夷が、7世紀中葉段階の姿として、構築された家も持たず、五穀を栽培していないなどと記されたことは、まったくの作り話であることは明白である。

　また、9世紀後葉以降、東北北部西側では鉄が生産され、鉄器が作られた。しかしながら、鉄は戦争の道具として最も優秀な原料であり、9世紀前半にまとめられた『令集解』によれば、古代日本国は辺境の地での鉄生産を禁じていた。それは、その製品や技術が渡れば、敵を利することになるからであると一

般的には考えられる。しかし実際は、9世紀後葉の東北北部で、鉄の生産が始まっていた。

　しかもそれは、蝦夷たちが、古代日本国に対抗するためにその技術を盗み取り、生産を始めたという図式ではなかった。それどころか、日本国と東北北部の住民とが敵対関係にあったわけでもなかった。9世紀後葉以降には、東北北部の西側で多くの集落が造営されたが、鉄は、土地を開拓し、住居等の各種の建物を築造し、農耕をおこなうのに必要であり、現地で砂鉄から製錬され、鉄器が製造されたのだった。法律上は国家が禁じていた鉄生産ではあったが、その技術を持つ者は、やはり古代日本国からの移住者であったろう。

　開拓者らは古代日本国の出身者であり、戦闘をおこなう文化からの移住者であったことにもなる。しかし、そこで作られた鉄は、おそらく戦闘目的を第一として生産されたのではなく、開拓を目的としたものであった。それでも、寂しいことだが、戦闘をおこなう社会からの移住者であるから、「自衛」のためとして戦闘用の鉄製品も装備していたかもしれない。仮にそれが「自衛」目的だったとしても、それは集落遺跡が増加する以前、すなわち、北海道と同様の続縄文土器が使われていた時期の人々の世界観からは生まれなかった装備であろう。そして、19世紀になるまで鉄生産技術は北海道に移植されることはなかった。これは、9世紀後葉以降の東北北部と北海道とにおける人々の思想や生活の違いをよく示していよう。

　このことからもわかるように、7世紀以降（一部では6世紀の後葉であるが）、物質文化にもとづいて、古代の東北北部の人々と和人とを区別することは困難である。古代日本国の正史に蝦夷らのことが述べられるようになった時期、すでに東北北部の住民は、北海道の住民よりも、古代日本国領域の人々に近い存在だったのである。

(2) 北海道の場合

　北海道でも、8世紀にはほとんど土師器と呼んでよい土器が作られていた。その多くが口縁や頸部に数条の沈線がめぐらされており、本州のものとは異な

るが、器種組成の基本は土師器と同じく、それ以前の続縄文土器から生まれたものではなかった。また、5世紀中葉以降の古墳文化社会に普遍的に見られた構造を基本とするカマド付竪穴住居も、土師器が利用されると同時に登場した。

その後、9世紀中葉ころには、刻文を施す土器、すなわち擦文土器が出現した。ただしこれは本州の文化の影響を受けて変化したものではなく、北海道で独自に生みだされた土器であった。そのころ東北北部では、ロクロを用いて製作された土師器が普及していたが、これが北海道で製作されることはなかった。ロクロを使用して土器を作るということは、単なる「技術の発展」なのではなく、社会が必要としたことであった。北海道では、ロクロ土師器を多量に使う社会は生まれなかったのである。

このように、北海道と東北北部は、9世紀中葉以降には、物質文化自体が大きく異なるようになった。東北北部は北海道ではなく古代日本国領域の文化に近かった。しかし、8世紀には北海道でも土師器的な土器が作られていたのであるから、9世紀にも、東北北部的な色彩の強い文化が継続してもよかったはずである。それなのに、実際は、9世紀中葉には北海道独自の土器である刻文のある擦文土器が誕生し、その後も北海道の独自色が継続した。

土器に現れたこのような現象から、9世紀中葉以降の北海道の遺跡は「擦文人」のもの、東北北部の遺跡は「非擦文人」のものであると見分けることができよう。また、北海道には、馬飼の痕跡は見られず、鉄生産もおこなわれなかった。

第5節　蝦夷征討記事が記された理由

(1)『日本書紀』段階の理由

さきに古代日本国による蝦夷征討記事を見てきたが、その都度の征討の理由としては、蝦夷が叛いた、反乱をおこした等と書かれていた。しかしそこは辺境の地であったはずである。いったい何に対して叛き、反乱したのか。そしてそれが蝦夷たちにとっていかなる成果となるはずだったのか。しかしながら、

それらは古代日本国の正史の記録であり、それだけで反乱や征討が実際にあったか否を確かめることは難しい。

　それでも、『日本書紀』に蝦夷征討記事が書かれた理由を読み取ることは可能である。最初の「蝦夷」表記は、景行天皇27年2月22日、竹内宿禰が東国から帰り、次のようなことを述べてからである。東国に日高見国があり、蝦夷が住んでいる。その土地はたいへん肥沃で広い。そこを侵略するとよいでしょう。これらの言葉の後、『日本書紀』では、突然、蝦夷が叛く、騒ぐ、だから討った、といった記事が見えるようになるのである。このことから考えると、蝦夷征討とは、古代日本国による蝦夷居住域の侵略であった。

　それ以前には、神武天皇紀で「愛瀰詩を一人ももな人　人はいえどもたむかいもせず」の歌があるだけであり、「蝦夷」表記はない。また、この愛瀰詩は、現代の畿内地方に住んでいたヤソタケルであり、本書で対象とした東北地方に居住していた人々ではない。加えて、同時代の文献である『古事記』『風土記』などには、「蝦夷」表記が見えないことはさきに述べたとおりである。

　『日本書紀』では、景行天皇紀の竹内宿禰の言葉を契機にして、蝦夷を対象とした記載が増える構成になっている。古代日本国の正史で蝦夷問題が大きく取り上げられるようになるのは、日本国の側が、北の国境の外にある地域を侵略し、自国領域を拡張とするといった物語を載せたいと考えて以降なのである。

　『日本書紀』段階での蝦夷征討は、おそらく中国に対して、日本国が国としての体制が整っていることを示すために必要だったことであろう。中国から与えられた「倭」という国号を捨て、自ら「日本」という名称を唱え、そして中国でも知られていなかった東の蛮人である「蝦夷」を従えている、このような構図の物語である正史が必要だったのであろう。したがって、『古事記』と異なり、万葉仮名をできるだけ用いずに中国語で書かれているのである。

(2) 『続日本紀』段階の理由

　その後、『続日本紀』の記載になっても、最初のうちは『日本書紀』路線が継続するので、蝦夷たちは古代日本国に朝貢したり、自ら公民となることを要

求したり、相互の関係は友好的であった。しかし、しだいに再び、戦闘状態が強調されるようになっていき、8世紀後葉には、友好関係は消えていた。

『日本書紀』と『続日本紀』とでは、記される蝦夷と国との関係が変化していた。前者では、国外に向いていたのに対し、後者の時期には、国内向けに書かれた物語であったとまとめることができる。両者とも、小さな事実を膨大に記した物語であることに違いはないが。

最後に、最も激しい戦闘が繰り広げられたと評価されている8世紀後葉～9世紀初頭の記載の背景にあったことをもう一度記しておこう。815年に出された蝦夷と役人らとの私的交易を禁じた太政官符に、陸奥・出羽国内が穏やかでないほとんどの理由は、馬の交易の際に生じた混乱にあったと書かれていた。38年戦争まっただなかの787年にも同様の禁止令が出されており（『類聚三代格』）、こちらには、その交易をおこなっていたのは、国司以下国の役人のみならず、一般公民まで多くの民であったと記録されている。『続日本紀』において、最も激しい戦闘がおこなわれていたとされる、まさにその時期のこのような文書から考えるならば、蝦夷との間に緊張感など感じられない。

第18表からわかるように、最も激しいと評価された戦いがあったころに、禁止令を出さねばならぬほど蝦夷と国司らの私的交易が頻繁におこなわれていた（『類聚三代格』）というのが実態であった。戦闘に使うという名目で集めた国軍の装備や兵糧を、私的交易に費やしたことをごまかすために、戦闘をしたことにしていたというのが真相ではなかろうか。また、延暦2年（783）には鎮所の籾米を絹布などに換えて京の自宅に送ったり、鎮兵を使って私田を営んでいることを叱責する記事や、延暦7年（788）には公務怠慢に対する叱責記事が見られる（『続日本紀』）。前節の最後に述べた「別の内容を言い換えている」というのはこのことである。国司らが公金などを使い、私的交易をおこない、私腹を肥やしていることを隠蔽するための口実として蝦夷征討を使っていたのであろう。

しかしながら、ここに述べたことはこれまでに語られてきた蝦夷と国との関係とまったく異なる考えなので、信じがたいという方も多いであろう。正史に

書かれたことは記録であり、事実とは限らない。そこで、本書では「征討があったか否か」ではなく、なぜ「征討したという記録を残す必要があったのか」を問うた。それにより、少し分かりやすく説明できたのではなかろうか。

　だからといってまったく交戦がなかったと言いたいわけではない。割に合わない交換によって馬を持っていかれ、身内を奴隷として奪われたような人がいた場合には、殺傷事件もあったかもしれず、それに対し国軍の兵をさし向けたということも考えられる。それが大きくなり、多賀城など、国の出先機関の一部が焼かれるという事態が発生したこともあったであろう。蝦夷らは古代日本国といった漠然とした概念に対して抵抗したのではない。事件があったとして、あくまでも交易相手に対する怒りを発端としたものではなかったか。15世紀中葉には、渡島半島南東端あたりの志濃里館近くの鍛冶屋村でおきた殺人事件をきっかけに、アイヌ民族と和人の間が戦争状態となり、それが有名な「コシャマインの戦い」へと発展した。そのきっかけは、小刀の善悪・価格をめぐっての諍いであったという（菊池勇夫1994）。まだ、東北北部の人々が自前で鉄を生産していなかった8世紀にも、それに近いできごとがあったというのが実態ではないだろうか。

終章　蝦夷を考える

第1節　蝦夷とエビス様

(1) エビス信仰の成立と蝦夷

　蝦夷を考えるのであれば、福神であるエビス様を忘れるわけにはいかない。その音は「えみし」ではないので、蘇我毛人や小野毛人といった人名に用いられていた7世紀ころまでの音をもとにしているわけではない。したがって、それが例えば7世紀以前からあった神の名などでないことは確かである。

　しかしながら、第1章で述べたように、「蝦夷」表記の音は、奈良時代以来、「えみし」よりも「えびす」の音が基本である。ただし「えびす」の音は「えみし」の音から生まれたのであるから、エビス信仰と蝦夷とを無関係とすることはできない。そこで本節では、エビス信仰と蝦夷との関係を考える。

　現在、エビス様といえば福神であり、商売繁盛の神として日本全国で祀られている。この神は、室町時代に七福神信仰が成立し、商業の発達、流通とともに広く流布するようになったと言われ、源はさらに古く、平安時代であったという（吉井良隆編 1999）。

　13世紀に成立した『伊呂波字類抄』に、摂津国の広田神社（現在の兵庫県西宮市西宮神社）の摂社に「夷」があり、それの本地仏は「毘沙門」、「夷」の読みは「えびす」であったことが記されている。『伊呂波字類抄』は、12世紀中葉〜後葉に成立した辞書、『色葉字類抄』の増補版であるが、こちらには広田神社についての記述はない。

　ただし、承安2（1172）年に広田社頭でおこなわれた歌合わせ『広田歌合』における題下に、「エビス」の名が見えるものが2首あり（『群書類従』）、12世紀後葉にはすでに「エビス信仰」は成立していたと考えられている（喜田貞

吉1935、岡田米夫1974）。

　『色葉字類抄』は「いろは歌」の語順で、「植物」「動物」「人倫」「人体」「人事」といった項目ごとに編集されているのだが、「江（エ）」の段の「人倫」では、東の「夷」・西の「戎」・南の「蠻」・北の「狄」、これらすべてを「えびす」と読むことになっている。ほかに、「商」「邊」も「えびす」である。「蝦夷」の表記はない。「人倫」で扱われているのは、親子関係、政治的秩序、そして鬼神類である。したがって、「えびす」と扱われた文字が何に関するものか、簡単には判断できないが、それらの文字に対する認識が、人や神に変換できる関係にあったと考えてよかろう。そして、少なくともこの時期までには、外国人も含め、何かの外にある人間的な存在を、みな「えびす」と呼ぶことになっていた可能性を指摘できる。

　12世紀後葉の「えびす」の音に、どれほど「武者」のイメージがあったかはわからない。『色葉字類抄』の「つはもの」の項目には、「兵」「戎」の文字が挙げられている。『伊呂波字類抄』でも「戎」は「兵」と同義である。そして、広田神社の「エビス社」は「戎社」であった。「兵」「戎」「夷」が変換しあう関係であった可能性はあろう。

　人々の意識のなかでは、12世紀後葉までに「えびす」は神としての「エビス」に変換されていたのである。そして一つ付け加えるならば、平安時代までの人々は、人・鬼・神などを、それぞれ別次元の存在として区別してはいなかった。それは『色葉字類抄』『伊呂波字類抄』の人倫の項目に「鬼神類」という表記が添えられていることからもわかる。小松和彦（1984）は『出雲国風土記』に記される鬼は、現在の民間伝承に見られる「人間」「鬼」「神」は三極対立上にあり、「《人間》はマイナス価を強く帯びると《鬼》になり、プラス価を帯びると《神》に近づく」（217頁）という関係をすでに持っていると述べる。小松によれば、鬼とは人間に対して直接に危害を加えるといった強いマイナス価を帯びた超自然的存在、つまりマイナスの側に大きく傾いた「もの」（＝「霊」）である。おそらく、蝦夷はこのような体系のなかにあった、変換し得る「もの」として認識されていたのである。

第19表 『古事記』中巻に記載される神

天皇紀	神	大神	国神	日神	天神	山神	河神	穴戸神	河海諸神	渡神	天神地祇	坂御尾神	河瀬神	大坂神	墨江大神	墨坂神	科野坂神	八十神
神武	3		4	1	11													
崇神	1											1		1		1		
垂仁		4																
景行						1	1										1	
仲哀							1		1					1				
応神										1								1
雄略		2																

天皇紀	荒神	荒夫琉神	荒夫琉暇夷	道速振神	麻都漏波奴人	不伏之人	不伏人	悪人	その他の神
神武	2	1				1			天照大神1・高木(大)神2・建御雷神1・大物主神1
崇神				1					大物主大神2・意富美和大神1
垂仁									出雲大神1・葦原色許男大神1
景行	3	1	1		1		2	2	
仲哀									
応神									
雄略									一言主大神3

(2) 『古事記』における神

　エビスは12世紀には神と認識されるようになっていたのだが、寛永本『古事記』にみられる「蝦夷」(第1章第2節で述べたように、それより古い写本では「暇夷」と書かれる)も、神に伴って使われることが多かった。『古事記』は3巻から成り、上巻にはいわゆる神話が、中・下巻には、各天皇の系譜や物語が述べられている。そこで、人間の物語である中・下巻のうち、神の記述が見られる中巻を見、当時の神がいかなる存在であったのかを考える。

　『古事記』中巻に記載される神を一覧表にまとめた(第19表)。「熊野の山の荒ぶる神」「東西の荒ぶる神」「山河の荒ぶる神等」のように、「荒ぶる」という形容が伴う神と、それが付かぬ、「国つ神」「天つ神」、「天神地祇」「墨坂神」「大坂神」「出雲の大神」「科野の坂の神」「墨江大神」「坂の御尾の神」「河の瀬の神」「山の神」「河海の諸の神」「渡の神」がある。中巻には、15代にわたる天皇紀が記されるが、神が登場するのは神武、崇神、垂仁、景行、仲哀、応神、雄略の7天皇紀だけである。そのうち「荒ぶる神」が記されるのは神武天皇紀と景行天皇紀である。そして『古事記』における神の性質を分類すると、「荒ぶる神」と「それ以外の神」に分けることができる。前者は、深い山中ほか、自然のなかにいる。「東西の」というのは、東の地域や西の地域とい

った中央から離れた辺境という意味であろうか。後者は、山・海・河・坂といった自然のなかに、また、天・国・地といった人間が生活する基本となる土地やその天上に存在する。なかでも「荒ぶる」と形容される神は、文字通り強暴な面を持つ神なのであろう。具体的な現象や存在としては、暴風雨・落雷・熊・狼・毒蛇などがそれにあたると考えられる。

(3) まつろわぬ人と蝦夷

ところで、今日、蝦夷に付随する形容として使われることがたびたびある「まつろわぬ」の語は、『古事記』では「人等」に添えられており、「瑕夷（蝦夷）」には「荒ぶる」の形容が伴う。「まつろわぬ人等」は、崇神天皇、景行天皇紀によれば、「東方十二道」におり、景行天皇紀では、そこには「荒ぶる神」や「悪しき人」もいることになっている。ただし、「悪しき人」は東方ばかりでなく西方にもいる。「東方十二道」は、伊勢・尾張・三河・遠江・駿河・甲斐・伊豆・相模・武蔵・総・常陸・陸奥あたりのこととする解説が多いが、東山道、東海道といった東の国を指すならば、景行天皇紀で倭建命が甲斐から尾張に抜けるときに通る信濃も含まれるかもしれない。

このように、「まつろわぬ人等」は、陸奥あるいは、そのさらに奥の地に限った存在ではなく、現在の地理区分になおせば、中部から関東あたりに住んでいた。また、景行紀に一箇所だけある「荒ぶる瑕夷（蝦夷）」についての記載はいたって簡単で、しかも具体的ではなく、相模国、伊豆国を経た後に進んだ地域に居住していたことくらいしかわからない。少なくとも、彼らが陸奥に住んでいたと読み取ることはできない。むしろ、稗田阿礼は「瑕夷（蝦夷）」の存在に重きを置いていなかったようである。

さらに、第1章第2節で述べたように、「瑕夷」の音である「かい」はやまと言葉のものではないので、本来、別の語が入っていたのではないかとも考えられる。また「荒ぶる瑕夷（蝦夷）」は言向けられたのであった。「言向く」は、『古事記』『万葉集』では、神を鎮め従わせるときに使われており、しかも言葉の意味からすれば武力で征するのではなく文字通り「言葉によって」服従

させることである。稗田阿礼あるいは太安万侶によるこの言葉の選択は単なる表現であったにしても、それはまさに、言葉の通じない「瑕夷（蝦夷）」を武力で征したなどとは意識していなかったことのあらわれである。

(4) 蝦夷とエビス様

　12世紀中葉〜後葉に編纂された辞書である『色葉字類抄』を参考にすれば、「えびす」の音を持つ名称には、「夷狄」「夷」「戎」「蠻」などがあり、「蝦夷」はない。しかし、12世紀に平安京から「えびす」という音を持つ言葉がなくなっていたわけではなかった。そして、さきに見てきたように、12世紀の平安京あたりでは、「えびす」という名称には、負ではなく正のイメージが与えられていた。「エビス信仰」が生まれていたのである。このように、数世紀を経るうちに「えびす」の音が示す内容が変わっていた。少なくとも、平安京あたりでは北の地域の人々に対するイメージが変化していたのであろう。

　12世紀には、「えびす」に与えられた数々のイメージのうち、「神」が基本的なものになっていた。『古事記』や『色葉字類抄』に見たように、平安時代以前の、神と人とは表裏の関係であった。蝦夷が古代日本国領域の外の存在である点、一般の兵よりも強力である点、その地域からは昆布・アザラシの皮・ヒグマの皮・ワシの羽といった、古代日本国領域内では決して得られない優れた物産が得られる点などから、日常世界ではない、未知の優れたイメージが与えられていったのではなかろうか。

　10世紀前葉成立の『本草和名』に見られる「えびすくさ（決明）」「えびすくすり（芍薬）」「えびすね（地楡）」「えびすめ（昆布）」等は薬でもあった。それらも、「えびす」に正のイメージを与えたであろう。それらは決して「えぞ〜」という名称には変化しなかった。芍薬は中国由来であり、昆布は古代日本国に含まれていなかった東北北部以北太平洋側の産であった。これらも、「えびす」が外の世界の、人知を越えた正の力を持つ存在であるという点を人々に強く印象づけたであろう。そして「エビス」は外来の神となったのであろう。「エビス」＝「荒神」＝「大黒様」＝「大国主命」＝「毘沙門天」というイメージ

の連鎖のうち、負の印象が薄れ、正の存在となったのである。
　なお、現在のエビス様はヒルコ神でもあるとされているが、そのような記載が現れるのは『源平盛衰記』など、鎌倉時代後期以降である。それは外来の神のイメージから派生して、しだいに定着するようになったのであり、エビス神に最初から付随していた観念ではない。

第2節　蝦夷の言葉

(1) 蝦夷の言葉を考える

　考古学で用いる縄文文化や弥生文化といった用語に使われる「文化」は、文化人類学や社会学などで言う「文化」とは意味が異なる。前者は、各種の道具や住居などの人工物の組み合わせをもとにした集合である。言語、信仰、民族の違いなどは、必ずしも反映していない。したがって、縄文文化と弥生文化とで、用いられた言語が異なっていたか否かといったことまでは考慮する必要はない。一方、文化人類学的に「日本文化」などと用いる場合には、使われる言語の種類は絶対に忘れてならない重要な要素である。
　ところで、『続日本紀』や『延喜式』に、蝦夷との会話には訳語（通訳）が必要であったと記される箇所があるため、これまでの蝦夷論では蝦夷はやまと言葉と異なる言語を話す点が強調されてきた。また、金田一京助（1993a）や山田秀三（1982・1983）で詳しく論じられているように、東北北部の地名には現代のアイヌ語で解釈できるもの（それらは現在のアイヌ語に連なる言葉ではあるが、縄文時代以来のどの時点に成立したかは不明なので、以下ではアイヌ語系地名と呼ぶ）が多い。東北地方のマタギ言葉のなかにアイヌ語があるという研究もある（金田一 1993b、知里 1974）。これらのことからも、蝦夷たちはアイヌ語に通じる言葉を話していた異文化人であり、アイヌ民族となる可能性があったとも考えられてきた（工藤 2000 など）。
　しかしそれでよいのだろうか。アイヌ語系地名残存の過程についての考察は松本（2006）で述べたので詳細はそれに譲るが、大切な点を記しておく。ア

イヌ語系地名の残存は、その地名を創り出した人々に連なる言語を話した人々が、ある時点までその土地に存在したことを示しはするが、それがいつの時点までのことなのか、その言語を話す人々の人口規模がどの程度であったかについては教えてくれないということである。そして、明治期のやまと言葉話者の入植前に総人口約2万人だったアイヌ民族の残した地名が、総人口約560万（大部分はやまと言葉話者の系統）の21世紀初頭現在でもよく残っていることからわかるように、新たな入植者が圧倒的多数になったとしても、それを用いる意思のある人々がいる間は古い地名は来歴とは無関係に残るのである。

したがって考古資料にもとづけば、縄文時代～続縄文時代の北大I式土器使用期くらいまでは、東北北部から北海道南部に同一系統の人々が住み、同じ言語を話していたであろうが、東北北部にアイヌ語系地名が見られるからといって、その末裔がそのまま6世紀後葉～7世紀以降の人々となったと考えるわけにはいかない。本書でも述べてきたように、東北北部に居住し、『日本書紀』『続日本紀』に蝦夷と記された人々の大部分は6世紀後葉～7世紀以降に古代日本国領域から移住してきたと考えられる。7世紀の段階で、すでに東北北部の住民はやまと言葉の話者だったはずであり、蝦夷との会話に通訳が必要であったというのは、少数者や北海道などに居住していた人々の例を一般化しただけということになろう。それでは、アイヌ語で解釈できる東北北部の地名が存在する理由を、どのように説明すればよいのであろうか。

以下に蝦夷が話した言葉の系統を考察し、人々の大部分は移住者であったことを、その面からも説明したい。ただし筆者は言語学者ではないので、言語に関しては、主に言語学分野の成果を引用することとし、考古学的資料を用いて、移住を境に物質文化の担い手に変化があったか否かを問い、そして使用された言語の変化が連動していたかを考察するという方法で考える。

ところで、詳しい説明に入る前に、対象としている時期の東北北部の人口状況を説明しておく。本書では、6世紀後葉～7世紀以降の東北北部では、それ以前に使用されていた言語がやまと言葉に置き換えられたと説明した。人口密度の低かった先住民社会に、突然、人口増加社会からの移住者が増えたことに

終章 蝦夷を考える 265

よって、言語の置換がおこったのである。レンフルー（1987）は言語置換について述べ、このようなプロセスが最も明瞭に現れるのは、先住民よりも新住民のほうが天然資源を有効に利用する技術を持っている場合であり、採集狩猟民社会に農耕民が移住したような場合だとしたが、東北北部で6世紀後葉〜7世紀以降に起こったのは、まさにそのような出来事であった。

　第3章で述べたように、1〜6世紀までの東北北部は植物栽培や牧畜を生業としない人々が非常に低い人口密度で居住していたが、6世紀後葉〜7世紀以降に、それまで居住域とされていなかった土地に突然多くの集落が造営され、その後人口が増加した。人々は馬を飼い雑穀栽培をおこない、鉱物や海藻を採集し、場合によっては朝貢することもあった。同時に外来の生活様式を持ち込み、定着させた。本書では、このような状況を、異なる文化の担い手が、先住民を大きく上回る規模で移住した結果を示すと解釈した。そしてこれに、言語の変化、すなわちやまと言葉への置き換えが伴っていたと考えているのである。

(2) 日本列島における言語の分布

　考古学的に言語の変化を考える前に、日本列島上の19世紀末ころの言葉の分布を見ておこう。北海道の大部分ではアイヌ語が話されていた。やまと言葉は、北海道の一部から南西諸島まで分布していた。南西諸島の琉球方言は、聞いただけではやまと言葉の話者には理解できず、ウチナーグチや琉球語とも呼ばれるが、両言語の間には規則的音声対応が見られ、比較言語学的には同系言語であり（小泉 保1998）、やはりやまと言葉の方言である（安本美典1985）。一方、アイヌ語とやまと言葉の間にはそのような対応は見いだされず、比較言語学的には同系言語ではない。

　ところで、音韻の変化や構造から、その系統を辿り、また基礎的語彙を比較して分岐した時期を推定するといった比較言語学的方法が適用できる年代の範囲は限られている。言語年代学では1,000年の間に基礎語彙のうち2割が失われると仮定しているので、比較法で言語の系統を考えることが可能なのは5〜6,000年前までだという。

そして、アイヌ語とやまと言葉とでは、系統を辿ることのできる共通語彙は少ないが、r音とl音とを区別しない点、主語、目的語、述語などの語順など、共通点も多いことから、両者は比較法を用いることのできる限度を越えた古い時期に分岐してしまったのだろうと、松本克己（2007）は考えている。

　それに対し、琉球語と呼ばれることもある琉球方言は、言語年代学的手法で、やまと言葉と分岐した時期を推定することができる。服部四郎（1959）では、京都方言と沖縄の首里方言との基礎語彙を調査し、両者は日本祖語から6世紀ころに分岐したと推測された。小泉（1998）や外間守善（2000）は、その考えをもとにしながらも、少し幅を持たせ、2〜6世紀ころに日本祖語から分岐したと考えている。

　以上のように、言語学的な考察をもとに日本列島上の言語の分布を考えると、2世紀、すなわち弥生時代後期ころには、少なくとも、アイヌ語系言語とやまと言葉系言語とがあったことになる。それらは5〜6,000年以前、すなわち縄文時代前期あたりにすでに分岐してしまっていた言葉である。そして6世紀、すなわち古墳時代後期には、北海道を中心としてアイヌ語系言語が、前方後円墳が存在した地域にはやまと言葉（さまざまな方言が含まれる）が、奄美大島以南にはやまと言葉琉球方言があったと理解できる。

（3）縄文語・やまと言葉・アイヌ語

　19世紀の北海道、サハリン南部および千島列島南部の住民はアイヌ語を話しており、それより南の地域の言語はやまと言葉であった。比較言語学的には、やまと言葉とアイヌ語とは、縄文時代前期あたりに分岐していたと考えられることはさきに述べた。それでは、東北北部の住民がやまと言葉系言語を話すようになったのはいつだったのであろうか。

　小泉（1998）は、日本列島上には本来、縄文語があったと考えている。そして、1万年以上もの長きにわたる縄文時代の間に、列島上ではそれが複数の系統に分岐していたであろうと推測している。琉球方言がやまと言葉と同系であり、それらの分岐が弥生時代〜古墳時代の間であることを考えると、縄文時

代の日本列島西部の言語がそれらの祖語であったというのは頷ける。しかし同書では、アイヌ語との分岐については触れられていない。

　安本（1985）では、58言語の基礎200語を比較し、統計的な処理をおこない、日本語との距離を数字で示した。そして、朝鮮半島の南半部、日本列島（九州南半部～四国南半部を除く）およびサハリン島南半部、千島列島には、古極東アジア語と呼べる、日本語、朝鮮語、アイヌ語の共通祖語があったと考えた。そして、服部（1959）説を支持し、弥生時代の北九州の言葉がやまと言葉につながると述べている。アイヌ語についての明確な言及は少ないが、古日本語について説明している前掲書の図11（本書第64図）では、東日本域～サハリン島南部、千島列島南部にアイヌ語系言語（図中では「アイヌ系言語」）が分布していたとしている。図には時代が示されていないが、東日本域に広くアイヌ語系言語が分布しているので、縄文時代くらいと判断できよう。

　ほかに、松本克己（2007）でも、アイヌ語は縄文時代の日本列島上に存在した言語を伝えるものと考えられている。

　言語学で考えられている諸説を総合して考えると次のようになろう。縄文時代草創期あたりの日本列島には、後に朝鮮語、やまと言葉、アイヌ語へと分離した、極東に広く分布する言葉があった。それは、長い縄文時代の間に分岐し、日本列島においても、弥生時代には琉球方言、西日本域のやまと言葉、東日本域のアイヌ語系言語となった。しかも、やまと言葉は、分岐する以前に同時期の朝鮮半島の言葉とも接触していたので、東日本域のアイヌ語系言語とは異なるものとなっていた。そしてその後、古墳時代の間に奄美以南の琉球方言地域、九州～東北南半のやまと言葉地域、東北北半～北海道のアイヌ語系言語地域となった。単純にすると次のようになる。

　　　　　　　　縄文時代　　　　　　　　古墳時代（前方後円墳築造期）
東日本　東日本縄文語（アイヌ語系）　→北海道と東北北半部　アイヌ語系言語
西日本　西日本縄文語（やまと言葉系）→古墳文化地域　やまと言葉（さまざまな方言含）
琉球周辺　琉球縄文語（やまと言葉系）　→琉球周辺　やまと言葉琉球方言

　そして、アイヌ語系言語が後のアイヌ語となったのである。

言語分布の想定

アイヌ系言語

古極東アジア語

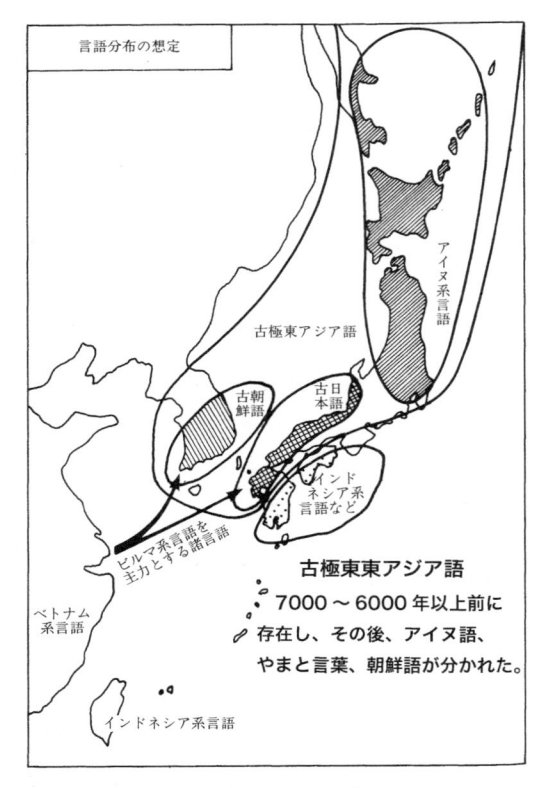

古朝鮮語

古日本語

インドネシア系言語など

ビルマ系言語を主力とする諸言語

ベトナム系言語

古極東東アジア語
7000〜6000年以上前に存在し、その後、アイヌ語、やまと言葉、朝鮮語が分かれた。

インドネシア系言語

第64図　安本美典による日本列島上の言語分布（安本美典1985―図11に加筆）

(4) 土器の変化と言語の変化の対応

　それでは、考古学資料で言語を用いた人々の交流を読み取ることはできるだろうか。それぞれの集落で女性が土器を製作していたころであれば、土器は女性の移動を示していた。縄文時代でも、土器に精製品と粗製品が作られるようになると、すべての土器を女性が製作したとは言い切れないが、少なくとも日常の調理に用いられた煮沸用の粗製深鉢については、調理をおこなった人、すなわち女性が作った可能性が高い。そして第7章で述べたように、擦文土器やロクロをもちいない土師器の深鉢などは、女性の手になったと考えられた。したがって、東北北部や北海道の場合、縄文時代から11世紀ぐらいまで、土

終章 蝦夷を考える 269

器を資料として、個人や集団の移住を考えることが可能である。
　日本列島上にアイヌ語系とやまと言葉系の2系統が現れたのは縄文時代前期以前と推測される。そこで最初に縄文土器を用いて日本列島の地域分けをしておく。縄文土器には、施文具として縄を用いるものと、それを用いないものとがあり、大きく分けると、前者が多いのは東日本域で、後者が多いのは西日本域である。日本列島上の縄文土器を系統ごとにまとめた小林達雄（2002）の土器編年表を援用し、それに縄を用いた文様の有無の情報を加えたのが第20表である。それによれば、縄文土器と呼ばれてはいるが、九州以南では中期の一時期を除いて、伝統的に縄文が施されず、また、近畿以西でも後期後葉以降には縄文が失われることがわかる。
　このように、縄文時代全時期を通じ、九州から南西諸島を中心として、西日本域には縄文が施文されない土器が分布していた地域が広くあった。したがって、それらの地域の縄文語と縄文が施された土器を持つ東日本域の縄文語とで、違いが大きかったと考えることは可能であろう。両地域間では、土器の作り手である女性の交流は密でなかった。言語が異なっていたためであろう。草創期には諸言語間の差は小さかったかもしれないが、早期に縄文を施す集団が出現して以来、しだいに婚姻関係のあり方に変化が生じ、東日本域で広く縄文が一般化した前期までには言語的な距離が大きくなっていたと考えるのである。このころまでには、後にアイヌ語へと連なる東のアイヌ語系縄文語と、後にやまと言葉になる西のやまと言葉系縄文語が成立していたのではなかろうか。
　例えば、繊維入りの縄文土器の分布からも同様のことを説明できる。土器に繊維を入れたか否かは、焼成後の土器の観察からは読み取りづらく、胎土の調整をする者にしかわからない技術である。戸沢充則編（1994）『縄文時代研究事典』の各型式の記載を用いて、繊維が含まれている土器の時期ごとの分布域をまとめた（第21表）。繊維土器は北陸・東北地方・北海道などで早期前半から見られるが、早期後葉には中国・四国・近畿・東海・中部・関東地方にも広がっていた。九州にはない。そして近畿以西における繊維土器の使用はその時期までである。一方、前期には東日本域で広く生産されるようになるが、前

270

第20表 縄文時代における縄文を施す土器と施さない土器の分布状況（小林達雄 2002 より）

第21表 繊維土器の分布域の変遷（戸沢編1994のデータを利用して作成）

型式名	時期	中国	山陰	四国	近畿	北陸	東海	中部	関東	東南	東北	北南	北東	地文・文様など
さくらどうげ桜峠	1早期前半								○					押型文
めまんべつ女満別	1早期前半		・										○	条痕・押型
ひばかり日計	2早期前葉										○			押型文
のじま野島	3早期後葉						○	○	○					貝殻条痕文
かやまかそう茅山下層	3早期後葉						○		○					貝殻条痕文
たどじょうそう田戸上層	3早期後葉								○					貝殻条痕沈線文系
こうざんじ高山寺	3早期後葉	○		○	○									押型文
うがしまだい鵜ヶ島台	3早期後葉						○	○	○					貝殻条痕文
かすはた粕畑	3早期後葉					○	○							貝殻条痕文・尖底
かみのきだい神之木台	3早期後葉						○							貝殻条痕文・尖底
かやまじょうそう茅山上層	3早期後葉						○							条痕文
しぼくち子母口	3早期後葉						○							貝殻条痕文
わせだ早稲田6	3早期後葉										○			縄文・押引・尖底
いりう入海	4早期末													擦痕・爪形等
いしやま石山	4早期末				○									貝殻条痕文
おぶち尾駁	4早期末										○			縄文・押引・尖底
そやまじょうそう素山上層	4早期末							○						貝殻条痕文・縄文
ノッコロ	4早期末										○			撚糸・斜縄文・内面条痕
ひしね菱根	4早期末			○										内外面縄文・内面条痕も
おっこし打越	5早期終末						○		○					貝殻腹縁文
わせだ早稲田5	5早期終末										○			縄文・平底
おもてだて表館	6早期末〜前期初頭										○			縄文・押引・平底
かすがまち春日町	6早期末〜前期前半											○		縄文・尖底
かみかわな上川名	7前期初頭								○					縄文・竹管・羽状縄文
ふごうだ深郷田	7前期初頭										○			貝殻条痕文
はなづみかやね花積下層	7前期初頭							○						羽状縄文
さいべざわサイベ沢（前期）	8-11前期中葉〜後葉											○		縄文・撚糸・円筒土器
えんとうかそう円筒下層	8-11前期中葉〜後葉										○			縄文・撚糸・円筒土器
トドホッケ	9前期前半											○		竹管押引文・縄文・尖底
おんねとう温根沼	9前期前半												○	押型文・尖底
かつらじま桂島	9前期前半										○			羽状縄文
かみゆき神ノ木	9前期前半						○	○						縄文・竹管
しゅえん朱円	9前期前半												○	押型文
なかの中野	9前期前半										○			縄文・撚糸・尖底
つなもん綱文	9前期前半										○			縄文・尖底
せきやま関山	9前期前半								○					羽状縄文
あさひ朝日C	10前期中葉				○									羽状縄文
ありお有尾	10前期中葉							○						羽状縄文・竹管
くろはま黒浜	10前期中葉								○					羽状縄文・竹管
だいぎ大木2b	10前期中葉										○			撚糸・斜縄文
うえなえ植苗	11前期後半											○		縄文
さいべざわサイベ沢（前期）	8-11前期中葉〜後葉											○		縄文・撚糸・円筒土器
えんとうかそう円筒下層	8-11前期中葉〜後葉										○			縄文・撚糸・円筒土器
おおあさ大麻5	12前期末〜中期前葉											○		羽状縄文
かむい神居	12前期末〜中期初頭												○	押型文・平底
モコト	13中期前半												○	斜縄文・円筒形
トコロ6類	14中期後半												○	斜縄文・羽状縄文・円筒形

期中葉のうちには北陸・東海・中部・関東・東北地方南部での繊維土器の製作は終了した。前期いっぱい継続するのは東北北部から北海道南部までで、さらに北海道東部では中期後半まで残るが、それを最後に繊維土器は消滅した。繊維土器は、縄文時代早期すなわち8,000〜6,000年前には中国・四国地方にもあったが、前期に入ると東日本のみで製作されていた。そして南から順番にその手法は廃れ、一貫して繊維土器が存在しなかったのは九州以南であった。

ところで、胎土に繊維を入れるのは社会的慣習であった。青森市三内丸山遺

跡出土の繊維土器・非繊維土器の場合、どちらのタイプも化学組成が同じであり、同一の粘土層を利用したと考えられた（松本2005c）。また第21表からわかるように、東日本内で南から北に向かって順にその手法は消滅した。これは、繊維の添加・非添加は流行現象のようなもので、はやり廃りがあったことを示し、社会的慣習の反映と理解すべきであることがわかるのである。

　繊維を添加するか否かは土器の胎土の調整をする者だけが知っている情報であり、前期以降、西日本にそれが存在しないことは、その時期以降、東日本の土器製作者との交流がなかったことを示しているのではなかろうか。時折はあったかもしれないが、基本的にはそのような関係であったろう。これらの土器は深鉢なので、女性による製作と考えることができ、それは婚姻関係による女性の往来がなかったことを反映する。女性の婚姻関係は、大きく見れば、西日本域内、東日本域内で完結するのが基本であった。婚姻関係は言語が通じる範囲でおこなわれていたと見ることができよう。

　言語学からも、アイヌ語系言語とやまと言葉系言語とは5～6,000年前にはすでに分岐していたと推測されていることはさきに述べた。また、第20表に見た縄文を施すタイプの縄文土器の分布状況からもその考え方を支持できた。アイヌ語系言語の話者は縄文を持つ土器、続縄文土器、そして刻文の擦文土器という文様を施す土器を作り続け、最終的にはアイヌ語の話者となった。やまと言葉系言語の話者は縄文を持たぬ土器を作り、文様を持たぬという縄文時代晩期ころからの特徴は、弥生土器を経て土師器へと受け継がれた。途中、弥生時代から古墳時代には朝鮮半島からの人口の流入も経て、ウチナーグチとしだいに乖離し、古墳時代でも須恵器模倣の土師器が広く流布したころには現在のやまと言葉となっていたのではなかろうか。

(5) 東北北部における人口希薄期を境とした言語置換

　アイヌ語は、アイヌ語系縄文語を幹にして、それぞれの時代における周辺の人々の言語の影響を受けて成立したと考えられる。それは、北海道の縄文人や続縄文人たちが使っていた言葉の延長上にあるといってよいだろう。

終章　蝦夷を考える　273

　それでは、その南に隣接する東北北部で6世紀後葉～11世紀に用いられていた言語は何であったか。本書では、古代の文献で蝦夷と記された人々の大部分は、古代日本国領域からの移住者だと述べてきた。そして、移住者たちの言葉は、おそらく、やまと言葉であった（松本 2006）。

　縄文時代を経て弥生時代になっても縄文が施された弥生土器が作られ、その後の古墳時代併行期にも後北C_2・D式や北大I式などの続縄文土器が使われていたのであるから、5世紀ころまでの当該地域ではアイヌ語系縄文語に由来する言語（以下ではアイヌ語系言語と呼ぶ）が話されていたはずである。それなのに、6世紀後葉以降の言語がやまと言葉となっていたとは、いかなる根拠のうえに立つ考えなのであろうか。重要なのは、第3章で述べた、1～6世紀の人口希薄期の存在である。

　八戸市田向冷水遺跡や天間林村森ヶ沢遺跡からわかるように、北大I式土器使用期（続縄文土器）直後の5世紀後葉～6世紀初頭ころには土師器を使う人々が南の地域から来たこともあった。しかしそれは単発的なできごとであり、文化は根付かなかった。以上のような土器の製作および使用状況から、東北北部における1～6世紀の人口希薄期には、北海道同様、アイヌ語系言語が話されていたと考えることができる。

　それでは、縄文文化の後、弥生文化、古墳文化と変化した東北中部以南の地域の言語はどのように変化していたのであろうか。さきに見たように、やまと言葉と琉球方言の分岐は弥生時代から古墳時代の間に完了していた。そして、やまと言葉は土師器の分布域の言語であり、言い換えれば古墳文化の分布域の言語であったと捉えることができる。それは、前方後円墳の分布域と言うことができよう。したがって、6世紀までに東北中部から九州までやまと言葉の使用地域となっていたことになる。

　古墳時代併行期の東北北部にはアイヌ語系言語の使用者がいたはずであるが、人口密度は非常に低く、また人口が増加しない生活様式の社会があった。そこに、6世紀後葉以降に人口増加社会から人々が移住してきたのである。人々は雑穀を栽培し馬を飼い、東北北部地域の自然をそれ以前とは比べ物にな

らないほど有効に利用した。これはレンフルー (1987) が述べた、先住民よりも多くの人間が移住することによっておこる言語置換のモデルを適応できる例である。

人口希薄期の後、6世紀後葉〜7世紀以降におこった古代日本国領域からの移住によって、東北北部の人々の言葉は、その移住者の母語であるやまと言葉に置き換えられたのであった。

(6) 蝦夷の言葉と現在の津軽弁

前時代に比べて、突然、人口が増えたとしか解釈できない集落の急増、これに伴う物質文化および生活様式の変化が見られる場合、別の地域からの移住があったことを示している。東北北部東側における6世紀後葉〜8世紀、東北北部西側における9〜10世紀の集落の変化はその例であった。さらに近隣地域の例をもう一つ述べるならば、19世紀後葉以降の北海道への和人の入植を加えておかねばならない。

最後の例は、圧倒的な数の日本語話者の移住と、日本政府の政策により、アイヌ語地域が日本語地域となった例である。このことからわかるように、考古学資料を用いて移住があったことを確実に述べることができる場合には、地域における言語の変化、あるいは置換の有無についての考察も可能であろう。

そして、本節や松本 (2006) で述べたように、蝦夷と呼ばれた人々の大部分はやまと言葉を話していたというのが、私の考えである。ただし、なかには北海道の人々と密接な関係を持ち、アイヌ語系言語を話せる人々もいたであろう。これまでの東北北部の蝦夷の言語についての考察には、山田 (1982・1983) や金田一 (1993a・1993b) らがおこなった、地名やマタギ言葉を用いてアイヌ語との関連を考える研究があり、また、古代の文献にも通訳が必要であったと記されているので、蝦夷はアイヌ語系言語を話していたはずだと考える方も多いであろう。しかし、5世紀後葉以降におこった古代日本国領域からのたびたびの移住を見ると、やはり、蝦夷たちの言葉については、ここで述べているように考えるのが最も無理がないことになろう。

しかしながら、津軽弁にはアイヌ語との共通の言葉もあり、一般的には、東北北部とアイヌ語との関連性を感じる場合もあるのかもしれないので、蝦夷の言葉についての考察の最後に、津軽弁の系統やその古さに触れておきたい。ただし、これも松本（2006）でやや詳しく述べたので、ここでは多くを繰り返さず、基本的なことだけを述べておく。

　注目しておきたいのは、一人称の「わ」、二人称の「な」である。これらは人称代名詞であり、使用頻度の高い言葉である。津軽弁の中にはアイヌ語と共通の単語がある（小笠原 功 1998）が、それほど多くはないし、なおかつ、履物の意味の「ケリ」、小刀の意味の「マキリ」といった語であり、一人称や二人称に比べれば、使用頻度が低い単語である。しかも、青森県の沿岸部には近世にもアイヌ民族がいたので、それらは古代以降のどの時期にでも入る可能性のある言葉である。それに対し、人称代名詞は常に最も使用頻度の高い言葉である。したがって、人称代名詞の「わ」と「な」は、津軽弁の由来を考えるうえで大変重要だと考えたのである。

　しかも、一人称の「わ」と二人称の「な」は、日本列島の大部分の地域で、鎌倉時代以降の文献には見られない（池上秋彦 1972）、上代の古語である。現在は方言として日本列島の南北の地域に残っているだけである。その北が津軽地方なのである。柳田国男（1980）は、辺境ほど古い言葉が残るという現象を、方言周圏論として述べたが、「わ」「な」は、その例として解釈できるであろう。北条忠雄（1986）でも、それらの2語は「原形原用法で対立並用されているところに古代性を遺存している」（168頁）と述べ、他の地域の方言で「わ」が反射的代名詞あるいは対称として用いられることがあることと区別している。津軽弁の「わ」「な」は平安時代までに当地で使われるようになっていたと見てよかろう。その時期以前の人々の移住を示すことになる。

　ほかに、方言周圏論的で解釈できる東北北部や九州に残る古語では、「かたつむり」の意味の「なめくじ」が有名である（柳田 1980）。10世紀前葉、承平年間に成立した『和名類聚抄』には、かたつむりの意味で「かたつむり」と「なめくじ」がある。おそらくこれも平安時代に定着した例なのであろう。津

軽地方には、平安時代ころに入った言葉が、その後、新語に置き換わらずに残存したのである。それは同時に、津軽よりも南にある地域と違い、平安時代の移住の後、そこではあまり頻繁な、あるいは広汎な地域からの人口の流入がなかったことを示しているのではなかろうか。

第3節　蝦夷を考える

(1) 移住と言語

　移住者と先住民の人口、そして使われた言語について考え、それぞれの土地の人々の話し言葉について、再度まとめておく。移住者の言語の変化についての前提はこうである。小泉（1998）は、移住者の数が先住民よりも多い場合には、移住民たちの言語がその土地の言葉となるが、先住民よりも少ない場合には、移住民が先住民の言葉を話すこととなるという。近代の北海道の例からもその過程はよく理解できる。

　結論からいえば、前節で考察してきたように、蝦夷と呼ばれた人々は、やまと言葉を母語としていた。以下にそれを移住の波に合わせて説明してみるが、まずは、移住の波が押し寄せる前の、続縄文土器が製作されていた時代から図示しておく（第67図1）。後北C_2・D式土器は北海道にも東北北部にも広く存在し、この地域における土器の変化はほぼ同時におこっていた。これは、各地の土器製作者が相互に交流していたことを反映していた。土器は煮沸具であり日常生活の基礎を担う道具であったので、各地で女性が製作したものであり、婚姻による女性の移動が土器製作者の移動の理由であった。婚姻関係が持たれていたのは同一言語が話されていた地域であった。図示したのは後北C_2・D式土器の時代であるが、東北北部の場合、北大Ⅰ式土器使用期までは、北海道の人々と婚姻関係が結ばれていた。この時期までは、縄文時代以来の言語に由来するアイヌ語系言語が話されていたことであろう。

　そしてこの時期、東北北部に別系統の言語を持つ人々による集団の移住はなかった。土師器を製作・使用する人々が住んでいた前方後円墳築造地域では、

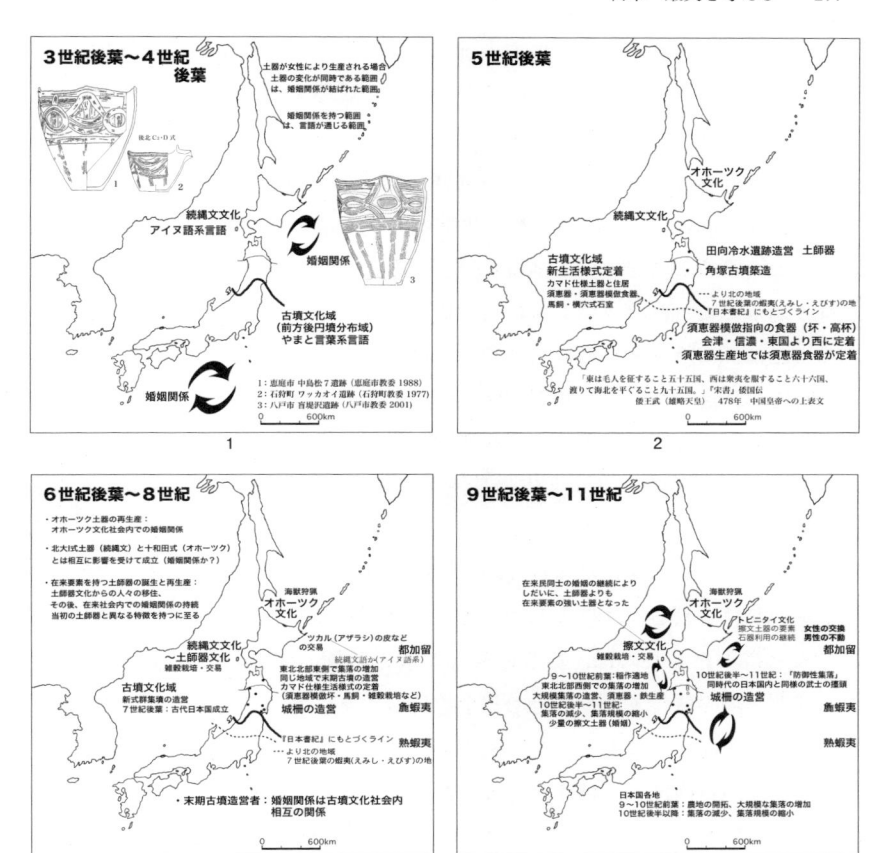

第65図　婚姻が結ぶ社会・移住が拓く世界（東北北部・北海道の人々の相互関係）

土師器を製作する者同士が相互に婚姻関係を結んでいた。やまと言葉系言語を母語とする者の居住範囲であった。

　集団の移住が見られたのは5世紀後葉であった（第65図2）。それを第1の移住の波と呼んだ。それは古墳文化社会の担い手たちによる移住であった。ただし、その波は少数であったので、一旦おさまる。そこに住んだ人々は、そこを拠点に、各地の人々と婚姻関係等を結ぶということはしなかったのである。すなわち集落は継続せず、やまと言葉の話者は、まだその地域には定着しなか

った。そしてこの時期、北ではオホーツク海沿岸にオホーツク文化の担い手たちが居住していた。土器は独自のものなので、続縄文の人々とは異なる言語を母語とする人々であったろう。

　移住の第2波が押し寄せるのは6世紀後葉、まさに新式群集墳の時代であった（第65図3）。この波は古墳文化地域を広く覆った朝鮮半島由来の習慣を基本にして新たに生まれた、須恵器模倣の坏や高杯を用いた生活様式を持つ人々の到来であった。カマドの煙道の構造からすると、複数の地域から入ってきた可能性がある。人々の母語はやまと言葉であった。そのとき北海道の人々と一時的に疎遠になった。婚姻関係が結ばれなくなっていたようである。母語が異なってしまったのがその大きな要因であろう。

　また、本来、そのような文化の拡散は、前方後円墳を持つ地域では5世紀後葉におこっていた。各地で新しいタイプのやまと言葉化が進行したことであろう。そして、その文化が入らなかった琉球は隔離された形となり、言葉の変化に違いが見られるようになるのである。繰り返しになるが、東北北部が確実にやまと言葉化したのは、第2の移住の波の時期、すなわち6世紀後葉以降の新式群集墳の時代であり、その言葉を持つ人々によって集落が各地で造営されるのは7世紀であった。

　一方、北海道南部への移住者は人数が少なかったし、その入植は東北北部での生活が安定してからということなのであろう、100年ほど遅れた。7世紀末〜8世紀前半くらいには、千歳市丸子山遺跡のように、むしろ移住者のほうが多かったと考えられる集落もあったが、そのような集落の存続期間は短く、しかもそのような例はわずかであった。また、移住者は継続して入ってはこず、あるいは東北北部地域との婚姻関係も続かず、全体としては在来の人々が圧倒的に多かった。したがって、縄文時代以来の言語が残り、それが北や南の周辺地域の言葉を借用しながら変化してアイヌ語になった。その言葉を話す人々は、近世以降の津軽地方・下北地方にも、その沿海部を中心に住んでいた。ただし、土器の変化の様子をもとに考えるならば、その地域における縄文時代以来の末裔ではなく、擦文土器の誕生以降に北海道側から来た人々であろう。

そして、一言付け加えておけば、東北北部より南の地域の人々がやまと言葉を母語とするようになっていたのは、古墳時代であった。前方後円墳の時代における古墳文化と土師器を用いる生活様式の拡散と定着は、それを示しているのである。『日本書紀』に記された世界のイメージでは、現在の東北地方全域には、やまと言葉ではない言語を母語とする「蝦夷」が住んでいたはずであるが、考古学的資料にもとづけば、それを認めることはできない。縄文を施す弥生土器を製作していたうちは、東日本のかなりの地域で、まだアイヌ語系言語を話していた可能性がある。しかし、古墳文化の定着とともに、やまと言葉化が進行したのである。5世紀後葉に日本列島最北の前方後円墳、角塚が築造されたとき、やまと言葉を母語とする人々が東北中部以南に住むようになっていた。八戸市田向冷水遺跡の居住者はそのときのフロンティアなのである。

(2) 神話を携えた人々の拡散

最新式の道具類を持ち列島各地に移住した人々は、単にやまと言葉の話者であっただけではない。後に"神話"とされる物語の原型を携えていたのではなかろうか。

『日本書紀』景行天皇紀で、武内宿禰が日高見の国の蝦夷の土地の肥沃さを報告し、侵略すべきと進言して以来、もちろんそれは実話ではなく、そのような形式に整え正史としたのであるが、現在の地理的情報に照らせば日本列島東北部あるいはそれより北の居住者が「蝦夷」であったと、その後思われてきた。それは景行天皇の時代であるから、実年代は不明である。ただ、『宋書』倭国伝に残る478年の中国皇帝への上表文が、倭王武すなわち雄略天皇のものなので、その10代前の景行天皇が5世紀後葉よりもそれなりに前の時代の人と設定されていたということは理解できよう。『日本書紀』における最初の天皇である神武天皇が生まれる前の神代の記載と考古学資料とを合わせ見て、その時期を考察するならば、ヒントとなるのが馬の存在である。スサノオは馬を扱う。第3章で述べたように、馬は日本列島に本来棲息していなかった動物であり、馬飼が広汎な地域で普通に見られるようになったのは5世紀以降

である。神代の内容ですら、ほぼそのころ以降の世界を舞台としていると考えざるをえない。

　すなわち、東夷の一種である蝦夷の征討をはじめた景行天皇の時代といっても5世紀あたりなのである。そして、倭王武による上表文に記された「毛人」（これは中国語である）を後の「蝦夷」に置換えて、そのころ、畿内よりも東側に居住していた人々をみな「蝦夷」とするならば、5世紀後葉の倭王武の先代までに平らげられていた地域は、考古学的には前方後円墳が造営されていることで見分けることができるのかもしれない。そうであれば、5世紀後葉に築造された奥州市角塚古墳は、日本列島最北の前方後円墳と評されるが、毛人を征し55国が平らげられた後の、雄略天皇の時代の活動の跡となろうか。

　『宋書』「倭国伝」に残される倭王武（雄略天応）の上表文には、こう記される。「東は毛人を征すること五十五国、西は衆夷を服すること六十六国、渡って海北を平らげること九十五国」（石原道博訳1951）。ところで、ここで言われている地域からは、5世紀代の結晶片岩製石製模造品と呼ばれる、剣・鏡・玉類を模したとみられる製品が出土している。東とは現在の長野県から青森県まで、西とは北部九州を中心とした西日本域、海北とは大韓民国徐州市の竹幕洞を含む地域である（第54回埋蔵文化財研究集会事務局編2005）。

　その石製模造品を用いた祀り、それこそが『古事記』『風土記』『日本書紀』などに記される景行天皇あるいは倭建命（日本武尊）の伝承の骨格となるのではなかろうか。倭建命はたった一人で戦った。軍と軍との戦ではない。実際には、開拓者たちが、石製模造品などで各地の土地の神様を言向けやわしながら、各地を開拓したことを、各地に拡散したやまと言葉を話す人々の共通の物語としたのではなかろうか。その記憶が、7世紀以降の古代日本国成立時に、"神話"として利用されたのである。

　関東地方の多くの石製模造品を観察した篠原祐一（2005）は、ほとんどが関東西部の三波川変成帯の石材だという。青森県おいらせ町中野平遺跡出土の5世紀後葉ころの石製模造品の化学成分は長野県阿智村神坂峠遺跡出土の同時代の製品とほぼ同じであった（松本・伊藤2008）。それらの石材の外観は三波

川変成帯産の結晶片岩に類似しており、そこから得られた石材の可能性が非常に高い。これらのことを総合すると、東日本域の石製模造品は三波川変成帯の石材を利用している可能性が高く、5世紀に群馬県域周辺を起点としてそれを携帯するときには、征服物語の基礎が成立していたのではなかろうか。

　その物語が、『古事記』『日本書紀』に記される"神話"部分となったのであろう。"神話"の源の誕生は5世紀だった。人々は各地に類似した話を携えて移住した。同時にやまと言葉化も広く進行した。人々は剣と鏡と玉の模造品を携え、旅をした。各地の神と本物の剣で戦ったのではない。姿の見えぬ、あるいは動物や自然に姿を変えた各地の国（土）神を、その世界にこそ通用するイメージの道具を用いながら言向けやわした。

　5世紀後葉以降の、須恵器やその模倣品を用いた新しい生活様式の拡散・普及、そして群集墳の造営が、人々の各地への移住を語るのである。5世紀とは、列島各地に一律に新しい生活様式を持つ人々が拡散した時期であった。ただし、東北北部にその生活が定着したのは、6世紀後葉以降であった。

　8世紀前葉に成立した『風土記』には各地の古老の話が記されるが、そのなかには崇神天応や倭建命など倭地域の勇者が先住民である土蜘蛛らを平らげるという話が多い。『風土記』に記される先住民に「えみし」と読める表記はない。しかもそれらは、みな古老の話し、すなわち伝承である。あるいはそのような形式で記される。人々は各地に"神話"を携えて旅をして土地を開拓したのであった。それは新たな土地での、人々の心の支えであったかもしれない。

(3) 蝦夷と国家

　以上、本書では考古学資料を主に使い他の学問分野にも視野を広げながら、蝦夷がどのような人々であったかを述べてきた。蝦夷とは、アイヌ民族や日本民族といった成員自らが同族意識を持つような集団ではない。長い研究を経て20世紀後葉には、蝦夷が「政治的概念である」点が強調されるようになった。ところが国家に、とくにその成立期に、物語的に語られることが多かったがゆえに、蝦夷がそのような名を持つ実態のある集団であったかのような印象を、

多くの人々が持たされてきた。

　しかし史料に登場する蝦夷は、語られた歴史上での存在である。古代国家の正史に記されていても、事実を反映したものばかりではない。むしろ「国家」、あるいはその威を借りた人々が語りたい歴史が描かれていた。

　国家の成立とは、その一面をわかりやすく表現すれば、それが概念上のことであれ、国境線を引くことであり、必然的に国の内と外の世界ができた。同時に、隣接する国家群のなかで生き残るため、あるいは国境線の内側の社会においてその政権の正当性を主張するのに、もっともらしい物語を必要とした。蝦夷とは、古代日本国家成立に必要な装置、あるいはからくりであった。ゆえに、それが必要な間は存在したが、不要になるや、突然、記録されなくなった。

　したがって、蝦夷とは誰であったかと問うならば、文献史的には7～10世紀ころの東北北部に存在した人々と言うこともできるが、考古学的には、人々の大部分は古代日本国領域からの移住者であったと説明できる。弥生時代以降、断続的に大陸方面から渡来した様々な技術を持った人々、やまと言葉地域の縄文人の末裔もいたであろう。縄文時代以来の東北北部の居住者や、北海道にも行き来した続縄文文化の担い手たちの末裔、そして後に蝦夷（えぞ）と呼ばれるようになる北海道在住の人々に直結する人はむしろ少なかった。

　たった今ここにまとめたのは実態の話である。しかし、古代日本国もそれと対になって生まれた蝦夷も、まずは概念であった。国が成立したころ、その北辺に目に見える国境はなかった。それを認識させるためには、公民を確定し、その範疇の外にいる者を示すのが近道だった。それが蝦夷の第1の像であった。国が確立した後、ある役人たちは第2の利用法を思いついた。スケープゴートとしての蝦夷であった。この点の論証には、さらに時間をかけねばならぬ。また、本書への批判も含め、さまざまな視点を持った方々との研究が必要である。

引用・参考文献 (以下の文献には、挿図として利用したものも含む)

会津美里町教育委員会　2007『油田遺跡』会津美里町文化財調査報告書第２集
青木和夫・稲岡耕二・笹山晴生・白藤禮幸校注　1998『新日本古典文学大系 16　続日
　　　本紀 5』　岩波書店
青森県教育委員会　1976『黒石市牡丹平南・浅瀬石遺跡発掘調査報告書』青森県埋蔵文
　　　化財調査報告書第 26 集
　　　　1978a『青森市三内遺跡』青森県埋蔵文化財調査報告書第 37 集
　　　　1978b『黒石市高館遺跡発掘調査報告書』青森県埋蔵文化財調査報告書第 40 集
　　　　1980a『大平遺跡』青森県埋蔵文化財調査報告書第 52 集
　　　　1980b『砂沢平遺跡』青森県埋蔵文化財調査報告書第 53 集
　　　　1980c『碇ケ関村古館遺跡』青森県埋蔵文化財調査報告書第 54 集
　　　　1985『垂柳遺跡』青森県埋蔵文化財調査報告書第 88 集
　　　　1987『山本遺跡』青森県埋蔵文化財調査報告書第 105 集
　　　　1988『李平下安原遺跡発掘調査報告書』青森県埋蔵文化財調査報告書 111 集
　　　　1989『発茶沢 (1) 遺跡 IV』青森県埋蔵文化財調査報告書第 120 集
　　　　1990a『中崎館遺跡』青森県埋蔵文化財調査報告書第 129 集
　　　　1990b『杢沢遺跡』青森県埋蔵文化財調査報告書第 130 集
　　　　1992『堀切沢 (2)(3)(4)(5) 遺跡』青森県埋蔵文化財調査報告書第 141 集
　　　　1994『山元 (1) 遺跡』青森県埋蔵文化財調査報告書第 159 集
　　　　1995『山元 (2) 遺跡』青森県埋蔵文化財調査報告書第 171 集
　　　　1996『野尻 (2) 遺跡 II・野尻 (3) 遺跡』青森県埋蔵文化財調査報告書第 186 集
　　　　1998a『外馬屋前田 (1) 遺跡』青森県埋蔵文化財調査報告書第 242 集
　　　　1998b『高屋敷館遺跡』青森県埋蔵文化財調査報告書第 243 集
　　　　1998c『隠川 (4) 遺跡・隠川 (12) 遺跡 I』青森県埋蔵文化財調査報告書第 244 集
　　　　1999a『野尻 (1) 遺跡 II』青森県埋蔵文化財調査報告書第 259 集
　　　　1999b『野木遺跡 II』青森県埋蔵文化財調査報告書第 264 集
　　　　2000a『野木遺跡 III』青森県埋蔵文化財調査報告書第 281 集
　　　　2000b『岩ノ沢平遺跡』青森県埋蔵文化財調査報告書第 287 集
　　　　2006『林ノ前遺跡』青森県埋蔵文化財調査報告書第 415 集
　　　　2007『赤平 (2) 赤平 (3) 遺跡』青森県埋蔵文化財調査報告書第 438 集
　　　　2009『新田 (2) 遺跡』青森県埋蔵文化財調査報告書第 471 集
青森県史編さん古代部会編　2001『青森県史　資料編　古代 1　文献史料』　青森県
　　　　2005『青森県史　資料編　考古 3　弥生～古代』　青森県

青森市教育委員会　2000『野木遺跡発掘調査報告書 II』青森市埋蔵文化財調査報告書第54集
秋田県教育委員会　1989『一般国道7号八竜能代道路建設事業に係る埋蔵文化財発掘調査報告書 II』秋田県埋蔵文化財調査報告書第178集
　　　　　　　　　1992『国道103号道路改良事業の係る埋蔵文化財発掘調査報告書 VI—上野遺跡—』秋田県埋蔵文化財調査報告書第222集
秋田市教育委員会　1987『秋田市秋田新都市開発整備事業関係埋蔵文化財発掘調査報告書　地蔵田B遺跡台A遺跡湯ノ沢A遺跡　湯ノ沢F遺跡』
秋本吉郎校注　1958『日本古典文学大系2　風土記』岩波書店
旭川市教育委員会　1985『錦町5遺跡』旭川市埋蔵文化財調査報告書第6輯
　　　　　　　　　1995『旭町1遺跡』旭川市埋蔵文化財調査報告書第20輯
穴澤義功　1984「製鉄遺跡からみた鉄生産の展開」『季刊考古学』8号　47-52頁　ニュー・サイエンス社
阿部義平ほか　2008『森ヶ沢遺跡発掘調査報告書〈下〉　国立歴史民俗博物館研究報告第』144集　国立歴史民俗博物館
天辰正義ほか　2004『たたら　日本古来の製鉄』(財) JFE21世紀財団
天野哲也　1989「擦文期北海道にもたらされた鉄の量とこれに関連する諸問題—アイヌ期との比較において—」『たたら研究』30号　1-8頁　たたら研究会
　　　　　2003「オホーツク文化とはなにか」『続縄文・オホーツク文化』110-161頁　北海道新聞社
Arnold, D.E. 1985 *Ceramic theory and cultural process.* Cambridge U. P.
家永三郎　1976『上宮聖徳法王帝説の研究　増訂版』三省堂
飯村　均　2005『律令国家の対蝦夷政策—相馬の製鉄遺跡群』新泉社
井上光貞・関　晃・土田直鎮・青木和夫校注　1976『日本思想大系3　律令』岩波書店
池上秋彦　1972「代名詞の変遷」鈴木一彦・林 巨樹編『品詞別日本文法講座2 名詞・代名詞』123-162頁明治書院
石井　淳　1997「北日本における後北C2-D式期の集団様相」『物質文化』63号　23—35頁　物質文化研究会
石井昌国　1966『蕨手刀』雄山閣
石川元助　1963『毒矢の文化』紀伊國屋新書
石上英一　1987「古代東アジア地域と日本」『日本の社会史 第1巻 列島内外の交通と国家』岩波書店 55-96頁
石狩町教育委員会　1975『Wakkaoi—石狩・八幡町遺跡ワッカオイ地点調査報告—』
　　　　　　　　　1977『Wakkaoi III—石狩　ワッカオイ地点Dにおける続縄文末期の発掘調査』
石塚友希夫・中村俊夫・奥野　充・木村勝彦・金奎漢・金伯禄・森脇　広　2003「白頭

山火山灰の10世紀における巨大噴火の高精度AMS14C年代測定」『名古屋大学年代測定総合研究センター研究紀要』58-64頁
石附喜三男　1983「5　エゾ地の鉄」『日本民俗文化大系　第三巻　稲と鉄』301-321頁　小学館
石原道博訳　1951『魏志倭人伝・後漢書倭伝・宋書倭国伝・随書倭国伝』岩波文庫
市川健夫　1981『日本の馬と牛』　東書選書
井上光貞・関　晃・土田直鎮・青木和夫校注　1976『日本思想大系　律令』岩波書店
今泉隆雄　1992「律令国家とエミシ」須藤隆・今泉隆雄・坪井清足編『新版古代の日本9 東北・北海道』163-198頁　角川書店
入間田宣夫　1986「糠部の駿馬」高橋富雄編『東北古代史の研究』　592-631頁　吉川弘文館
　　　　　　1988「久慈・閉伊の駅馬」中世東国史研究会編『中世東国史の研究』285-311頁　東京大学出版会
　　　　　　1990「穐宗の貢馬」羽下徳彦編『北日本中世史の研究』　167-191頁　吉川弘文館
　　　　　　1997「鎮守府将軍清原真衡と「戸」「門」の建置」青森県六戸町編『北辺の中世史』11-27頁　名著出版
岩手県埋蔵文化財センター　1981『二戸バイパス関連遺跡発掘調査報告書〈上田面遺跡・大淵遺跡・火行塚遺跡〉』岩手県埋文センター文化財調査報告書第23集
　　　　　　1983『上野山遺跡発掘調査報告書』岩手県埋文センター文化財調査報告書第67集
岩手県文化振興事業団埋蔵文化財センター　1998『房の沢IV遺跡発掘調査報告書』岩手県文化振興事業団埋蔵文化財調査報告書第287集
　　　　　　2002『中半入遺跡・蝦夷塚古墳発掘調査報告書』岩手県文化振興事業団埋蔵文化財調査報告書第380集
岩波書店　1961『日本の地理　第2巻　東北編』
宇治谷　孟　1988『日本書紀　全現代語訳』上・下　講談社学術文庫
　　　　　　1992『続日本紀　全現代語訳』上・中　講談社学術文庫
　　　　　　1995『続日本紀　全現代語訳』下　講談社学術文庫
宇野隆夫　1991『律令社会の考古学的研究北陸を舞台として』　桂書房
宇部則保　2003「東北北部型土師器にみる地域性」『海と考古学とロマン』247-265頁　市川金丸先生古稀を祝う会編　青森市
江坂輝弥　1971「青森県八戸市鹿島沢古墳新発見の遺物」『考古学ジャーナル』58号
枝幸町教育委員会　1980『ホロナイポ遺跡』
　　　　　　1994『目梨泊遺跡』
江釣子村教育委員会　1978『五条丸古墳群』

1988『猫谷地古墳群』
恵庭市教育委員会　1988『中島松6・7遺跡』
エンゲルス　1884（戸原四郎訳　1965）『家族・私有財産・国家の起源』岩波文庫
遠藤　巌　1994「米代川流域の中世社会」『研究紀要』9号　69-88頁　秋田県埋蔵文化財センター
遠藤匡俊　1997『アイヌと狩猟採集社会』　大明堂
おいらせ町教育委員会　2007『阿光坊古墳群発掘調査報告書』おいらせ町埋蔵文化財調査報告書第1集
大石圭一　1987『昆布の道』第一書房　東京
大石直正　1990「陸奥国の荘園と公領―鳥瞰的考察―」『東北文化研究所紀要』22号　31―61頁　東北学院大学
　　　　　1997「戸のまちの起源と交通」青森県六戸町編『北辺の中世史』29-60頁　名著出版
　　　　　2001『奥州藤原氏の時代』吉川弘文館
大賀克彦　2010「群集墳築造の二つの契機」『遠古登攀　遠山昭登君追悼考古学論集』209-304頁　『遠古登攀』刊行会
大澤正己　1985「Ⅵ　札前・静浦D遺跡出土の鉄滓・鉄器　板状ガラス破片の金属学的調査」『札前』312-335頁　松前町教育委員会
大西秀之　2007『トビニタイ文化からのアイヌ文化史』　同成社
岡田米夫　1974「西宮神社と海神信仰」『神道史研究』22巻5・6号　290-305頁　神道史学会
岡安光彦　1984「いわゆる「素環の轡」について」『日本古代文化研究』創刊号　95-120頁
小笠原　功　1998『津軽弁の世界―その音韻・語源をさぐる』北方新社
小笠原好彦　1971「丹塗土師器と黒色土師器（2）―土師器における二次的表面加工の問題について―」『考古学研究』71号　64-72頁　考古学研究会
奥尻町教育委員会　1979『奥尻島青苗遺跡―図版編』
小口雅史　1992「阿倍比羅夫北征地名考　―渡嶋を中心として―」『文経論叢』27巻3号　137-148頁　弘前大学人文学部
　　　　　2000「渡嶋再考」『国立歴史民俗博物館研究報告』84集　5-37頁
小野忠凞俺ほか　1985『山口県の考古学』　吉川弘文館
海保嶺夫　1987『中世の蝦夷地』　吉川弘文館
利部　修　2008『出羽の古代土器』同成社
勝山清次　1995「収取体系の転換」『岩波講座　日本通史　第6巻　古代5』　141-174頁　岩波書店
川久保善智・澤田純明・百々幸雄　2009「東北地方にアイヌの足跡を辿る：発掘人骨頭

　　　　　　　蓋の計測的・非計測的研究」Anthropological Science (Japanese Series) Vol.117
　　　　　　　65-87頁　日本人類学会
川俣馨一編集　1931『新校群書類従』1巻　内外書籍
漢語大詞典編集委員会編　1989-1991『漢語大詞典』漢語大詞典出版社（中華人民共
　　　　　　　和国）
喜田貞吉　1935『福神の研究』日本学術普及会
木村　高　2000「津軽地方における平安時代の住居跡―付属する掘立柱建物と外周溝の
　　　　　　　機能について―」『考古学ジャーナル』462号　13-18頁　ニュー・サイエ
　　　　　　　ンス社
菊池勇夫　1994『アイヌ民族と日本人―東アジアのなかの蝦夷地』朝日選書
菊池徹夫　1984「擦文文化と鉄」『季刊考古学』8号　66-72頁
岸　浩　1975「天然記念物見島牛の起源に関する研究（上）」『獣医畜産新報』652号
　　　　　　　20-32頁
北構保男　1991『古代蝦夷の研究』　雄山閣
北川浩之　1995「屋久杉に刻まれた歴史時代の気候変動」『講座文明と環境6　歴史と
　　　　　　　気候』47-55頁　朝倉書店
君津郡市文化財センター　2002『―千葉県袖ケ浦市―根形台遺跡群Ⅱ』
桐原　健　1976「蕨手刀の粗型と性格―信濃における蕨手刀のあり方について―」『信
　　　　　　　濃』28巻4号　1-14頁　信濃史学会
　　　　　　　1989『UP考古学選書　10　積石塚と渡来人』　東大出版会
金田一京助　1993a『金田一京助全集　第6巻　アイヌ語Ⅱ』　三省堂
　　　　　　　1993b『金田一京助全集　第12巻　アイヌ文化・民俗学』　三省堂
久慈市教育委員会　1988『中長内遺跡』
熊谷公男　1992a「古代東北の豪族」須藤隆・今泉隆雄・坪井清足編『新版古代の日本
　　　　　　　9東北・北海道』261-288頁　角川書店
　　　　　　　1992b「平安初期における征夷の終焉と蝦夷支配の変質」『東北文化研究所紀
　　　　　　　要』24号1-21頁　東北学院大学東北文化研究所
　　　　　　　2004『古代の蝦夷と城柵』歴史文化ライブラリー178　吉川弘文館
熊田亮介　1986「蝦夷と夷狄」高橋富雄編『東北古代史の研究』　吉川弘文館
　　　　　　　1994「古代国家と蝦夷・隼人」『岩波講座 日本通史 』第4巻　古代3
　　　　　　　187-224頁　岩波書店
倉野憲司ほか　1965『校本古事記』　続群書類従完成会
黒坂勝美編　1965『新訂増補　国史大系　類聚国史 後篇』
　　　　　　　1965『新訂増補　国史大系　扶桑略記・帝王編年紀』
　　　　　　　1966『新訂増補　国史大系　古事記・先代舊事本紀・神道五部書』
　　　　　　　1969『新訂増補　国史大系　続日本紀 前篇』

　　　　　　　　1969『新訂増補　国史大系　続日本紀 後篇』
　　　　　　　　1981『新訂増補　国史大系　延喜式 後篇』
　　　　　　　　1982『新訂増補　国史大系　日本書紀』
　　　　　　　　1983『新訂増補　国史大系　類聚三代格 後篇・弘仁格式』
現代思潮社　1978『覆刻　日本古典全集　本草和名』
工藤雅樹　1998a『東北考古学・古代史学史』吉川弘文館
　　　　　1998b『蝦夷と東北古代史』吉川弘文館
　　　　　1998c『古代蝦夷の考古学』吉川弘文館
　　　　　2000『古代蝦夷』吉川弘文館
　　　　　2001『蝦夷の古代史』平凡社新書
工藤清泰ほか 1998『犬走窯発掘調査報告書』五所川原市埋蔵文化財調査報告書第21集
　　　　五所川原市教育委員会
久保　泰・森　広樹　1995「渡島半島南部の擦文時代の防禦集落」『考古学ジャーナル』
　　　　387号　27-33頁　ニュー・サイエンス社
小泉　保　1998『縄文語の発見』青土社
工業技術院地質調査所　1960『本邦の含チタン砂鉄および磁硫鉄鉱資源』
越崎宗一　1976『アイヌ繪』北海道出版企画センター
児島恭子　2003『アイヌ民族史の研究』吉川弘文館
五所川原市教育委員会　2002『M26号窯跡』五所川原市埋蔵文化財調査報告書第23集
　　　　　　　　　　2003『五所川原須恵器窯跡群』五所川原市埋蔵文化財調査報告書第25集
　　　　　　　　　　2005『KY1号窯跡』五所川原市埋蔵文化財調査報告書第26集
小林和彦　1988「李平下安原遺跡から出土した動物遺存体」『李平下安原遺跡発掘調査
　　　　報告書』475-479頁　青森県教育委員会
　　　　　1991「丹後平古墳第2号土坑から出土した馬歯について」『丹後平古墳』
　　　　138-141頁　八戸市教育委員会
小林達夫　2002『縄文土器の研究』学生社
小松和彦　1984『憑霊信仰論』ありな書房
子持村教育委員会　1991『黒井峯遺跡』
斎藤　淳　2002「本州における擦文土器の変遷と分布について」『海と考古学とロマン』
　　　　267-283頁　市川金丸先生古稀を祝う会　青森
斉藤　正　1974『全国昔話資料集成7　津軽昔話集』岩崎美術社
阪口　豊　1989『尾瀬ケ原の自然史』中公新書
坂詰秀一　1973「津軽持子沢窯跡調査概報」『北奥古代文化』5号　10-17頁　北奥古
　　　　代文化研究会
　　　　　1974「津軽持子沢窯跡第2次調査概報」『北奥古代文化』6号　108-112頁
　　　　北奥古代文化研究会

坂本太郎　1956「日本書紀と蝦夷」古代史談話会編『蝦夷』56-91頁　朝倉書店
桜井清彦・菊池徹夫編　1987『蓬田大館遺跡』蓬田村教育委員会　六興出版
笹生　衛　1990「千葉県の古代末期集落遺跡」『千葉史学』17号　15-36頁　千葉歴史学会
佐々木和久　1986「久慈地方産琥珀の研究意義について」『岩手の地学』26　29-35頁　岩手県地学教育研究会
佐瀬　隆　1989「黒色腐植層（黒土層）の生成に関する覚書」『紀要IX』49-66頁　（財）岩手県文化振興事業団埋蔵文化財センター
佐瀬　隆・近藤錬三　1990「岩手山麓における最近13,000年間の火山灰土壌の植生環境」『ペドロジスト』35巻1号　15-30頁　日本土壌学会
佐瀬　隆・細野　衛　1999「青森県八戸市、天狗岱のテフラ―土壌累積層の植物珪酸体群集に記録された氷期―間氷期サイクル」『第四紀研究』38-5　353-364頁　日本第四紀学会
札幌市教育委員会　1993『K435遺跡』札幌市埋蔵文化財調査報告書XLII
　　　　　　　　　1997『K39遺跡　長谷工地点』札幌市文化財調査報告書55
　　　　　　　　　2008『K528遺跡』札幌市文化財調査報告書86
佐藤智生　2006「青森県における防御性集落の時代と生業」『北の防御性集落と激動の時代』93-120頁　同成社
沢崎　坦　1987『馬は語る―人間・家畜・自然―』岩波新書
鹿間時夫・中屋惣舜監修　1971『こけし事典』東京堂出版
設楽政健　2002a「青森県内の製鉄遺跡―炉形状からの再検討―」『青森県考古学』13号　121-146頁　青森県考古学会
　　　　　2002b「青森県内古代製鉄遺跡の立地」『たたら研究』42号　28-37頁　たたら研究会
篠原祐一　2005「滑石の生産と使用をつなぐ視点」『古墳時代の滑石製品―その生産と消費』239-256頁　埋蔵文化財研究会
下田町教育委員会　1991『阿光坊遺跡』下田町文化財調査報告書第3集
素木洋一郎　1970『図解工藝用陶磁器―伝統から科学へ―』技術堂出版
庄司博史　1997「民族境界としての言語」『岩波講座　文化人類学5　民族の生成と論理』67-96頁　岩波書店
菅原祥夫　2007「福島県会津地方」『古代東北・北海道におけるモノ・ヒト・文化交流の研究』研究代表者辻秀人平成15年度～平成18年度科学研究費補助金（基盤研究B）研究成果報告書92-118頁
須藤　功編　1988『写真でみる日本生活図引　3　あきなう』弘文堂
杉本　壽　1981『木地師と木形子』翠楊社　東京
鈴木琢也　2004「擦文文化期における須恵器の拡散」『北海道開拓記念館研究紀要』32

号　21-46頁
鈴木　尚　　1956「東北地方の古人骨」古代史談話会編『蝦夷』166-206頁　朝倉書店
鈴木　信　　2002「擦文～アイヌ文化期の馬―馬蹄跡の調査から―」『北海道立埋蔵文化
　　　　　　　　財センター年報』3号　45-54頁　北海道立埋蔵文化財センター
　　　　　　2003「続縄文～擦文文化期の渡海交易の品目について」『北海道考古学』39
　　　　　　　　輯　29-47頁　北海道考古学会
　　　　　　2009「続縄文文化における物質文化転移の構造」『国立歴史民俗博物館研究
　　　　　　　　報告』152集　401-440頁　国立歴史民俗博物館
関口　明　　1992『蝦夷と古代国家』吉川弘文館
瀬川拓郎　　1996「擦文文化の終焉」『物質文化』61号　1-17頁　物質文化研究会
　　　　　　2005『アイヌ・エコシステムの考古学』北海道出版企画センター
　　　　　　2011『アイヌの世界』講談社選書メチエ
第54回埋蔵文化財研究集会事務局編　2005『古墳時代の滑石製品―その生産と消費―』
　　　　　　　　埋蔵文化財研究会
高木　晃　　2010「蝦夷前代の東北地方北半」『東海史学』44号　25-36頁　東海史学会
高島成侑　　1989「第2節　発茶沢(1)遺跡の建築跡について」『発茶沢(1)遺跡IV』
　　　　　　　　271-288頁　青森県埋蔵文化財調査報告書　第120集
高杉博章　　2002「本州北部における土師器と擦文土器の接触関係について」『北海道考
　　　　　　　　古学』38輯　47―63頁　北海道考古学会
高橋　崇　　1986『蝦夷』中公新書
高橋富雄　　1958「古代東国の貢馬に関する研究―「馬飼」の伝統について―」『歴史』
　　　　　　　　17輯　14-28頁　東北史学会
　　　　　　1963『蝦夷』吉川弘文館
　　　　　　1991『古代蝦夷を考える』吉川弘文館
高橋信雄　　1996「蝦夷文化の諸相」鈴木靖民編『古代王権と交流1　古代蝦夷の世界と
　　　　　　　　交流』319-354頁　名著出版
高橋玲子　　2001「平安時代東北地方における掘立柱敷設付竪穴住居について」『秋田考
　　　　　　　　古学』47号　1-61頁　秋田県考古学会
武廣亮平　　2004「独犴皮についての一考察」『日本歴史』678号　1-18頁　日本歴史学
　　　　　　　　会
舘　充訳　　2001『現代語訳　鉄山必用記事』丸善
田名網　宏　1956「古代蝦夷とアイヌ」古代史談話会編『蝦夷』1-55頁　朝倉書店
田中新史　　1980「東国末期古墳出土の馬具―年代と系譜の検討―」『古代探叢―滝口　宏
　　　　　　　　先生古稀記念考古論集』257-278頁　滝口　宏先生古稀記念論集編集委員
　　　　　　　　会
千歳市教育委員会　1982『末広遺跡における考古学的調査（下）』千歳市文化財調査報

　　　　　　　告書VIII
　　　　　　　1994『丸子山遺跡における考古学的調査』千歳市文化財調査報告書19
千葉徳爾　　1991『増補改訂　はげ山の研究』　そしえて
地里真志保　1976『地里真志保著作集　別巻1　分類アイヌ語辞典　植物編・動物編』
　　　　　　　平凡社
通商産業省編　1960『未利用鉄資源』第6輯
辻　秀人　　1996「蝦夷と呼ばれた社会　―東北北部社会の形成と交流―」鈴木靖民編
　　　　　　　『古代王権と交流1　古代蝦夷の世界と交流』215-248頁　名著出版
津田左右吉　1963『津田左右吉全集　第1巻　日本古典の研究　上』岩波書店
津野　仁　　2008「蝦夷の武装」『考古学研究』54巻4号　41-60頁
　　　　　　　2010「古代弓の系譜と展開」『日本考古学』29号　81-102頁
東北大学東北文化研究会　1957『蝦夷史料』吉川弘文館
東北町教育委員会　2004『鳥口平（2）II』東北町埋蔵文化財調査報告書第15集
戸沢　武　　1968「第30節　大館森山・大平野両製鉄址について」『岩木山　岩木山麓古
　　　　　　　代遺跡発掘調査報告書』505-517頁　岩木山刊行会　弘前市
戸沢充則　　1994『縄文時代研究事典』　東京堂出版
戸田　智　　1976古墳時代の鉄鏃および弓の機能的分析」『古代学研究』79号　1-16頁
　　　　　　　古代学研究会
富岡直人　　2002「第11節　中半入遺跡出土ウマ遺存体分析」『中半入遺跡・蝦夷塚古墳
　　　　　　　発掘調査報告書』296-301頁　（財）岩手県文化振興事業団埋蔵文化財セ
　　　　　　　ンター
直井雅尚　　1994「松本市安塚・秋葉原古墳群の再検討」『中部高地の考古学IV』277-305
　　　　　　　頁　長野県考古学会
中田祝夫解説　1978『和名類聚抄　元和三年古活字版二十巻本　勉誠社文庫23』勉誠社
　　　　　　　1981『上宮聖徳法王帝説』勉誠社
中西川　駿ほか　1991『古代遺跡出土骨からみたわが国の牛、馬の渡来時期とその経路
　　　　　　　に関する研究』平成2年度文部省科学研究費補助金（一般研究B）研究成
　　　　　　　果報告書
中路正恒　　2001「「えみし」少考　その高橋富雄氏説の検討」『東北学』4号　100-111
　　　　　　　頁　作品社
浪川健治　　1992『近世日本と北方社会』　三省堂
成田壽一郎　1996『木工挽物』　理工学社
西川修一　　1995「東・北関東と南関東―南関東圏の拡大―」『古代探叢IV―滝口宏先生
　　　　　　　追悼考古学論集―』175-208頁　早稲田大学出版部
西　弘海　　1981『土器様式の成立とその背景』　真陽社
西宮一民校注　1985『古語拾遺』　岩波文庫

西山克己　1996「7世紀代に用いられた円筒形土器」『長野県考古学会誌』79号　長野県考古学会
日本鉄鋼協会　2005『鉄関連遺物の分析評価に関する研究会報告―鉄関連遺物の発掘・整理から分析調査・保存まで―』日本鉄鋼協会社会鉄鋼工学部会
日本地誌研究所編　1975『日本地誌第3巻東北地方総論　青森県・岩手県・秋田県』二宮書房
橋本鉄男　1979『ものと人間の文化史31　ろくろ』法政大学出版会
八戸市遺跡調査会　2001『田向冷水遺跡Ⅰ』八戸遺跡調査会埋蔵文化財調査報告書第1集
八戸市教育委員会　1983『史跡根城跡発掘調査報告書Ⅴ』八戸市埋蔵文化財調査報告書第11集
　　　　　　　　　1984『八戸市都市区域内埋蔵文化財発掘調査報告書』八戸市埋蔵文化財調査報告書第13集
　　　　　　　　　1988『田面木平遺跡(1)』八戸市埋蔵文化財調査報告書第20集
　　　　　　　　　1991『丹後平古墳』八戸市埋蔵文化財調査報告書第44集
　　　　　　　　　1997『酒美平遺跡』八戸市埋蔵文化財調査報告書第73集
　　　　　　　　　2001『盲堤沢（3）遺跡』八戸市埋蔵文化財調査報告書第92集
　　　　　　　　　2002『丹後平古墳群・丹後平(1)遺跡・丹後平古墳』八戸市埋蔵文化財調査報告書第93集
　　　　　　　　　2006『田向冷水遺跡Ⅱ』八戸市埋蔵文化財調査報告書第113集
服部四郎　1959『日本語の系統』岩波文庫
長谷川　厚　1991「7関東」『古墳時代の研究6　土師器と須恵器』95-107頁　雄山閣
長谷川熊彦　1963『砂鉄』技術書院
羽場睦美　1997「箱形炉と竪型炉」『前近代における鉄のフォーラム資料』日本鉄鋼協会社会鉄鋼工学部会
花岡　弘　1991「6中部高地」『古墳時代の研究6　土師器と須恵器』82-94頁　雄山閣
埴原和郎　1994「二重構造モデル：日本人集団の形成に関わる一仮説」『人類学雑誌』102巻5集　455-477頁　日本人類学会
　　　　　1995『日本人の成り立ち』人文書院
土生田純之編　2010『東日本の無袖横穴式石室』雄山閣
原　明芳　1989「長野県における「黒色土器」の出現とその背景―5世紀末の食膳具様式の成立との関連で―」『東国土器研究』2号　88-106頁　東国土器研究会
原田信男　2006『コメを選んだ見本の歴史』文春新書
早川由紀夫・小山真人　1998「日本海を挟んで10世紀に相次いで起こった二つの大噴火の年月日」『火山』43巻403-407頁
林　正之　2010「古代における鉄製鍬先の研究―7世紀後半～11世紀の関東・東北を中心に―」『東京大学考古学研究室研究紀要』24号　65-125頁　東京大

　　　　　　　学考古学研究室
樋口知志　2004「延暦八年の征夷」『古代蝦夷と律令国家』47-76頁　高志書院
日高　慎　2001「東北北部・北海道地域における古墳時代文化の受容に関する一考察―古墳時代中期を中心として―」『海と考古学』4号　1-22頁　海交史研究会
弘前市教育委員会　1988『砂沢遺跡　遺物編』
　　　　　　　　1991『砂沢遺跡　本文編』
福岡町教育委員会　1965『堀野遺跡』
福沢仁之・塚本すみ子・塚本　斉・池田まゆみ・岡村　真・松岡裕美　1998「年縞堆積物を用いた白頭山―苫小牧火山灰（B-Tm）の降下年代の推定」『LAGUNA（汽水域研究）』5号　63-73頁　島根大学汽水域研究センター
福田豊彦　1995「鉄を中心にみた北方世界」『中世の風景を読む1　蝦夷の世界と北方交易』153-198頁　新人物往来社
福田友之　2007「本州北辺の貝類出土遺跡総覧(2)―青森県域における動物遺体出土遺跡―」『調査研究年報』31号 1-16頁　青森県立郷土館
藤沢　敦　2001「倭の周縁における境界と相互関係」『考古学研究』48巻3号　41-55頁　考古学研究会
　　　　　2004「倭の「古墳」と東北北部の「末期古墳」」『古墳時代の政治構造』295-308頁　青木書店
　　　　　2007「倭と蝦夷と律令国家―考古学的文化の変移と国家・民族の境界―」『史林』90巻1号　4-27頁　史学研究会
古川一明・白鳥良一　1991「8 東北」『古墳時代の研究6 土師器と須恵器』108-120頁　雄山閣
北条忠雄　1986「5　東北方言の概説」『講座方言学4―北海道・東北の方言―』149-177頁　国書刊行会
外間守善　2000『沖縄の言葉と歴史』中公文庫
北海道大学埋蔵文化財調査室　1986『サクシュコトニ川遺跡』
北海道埋蔵文化財センター　1995『千歳市　オサツ2遺跡(1)・オサツ14遺跡』北海道埋蔵文化財センター調査報告書第96集
　　　　　　　　　　　　　1996『千歳市オサツ2遺跡(2)』北海道埋蔵文化財センター調査報告書第103集
　　　　　　　　　　　　　1999『恵庭市ユカンボシE7遺跡』北海道埋蔵文化財センター調査報告書第132集
　　　　　　　　　　　　　2002『西島松5遺跡』北海道埋蔵文化財センター調査報告書第178集
馬淵和夫　1973『和名類聚抄古写本声点本本文および索引』風間書房
町田　洋・新井房夫・森脇　広　1981「海を渡ってきたテフラ」『科学』51巻562-569頁
松木武彦　2007『日本列島の戦争と初期国家形成』東京大学出版会

松前町教育委員会　1985『札前遺跡』
松本克己　2007『世界言語のなかの日本語―日本語系統論の新たな地平―』三省堂
松本市教育委員会　2003『中山古墳群　鍬形原遺跡　鍬形原砦址』松本市文化財調査報告 No.168
松本建速　2003「蝦夷と蕨手刀」『物質文化』75 号　30-44 頁　物質文化研究会
　　　　　2004「野尻（4）遺跡出土土器の胎土分析」『野尻（4）遺跡　第 1 分冊』浪岡町教育委員会　浪岡町埋蔵文化財緊急発掘調査報告書第 10 集
　　　　　2005a「蝦夷と昆布」『海と考古学』167-178 頁　海交史研究会考古学論集刊行会編　六一書房
　　　　　2005b「主要元素に基づいた古代遺跡出土鉄滓の識別」『鉄と鋼』91 巻 1 号　55-61 頁　日本鉄鋼協会
　　　　　2005c「三内丸山遺跡出土土器胎土成分の時代的変化に関する研究―円筒下層 a 式から大木 10 式まで―」『三内丸山遺跡年報』8 号　76-81 頁　青森県教育委員会
　　　　　2006『蝦夷の考古学』同成社
　　　　　2010「蝦夷は古代日本国領域からの移住者か」『東北学』22 号　93-114 頁　東北芸術工科大学東北文化研究センター
　　　　　2011「東北北部における古代集落とその居住者」『東国の地域考古学』325-358 頁　六一書房
松本建速・伊藤順一　2008「EDX-XRF による長野県神坂峠遺跡・青森県中野平遺跡出土石製模造品の石材の産地推定」『日本文化財科学会第 26 回大会予稿集』日本文化財科学会
松本建速・市川慎太郎・中村利廣　2009「新田(2)遺跡出土土器の胎土分析」『新田(2)遺跡』28-34 頁　青森県埋蔵文化財調査報告書第 471 集
三浦圭介　1995「第 3 章　古代」『新編　弘前市史　資料編 1』188―391 頁　弘前市
三浦圭介・小口雅史・斉藤利男編　2006『北の防御性集落と激動の時代』同成社
三浦圭介・神　康夫　1997「五所川原古窯跡群で生産された須恵器について」『蝦夷・律令国家・日本海　―シンポジウム II・資料集―』335-342 頁　日本考古学協会 1997 年度秋田大会
三浦佑之　2007『古事記のひみつ　歴史書の成立』歴史文化ライブラリー 229　吉川弘文館
水野　祐　1975「《騎馬民族説》批判序説」『論集騎馬民族征服王朝説』　大和書房
村上恭通　2007『古代国家成立過程と鉄器生産』青木書店
室賀照子　1976「赤外線吸収スペクトルによる琥珀の産地分析」『考古学と自然科学』9 日本文化財科学会
　　　　　1985「琥珀は語る……アンバールートを探る」『末永先生米寿記念献呈論文

　　　　　　　　　集』坤　1861-1869頁奈良市
桃崎祐輔　1993「古墳に伴う牛馬供犠の検討　―日本列島・朝鮮半島・中国東北地方の事例を比較して―」『古文化談叢』31号（下）1-141頁　九州文化研究会
森　公章　2002「倭国から日本へ」『日本の時代史3 倭国から日本へ』8-131頁　吉川弘文館
森田村教育委員会　2001『八重菊（1）遺跡』　森田村緊急発掘調査報告書第7集
　　　　　　　　　2002『八重菊（1）遺跡II』　森田村緊急発掘調査報告書第8集
森本岩太郎　1988「第1節　尾上町李平下安原遺跡出土人骨について」『李平下安原遺跡発掘調査報告』469-473頁　青森県教育委員会
八木光則　1996a「馬具と蝦夷―藤沢狄森古墳群出土の壺鐙をとおして―」『岩手史学研究』79号　1-20頁　岩手史学会
　　　　　1996b「蝦夷社会の地域性と自立性」鈴木靖民編『古代王権と交流1 古代蝦夷の世界と交流』249-280頁　名著出版
　　　　　1996c「蕨手刀の変遷と性格」『坂詰秀一先生還暦記念論文集』375-396頁　坂詰秀一先生還暦記念会
　　　　　2010『ものが語る歴史21　古代蝦夷社会の成立』　同成社
八木光則編　1993『蕨手刀集成』盛岡市教育委員会
安田初雄　1959「古代における日本の放牧に関する歴史地理的考察」『福島大学学芸部論集』10巻1号　1-18頁
安本美典　1985『日本語の起源を探る』PHP研究所
柳田国男　1980『蝸牛考』　岩波文庫
柳田康雄　1991「2 九州」『古墳時代の研究6 土師器と須恵器』34-47頁　雄山閣
山内昌之　1994「序章　民族問題をどう理解すべきか」『いまなぜ民族か』1～29頁　東京大学出版会
山口県教育委員会　1964『見島総合学術調査報告』
　　　　　　　　　1983『見島ジーコンボ古墳群』　山口県埋蔵文化財調査報告第73集
山口耕一　1998「古墳時代後期の円筒形土製品―栃木県下の事例を中心に―」『研究紀要』6号　39-60頁　（財）栃木県文化振興事業団埋蔵文化センター
山口直樹　1991「考古学講座について(2)―「鉄づくり」開催と記録報告」―『千葉県立房総風土記の丘年報』14号 114-166頁　千葉県立房総風土記の丘
山口英男　1995「八・九世紀の牧について」高橋富雄編『馬の文化叢書　第二巻　古代―馬と日本史1』326-361頁　馬事文化財団発行
山口彌一郎　1940「東北地方の稗の分布」『地理学評論』16巻1号　38-57頁　日本地理学会
山田邦和　1998『須恵器生産の研究』　学生社
山田秀三　1982『アイヌ語地名の研究　第1巻』　草風館

　　　　　　　　1983『アイヌ語地名の研究　第3巻』　草風館
山中敏史　1994『古代地方官衙遺跡の研究』　塙書房
山根一郎・松井　健・入沢周作・岡崎正規・細野　衛　1978『図説　日本の土壌』　朝倉
　　　書店
横山英介　1990『擦文文化』ニュー・サイエンス社
義江彰夫　1995「武門の擡頭」『岩波講座　日本通史　第5巻　古代4』115-152頁
　　　岩波書店
吉井良隆編　1999『えびす信仰事典』戎光祥出版
吉川金次　1991『鍛冶道具考―実験考古学ノート―』神奈川大学日本常民文化叢書2
　　　平凡社
吉川敏子　1991「古代国家における馬の利用と牧の変遷」『史林』74巻4号　24-61頁
　　　史学研究会
吉田　孝　1997『日本の誕生』岩波新書
吉田忠生　1998『新日本海藻誌　日本産海藻類総覧』　内田老鶴圃
レンフルー, C.　1987（橋本槇矩訳　1993）『言葉の考古学』青土社
渡辺　仁　1978「アイヌの生態系」『生態』387-405頁　雄山閣
渡邊照宏・宮坂宥勝　1965『三教指指帰　性霊集』日本古典文学大系71　岩波書店
和田晴吾　1992「14　群集墳と終末期古墳」山中一郎・狩野久編『新版古代の日本5近
　　　畿I』　325-350頁　角川書店

挿図出典

第16図　1（八戸市教委1983：第35図）2（八戸市教委1988：第256図）3（青森県教委1992：第32図）4（八戸市教委1997：第6図）5（八戸市教委1988：第293図）

第19図　1（青森県教委1989：第39図）

第21図　1（恵庭市教委1988：図82）2（石狩町教委1977:Fig.17）3（（財）北海道埋文センター1996：図III-13）4（（財）北海道埋文センター1999：図56）5（八戸市教委2001：第60図）6（阿部ほか2008：図版31第10号墓）7（八戸市遺跡調査会2001：第16図）8～12（八戸市遺跡調査会2001：第15図）13（八戸市遺跡調査会2001：第16図）

第22図　1・2（財）北海道埋文センター1999図50）3（恵庭市教委1988：図68）4・8・9（千歳市教委1994：Fig.14）5・6（千歳市教委1994：Fig.22）7（千歳市教委1994：Fig.12）10（千歳市教委1994：Fig.16）11・12・16（八戸市教委1893：第58図）13～15（八戸市教委1983：第37図）17（八戸市教委1984：第17図）18（八戸市教委1988：第261図）19（八戸市教委1988：第265図）20～22（八戸市教委1983：第59図）23・24（八戸市教委2000：第14図）25～28（八戸市教委2000：第44図）

第32図　1・3～5（正倉院事務所編1977）2（八戸市教委1991：第9図）6（下田町教委1991：第8図）7（（財）岩手県文化振興事業団埋文センター1998：第61図）8（下田町教委1991：第7図）9（八戸市教委1991：第42図）

第36図　1・2（千歳市教委1982:Fig.202）3（松前町教委1985：第118図）4（松前町教委1985：第80図）5（北海道埋文1995：図II-54）6（枝幸町教委1980:Fig.71）7（枝幸町教委1980:Fig.72）8（青森県教委1976：第49図）9（青森県教委1976：第19図）10（青森県教委1988:259図）11（青森県教委1990b：第266図）12（青森県教委1980b：第110図）13（森田村教委2002：図86）14（森田村教委2001：図177）15（青森県教委1998a：図53）

第39図　1～3（青森県教委1980c：第151図）4・9～11（青森県教委1980a：第314図）5・6（青森県教委1980c：第148図）7・8（青森県教委1980c：第157図）12（青森県教委1980c:160図）13～16・20（青森県教委1980c：第159図）17～19（青森県教委1980c：第158図）21～27（青森県教委1980c：第156図）28（青森県教委1980c：第155図）29（青森県教委1980c：第154図）

第40図　1・2（青森県教委1980a：第172図）

第44図　1（八戸市教委2001：第60図）2（八戸市遺跡調査会2001：第16図））3（阿部ほか2008：図版31第10号墓）4・5（阿部ほか2008：図版29）6～8（阿部ほか2008：図版32）9・10（阿部ほか2008：図版30）11（阿部ほか2008：

図版 32)
第 45 図　1 ～ 4・6（八戸市教委 2001: 第 15 図）5・7（八戸市教委 2001: 第 16 図）
第 46 図　1・2・6（八戸市教委 1988: 第 58 図）3 ～ 5（八戸市教委 1983: 第 37 図）7（八戸市教委 1984: 第 17 図）8（八戸市教委 1988: 第 261 図）8（八戸市教委 1988: 第 265 図）10 ～ 12（八戸市教委 1983: 第 59 図）13・14（八戸市教委 2001: 第 14 図）15 ～ 18（八戸市教委 2001: 第 44 図）
第 47 図　1・2・6（青森県教委 1995: 第 217 図）3（青森市教委 2000: 第 742 図）4（青森県教委 1994: 第 100 図）5（青森市教委 2000: 第 674 図）7（青森県教委 1998c: 図 42）
第 48 図　1（恵庭市教委 1988: 図 82）2（石狩町教委 1977:Fig.17）3（（財）北海道埋文センター 1996: 図 III-13）4（（財）北海道埋文センター 1999: 図 56）5・6（（財）北海道埋文センター 1999 図 50）7（恵庭市教委 1988：図 68）8・13・14（千歳市教委 1994：Fig.14）9・10（千歳市教委 1994：Fig.22）11（千歳市教委 1994：Fig.12）12（千歳市教委 1994：Fig.16）15（札幌市教委 1993：第 83 図）
第 49 図　1・2（札幌市教委 2008：第 127 図）3（札幌市教委 2008：第 129 図）4 ～ 6（札幌市教委 2008：第 138 図）7（札幌市教委 2008：第 72 図）8 ～ 10（札幌市教委 2008：第 57 図）11（札幌市教委 1997：第 11 図）12（札幌市教委 1997：第 18 図）13（札幌市教委 1997：第 12 図）14（札幌市教委 1997：第 23 図）
第 53 図　1・4（久保・森 1995: 図 6）2（松前町教委 1985: 第 106 図）3・5・6（松前町教委 1985: 第 111 図）7（松前町教委 1985: 第 105 図）8（松前町教委 1985: 第 110 図）9（青森県教委 1980c: 第 103 図）10（青森県教委 1990a: 第 93 図）11（青森県教委 1980c: 第 100 図）12（秋田県教委 1992: 第 48 図）
第 58 図　1（坂詰 1974: 第 3 図）2・3（坂詰 1973: 第 6 図）4・5（工藤ほか 1998: 第 18 図）6・8（工藤ほか :1998 第 38 図）7・9 ～ 11（工藤ほか :1998 第 37 図）12（坂詰 1974: 第 3 図）13 ～ 15（工藤ほか 1998: 第 36 図）16 ～ 20（工藤ほか 1998: 第 39 図）21・22（工藤ほか 1998: 第 21 図）23 ～ 26（工藤ほか 1998: 第 38 図）
第 59 図　1・2（青森県教委 1999b: 図 255）3（青森県教委 2000c: 図 28）4（青森県教委 1999a: 図 19）6（青森県教委 1999b: 図 377）7・8（坂詰 1973: 第 6 図）9（青森県教委 1978a: 第 110 図）

あとがき

　古代の東北北部に住んでいたとされる蝦夷は、現在では「まつろわぬ人々」と評されることもある。本文で見たように、『古事記』では、「まつろわぬ」は蝦夷とは別の人々について使われた。7〜8世紀の歌を編纂した『万葉集』にもその語は3箇所に見られるが、すべて蝦夷とは無関係の脈略で、「服従しない」という意で用いられている。ただ、いつのころからか、誰かが、蝦夷に対してそのような印象を与えてきたにすぎない。そしていつしか蝦夷に対する代表的な形容となっていた。
　蝦夷と呼ばれた人々の姿すら、古代日本国が創作した幻影にすぎなかった。その原型となる存在を何かに求めることもできる。しかし、その源にあったのは、古代日本国の中枢にいた一部の人々が創造した物語であった。それを、後の人々が増幅し、さらに補強していったのである。
　生まれた地である北海道を「日本」だと思い、瓦葺きの古い寺院や前方後円墳のある地域にエキゾチックな感情を抱いていた私にとって、それらがない地域である東北北部は、本州にあっても、非常に身近な地域と感じていた。ただし、その親近感を抱いていた地域の過去の人々に対して、古代日本国が一方的に「まつろわぬ」と言い、あるいは征討すべき対象とする、その理由が私にはまったくわからなかった。むしろ、弱い、人口の少ない地域の人々が、力の強い者たちに、戦闘を挑む理由などあったのだろうか。侵略したいと思っている者たちが、戦う理由をでっちあげたにすぎないのではないか、北に慎ましく暮らしていた者たちが一方的に悪者扱いを受ける、こんな歴史は作り事であったことをなんとか証明したい、そう思うようになっていた。
　本書第10章では、古代日本国の正史の記事をまとめ、蝦夷征討とされた戦闘は、本当は必要なく、実際にはあまりなかったのではないかと述べた。この章については、これまでのさまざまな研究とあまりに違いすぎ、それが正しけ

れば、関連して解釈を変えねばならない歴史叙述も多くなるので、公にできる段階まで到達した内容か否か、判断に迷った。しかし、多数の方々とともにある研究のほうが実りは大きい。おそれながら卑見を開陳することにしたのである。多様な視点でご批判いただけると幸いである。

　本書は、当初、専門書としての位置づけである『蝦夷の考古学』の一般読者向けとして、1年ほどで書き上げるはずのものであったが、4年もかかってしまったのは、筆者の怠惰のゆえであるが、考古学研究者だけではなく、蝦夷について広く興味を持つような方々を対象とするのであれば、「エビス信仰」との関係や文献史料についても述べなければならないと考え、それらについて素人である私が通説とかけ離れた内容を書くので、できるだけ慎重に作業したからでもある。

　ただ、時間をかけている間に、北條芳隆氏（東海大学教授）から古墳文化について教えを受け、重要な文献を紹介していただいた。これが非常に力となった。また、本書では、利用した発掘調査報告書のすべてについては引用文献として紹介できなかったが、さまざまな遺跡の発掘調査、文献史料等の蓄積のうえにしかこの研究はない。そして、本書が生まれたのは同成社山脇洋亮氏の後押しのおかげである。以上、記して感謝申し上げる。

　以上を書き上げ、図版の遺漏、出典や引用文献の欠漏等を見直していた2011年3月11日、東日本大震災と福島原子力発電所の大事故がおこり、世界は一変した。本書では、人々と自然との関係を重視すると述べながら、震災や津波の後の復興という視点が欠落していたことを知らされた。陸奥国（東北地方太平洋側）を襲った貞観11年（869）5月26日の貞観地震津波（『日本三代実録』では、陸奥国府のあった多賀城あたりのことが記されているのであり、東日本のどのくらいの範囲に被害が及んだのかは記録されていないが、地質調査によれば、石巻平野で現在の海岸線から約3km、仙台平野で約3～3.5km地点までそのさいの堆積物が確認されている（穴倉正展・澤井祐紀・行谷佑一2010『AFERCニュース』16号1-10頁　産業総合技術研究所活断層・

地震研究センター)。『日本三代実録』には「或屋仆厭死。(中略)城郭倉庫。門櫓墻壁。頽落顛覆。不知其數。」と見え、これらを考えると、地震も津波も今回の規模に匹敵する。したがって、本書が舞台としている東北北部地方も、とくに昆布を朝貢していた人々が住んだ三陸沿岸では、その後の復興集落が造営されたはずであった。しかし、それを調査報告書から読み取ろうとする細かな心と目を持っていなかった。そのような視点を持たぬ本書を出版する意味があるのか、ひと月以上作業を中断した。

　そのような東北各地でも、桜はいつものように咲き、人々がそれを愛でるという新聞記事を目にした。付け焼き刃はせず、2011年3月11日以前の視野のままの本書を完成させることとした。

　今回の津波により、三陸など太平洋沿岸地域では、自然を押し込むという思想とは別の境地に立ち、津波を見下ろす高台に新しい集落を造営することになるであろう。これは、9世紀後葉の集落造営にもあったかもしれないことであった。豊富な自然に守られる日本列島では、「蝦夷」あるいはそれぞれの国神は、人間ではなく、自然であった。そして神を人間の中にも見いだした。それが古代の人々であった。人間は自然への畏怖の念を忘れてはならない。津波・地震だけではない、人間に制御しきれない自然、原子力利用についても。

　いつも最も被害を被るのは、力の弱い、しかし心優しい人々である。文字で被害を記されることのなかった人々の歴史をも、身分や地域を超えてわけへだてなく語ることができるのが考古学である。そうありたい。

　　　2011年5月

　　　　　　　　　　　　　　　　　　　　　　　　　松本建速

ものが語る歴史シリーズ㉕

蝦夷とは誰か
（えみし）（だれ）

■著者略歴■

松本建速（まつもと たけはや）
1963年 北海道生まれ。
信州大学大学院人文科学研究科修士課程修了。筑波大学大学院博士課程歴史・人類学研究科単位取得退学。博士（文学）。現在、東海大学文学部歴史学科考古学専攻教授。
〈主要著作〉
「蝦夷と蕨手刀」『物質文化』75号（物質文化研究会、2003）、「主要元素に基づいた古代遺跡出土鉄滓の識別」『鉄と鋼』91巻1号（日本鉄鋼協会、2005）、「蝦夷と昆布」『海と考古学』（六一書房、2005）、『蝦夷の考古学』（同成社、2006）ほか

2011年9月10日発行

著 者	松本建速	
発行者	山脇洋亮	
組 版	㈱富士デザイン	
印 刷	モリモト印刷㈱	
製 本	協栄製本㈱	

発行所　東京都千代田区飯田橋4-4-8　㈱同成社
　　　　（〒102-0072）東京中央ビル
　　　　TEL 03-3239-1467　振替 00140-0-20618

©Matsumoto Takehaya 2011. Printed in Japan
ISBN978-4-88621-578-9 C3321

ものが語る歴史 既刊書

1 楽器の考古学　　　　　　　　　　　　　　　　　山田光洋著　4200円
2 ガラスの考古学　　　　　　　　　　　　　　　　谷　一尚著　3700円
3 方形周溝墓の再発見　　　　　　　　　　　　　　福田　聖著　4800円
4 遮光器土偶と縄文社会　　　　　　　　　　　　　金子昭彦著　4500円
5 黒潮の考古学　　　　　　　　　　　　　　　　　橘口尚武著　4800円
6 人物はにわの世界　　　　　　　　稲村繁（文）・森昭（写真）　5000円
7 オホーツクの考古学　　　　　　　　　　　　　　前田　潮著　5000円
8 井戸の考古学　　　　　　　　　　　　　　　　　鐘方正樹著　3700円
9 クマとフクロウのイオマンテ
　　―アイヌの民族考古学　　　　　　　　　　　　宇田川洋編　4800円
10 ヤコウガイの考古学　　　　　　　　　　　　　　髙梨　修著　4800円
11 食の民俗考古学　　　　　　　　　　　　　　　　橘口尚武著　3800円
12 石垣が語る江戸城　　　　　　　　　　　　　　　野中和夫編　7000円
13 アイヌのクマ送りの世界　　　　　　　　木村英明・本田優子編　3800円
14 考古学が語る日本の近現代　　　　　小川望・小林克・両角まり編　4500円
15 古代馬具からみた韓半島と日本　　　　　　　　　張　允禎著　3800円
16 壺屋焼が語る琉球外史　　　　　　　　　　　　　小田静夫著　4500円
17 古代日本海の漁撈民　　　　　　　　　　　　　　内田律雄著　4800円
18 石器づくりの考古学
　　―実験考古学と縄文時代のはじまり　　　　　　長井謙治著　4600円
19 民族考古学と縄文の耳飾り　　　　　　　　　　　高山　純著　5800円
20 縄文の漆　　　　　　　　　　　　　　　　　　　岡村道雄著　3800円
21 古代蝦夷社会の成立　　　　　　　　　　　　　　八木光則著　6000円
22 貝の考古学　　　　　　　　　　　　　　　　　　忍澤成視著　7000円
23 アイヌの民族考古学　　　　　　　　　　　　　　手塚　薫著　4800円
24 旧石器社会と日本民俗の基層　　　　　　　　　　田村　隆著　5500円

　　　　　　　　　　　　　　　　　　　　（定価は全て本体価格）